D1731038

Hofert | Psychologie für Coaches, Berater und Personalentwickler

Die Icons bedeuten:

 Beispiele

 Download

 Infos

 Literaturhinweise

 Tipps

Svenja Hofert

Psychologie für Coaches, Berater und Personalentwickler

Über die Autorin:
Svenja Hofert, Masterabschluss in Wirtschaftspsychologie
sowie Magister in Sprachwissenschaften/Philologie, ist Ge-
schäftsführerin zweier Weiterbildungs- und Coaching-Firmen
und seit Jahrzehnten in Coaching, Beratung und Erwachse-
nenbildung erfolgreich. Sie ist Spiegel-Online-Kolumnistin
und hat mehr als 35 Bücher verfasst, darunter einige
Standardwerke. Diverse Zusatzqualifikationen, unter anderem
in Ich-Entwicklung.
Homepages: www.svenja-hofert.de, www.teamworks-gmbh.de, www.karriereundentwicklung.de

Foto: Faceland – Carlos Bank

Dieses Buch ist auch erhältlich als:
ISBN 978-3-407-36649-8 Print
ISBN 978-3-407-29536-1 E-Book (pdf)

1. Auflage 2017

© 2017 Beltz Verlag
in der Verlagsgruppe Beltz · Weinheim Basel
Werderstraße 10, 69469 Weinheim
Alle Rechte vorbehalten

Lektorat: Ingeborg Sachsenmeier
Reihengestaltung: glas ag, Seeheim-Jugenheim
Umschlaggestaltung: Antje Birkholz
Umschlagillustration: istock ©piranka

Herstellung: Michael Matl
Satz: publish4you, Bad Tennstedt
Druck und Bindung: Beltz Bad Langensalza GmbH, Bad Langensalza
Printed in Germany

Weitere Informationen zu unseren Autoren und Titeln finden Sie unter: www.beltz.de

Inhaltsverzeichnis

Einführung und Grundlagen

01

Einführung: Wer nicht weiß, was er tut, kann auch nichts falsch machen ...

Die meisten Menschen, die mit Menschen arbeiten, bekommen am Anfang viel positives Feedback. Es scheint relativ leicht, anderen zu helfen. Dafür muss man kaum etwas wissen, im Grunde nur Fragen stellen. Es gäbe also genug Gründe, um zu behaupten: Psychologiekenntnisse braucht kein Mensch!

Wie sehr können wir aber jemanden voranbringen, wenn wir nicht die momentane Zufriedenheit, sondern die Entwicklung betrachten? Wenn wir nicht das Lächeln auf dem Gesicht, sondern das Ergebnis suchen? Wenn wir wirklich tief nachfragen und hineinhören? Ist die gewünschte Veränderung dann erfolgt? Oder bliebe alles beim Alten? Und überhaupt, was setzen wir als Maßstab? Arbeiten wir auf ein Ziel hin? Fördern wir Entwicklung? Was tun wir da eigentlich? Was ist unsere Grundlage – psychologisch und auch neurobiologisch?

Was ist wichtig für einen Coach, einen Berater, einen Personalentwickler, eine Führungskraft oder generell jemand, der mit Menschen arbeitet? – Welche Werte zählen? Welche Bewertungen laufen im Kopf ab? Und was würden wir anders machen, wenn wir mehr wüssten?

Ich behaupte: Eine Menge! Deshalb bin ich der Meinung, dass jeder, der mit Menschen arbeitet, Psychologiekenntnisse braucht – und zwar vor allem Kenntnisse in Bereichen, die im Psychologiestudium kaum eine Rolle spielen. Zunächst zu nennen wäre da die Entwicklungspsychologie. Deren Aussagen über Selbstwerdung und Reifephasen sind derart elementar und wichtig, dass es mir unverständlich ist, warum diese in vielen Coaching-Ausbildungen so gut wie gar nicht berücksichtigt und vermittelt werden. Entwicklungspsychologie spielt in diesem Buch deshalb eine große Rolle. Nicht nur, weil Sie für Ihre Arbeit wichtig ist, sondern auch für Ihre Selbstkenntnis. Kenntnisse über das Gehirn und was wie und wo wirkt, sind ebenso essenziell. Sie tangieren und berühren die Psychologie sehr.

Vertiefte psychologische Kenntnisse wirken zudem stereotypen Annahmen entgegen – auch deshalb habe ich dieses Buch geschrieben. Ich erlebe häufig pauschale Zustimmung oder Ablehnung: »Nein, Tests machen wir nie, das entspricht nicht unserem Menschenbild.« Frage ich dann nach, stelle ich fest, es gibt überhaupt kein fundiertes Wissen darüber. Doch wie kann man etwas verurteilen, das man nicht kennt? Oder umgekehrt – wie kann man etwas pauschal in den Himmel heben? »Der MBTI® (wahlweise ersetzbar durch einen anderen Testnamen) ist der beste. Der hilft meinen Klienten so.« Solche Aussagen höre ich immer wieder, und ich möchte gern Zweifel säen. Nicht um etwas zu verurteilen, sondern um die Sinne zu schärfen.

Zahlreiche Berater, Coaches, Personalentwickler und Führungskräfte verteidigen »ihr« Verfahren mit Händen und Füßen. Mit mehr Psychologiewissen könnten sie ihren eigenen »Bias« entdecken, die Selbstbestätigungstendenz entlarven. Frage ich Anwender, bei welcher Zielgruppe und Fragestellung ein bevorzugter Test sicher *nicht* mehr helfen kann, so bekomme ich so gut wie nie eine Antwort. Das ist für mich ein Zeichen für zu wenig Distanz.

Dass kaum ein Anwender – ob Coach, Personalentwickler oder Führungsperson – wissenschaftliche Gütekriterien von psychometrischen Verfahren beurteilen kann, ist schlimm genug. Noch kritischer als fehlende Statistikkenntnisse finde ich die die völlig unkritische Haltung.

Ich will Sie nicht belehren, ich will Sie weiterbringen. Und viel von mir und aus meiner Erfahrung einfließen lassen. Mit dem Wissen von heute sehe ich manches anders als noch vor Jahren. Für mich war der wichtigste persönliche Schritt die Auflösung meiner Denkschranken, die mich in einem Entweder-Oder, gut und schlecht oder Richtig-falsch-Denken verhaftet hatten. Heute verbinde ich viel mehr. Oder entscheide mich auf Basis der Intuition – die sich ebenfalls geändert hat, weil ich auf mehr unterschiedliche Methoden und Ansätze zurückgreifen kann. Viele Wege führen nach Rom, aber manchmal ist einer passender als ein anderer.

Mit Erkenntnis, Erfahrung und wachsendem Wissen konnte ich immer besser einordnen und bewerten. Mein Geschäftspartner, mit dem ich eine meiner Firmen gemeinsam führe, nennt mich manchmal die Wissensbank. In unseren Ausbildungen bin ich diejenige, die bei aller Liebe zur Praxis auch auf theoretische Fundierung achtet – ohne dogmatisch zu sein, so meldet man es mir jedenfalls zurück.

Dabei möchte ich Wissen nicht als Theoriewissen oder Praxiswissen definieren, sondern als beides. Ich bin heute davon überzeugt, dass diejenigen, die nur Praxis hochhalten, genauso falsch liegen, wie die, die auf Theorie pochen. Wissen verbindet Praxis und Theorie, vor allem aber ist es die Brücke zwischen beidem, die zu neuen Erkenntnissen führen kann. Indem Sie diese Verbindungen herstellen, können Sie Prozesse wirksamer gestalten und Klienten gezielter abholen. Sie können auch erkennen, wann sie einen Prozess mehr steuern sollten und wann weniger. Denn das Postulat, dass Coaching nicht direktiv sein darf, will ich so nicht stellen lassen. Manchmal braucht es Direktive.

Im Laufe der letzten 20 Jahre habe ich mehr als 100 psychometrische Persönlichkeitstests bei mir selbst angewendet, viele davon mehrfach, und diverse Verfahren mit Hunderten von Klienten ausprobiert. Ich lernte sehr viel über Testverfahren, erkannte dadurch den Nutzen, aber – manchmal mit Zeitverzögerung nach erster Begeisterung – auch die Begrenzungen solcher Verfahren. Heute denke ich, dass fast alles seine Berechtigung hat – nur nicht zu jeder Zeit und bei jedem. Ich habe eine klare und distanzierte Haltung zu Tests entwickeln können.

Als ich mit Coaching und Beratung anfing, fiel mir diese Bewertung noch schwer. Ich hatte beispielsweise ein bestimmtes Bild von Introvertierten und Extrovertierten. Ich sah die einen eher im Hinterzimmer und die anderen vorn an der Front. Natürlich glaubte ich an Entwicklung und mir war klar, dass der Introvertierte ein guter Redner werden könnte, wenn er das wollte. Aber erst durch die Beschäftigung mit Motiven wurde mir bewusst, warum und unter welchen Voraussetzungen. Das wiederum änderte meinen Blick und meine Interventionen infolgedessen auch.

Jeder Coach und jeder Berater gibt seinen Klienten auch Bedeutung. Indem ich etwas benenne und einordne, was jemand anderes annimmt, forme ich dessen Wirklichkeit mit. Das sollte einem immer bewusst sein. Wir haben viel Verantwortung, auch die Verantwortung, immer wieder Neues zu lernen und unser Wissen zu aktualisieren.

Neben Entwicklungspsychologie, Tests und Persönlichkeit spielt in diesem Buch auch das Thema psychische Störung eine Rolle. Nicht zur Diagnostik, sondern um die Problematiken bewusst zu machen, die immer wieder auftreten. Wie viele Kollegen bin auch ich Borderlinern aufgesessen, die ich nicht sofort erkannt habe. Beim ersten Fall war ich naiv, beim zweiten hatte ich mich aufgrund des ersten eingelesen, Erfahrungen mit Kollegen reflektiert und vernahm ein sicheres Gefühl, war aber noch nicht soweit, sofort darauf zu hören. Beim dritten Fall konnte ich wahrnehmen und reagieren. So wird es auch Ihnen gehen und gegangen sein. Neben Borderlinern begegnen uns im normalen Arbeitsalltag aber auch Narzissten und Psychopathen, die keine wirklich Störung haben. Wie coache oder führe ich diese?

Mir geht es in diesem Buch einerseits darum, Ihnen Theorie und Praxis zu vermitteln, und andererseits auch meine eigenen Erkenntnisse, die ich in Zusammenhang mit psychologischen Themen hatte. Das bedeutet: Ich liefere hier und da meine eigenen Interpretationen, die einer Lehrmeinung durchaus widersprechen können. Ich will zudem die losen Fäden des Toolteppichs verknüpfen, den Coaches, Trainer und Personalentwickler in Ausbildungen erhalten. Dabei überschreite ich bewusst und mit voller Absicht die Grenzen des Fachs Psychologie, denn es gibt wichtige Schnittstellen zu den Neurowissenschaften, Soziologie und Philosophie. Nicht ohne Grund hat die Psychologie eine lange philosophisch geprägte Tradition. Der Versuch der Behavioristen, die Psychologie als Naturwissenschaft zu definieren, ist gescheitert. Vielleicht erinnern sie sich: der Behaviorismus, der pawlowsche Hund und die Skinner-Box. Reiz-Reaktions-Mechanismen standen im Mittelpunkt.

Die Psychologie führt mich auch zu meinen eigenen Wurzeln, denn diese Schnittstellenthemen haben mich schon als Schülerin fasziniert. Mit 14 habe ich

Freud gelesen, Alice Miller war eine treue Begleiterin meiner Jugendjahre. Ich liebte Arthur Köstler, einen Kritiker der damaligen behavioristischen Auslegung der Psychologie, die danach strebte eine Naturwissenschaft zu sein und das rein beobachtbare Verhalten in den Mittelpunkt der Betrachtungen schob.

Meine Mutter stellt rückblickend fest, dass mir ein Besuch bei einer unsympathischen Familientherapeutin mit 16 Jahren den Gedanken daran, Psychotherapeutin zu werden, ausgetrieben habe. Zeitweise habe ich es bereut, jetzt nicht mehr.

Es wäre nichts für mich gewesen: zu starr, zu wenig interdisziplinär, zu formal und zu sehr auf Messbarkeit basierend. Mein vernetztes Denken war damals in den Geisteswissenschaften besser aufgehoben, also absolvierte ich ein Magisterstudium mit Abschluss sowie das Lehramtsstudium ohne, aber mit allen Scheinen in Pädagogik. Lange Zeit später setzte ich einen Abschluss in Wirtschaftspsychologie drauf, weil ich Statistik nachholen wollte und weil mich die Verhaltensökonomik sehr interessierte. Das war eine wichtige Erfahrung, die ich nicht missen möchte. Seitdem weiß ich, dass ich nicht promovieren möchte, was andere mir immer nahegelegt haben, weil ich zwar den Wissendurst eines Forschers habe, nicht jedoch seine Anpassungsbereitschaft.

Wenn Sie dieses Buch lesen, lesen Sie keine professorale Abhandlung, sondern das Buch einer Praktikerin, die mit Tausenden Menschen und Hunderten Unternehmen aus verschiedenen Kontexten gearbeitet hat. Ohne diese praktische Erfahrung wäre alles, was ich je gelesen und gelernt habe, nur eine leere Hülle. So ist, das hoffe ich jedenfalls, ganz schön viel Leben drin.

Ihre Svenja Hofert

Coaching als Psychococktail mit Risiken

Sarah ist eine entfernte Bekannte. Sie hat Modedesign studiert und bietet jetzt ein persönlichkeitsorientiertes Coaching zum Thema Stil an. Ich habe einen Gutschein bekommen und sitze ihr gegenüber. Sie erzählt mir von ihrer Coaching-Ausbildung und dass sie dort vor allem »das Fragen« gelernt habe. Deshalb wolle sie mit mir zunächst einen Fragebogen durchgehen und einiges zu mir als Person und Mensch erfahren. Denn natürlich passt nicht zu jeder Person derselbe Stil. Soweit, so klar. Sie fragt mich nach Lieblingsfarben, was ich mit Farben verbinde, welche Formen ich mag und wie mich andere sehen. Dann versucht sie ein »inneres Team« nach Friedemann Schulz von Thun mit mir aufzustellen mit der Leitfrage, welche Anteile sich bei mir melden, wenn ich mich kleide. Das alles macht Spaß und ist entspannt, aber ehrlich gesagt, hatte ich das Gefühl, dass wir diese Stunde nur verplempern, in der ich mir einfach nur klares Feedback erwartet hätte und konkrete Tipps.

Natürlich hatte sie eine umfassende Auftragsklärung gemacht – laut ihres Coach-Ausbilders unabdingbar! – und mir ihren Ansatz in aller Breite vorgestellt. Aber ihre Vorgehensweise auf den individuellen Kunden – auf mich – abzustimmen, das hatte sie nicht gelernt. Auch die Tatsache, dass Tools wie das innere Team für Menschen auf bestimmten Entwicklungsstufen hilfreich sind – nämlich für jene, die sich ihrer inneren Anteile noch nicht richtig bewusst sind –, für andere jedoch nicht, davon hatte sie keine Ahnung. Überhaupt war eine Individualisierung der Vorgehensweise nicht Teil ihres Konzepts. Das ist ein kritischer Punkt in einer Zeit, in der wir auf allen Ebenen immer klarer sehen, dass es weder den einen Persönlichkeitstyp noch die eine passende Vorgehensweise gibt. Jeder Mensch ist einzigartig, und nicht jedem hilft dasselbe. Aus meiner Sicht kann man Coaching deshalb nicht wie ein standardisiertes Produkt behandeln, das jedem gleichermaßen verabreicht wird. Es muss individualisiert sein. Und um es individualisieren zu können, benötigen Coaches (aber ebenso Berater, Personalentwickler und Führungskräfte) Wissen über den Menschen.

Das Beispiel zeigt, dass Coaching weite Kreise zieht. Nicht nur das, es wird außerdem vermehrt für Kontexte genutzt, in denen es nichts zu suchen hat: Die gleichen Methoden und Tools werden auf alle angewendet. »Smarte« Zielvereinbarungen gehören ebenfalls dazu. Mit bestimmten Menschen – ich gehöre dazu – ist es unnötig, Zielvereinbarungen zu machen. Sie gehen fließend zum Ziel und erreichen es auch so. Neu-Coaches differenzieren da in vielen Fällen zu wenig. Auch die,

die Coaching zertifizieren, haben da meiner Meinung nach einen blinden Fleck. Dazu später mehr.

Viele lernen in Coaching-Ausbildungen vor allem das aktive Zuhören und das Fragen als wichtigste Coaching-Interventionen. Die Modelle von Schulz von Thun sind ebenso sehr verbreitet, jedenfalls bei uns in Deutschland, was natürlich daran liegt, dass dieser berühmte Kommunikationspsychologe an der Universität Hamburg lehrte. Das bereits erwähnte »innere Team« gehört zu den fraglos am meisten verbreiten Coaching-Tools in deutschen Landen. International gibt es die unter anderem in der Gestalttherapie verbreitete »Teilearbeit« ebenfalls, nur heißt sie dort anders.

Bei uns wie auch international ein Klassiker ist die »Wunderfrage« nach Steve de Shazer, die auf der Kristallkugeltechnik von Milton Erickson beruht. Ziel ist es, die Energien auf Ressourcen zu lenken, den Blick auf bisher nicht gesehene Lösungen zu lenken. Dabei soll der Klient sich vorstellen, dass über Nacht ein Wunder geschehen sei und das zuvor definierte Problem nun gelöst. Bei Erickson kommt die Kristallkugel hinzu, die der Coach vor dem Klienten entstehen lässt, wobei er ihn in Trance versetzt. Dann folgt ein Blick in die Zukunft, in der das Problem gelöst ist, sowie in die Vergangenheit, in der der Klient seine Ressourcen zur Lösung genutzt hat. Elemente aus dieser lösungsorientierten Kurzzeittherapie sind in den Ausbildungen häufig zu finden. Sie sind griffig und leicht anzuwenden. Auf den ersten Blick. Auf den zweiten steckt der Teufel natürlich im Detail. Nicht jeder Neu-Coach kann die aus der Frage resultierenden Reaktionen auffangen und weiterentwickeln. Vor allem dann, wenn Lösungen nicht von selbst aus den Klienten fließen, was häufig vorkommt. Oder wenn der Klient wie in Eingangsbeispiel eigentlich etwas anderes sucht, nämlich Beratung. Stellen Sie sich das kurz einmal vor.

Kleiner Coaching-Dialog

Coach: »Was ist dein größtes Problem?«

Ich: »Ich stehe oft vor dem Kleiderschrank und weiß nicht, was ich anziehen soll. Manchmal vergreife ich mich bei den Kombinationen.«

Coach: »Was müsste passieren, damit das Problem gelöst wäre?«

Ich: »Ich bräuchte jemanden, der mir bei der Einschätzung hilft, was gut zu kombinieren ist.«

Gut, ich übertreibe und mache einen kleinen Scherz. Sie merken daran aber vielleicht: Die Methode ist für das Anwendungsgebiet Stilberatung ebenso falsch wie das innere Team. Eine einfache Erwartungsfrage an mich hätte gereicht. Natürlich wissen gute Coaches das. Nur sind eben nicht nur gute und erfahrene Coaches am

Markt. Es gibt viele, die einfach eine Ausbildung durchlaufen haben, was sie eben in der Anwendung unsicher macht – dafür sind diese Ausbildungen in vielen Fällen zu kurz.

Für Führungskräfte, die immer öfter ebenfalls Coaching-Ausbildungen durchlaufen, bedeutet das Gesagte zusätzlich noch etwas Weiteres: Mitarbeiter befinden sich in einem Abhängigkeitsverhältnis, was dem Coaching eine ganz andere Färbung gibt. Das sollten sie sich immer bewusst machen.

Praxistipp: Wie Führungskräfte und interne Coaches mit ihrem Zwiespalt umgehen

Ich habe in meinen Ausbildungen öfter Teilnehmer aus Unternehmen, deren größte Herausforderung folgender Zwiespalt ist: Sie müssen im Sinne des Unternehmens handeln und gleichzeitig im Sinne des Coachees.

Das ist ein Dilemma, das man nur auflösen kann, indem man sich einen klaren und eindeutigen Unternehmensauftrag holt: Nimmt das Unternehmen die Folgen einer coachenden Führungshaltung in Kauf? Dann kann das bedeuten, dass bestimmte Fragen und Interventionen dazu führen, dass Mitarbeitern die eigene Abhängigkeit bewusst wird, sie sich mehr mit sich selbst und ihren Bedürfnissen auseinandersetzen und schließlich das Unternehmen verlassen. Wenn die Antwort auf diese Frage nicht eindeutig ausfällt, sollte man die Finger von tiefer gehenden Fragen lassen, die auch eine starke Selbstreflexion anregen. Das innere Team und die Wunderfrage sind allerdings meist unproblematisch. Das innere Team dient der Bestandsaufnahme, die Wunderfrage holt Antworten ans Tageslicht, die im Vorbewussten ohnehin schon warten.

Überall ist Individualisierung im Trend. Die Medizin entwickelt auf den Genotyp abgestimmte Medikamente, die Industrie kundenindividuelle Produkte. Nur im Coaching sollen Standards für alle gelten, wenn es nach manchen Ausbildern und Qualitätssicheren ginge.

Praxistipp: »Customizen« Sie Ihre Herangehensweise

Befreien Sie sich von diesem Dogma. Entwickeln Sie Ihre Vorgehensweise immer weiter, aber suchen Sie nicht nach dem einen Hammer, mit dem Sie alle Nägel in die Wand schlagen können. Menschen sind sehr unterschiedlich, beispielsweise hat jeder einen anderen emotionalen Stil und auch eine andere Art zu denken und zu handeln. Es gibt keine einheitliche »Logik«, deshalb kann man auch nicht alle gleich bearbeiten. Es ist auch unsinnig, in jeder Situation einen Coaching-Vertrag zu machen, was nicht wenige Ausbilder lehren. Weg damit, wenn es den Kunden nicht hilft und sogar stört. Manchmal lässt sich gar kein klares Ziel im Coaching-Vertrag fassen und das Coaching ist trotzdem hilfreich. Flexibilität ist wichtig, sonst werden Sie zum Coaching-Beamten!

Definitionen von Coaching

Damit wir im Folgenden über das Gleiche sprechen können, will ich mich in den nächsten Abschnitten mit der Definition von Coaching beschäftigen. Diese ist keineswegs einheitlich.

Was ist Coaching für Sie? Was haben Sie gelernt? Wenn ich in meinen Seminaren frage, was Coaching ist, bekomme ich die unterschiedlichsten Definitionen geliefert. Schaut man hinter die Kulissen, zeigt sich, dass vielen diese Breite nicht klar ist und dass ihr eigenes Selbstverständnis von dem des jeweiligen Ausbilders, eines Verbandes oder einer Institution geprägt ist.

Wie unterscheidet sich Coaching von Beratung? Bevor ich weiter aushole möchte ich auf die Definition von Edgar E. Schein zurückkommen, an denen sich Grenzlinien gut festmachen lassen.

Grenzlinien in der Beratung nach Edgar E. Schein

Er unterscheidet zwischen

- Fachberatung,
- Prozessberatung und
- Beratung nach dem Arzt-Patienten-Modell.

Die einen definieren Coaching mehr als Prozessberatung, das geschieht üblicherweise im Business-Coaching-Kontext. Hier stehen Leistungssteigerung und Zielorientierung im Vordergrund. Damit ist dieses Coaching an konventionellen gesellschaftlichen Werten ausgerichtet. Dieses Coaching nenne ich fortan »Coaching-Verständnis A«.

Betrachtet man es aus Sicht der Neurobiologie betrifft diese Art des Coachings die obere limbische Ebene nach dem 4-Ebenen-Modell von Gerhard Roth (Roth 2017). Auf dieser Ebene passt sich das Gehirn also an gesellschaftliche Normen und Regeln an. Grundlegende Veränderungen der Persönlichkeit spielen hier keine Rolle – diese liegen auf tieferen Ebenen.

Andere interpretieren Coaching mehr als Beratung nach dem Arzt-Patienten-Modell, als eine Art »Mini-Therapie« für eigentlich Gesunde oder Menschen mit leichten Störungen wie etwa zu geringem Selbstbewusstsein. Im 4-Ebenen-Modell betrifft das die mittlere limbische Ebene. Dort geben zum Beispiel Motivationen und Bedürfnisse Emotionen und Handlungsimpulse vor. Dieses Coaching nenne ich im weiteren Verlauf »Coaching-Verständnis B«.

Die B-Interpretation spiegelt sich unter anderem in der psychosozialen Beratung wieder. Das nennt sich Counseling und geht auf Carl Rogers zurück, der dazu in den 1940er-Jahren ein Standardwerk verfasste. Counseling konnte sich im deutschsprachigen Raum, vor allem in Deutschland, bisher aber unter diesem Namen kaum durchsetzen. Ein Grund dafür ist ein fast schon dogmatisches Fokussiertsein auf das »Systemische«, das als Lösung für alles zitiert wird – und auch deshalb für die unterschiedlichsten Ansätze und Denkschulen missbraucht wird. Dazu später mehr.

In den meisten Definitionen hat Business-Coaching klar das Ziel der Leistungsförderung – und zwar im Sinne des Unternehmens, also des Auftraggebers, falls das Coaching ein externer Coach ausführt und nicht die Führungskraft oder ein interner. Es handelt sich insofern um eine Form der Prozessberatung, die eine Zielklärung zwingend voraussetzt.

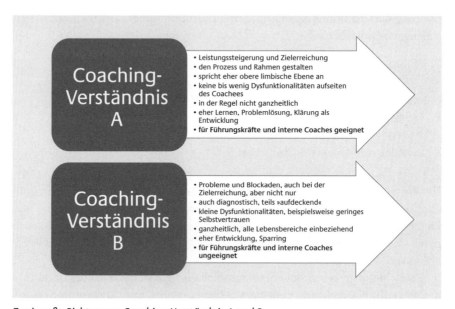

Zwei große Richtungen: Coaching-Verständnis A und B

Zielgruppen sind in diesem Fall vor allem Führungskräfte. In der letzten Zeit wurden Fachkräfte ebenfalls dazu definiert, was die Grenzen zunehmend verschwimmen ließ. Wer ist keine Fachkraft? Das impliziert nun einen klaren Auftrag: Wenn es um Themen wie »eigene Potenziale nutzen« oder »sich selbst entwickeln« geht, muss dies dem Unternehmen zugutekommen. Jeder, der in diesem Kontext arbeitet, weiß, dass hier schnell Interessenkonflikte auftauchen – spätestens, wenn Coach und Coachee merken, dass die wirklichen Potenziale des Menschen in diesem Unternehmen nicht zum Tragen kommen. Blendet man das aus? Spricht man darüber? Entscheidet sich ein Coach dafür, vielleicht auch in Absprache mit dem Auftraggeber, betritt er den Bereich der Beratung nach dem Arzt-Patienten-Modell.

Dahinter verbergen sich zwei Ansätze. Der Ansatz, den die Amerikaner und Briten »Counseling« nennen, geht von einer relativen Gesundheit der Menschen aus. Die Zielorientierung des Coachings verschwindet. Es wird psychologischer. Die Hauptintervention des Coachs ist immer noch das Fragen, aber mehr im Sinne eines aktiven Zuhörens, das auch auf Carl Rogers zurückgeht, als mit Blick auf eine Lösungsorientierung und einem Erreichen der Leistungsziele. Ursachenforschung kann ins Spiel kommen – also Diagnose und Analyse. Dabei muss man sich zwangsläufig mit der Vergangenheit auseinandersetzen, spielt diese doch stets in die Gegenwart hinein – beispielsweise in Form von Glaubenssätzen und Grundüberzeugungen. Biografiearbeit zielt deshalb auf das Erkunden von Werten, Motiven, unbewussten und vorbewussten Themen. Sie ist nicht wirklich zielgerichtet. Es ist zudem unklar, was sie heraufbefördert, deshalb ist sie eher dem Counseling zugehörig.

Coaching als Prozessberatung	orientiert an unmittelbaren Zielen und Lösungen
	Fokus auf Leistungssteigerung
	für Führungskräfte und interne Coaches passend
Coaching als Counseling	orientiert an der Steigerung von Arbeits- und Lebenszufriedenheit
	ganzheitlicher Fokus auf den Menschen
	für Führungskräfte und interne Coaches oft heikel

Führungskräfte, interne Coaches und Personalentwickler sollten sich diese feinen Unterschiede besonders bewusstmachen: Coachen sie im Sinne des Business-Coachings? Sind sie also unmittelbar ziel-, lösungs- und leistungsbezogen? Oder coachen sie, um etwas herauszufinden, das auf einer tieferen Ebene liegt und die Beschäftigung mit der Vergangenheit notwendig macht? Ersteres ist unkritisch auch im Unternehmenskontext. Für Letzteres empfehle ich, eine persönliche Haltung zu entwickeln und sich immer einen Auftrag zu holen (s. S. 43).

Praxistipp: Und was tun Sie, wenn Sie coachen?

Anhand des Modells von Edgar E. Schein können Sie Ihr eigenes Coaching analysieren und daraufhin untersuchen, ob Sie mehr im Counseling oder Business-Coaching verhaftet sind. Nehmen Sie noch den Aspekt des Trainings dazu, also des Beibringens von Kompetenten und Inhalten:

- In welchen Situationen sind Sie reiner Prozessgestalter?
- In welchen Situationen agieren Sie nach dem Arzt-Patienten-Modell?
- Wann sind Sie Berater?
- Wann sind Sie Trainer?
- Welche Methoden und Fragetechniken wenden Sie jeweils an?
- Wo genau kommt Psychologie ins Spiel?
- Wo sind Ihre Grenzen aufgrund Ihrer Rolle?

Zwischen Coaching und Counseling

Ist Counseling noch Coaching? In Deutschland ja. Die Definitionen von Coaching gehen weit auseinander und vor allem immer mehr in die Breite. Wenn man internationale Definitionen vergleicht, erklären diese, warum das so ist. Für mich gibt es zwei wesentliche Ursachen für diese Unterschiede:

- das Ausbildungssystem und das damit verbundene berufliche Selbstverständnis in den verschiedenen Ländern
- das kulturelle Selbstverständnis

Das Ausbildungssystem und das damit verbundene berufliche Selbstverständnis in den verschiedenen Ländern: In anderen Ländern gibt es nicht nur Beratung und Coaching wie bei uns, sondern auch unterschiedliche Therapieformen. Die eine leitet sich aus dem psychologisch-klinischen Bereich ab, die andere aus dem pädagogischen. Diese beiden Therapieformate sind Counseling und Therapie (therapy). Counseling ist eine psychosoziale Beratung mehr oder weniger gesunder Personen. Die National Career Development Association (NCDA) definiert es so: »Counseling is a professional relationship that empowers diverse individuals, families and groups to accomplish mental health, wellness, education and career goals.« (Counseling ist eine professionelle Beziehung, die unterschiedliche Individuen, Familien und Gruppen befähigt, seelische Gesundheit, Wohlbefinden, Bildung und Karriereziele zu erreichen.) Nachzulesen unter: http://www.ncda.org/aws/NCDA/pt/sd/news_article/46430/_self/layout_details/false

Diese Definition ist von der Humanistischen Psychologie geprägt, nicht von systemischen Ansätzen – was nicht heißt, dass dahinterstehende Denken nicht systemisch und konstruktivistisch wäre. Das ist es durchaus!

Therapie richtet sich an Menschen, die krank sind. In den USA und Großbritannien kann man sowohl Psychologie als auch Counseling studieren. Counseling ist dabei ein Fach, das in der Regel den Erziehungswissenschaften zugeordnet wird. In einigen US-Staaten benötigen Counselors ein pädagogisches oder ein psychologisches Studium, für Business-Coaches gilt dies dagegen nicht. Counseling ist in den USA so etwas wie der kleine Einstieg in die Psychotherapie. Um allgemeiner Counselor zu werden, benötigt man 60 Semesterwochenstunden, für Career Counseling nur 40. Psychotherapie ist nur durch die Schwere der Symptome, die ein Klient hat, von Counseling abzugrenzen – und über die Ausbildung der Anbieter. Amerikanische Psychotherapeuten haben im Unterschied zu unseren – die psychologische oder medizinische Psychotherapeuten sein können – oft einen Doktortitel. In Großbritannien gibt es die Unterscheidung zwischen Coaching, Counseling und Therapie ebenso. Auch hier setzt Counseling ein Studium voraus. Career Counseling hat in den USA einen besonders hohen Stellenwert, da die Amerikaner mit ihrer individualistisch geprägten Kultur an die Selbstverwirklichung im Beruf viel mehr als andere Nationen glauben.

So wundert es nicht, dass fast die gesamte Berufsorientierungsliteratur aus dem amerikanischen Bereich von Counselors stammt, nicht von Coaches. Zum Counseling gehört zudem Career Development, also Karriereentwicklung. Barbara Sher und Nelson Bolles, die bekanntesten amerikanischen Buchautoren in diesem Bereich, schrieben ihre Bücher aus der Perspektive eines Counselors. Berufliche Neuorientierung – das sieht man beispielsweise auch am »Career Counselor's Handbook« von Harald Figler und Nelson Bolles – ist vollständig in den Händen von Counselors. Career Coaching dagegen ist eher das, was wir Karriereberatung nennen. Hier stehen Optimierung von Lebensläufen und LinkedIn-Profilen sowie Vorbereitungen auf Vorstellungsgespräche im Fokus.

Amerikanische Autoren haben die Haltung deutscher Akteure in der beruflichen Neuorientierung stark geprägt. Damit einher geht eine generell ablehnende Einstellung gegenüber Testverfahren. Counselors amerikanischer Schule setzen eher auf das Freilegen von Interessen. Das könnte man in dieser Einseitigkeit aus wissenschaftlicher Sicht kritisieren. Interessen sind nachgewiesen, aber nicht das, was jemanden im Beruf erfolgreich macht. Berufszufriedenheit entsteht vielmehr, wenn man entsprechend seiner Persönlichkeit tätig sein darf.

In Deutschland konnte sich Counseling bisher nicht etablieren, es ist kein geschützter Begriff und keine Berufsbezeichnung. In der Schweiz gibt es seit 2013 einen offiziellen Counseling-Abschluss »Beraterin beziehungsweise Berater im psychosozialen Bereich mit eidgenössischem Diplom«, der von der Schweizerischen Gesellschaft für Beratung SGfB verliehen wird. Dafür sind mindestens 600 »Lektionen in Theorie, Selbsterfahrung und Supervision« nötig sowie 30 Stunden klientenbezogene Supervision. Auch die Zulassungsvoraussetzungen sind mit mindestens drei Jahren aktiver Praxis hoch. In Österreich gibt es seit einigen Jahren Master in Counseling Psychology. Hier agiert der Verband BVPPT. Wer aufgenommen werden möchte, muss eine mehrjährige berufsbegleitende Weiterbildung »auf der Basis der Humanistischen Psychologie oder systemischer Konzepte« vorweisen. Die Anerkennung erfolgt dann als »Counselor/Pädagogisch – therapeutische/r BeraterIn, grad. (BVPPT).«

Counseling hat also einen ganz anderen Anspruch als Coaching, ist aber bei uns oft darin aufgegangen – vor allem gilt das für den beruflichen Kontext. Gleichzeitig sind die Coaching-Ausbildungen nicht auf Counseling ausgerichtet, das können sie aufgrund ihres geringen Umfangs auch nicht. So entsteht meiner Meinung nach oft ein Dilemma: Die Klienten suchen Counseling und bekommen etwas, das unklar definiert ist. Im Grunde ist es mehr eine psychosoziale Beratung als Business-Coaching. Gleichzeitig haben diejenigen, die es anbieten, nicht immer die Voraussetzungen und psychologischen Kenntnisse, um auf diesem Feld agieren. Das liegt im derzeitigen Ausbildungssystem begründet. Jeder kann Coach werden, die Grenze zum Counseling wird nicht gezogen.

Das kulturelle Selbstverständnis: Das Menschenbild ist ein weiterer, kritischer Punkt. Ein unabhängiger Mensch, der nach beruflicher und persönlicher Selbstverwirklichung strebt, ist zugleich ein reifer Mensch. Doch längst nicht jeder Mensch ist in diesem Sinn reif. Coaches, die eigentlich Counselors sind, kommen deshalb gar nicht darum herum, sich mit Themen persönlicher Entwicklung zu beschäftigen. Ich halte es für wichtig, sich als Coach darüber klar zu werden, mit welchen Grundannahmen über den Menschen man sein eigenes Coaching gestaltet.

Praxistipp: Was ist Ihr Selbstverständnis als Coach, als Personalentwickler oder Führungskraft?

Hinterfragen Sie Ihre eigene Prägung, Ihre Grundannahmen:
- Welche Annahmen über den Menschen haben Sie?
- Wie schauen Ihre Annahmen über Coaching aus?
- Wo ziehen Sie die Grenzlinie zwischen Coaching und etwas anderem, zum Beispiel Counseling?
- Wie wirkt sich Ihre kulturelle Prägung auf Ihr Selbstverständnis aus?
- Wie wirkt sich Ihre kulturelle Prägung auf Ihre Klienten oder Mitarbeiter aus?
- Was haben eigene Wertvorstellungen mit Ihrem Coaching-Verständnis zu tun?

Die angloamerikanische Perspektive

In den USA sieht man Coaching – eben im Unterschied zu Counseling – als Hilfe an, um Ziele zu erreichen, in der Regel Leistungsziele. Wenn ich amerikanische Bücher gelesen habe, war ich oft überrascht, wie »pushy« die Coaches rüberkamen. Sie hatten wenig Distanz zu ihren Coachees, sondern verstanden sich immer auch als aktive Mitgestalter, fast als Trainer. Lese ich Selbstdarstellungen, so geht es immer um »goals« und »career objectives«. Coaching ist eindeutig dazu da, die Leistung zu steigern (»to prove performance«). Das amerikanische und auch britische Coach-Verständnis ist damit nah an der Idee eines Sportcoachs, der auch schon mal reingrätscht und sich voll engagiert. Es ist fast schon ein Trainer – ein Personaltrainer.

Die USA trennten früh Life-Coaching von Business-Coaching. Letzteres ist dort immer noch vor allem Executive oder Leadership-Coaching. Life-Coaching tangiert dagegen die Lebensbereiche, die nicht beruflich sind. Es geht hier meistens um persönliche Potenziale. Aber auch hier steht der Effizienzgedanke im Vordergrund.

Der Coach grenzt sich dabei deutlich zum psychologischeren Counselor ab. Coaches wird auch ein legerer Umgang mit ihren Klienten zugesprochen. »Coaches are more personal and tend to disclose more of their own experience than counselors«, schreibt Eva Malia auf ihrer Website www.evamalia.me, die beides anbietet und voneinander abzugrenzen sucht. Das bedeutet, dass Coaches eher zugesprochen wird, auch ihre beruflichen Erfahrungen, etwa als Führungskraft, zu teilen. Die Zielorientierung bezieht sich gerade auch auf Executive-Coaching und Leadership-Coaching, das Führungskräfte anspricht.

Die in Deutschland als Coach und Autorin bekannte Astrid Schreyögg schreibt dazu auf der Website: »In den USA scheint man sich primär an dem Psychological Counceling oder an der Organisationspsychologie zu orientieren. Dementsprechend bemüht man sich dort auch stärker, das Coaching von entsprechenden Arbeitsformen, etwa vom Training abzugrenzen, während es im deutschen Sprachraum meistens um eine Abgrenzung von der Supervision im Sinne von Clinical Supervision oder um eine Abgrenzung von der Psychotherapie geht« (http://www.schreyoegg.de/content/view/114/33/).

Für unser Thema Psychologie bedeutet das: Wir sollten unser Verständnis von Coaching zielgruppenadäquat differenzieren. Während Führungskräfte und von Firmen angeheuerte Business-Coaches zumindest theoretisch auf das Thema Leistung und Zielerreichung fokussiert sind, arbeiten Coaches im beruflichen Umfeld thematisch deutlich weiter gefasst und näher an ganzheitlichen Fragestellungen. Überall sind Kenntnisse über den Menschen und seine Psychologie wichtig – im letzteren Fall aber noch einmal mehr als im ersteren. Die Frage ist allerdings, ob sich die derzeit überall spürbare Abkehr von der reinen Leistungsorientierung hin zu mehr Ganzheitlichkeit auch auf das andere Thema auswirkt.

Die deutsche Perspektive

Schauen wir uns einmal einige Definitionen von Coaching an, die aus Deutschland stammen.

Deutscher Bundesverband Coaching e. V. (DBVC): Der DBVC, der nach eigenen Angaben größte deutsche Coaching-Verband, definiert Coaching auf seiner Website folgendermaßen: »Coaching ist die professionelle Beratung, Begleitung und Unterstützung von Personen mit Führungs-/Steuerungsfunktionen und von Experten in Unternehmen/Organisationen. Zielsetzung von Coaching ist die Weiterentwicklung von individuellen oder kollektiven Lern- und Leistungsprozessen bezüglich primär beruflicher Anliegen. [...] Durch die Optimierung der menschlichen Potenziale soll die wertschöpfende und zukunftsgerichtete Entwicklung des Unternehmens/der Organisation gefördert werden« (www.dbvc.de).

Lern- und Leistungsprozesse stehen also im Mittelpunkt. Das impliziert schon etwas mehr als das amerikanische Verständnis. Aber es ist immer noch auf Ziele, Ergebnisse, Leistung ausgerichtet. Im Sinne der Unterscheidung von Edgar E. Schein in Fachberatung, Prozessberatung und Beratung nach dem Arzt-Klienten-Modell ist es eine zielorientierte Prozessberatung.

DVLNP e.V.: Der DVLNP, dessen Mitglieder einen Hintergrund im NLP (Neurolinguistisches Programmieren) haben, schreibt dagegen: »Coaching ist die individuelle Begleitung eines Menschen in beruflichen oder persönlichen Reflexions- und Veränderungsprozessen« (www.dvlnp.de).

Hier sind wir also erheblich näher am Arzt-Klienten-Modell nach Schein, also am Counseling. Es geht in dieser Definition überhaupt nicht um Leistung oder Zielerreichung. Ich finde, es handelt sich um zwei verschiedene Coaching-Produkte. Das zweite ist wiederum Counseling-näher, also psychologischer.

Die Universität Augsburg: Auf der Website der Universität Augsburg findet man folgende Definition, die noch eindeutiger einen Coaching-Counseling-Mix beschreibt: »Coaching dient der Stärkung und Stützung bei herausfordernden Entscheidungen, in Konflikt- und Krisensituationen oder bei der Mitgestaltung von Veränderungsprozessen« (www.uni-augsburg.de).

Die Wirkrichtung ist hier bereits in der Beschreibung enthalten. Es geht nicht um irgendeine Begleitung, sondern um psychologische Stärkung.

Autorin und Coach Sonja Radatz: Die Autorin Sonja Radatz schließlich schreibt in ihrem Buch »Beratung ohne Ratschlag« (2000): »Coaching ist die maßgeschneiderte Problemlösung im Spannungsdreieck zwischen Beruf, Organisation, und Privatleben oder in einem dieser Bereiche – eine Problemlösungsmethode, in welcher der Coach für die passenden Fragen, hilfreichen Zusammenfassungen und die Einhaltung des Ablaufs verantwortlich ist, und der Coachee eigenständige Lösungen für seine Situation – für seine anstehenden Fragestellungen – findet.«

Radatz verzichtet auf den Leistungsbegriff, betont aber gleichzeitig die Prozessberatung. Sie grenzt nicht ein, um welche Fragestellungen es geht. Sie postuliert deutlich das Nichteingreifen und die Prozessgestaltung. Dass das Spannungsdreieck größer sein könnte – Sinnfragen lassen sich oft nicht Beruf oder Organisation oder Privatleben zuordnen, sondern sind auch im gesellschaftlichen und spirituellen Kontext zu sehen – formuliert sie nicht. Sie geht weiterhin davon aus, dass der Coachee wirklich eigenständige Lösungen finden kann. Bedenkt man, dass mehr als 50 Prozent aller Erwachsenen noch nicht in einer Reifestufe sind, die das ermöglicht (mehr dazu im Buchteil »Bausteine der Persönlichkeit«, S. 73 ff.), ist das eine durchaus fragwürdige Annahme.

Neue Hamburger Schule: Die sogenannte »neue Hamburger Schule« wiederum stellt den Aspekt des Lernens in den Mittelpunkt: »Coaching ist der durch die Werte Freiheit, Freiwilligkeit, Ressourcenverfügung und Selbststeuerung gebildete Kontext, in dem mit Hilfe des strukturierten Coaching-Prozesses in Bezug auf ein Thema, die Wahrnehmung erweitert, die Entscheidungsfähigkeit gefördert und Verhaltensalternativen ausgelöst werden, um eine emotional gewollte und nachhaltige Selbstlernkonzeption des Coachee, der Gruppe oder des Teams zu erreichen« (www.hamburger-schule.net).

Es geht darum, Verhaltensalternativen aufzufächern. Im Mittelpunkt steht die Entscheidungsfähigkeit des Coachees. Es wird erwartet, dass er im Coaching-Prozess dazulernen kann. Hier ist erstmals davon die Rede, dass sich durch Coaching etwas ändert, etwa die Wahrnehmung erweitert wird.

Institut für Angewandte Psychologie: Das IFAP Köln schließlich schreibt auf ihrer Website: »Coaching ist ein professioneller, individueller Begleitprozess für Menschen in herausfordernden beruflichen und privaten Lebenssituationen. Ihre Klientinnen und Klienten sind die Experten für ihre Inhalte, ihr Leben – Sie als Coach sind der Experte für den Prozess und die Struktur« (http://www.ifap-koeln.de/angebote/coachingausbildung/).

Auch hier wieder Prozessgestaltung – nicht aber Leistungsorientierung. Lernen? Entwicklung? Offenbar kein Thema im offiziellen Coaching-Verständnis, sehr wohl aber im gelebten.

Autor und Coach Björn Migge: Björn Migge macht in seinem Buch »Handbuch Coaching und Beratung« (2014, S. 30) zwei Definitionsvorschläge: »Coaching ist eine gleichberechtigte, partnerschaftliche Zusammenarbeit eines Prozessberaters mit einem gesunden Klienten. Der Klient beauftragt den Berater, ihm behilflich zu sein: bei einer Standortbestimmung, der Schärfung von Zielen oder Visionen sowie beim Entwickeln von Problemlösungs- und Umsetzungsstrategien oder bei dem gezielten Ausbau von Kompetenzen und oder der verantwortungsvollen Steigerung von Leistungen: Die Klienten sollen durch die gemeinsame Arbeit an Klarheit, Handlungs-, Leistungs- und Bewältigungskompetenz gewinnen. Langfristig soll dies zu einer besseren Lebensqualität und Übereinstimmung von Werten und Lebenswirklichkeit des Klienten führen. Coaching ist eine handlungs- und ergebnisorientierte Interaktion.

Business-Coaching ist die individuelle vorwiegend prozessorientierte Beratung, Begleitung und Unterstützung von Personen mit Führungs- und Steuerungsfunktionen in Organisationen. Dazu gehört auch die Beratung von Selbstständigen und Experten. Hierbei geht es um die auftrags- und zielgebundene Entfaltung individueller mentaler und sozialer Schlüsselkompetenzen und konkreter Strategien zur Erfolgsverbesserung.

Diese Definition ist die breiteste, die ich gefunden habe. Sie grenzt sich nur von Psychotherapie deutlich ab.

Sie sehen: Coaching ist nichts Einheitliches. Zehn verschiedene Whiskeysorten haben mehr Gemeinsamkeiten als alle diese verschiedenen Verständnisse. Es ist nicht einmal klar, was Coaching eigentlich bewirken soll. Es gäbe noch viele weitere Coaching-Definitionen. Am Ende lässt sich jede in eine meiner Richtungen A oder B einordnen, teils ist es eine A/B-Kombi.

Am Ende kann man nur zu einem Schluss kommen. Was Coaching ist, definiert auch die jeweilige Landeskultur. In Deutschland ist das amerikanische Leistungsprinzip nur teilweise positiv besetzt. Das führt meiner Meinung nach dazu, dass im Coaching das Thema Leistung und Performancesteigerung wegdefiniert wird. Es geht vielmehr um Lösungen für die eigene Situation – das dürfen auch gern die Selbstverwirklichung oder der Karriereausstieg sein.

Hintergrund: Wie Spiral Dynamics die unterschiedlichen Coaching-Verständnisse erklärt

Das Phänomen ließe sich mit dem Modell der Spiral Dynamics® gut erklären (s. auch S. 213). Spiral Dynamics® entwickelten sich aus dem Modell von Clare W. Graves, der zusammen mit Abraham Maslow forschte. Es beschreibt, wie sich Meme in Kulturen, Gesellschaften und Menschen abbilden und entwickeln. Meme sind Bewusstseinseinheiten, im Grunde der psychologische Gegenpart zu einem biologischen Gen.

Die Autoren Don Beck und Christopher Cowan haben das Modell von Graves in Farben übersetzt, was es sehr fassbar macht. Danach gibt es einen beigen Bewusstseinszustand, der dadurch gekennzeichnet ist, dass das nackte Überleben im Vordergrund steht. Hat dieser sich überlebt, folgt das Purpurne – gekennzeichnet unter anderem durch Patriarchat und Fürsorge, Treue und Loyalität. Die nächste Ebene ist die rote – geprägt von Dominanzstreben und Eroberung. Es folgt die Farbe Blau – hier dominieren Regeln, Gesetze und Ordnung. Das nächste Level ist orange, charakterisiert durch Zielerreichung und individuelle Leistung. Auf Orange folgt Grün – hier geht es um Dialog und Zusammenarbeit. Die Ebenen führen abwechselnd vom Ich zum Wir. Beige, Rot und Orange sind Ich-bezogen. Purpur, Blau und Grün stellen das Wir in den Mittelpunkt.

Wenn Sie das reflektieren, können Sie wahrscheinlich das deutsche Coaching-Verständnis im blauen und das amerikanische im orangen Bereich verorten. Counseling wiederum ist grün.

Nach diesen Ebenen folgt die sogenannte second tier, die alle Ebenen auf einem höheren Niveau wiederholen lässt. Das Level gelb etwa integriert alle vorherigen Level und gibt etwas Neues dazu: das Interdisziplinäre und Flexible beispielsweise. Wenn ich also demnächst von Flexi-Coaching spreche, ist das ein gelber Gedanke. Er besagt, dass entscheidend ist, wo mein Klient sich gerade bewegt und was er denken kann.

Die Definitionen haben also wenig gemeinsam. Klar ist nur, dass es sich bei Coaching eher um Prozessberatung handelt. Klar ist auch, dass die Zielgruppe gesunde Menschen sind. Unklar ist aber, inwieweit Beratung nach dem Arzt-Patienten-Modell mit hineinspielt. Unklar ist damit zunächst auch, wie viel oder wenig Psychologie eigentlich enthalten ist. Aber das wollen wir jetzt Schritt für Schritt entwirren.

Hintergrund: Das unterschiedliche Verständnis von Coaching und die Konsequenzen

Amerikanische Coaches sind vor allem Zielerreichungshelfer und nutzen dazu Motivationsmethoden, deutsche Coaches haben ein teils engeres, teils breiteres Verständnis, das Aspekte des Counselings einbezieht. Dies gilt vor allem im Life-Coaching und im Coaching zu beruflichen Fragen, da die dort auftauchenden Fragestellungen oft sehr eng verknüpft sind mit Aspekten der Persönlichkeit, der Lebensbalance und das Umfelds. Berufliche Umbruchsituationen bringen immer auch persönliche Veränderungen und Entwicklungen mit sich. Wenn es um Potenziale, Lebensträume, Werte und Familienprägungen geht, kommen wir immer zu Themen, die die Psychologie des Menschen betreffen.

Wie fundiert ist Coaching?

Bevor wir zu einer Lösung für das Coaching-Problem kommen, möchte ich mit Ihnen zusammen noch einen weiteren Aspekt ansehen: die Wirksamkeit und Fundierung von Coaching. Diese wird teils mit der Wirksamkeit von Therapie gemeinsam betrachtet, da es erhebliche Überschneidungen gibt.

Kurz zusammengefasst ist mit Abstand der größte Wirkfaktor die Beziehung zwischen Therapeuten und Patient (das Gleiche gilt sicher auch für Coach und Klient). Keine Therapierichtung ist der anderen überlegen, vieles wirkt. Und: Entscheidend ist noch nicht einmal, ob es sich um Therapie oder eine andere Form der sozialen Hilfe handelt. Über die zugrundeliegenden Studien zur Wirksamkeit der Therapien erfahren Sie ab Seite 221 ff. mehr.

Festhalten lässt sich: Systemisches Coaching gibt es in den USA gar nicht in unserer Form und Verbreitung. Bei uns dominieren humanistische oder motivationsbezogene Ansätze. Von hier kommt man schnell zur Frage: Wie fundiert kann etwas sein, das eigentlich gar nicht einheitlich definiert ist? Auf welcher wissenschaftlichen Basis fußt dieses Coaching eigentlich?

Professor Siegfried Greif hat 2014 50 Coaching-Ausbildungen in Deutschland, Großbritannien und den USA verglichen. Über die Google-Suche hatte er die Top 50 der Coaching-Ausbildungen in den USA, in Großbritannien und in Deutschland ermittelt. Danach hat Greif die Präsentationen im Internet analysiert und – wo vorhanden – auch die Beschreibungen der Ausbildungspläne und weitere Erläuterungen. Nur sehr wenige erwähnten wissenschaftliche Begriffe, Theorien oder Methoden. Dabei hat er schon nach länderspezifischen Vorlieben recherchiert, in Deutschland zum Beispiel nach der »lösungsfokussierten Beratung«. In den USA und Großbritannien suchte er nach der kognitiv-behavioralen Psychotherapie oder der humanistischen Theorie von Carl Rogers. (Die Präsentation der Ergebnisse für einen Coaching. Kongress in Erding online abrufbar unter www.coaching-kongress.com (online unter http://www.coaching-kongress.com/wp-content/uploads/Greif-Siegfried_Coaching-in-Grenzfeldern-zwischen-Praxis-und-Wissenschaft.pdf).

Seine Ergebnisse ordnete Professor Greif in vier Kategorien ein:

○ »praktisch fundiert«: keine Hinweise auf wissenschaftliche Begriffe oder Bezüge: 38,3 Prozent, in Großbritannien 65,2 Prozent und in den USA sogar 71,7 Prozent
○ »wissenschaftlich informiert«: ein bis zwei wissenschaftliche Fachbegriffe, Theorien oder Methoden erwähnt. 40,4 Prozent in Deutschland.

- »teilweise wissenschaftlich fundiert«: drei und mehr wissenschaftliche Fachbegriffe, Theorien oder Methoden erwähnt: 17 Prozent in Deutschland im Vergleich zu jeweils 8,7 Prozent in den USA und in Großbritannien
- »wissenschaftlich fundiert«, sofern darauf verwiesen wurde, dass sich das Ausbildungskonzept auf wissenschaftliche Theorien und Methoden stützte beziehungsweise dass Wirksamkeitsstudien berücksichtigt wurden. Das nennt sich dann evidenzbasiertes Coaching: 4,3 Prozent in Deutschland, in den USA sogar nur 2,2 Prozent, in Großbritannien waren es aber immerhin 13,0 Prozent.

Coaching-Konzepte, die auf NLP beruhen, sind in Deutschland mit 36,2 Prozent sehr beliebt. In Großbritannien setzen 21,9 Prozent der Coaching-Ausbildungen darauf auf, in den USA nur 12,4 Prozent.

Nun heißt Wissenschaftlichkeit nicht per se, dass etwas gut im Sinne von effektiv, wirksam oder hilfreich ist – was wiederum drei Bewertungskriterien wären: hilfreich muss nicht effektiv und effektiv nicht wirksam im Sinn von hilfreich sein. Mitunter hilft allein Zuwendung, es muss dabei gar nichts erreicht werden.

Die Studie zeigt, was ich vorher bereits allgemeiner beschrieben habe: Coaching ist nichts Einheitliches und kann deshalb kaum wissenschaftlich untermauert werden. Das Einzige, worauf wir uns verlassen können, ist das Empfinden des Klienten. Sieht er etwas als nützlich an? Wir könnten auch einen weiteren Maßstab anlegen: Wie sehr bringt Coaching einen Menschen weiter? Das ist normalerweise nicht unmittelbar nach einem Coaching zu sehen und ist von der Zufriedenheit entkoppelt.

In unserer neunmonatigen TeamworksPLUS-Ausbildung erleben wir es oft, dass Teilnehmer in ein Loch fallen, wenn sie sich verändern. In dem Moment kann es passieren, dass sie sich und auch die Ausbildung infrage stellen. Im Coaching ist das ebenso. Die Erfahrung zeigt, dass sich das immer nach neun Monaten gegeben und ins Positive gewandelt hat. Wirksamkeit jenseits der Zielerreichung lässt sich also oft gar nicht sofort erkennen und sie hat (mindestens) zwei Ebenen: Die Zufriedenheit des Klienten und seine durch ihn selbst wahrgenommene Entwicklung nach einigen Monaten. Evaluierungen sollten dies berücksichtigen und entsprechend vielschichtig sein.

Geht es im klassischen Business-Coaching um die Leistungssteigerung einer Führungskraft, so ist es ein Misserfolg, wenn diese nicht erfolgt. Was aber, wenn es zur Leistungssteigerung kommt, aber die Führungskraft wird unzufriedener? Oder wenn die Leistungssteigerung ausbleibt und die Führungskraft kündigt und zufriedener wird?

Hintergrund: Wie Coaching wirkt und wann es schadet

Carsten Schermuly, Professor für Wirtschaftspsychologie an der SRH Hochschule Berlin, hat mit drei Forscherkolleginnen negative Effekte des Business-Coachings untersucht. Bei jedem Coaching fanden sie zwei negative Effekte. Mindesten ein negativer Effekt trat in 57 Prozent aller 123 Coaching-Prozesse auf. Die häufigsten negativen Effekte waren:

- »tiefer gehende Probleme des Klienten wurden angestoßen, die nicht bearbeitet werden konnten (26 Prozent)
- ursprüngliche Ziele wurden abgewandelt, ohne dass der Klient es wollte (17 Prozent)
- der Klient erlebte seine Arbeit als weniger bedeutsam (17 Prozent)
- die Beziehung zum Vorgesetzten verschlechterte sich (14 Prozent)
- die Arbeitszufriedenheit des Klienten nahm ab (13 Prozent)
- die Arbeitsleistung des Klienten schwankte mehr (13 Prozent)
- der Klient entwickelte ein stärkeres Abhängigkeitsverhältnis zum Coach (12 Prozent)«

(http://www.wirtschaftspsychologie-aktuell.de/lernen/lernen-20140414-carsten-christoph-schermuly-coaching-hat-negative-folgen.html)

Was bedeuten diese Ergebnisse für Ihre Arbeit? Für mich zeigen sich in diesen negativen Folgen psychologische Effekte. Wenn tiefer gehende Probleme aufgedeckt werden, so tangiert dies einen Bereich, der mit einem Zielorientierungs-Coaching nicht mehr aufgefangen werden kann. Dass sich Arbeitszufriedenheit verschlechtert ist meist eine (psychologische) Folge innerer und äußerer Veränderung – und normal. Beziehungsverschlechterung ist in vielen Fällen eine Folge erhöhter Reflexion und Abgrenzung. Hilfreich wäre es, wenn Coaches und Führungskräfte das wüssten und auch mitteilen würden, unter »Risiken und Nebenwirkungen«. Denn egal wie man es anpackt und definiert, in der Regel unterstützt Coaching-Reflexion. Und Reflexion fördert Entwicklung, mit allen positiven und negativen Konsequenzen.

Was man über Psychologie (nicht) lernt

Was lernt man eigentlich, wenn man Coaching lernt? Einen kleinen Einblick hatte ich über das Beispiel der Stilberaterin bereits gegeben. Die Tools von Friedemann Schulz von Thun und die lösungsorientierte Kurzzeittherapie nach Steve de Shazer sind sehr verbreitet. Wenn ich in meinen Karrierecoach-Weiterbildungen meist erfahrene und ausgebildete Coaches vor mir habe, frage ich, was Inhalt ihrer Ausbildung war. Die Antworten sind so unterschiedlich wie die Definitionen von Coaching. Es gibt keinen gemeinsamen Nenner.

Vor einigen Jahren habe ich die Inhalte zehn systemischer Coaching-Ausbildungen verglichen. Die meisten nennen sich systemisch, wenige auch integrativ, etwa die Ausbildungen von Dr. Björn Migge und Christopher Rauen. Ich habe versucht Curriculi im Internet zu finden oder Buttons, über die diese anzufordern wären. Die meisten Ausbilder haben gar keine und wenn doch, so ist es eine Art erweiterte Ausbildungs-Inhaltsbeschreibung, nicht jedoch ein richtiger Lehrplan.

Einige Kollegen haben mir dann ihre Ausbildungsordner zur Verfügung gestellt, sodass ich die konkreten Inhalte sehen und teils auch die Vorgehensweisen nachvollziehen konnte. Am meisten hat mich dabei erschreckt, dass nicht wenige mit zusammenkopierten Unterlagen arbeiten, also gar kein eigenes Material verwenden. Dabei nutzten einige Sekundärquellen von durchaus zweifelhafter Qualität.

Warum hat sich der Ausbilder für diese Inhalte entschieden und nicht für andere? Das ist eine aus meiner Sicht legitime Frage, auf die ich keine schlüssige Antwort gefunden habe. Ich will damit nicht sagen, dass ich Lehrpläne für seligmachend halte. Ich bin durchaus gegen eine Vereinheitlichung der Lehrinhalte, um das gleich zu richtigzustellen, denn das würde Qualitätspäpste und Dogmatiker auf den Plan rufen und widerspricht dem selbstaktualisierenden Denken nach Maslow. Sinnvoller fände ich es, wenn ein Wettbewerb entstünde, der Coaching fundierter machen würde – ohne dies zu verwissenschaftlichen – und deutlicher werden ließe. Denn die reinen Praktiker haben genauso recht oder unrecht wie die Theoretiker. Am Ende werden immer beide Seiten benötigt.

Was man über Psychologie lernen sollte

Einige Grundlagen finde ich essenziell. Dabei ist es unerheblich, welche Richtung vertreten wird. Coaches sollten ihre eigenen »Bias« und Urteilsheuristiken kennen – allein schon um richtige Fragen und Nachfragen stellen zu können. Sie sollten zudem wissen, wie Menschen sich entwickeln und wie sie lernen. Ein Blick ins Gehirn muss heute dazu gehören, wo wir doch wissen, dass sich Nervenzellen mindestens im Hippocampus lebenslang erneuern und Synapsen ständig neue Verbindungen schaffen. Klar sein sollte auch, dass es kein Bauchgefühl gibt, das nicht irgendwo kopfgesteuert ist, und jeder Handlung eine Emotion zugrunde liegt – das ist eine neurobiologische Grundlage.

Auch den Stand der Forschung sollte man kennen – und sogenannte »Mythen« identifizieren können. Dazu gehört der Zehn-Prozent-Mythos, der den Inhalt einer Rede ausmachen soll (Unsinn), der Mythos, dass jeder alles erreichen kann sowie das Dogma, dass der Mensch ist, wie er ist …

Ich stelle fest, dass Teilnehmer in meinen Ausbildungen glauben, dass der Mensch eine festgeschriebene und weitgehend unabänderliche Persönlichkeit habe – und nicht wissen, dass das Gehirn sich entwickelt und anpasst. Wie aber soll man wirksam mit Klienten arbeiten, wenn man selbst gar nicht an Veränderung glaubt, sondern beispielsweise denkt »jeder ist, wie er ist«.

Kenntnisse der Systemtheorie sind unbedingt erforderlich sowie ein Einblick in die systemische Beratung – diese wird aber aktuell überbewertet und selten richtig verstanden. In diesem Buch gehe ich darauf aber nur am Rande ein, weil es dazu genügend gute andere Literatur gibt. Ich will mich auf das fokussieren, was selten in einer für Nichtpsychologen verständlichen Art und Weise behandelt wird.

Zum Beispiel gehören dazu Kenntnisse der Persönlichkeitspsychologie und verschiedener Testverfahren. Die halte ich für dringend nötig. Geht der Coach mehr in den psychosozialen Bereich, etwa im beruflichen Coaching, sind Kenntnisse der Gesprächsführung unerlässlich und er sollte Therapieansätze kennenlernen. Auch Theorien und Methoden gehören dazu, wie beispielsweise die Transaktionsanalyse. Dabei sollte aber klar sein, dass eine gute Methode auf einer Theorie basiert – und eine Theorie entweder auf wissenschaftlichen Erkenntnissen oder auf Erfahrung, am besten aber auf beidem.

Ich habe einmal »Coaching-Ausbildung« und »psychologische Grundlagen« gegoogelt. Da gab es nur wenige Ergebnisse. So sind psychologische Grundlagen in einer noch recht neuen Ausbildung von Kienbaum integriert. Psychologische Grundlagen werden dabei jedoch überwiegend als systemische Grundlagen ausgelegt. Systemische Grundlagen wiederum leiten die Anbieter aus Ansätzen der systemischen Familientherapie ab. Im Rahmen von Weiterbildungen, die über 150 bis 300 Stunden gehen, umfasst ein solcher psychologoscher Grundlagenkurs aber kaum ein oder zwei Tage.

Die Humanistische und Positive Psychologie

Es existieren unterschiedliche psychologische Strömungen. Wie Sie eingangs gelesen haben, hat mich mein schlechtes Abi – genaugenommen mein Totalversagen bei Shakespeare im Englisch-Leistungskurs – vor einem Psychologiestudium in den 1980er-Jahren bewahrt. Damals herrschte noch der Behaviorismus. Psychologie wurde interpretiert als Naturwissenschaft, die sich auf beobachtbares Verhalten bezog, nicht auf innere Prozesse. Heute noch hat das Studium der Psychologie weniger mit dem Menschen als vielmehr mit seiner Vermessung durch statistische Methoden zu tun. In letzter Zeit bekommt die Psychologie dabei erhebliche Konkurrenz durch die Hirnforschung, die lange verleugnete innere Prozesse nun endlich sichtbar macht – etwa Emotionen. Sigmund Freud, der eigentlich Neurologe war, würde sich an diesen Entwicklungen freuen! Wenn ich von Psychologie spreche, meine ich also weniger die im Studium vermittelte Psychologie als für das Coaching relevante Erkenntnisse über den Menschen, die auch die Grenzen des Fachs überschreiten.

Besonders relevant für die Arbeit mit Menschen ist die Humanistische Psychologie. Im Jahr 1962, dem Gründungsjahr der American Association for Humanistic Psychology wurde »Humanistische Psychologie« definiert als »der dritte Hauptast« der allgemeinen Psychologie (neben der psychoanalytischen und behavioristischen). Sie betrifft menschliche Ressourcen, die in den anderen Zweigen keinen Platz hatten – etwa Kreativität, eigenes Wachstum, Selbstverwirklichung, höhere Werte, Sein, Spiel.

Einige unterscheiden drei theoretische Richtungen: die Psychoanalyse, den Kognitivismus (Erkenntnispsychologie) und den Behaviorismus (Verhaltenspsychologie). Die Humanistische Psychologie wird dem Kognitivismus zugeschlagen. Sie hat von allen Teildisziplinen die größte Nähe zu den Geisteswissenschaften, vor allem zur Philosophie. Das wird ihr manchmal nachgetragen.

Der Ausbruch des Zweiten Weltkriegs stellte in vielerlei Hinsicht eine Wende dar. Der Motivforscher Henry Murray beschäftigte sich mit den Motiven Adolf Hitlers. Abraham Maslow, den wir alle auf seine »Maslowsche Bedürfnispyramide« reduzieren, fragte sich, warum die Psychologie unfähig ist, irgendetwas zum Weltfrieden beizutragen und die Probleme der Menschheit nicht löst. Er beklagte, dass die Psychologie ihre Aufmerksamkeit dem Tierversuch (der Beobachtung von Verhalten) und dem Studium kranker Menschen widmete. So setzte er sich die Aufgabe, die besten Beispiele der Menschheit zu studieren, und hoffte, das

Gute im Menschen zu entdecken und Methoden zu entwickeln, dieses zu fördern. Dies ist einer der Ursprünge der Entwicklungspsychologie. Maslow beschäftigte sich auch damit, was Menschen eigentlich voneinander unterschied. Und er kam darauf, dass das beispielsweise die Fähigkeit zur Selbstaktualisierung war. Ein selbstaktualisierender Mensch hat ein dynamisches Bild von sich und pflegt neue Informationen ein, auch solche, die seinem bisherigen Selbstbild widersprechen. Coaches und Führungskräfte müssen in hohem Maße selbstaktualisierende Menschen sein – das wird leider immer wieder vergessen.

Test: Sind Sie selbstaktualisierend?

Eigentlich sollten die zwölf Kennzeichen einer selbstaktualisierenden Person auch herangezogen werden, um zu definieren, was ein Coach oder eine Führungskraft können muss. Gehen Sie die folgenden Punkte einmal als Checkliste durch. Was trifft zu, was nicht? Geben Sie sich Punkte

- von 0 für stimmt gar nicht
- bis 5 stimmt voll:

		0	1	2	3	4	5
1.	Sie haben keine Angst vor Unbekanntem und vor unvereinbaren Widersprüchen.						
2.	Sie akzeptieren sich, auch mit ihren Schattenseiten.						
3.	Sie lieben die Reise und nicht nur das Ziel. (Man beachte das vor allem vor dem Hintergrund der Definition von Coaching als Zielerreichung!)						
4.	Auch wenn sie unkonventionell sind, streben sie nicht danach zu schocken oder zu stören.						
5.	Sie sind motiviert vom Wachstum, dem eigenen und dem anderer, und nicht durch Bedürfnisbefriedigung.						
6.	Sie haben eine Absicht, vielleicht eine Mission oder Aufgabe im Leben.						
7.	Sie lassen sich von Kleinigkeiten nicht aus der Bahn werfen, sondern haben immer das große Ganze im Blick.						
8.	Sie sind dankbar auf für die kleinen Dinge.						

9. Sie pflegen tiefe Beziehungen mit wenigen, fühlen
   sich aber allen Menschen verbunden.

10. Sie sind bescheiden.

11. Sie lassen sich nicht in eine Kultur einbinden, son-
    dern entscheiden anhand ihrer Werte frei.

12. Sie sind nicht perfekt. Sie können manchmal
    langweilig oder depressiv und schlicht anstrengend
    sein. Aber Sie wissen das.

Wäre es nicht wünschenswert für Coaches, Berater, Führungskräfte, wenn Sie die-sem Katalog ehrlich zustimmen könnten – aber auch Lehrer? Kurzum alle, die mit Menschen arbeiten? Eindeutig ja.

Die Positive Psychologie, die in den letzten 20 Jahren immer mehr Zulauf ge-wann, aber von der akademischen Psychologie weiterhin kritisch angesehen wird, ist ebenso ein Zweig der Humanistischen Psychologie. Den Begriff hatte schon Ab-raham Maslow geprägt, Martin Seligmann griff ihn in den 1990er-Jahren wieder auf. Die Positive Psychologie bezieht sich auf die positiven Aspekte des Mensch-seins. Sie sieht die Pluspunkte und nicht die Defizite.

Martin Seligmann und sein Kollege Christopher Peterson entwickelten im Jahr 2004 eine Übersicht mit 24 messbaren Charakterstärken, die unter sechs Tugen-den eingeordnet werden können. Es gibt hier viele Parallelen zum Selbstaktuali-sierungsbild von Maslow:

Charakterstärken nach Seligmann und Petersen

1. Weisheit und Wissen (kognitive Stärken): Kreativität, Neugier, Aufgeschlossenheit, Lernfreude, Perspektive

2. Mut (emotionale Stärken): Tapferkeit, Authentizität im Sinne von Wahrheit sagen und sich daran halten, Ausdauer, Enthusiasmus

3. Menschlichkeit (interpersonale Stärken): Bindungsfähigkeit, Freundlichkeit, soziale Intelligenz

4. Gerechtigkeit (für die Gesellschaft wichtige Stärken): soziale Verantwortung, Fairness, Führung in Gruppen übernehmen können

5. Mäßigung (Stärken, die gegen Exzesse schützen): Vergeben und Mitleid, Demut und Bescheidenheit, Vorsicht, Selbstregulation

6. Transzendenz (spirituelle Stärken, die mit Bedeutsamkeit zu tun haben): Sinn für Schönheit und Ästhetik, Dankbarkeit, Hoffnung, Humor, Glaube, Spiritualität

Kompetenzmodelle für Coaches und ihre Schwächen

Es gibt also vernünftige Ansätze, die beschreiben, was ein reifer und entwickelter Mensch mitbringen sollte. Deshalb muss ich den Kopf schütteln, wenn ich Anforderungen an einen Coach lese. Müsste dieser nicht genau die Charakterstärken haben, die Seligmann definiert, oder selbstaktualisierend nach Maslow sein? Diese Anforderungen sind anscheinend zu hoch.

So entstehen in Coaching-Verbänden Kompetenzmodelle, die ähnlich Wischiwaschi wie viele Kompetenzmodelle in Unternehmen sind. Zudem lassen sie den wichtigsten Aspekt außen vor: die Fähigkeit zur Selbstaktualisierung. Diese möchte ich im Folgenden mit dem Begriff Reife gleichsetzen. Reife Menschen sind in der Lage, sich von sich selbst zu lösen. Sie sind deshalb jederzeit in der Lage, sich an einer neuer Situation, einem neuen Kontext, an neuen Menschen und neuen Gruppen auszurichten. Und zwar ohne sich dabei selbst zu verlieren. Reife ist also ein einigermaßen komplexes Gebilde. Meist erkennen wir instinktiv, wann wir reife Menschen vor uns haben. Aber würden wir sie auch in einer Prüfung erkennen, in der wir starre Kriterien anlegen müssten?

Wer kann überhaupt Reife erkennen? Im Grunde nur jemand, der selbst eine entsprechende Reife mitbringt. Geht man allein davon aus, dass sich Reife – gemessen nach den Stufen der »Ich-Entwicklung« von Jane Loevinger – unter Coaches genauso verteilt wie unter Fach- und Führungskräften, würden nur wenige Coaches das Kriterium erfüllen. Dies stellte bereits Otto Laske 2010 in »Humanpotenziale erkennen, wecken und messen« fest. Die Selbstaktualisierungsfähigkeit nach Maslow entspricht etwa einer Stufe 8 nach Loevinger, der vier Prozent zugehören.

Da also persönliche Reife sehr schwierig zu überprüfen und erst recht zu bewerten wäre, belässt man es lieber bei allgemeinen Kompetenzen.

Einige Ausbildungen richten sich am Kernkompetenzmodell der International Coaching Federation IFC aus, um ihre Qualität zu belegen. Die ICF ist ein Verband zur »Förderung der Kunst, Wissenschaft und Praxis des professionellen Coachings«. Verbände sind stets Interessenverbände und so wundert es nicht, dass die genannten Kernkompetenzen ein größtmöglicher Kompromiss sind. Sie sind so allgemein, dass man sich alles und nichts darunter vorstellen kann. Im Grunde beschreiben sie nichts anderes als den gesunden Menschenverstand – es sind keinerlei konkrete Inhalte vorgeschrieben. Ich bin sicher, dass 100 Prozent der Menschen, die in Coaching, Beratung und Training arbeiten, bestätigen, diese Kompetenzen zu haben. Und ich bin mir sicher, dass es keineswegs Kompetenzen sind, die für Coaches relevant sind. Es ist vielmehr das Mindset, am besten beschrieben mit Maslows Selbstaktualisierung oder Seligmanns Charakterstärken. Das Kompetenzmodell umfasst dagegen folgende Punkte, die ich in Ausschnitten zitiere und dann in Klammern kommentiere.

Aus dem Kompetenzmodell der ICF

- Einhaltung der Ethik-Richtlinien und professioneller Standards: kommuniziert wird zum Beispiel deutlich der Unterschied zwischen Coaching, Psychotherapie und anderen verwandten Berufszweigen. (Aha, der Klient wird sich bedanken, denn das will er oft doch gar nicht hören.)
- Treffen einer Coaching-Vereinbarung (Hier gilt das Gleiche: kostet Zeit und will und braucht nicht jeder.)
- Vertrauen und Vertrautheit mit dem Klienten herstellen. (Das ist eine Selbstverständlichkeit.)
- »Präsenz beim Coaching: [...] Beschreibt die Fähigkeit mit voller Aufmerksamkeit präsent zu sein und die Fähigkeit, eine spontane Beziehung mit dem Klienten aufzubauen [...]« (Auch das ist selbstverständlich, würde jeder behaupten, aber ist es auch so?)
- Aktives Zuhören: »[...] Beschreibt die Fähigkeit, sich vollständig auf das zu konzentrieren, was der Klient sagt und nicht sagt.« In dieser Passage steht auch: »Der Coach unterscheidet zwischen Worten, dem Klang der Stimme und der Körpersprache, fasst zusammen, paraphrasiert, wiederholt, spiegelt was der Klient sagt, um Klarheit und Verständnis zu ermöglichen [...]«. (Kann das jeder, der hier entschieden »Ja« sagt? Kann es jemand erkennen, der es nicht kann?)
- Wirkungsvoll Fragen: »Beschreibt die Fähigkeit, durch Fragen die Informationen offenzulegen, die nötig sind, damit der Klienten maximal von der Coaching-Beziehung profitieren kann oder die für die Coaching-Beziehung nützlich sind.« (Siehe aktives Zuhören. Wirklich aktiv zuhören kann nur jemand, der eine entsprechende Reife hat und die Dinge, die jemand sagt, auch wahrnimmt).
- Direkte Kommunikation: »Beschreibt die Fähigkeit, während der Coaching-Sitzungen effektiv zu kommunizieren und eine Sprache zu gebrauchen, die die größtmögliche positive Wirkung auf den Klienten hat.« (Erstens muss man hier wissen, was wirkt. Es setzt also erhebliche psychologische Kenntnisse voraus, beispielsweise Kenntnisse der Lernpsychologie. Zweitens: Was ist positiv? Positiv im Sinne einer persönlichen Weiterentwicklung – also im Bild von Maslow – oder positiv im Sinne von hat positiver Bewertung durch den Klienten?)
- Bewusstsein schaffen: »Beschreibt die Fähigkeit, vielfältige Informationsquellen zu bewerten, daraus ein Gesamtbild zusammenzusetzen und Interpretationen zu liefern, die dem Klienten zu einem stärkeren Bewusstsein verhelfen und es ihm so ermöglichen, die vereinbarten Ziele zu erreichen.« (Ich würde sagen, hier wird de facto Reife im Sinn der Ich-Entwicklung verlangt. Wichtig! Nur: Wer soll die beurteilen? Der Unreife erkennt seine Unreife nicht. Der Unreife erkennt auch die Reife eines anderen nicht.)
- Handlungen entwerfen: »Beschreibt die Fähigkeit, zusammen mit dem Klienten Möglichkeiten zum kontinuierlichen Lernen im Rahmen des Coachings und in Situationen des persönlichen und des beruflichen Lebens zu schaffen, sowie Möglichkeiten für

neues Handeln zu schaffen, das so effektiv wie möglich zu den vereinbarten Ergebnissen führt.« Unterpunkt: »[...] hilft dem Klienten, im Brainstorming neue Handlungen zu sammeln und zu definieren, die ihn befähigen, das was er gelernt hat, zu zeigen, zu üben und zu vertiefen.« Weiterer Unterpunkt: »[...] fördert aktives Experimentieren und Selbsterkenntnis, wobei der Klient sofort nach der Sitzung das, was während der Sitzungen gelernt hat und diskutiert wurde, in seiner privaten Umgebung oder seinem Arbeitsalltag anwendet.« (Ob ein Anwendungszwang jetzt sinnvoll ist? Geht es denn immer um Verhalten? Aus meiner Sicht ist dieser Punkt viel zu eng definiert.)

- Planung und Zielsetzung: »Beschreibt die Fähigkeit, einen effektiven Coaching-Plan mit dem Klienten aufzustellen und sich an ihn zu halten.« (Schön – und wenn es darum gar nicht geht? Ich habe viele Klienten, denen Ziele unwichtig sind. Mir persönlich auch.)
- Umgang mit Fortschritt und Verantwortlichkeit: »Beschreibt die Fähigkeit, die Aufmerksamkeit auf das zu lenken, was wichtig für den Klienten ist, es aber seiner Verantwortung zu überlassen, ob er handelt.« (Dies verlangt noch einmal unter anderem Reife im Sinne der Ich-Entwicklung. Dies kann nur ein Mensch, der 100 Prozent beim anderen bleiben kann. Das ist aber in frühen Stufen der Ich-Entwicklung nicht so, in denen sich etwa 55 Prozent aller Menschen befinden, also mutmaßlich auch viele Coaches).

Es stellen sich mir eine Menge Fragen, wenn ich das lese. Zunächst einmal die Frage: Was ist eigentlich mit »Kompetenz« gemeint? Der Begriff wird meist als Fähigkeit und Fertigkeit interpretiert. Er bezieht sich also auf die Ebene des beobachtbaren Verhaltens. Doch geht es im Coaching wirklich um Verhalten? Bräuchte ein Coach nicht eine Haltung? Aber könnte man diese überhaupt per Checkliste abfragen oder gar testen? (Ich meine, nein.) Bräuchte ein Coach nicht eher die erwähnte Selbstaktualisierungsfähigkeit à la Maslow denn Kompetenz? Muss der Coach nicht reifer sein als sein Klient? Anregung und Inspiration – sei es auch in Form von Fragen – kann schlecht aus gleichem oder gar beschränkterem Denken kommen. Sie erfahren später mehr über die Ich-Entwicklung (s. S. 176 ff.), die ich in den Kommentaren zum Kompetenzmodell bereits zweimal erwähnt habe. Für mich ist eine Ich-Entwicklungsreife eine Grundvoraussetzung für Coaching. Um Ausbildungen durchzuführen müssen sie das, denn es gibt Belege für den Zusammenhang zwischen der Reife eines Ausbilders und der Entwicklung der Ausbildungsteilnehmer.

Literaturtipp

Wenn Sie über die Ich-Entwicklung erfahren möchten, dann empfehle ich Ihnen das Buch von Thomas Binder »Ich-Entwicklung für effektives Beraten« (2016). Auf der Grundlage des aktuellen Forschungsstands zum Ich-Entwicklungsmodell analysiert er in diesem Zusammenhänge mit Beratungskompetenzen.

Letztendlich schlägt sich die Forderung nach Reife fast überall nieder: Der letzte Punkt verlangt, dass ein Coach die Fähigkeit haben soll, die Aufmerksamkeit auf das zu lenken, was wichtig für den Klienten ist. Woher nimmt der Coach dieses Wissen? Wer kann etwas überhaupt als »wichtig« bewerten? Nach welchen Kriterien oder sogar Metakriterien? Selbst wenn man dies mit dem Ziel des Coachings in Einklang bringt, ist »wichtig« der Bedeutungsgebung desjenigen vorbehalten, der »wichtig« erkennen und definieren kann. Wenn ein Coach bestimmte Aspekte aber gar nicht sehen kann, wie soll er diese dann einschätzen und bewerten können?

Fallbeispiel: Wenn der Coach nicht sieht, was der Coachee sieht

Bei einem Führungskräftecoaching nimmt ein Coach nicht wahr, wie wichtig dem Coachee Aspekte des Kontexts sind, wie sehr er überzeugt ist, dass die Firma auf einem Weg ist, den er so nicht mitgehen kann. Stattdessen sieht der Coach nur mangelnde Anpassungsbereitschaft und formuliert seine Fragen entsprechend. Als Bedürfnis formuliert der Coachee Sparring und Gedankenaustausch, was dem Coach zu wenig zielorientiert ist, weshalb er den Coachee dahingehend belehrt.

Einen Kompetenzansatz fährt aber nicht nur der ICF, sondern beispielsweise auch die »Neue Hamburger Schule«. Sie fordert von einem Coach persönliche Kompetenz, fachlich-methodische Kompetenz, soziokommunikative Kompetenz, Feldkompetenz und Handlungskompetenz. Das ist schon mehr, aber immer noch recht frei interpretierbar. Wo fängt Feldkompetenz an? Reichen auch zwei Jahre in der Buchhaltung? Und was bitte ist genau soziokommunikative Kompetenz? Auch das werden wieder viele unterschreiben können …

Je nach eigener Denklogik und Auffassungsfähigkeit wird ein Coach anderes sehen und nicht sehen. Er wird anders fragen und anders nachfragen. Er wird in einer höheren Reifestufe von sich aus nichtdirektiv sein, aber jederzeit auch Führung übernehmen können. Er wird sein Coaching insgesamt freier oder enger interpretieren – mit letzterem Ansatz wird er einige aber gar nicht erreichen. Was wichtig ist, ist eine Frage individueller Bedeutungsgebung – und nicht von Kompetenzen. Aus meiner Sicht ist es deshalb ein falscher Ansatz, sich auf Coaching-Kompetenzen zu konzentrieren. Man sollte vielmehr Reife zugrunde legen.

Welche Kenntnisse Coaches benötigen

Es gibt zwei Aspekte, die letztendlich wirklich wichtig sind:

o erstens die persönliche Reife des Coachs und
o zweitens Basiskenntnisse über für Coaching relevante psychologische Aspekte

Mir ist klar, dass Kenntnisse allein nichts nützen. Man kann etwas lesen, aber nicht verinnerlichen. Deshalb habe ich in der Einleitung die Untrennbarkeit von Theorie und Praxis betont! Beides ist wichtig. Und darüber hinaus ist wirkliches Verstehen grundlegend. Zu den relevanten psychologischen Kenntnissen zähle folgende:

o Persönlichkeitspsychologie: Jeder, der mit Tests arbeitet, muss wissen, auf welchen Annahmen diese basieren.
o Humanistische (auch Positive) Psychologie: Jeder, der mit Menschen arbeitet, muss wissen, was ein Menschenleben menschenwürdig werden lässt.
o Entwicklungspsychologie: Jeder, der mit Menschen arbeitet, muss wissen, auf welche Weise sich Erwachsene entwickeln – auch hin zu einer menschenwürdigeren Existenz.
o Emotionspsychologie: Jeder, der mit Veränderungen zu tun hat, muss mit Emotionen umgehen können.
o Verhaltensökonomie: Jeder, der mit Menschen arbeitet, muss wissen, was ihn steuert und einschränkt.

Hintergrund: Analyse oder Lösung? Was ist wichtig für das Coaching?

Konsequent lösungsorientiert – so möchten viele Coaches agieren. Nicht herumstochern in der Seele, keine Therapeuten sein. Doch hier ist es so wie mit Theorie oder Praxis. Wir benötigen ein verbindendes »Und«. Es gibt Fragestellungen, da geht es mehr um Lösungen, und für andere wird eine gründliche Analyse der Ausgangspunkt sein. Ganz sicher muss ein Anliegen sauber herausgearbeitet sein, was ohne Analyse nicht geht, denn die wenigsten Kunden kommen mit eindeutigen Fragestellungen. Was ist das vordergründige Thema des Klienten? Und was liegt vielleicht dahinter? In mehr als der Hälfte meiner Beratungen verändert sich das Anliegen, wenn man es sauber analysiert. Da geht es dann zum Beispiel nicht mehr um den geplanten Jobwechsel, sondern es kommt heraus, dass dieser eigentlich eine Flucht ist.

Nichtsdestotrotz ist das Zusammenspiel zwischen Analyse und Lösung abhängig vom jeweiligen Menschen und seinen Präferenzen. Einige möchten gern tiefer über sich nachdenken (weil sie das schon getan haben), andere nicht (in der Regel, weil sie das nicht gewohnt sind). Coaching-Experte Christopher Rauen schreibt dazu: »Die Analysephase ist außerordentlich wichtig, weil erst das präzise Herausarbeiten der eigentlichen Klientenanliegen eine effiziente aber vor allem effektive Veränderungsarbeit ermöglicht. Ansonsten besteht die Gefahr, dass – sogar hocheffizient – am falschen Anliegen gearbeitet wird und der Gesamtprozess wenig effektiv ist« (https://www.coaching-report.de/definition-coaching/coaching-ablauf/coach-modell.html).

Das kann ich hier nur unterschreiben, wobei es mit falschen Anliegen aus konstruktivistischer Sicht so eine Sache ist. Was ist falsch? Ist es das, was eine Situation zeitweise verschlechtert? Oder das was dem Klienten im Job gar nicht nutzt? Oder etwas, das nicht der Gesundheit und dem Wohlbefinden des Klienten nicht förderlich ist? Ich meine, das ist kaum zu definieren, wenn man nicht weiß, welche Haltung ein Coach hat.

Die wichtigste Voraussetzung: Haltung

Haben Sie eine Haltung? Und welche? Ist es wirklich Ihre – unabhängig von dem, was Sie gelernt haben? Haltung kann nur entstehen, wenn man sich von anderen gelöst und einen inneren Kern ausgebildet hat. Das kann dazu führen, dass man dann doch eine »offizielle« Meinung vertritt – aber es setzt voraus, dass man sich mit dieser kritisch auseinandergesetzt hat. Alle, die die Meinung anderer einfach so übernehmen, haben keine eigene Haltung.

Wer aufrecht geht, beweist Haltung. Es stützt ein gerader Rücken, es zieht etwas nach oben, das mit Bewusstsein zu tun hat. Dieses Bild gilt ebenso im übertragenen Sinn. Haltung hat für mich viel mit Werten zu tun. Auch Menschen, die an kein explizites Wertesystem gebunden sind – etwa der christlichen Religion – können Haltung haben.

Sie haben Metakriterien für sich selbst definiert. Sie können sagen, was ihnen wichtig ist. Sie können begründen, wenn sie sich der Meinung von anderen anschließen. Und ebenso, wenn sie es nicht tun. Sie können, und das ist ein wichtiger, ein entscheidender Punkt, ihre Meinung immer wieder anpassen. Das wäre wieder die Selbstaktualisierung nach Maslow. Dazu gehört für mich ganz logisch, eine nicht an Disziplinen gebundene oder an Denkschulen ausgerichtete Neugier und Bereitschaft zur Wissensaktualisierung. Wenn Coaches zum Beispiel Erkenntnisse der Neurowissenschaften ignorieren, weil das nicht in ihre Denke passt, stimmt irgendetwas nicht mit der Haltung.

Ich finde Haltung für Coaches und Führungskräfte gleichermaßen extrem wichtig. Natürlich ist immer die Frage, was ich in einer Rolle vertreten kann und will, etwa als Angestellter eines Unternehmens oder als Coach, der einen Auftrag annimmt. In diesen Rollen mag es sein, dass ich etwas anderes vertrete als es meiner inneren Überzeugung entspricht. Aber ich muss diese Überzeugung haben.

Viele Coaches und Führungskräfte haben eine solche Überzeugung noch nicht. Das führt dazu, dass sie sich an Dinge halten, ohne von deren Sinn überzeugt zu sein (zum Beispiel weil sie diese nie hinterfragt haben, vielleicht sogar nicht einmal auf die Idee kommen, das zu tun). Ein typisches Beispiel ist der Coaching-Vertrag. Viele trauen sich nicht wie ich zu sagen: »Ein solcher Vertrag ist in vielen Konstellationen überflüssig, denn der Kunde will das gar nicht. Für Unternehmer ist mitunter sogar geschäftsschädigend.« Ich werde dann mit großen Augen angeschaut. Insgeheim haben viele dasselbe gedacht, sich nur nicht getraut, das auszusprechen. Seid mutig!

Für Führungskräfte ist diese Haltung ebenfalls wichtig. Sie bewegen sich aber in einer anderen Rolle. Als Angestellte benötigen sie zwar die eigene Haltung, müssen aber immer die Werte des Unternehmens mit berücksichtigen und sich vielleicht unterordnen. Das erfordert das Vermögen, sich in verschiedenen Rollen zu bewegen. Für Coaches, die im Auftrag eines Unternehmens arbeiten, gilt das ebenfalls. Sie bewegen sich zwischen verschiedenen Rollen und bringen ihre Haltung im vorgegebenen Rahmen unter, ohne sie aufzugeben. Das ist mitunter sehr schwer. Das verlangt ebenso eine erhebliche Reife, denn diese Differenzierung kann manch einer gar nicht leisten.

Haltung basiert auf Erfahrung im Umgang mit etwas. Wer etwas neu dazulernt, kann zunächst keine Haltung haben, sondern wird sich erst einmal an Regeln orientieren. Ist etwas gelernt, können diese aber freier interpretiert und sogar aufgegeben werden.

Coachees haben ein Recht auf Haltung, denn Haltung stabilisiert und stärkt auch sie – zum Beispiel darin, selbst Haltung zu entwickeln. Ein Coach, der keine klare Haltung hat, kann seine Klienten viel schlechter betreuen. Wobei klare Haltung bitte nie mit dogmatischer Haltung verwechselt werden sollte! Das ist keine klare Haltung.

Hierzu hilft es, sich den Unterschied zwischen Regel, Norm und Prinzip zu vergegenwärtigen. Regeln und Normen sind Vorschriften, die meist auf einem Konsens beruhend eingeführt worden sind. Sie sind bindend. Prinzipien sind nicht allgemein verbindlich. Sie beruhen auf Werten und geben die eigene Handlungsrichtung vor. Sie stehen in engster Verbindung zu den Werten. Ein Wert ist beispielsweise Offenheit. Das Prinzip dazu kann lauten: »Ich gehe auf Neues unvoreingenommen zu.«

Selbstcheck: Meine Haltung als Coach

Stellen Sie sich einmal folgende Fragen:
- Orientiere ich mich an Regeln und Normen?
- Wie passen diese Regeln und Normen zu meinen Prinzipien?
- Welche Werte lebe ich?
- Welche Prinzipien leite ich aus diesen Werten ab?
- Welche Haltung habe ich also?
- Welche Haltung habe ich speziell zum Thema Coaching von Klienten oder Mitarbeitern?

Die Antworten könnten Sie durchaus eine längere Zeit beschäftigen

Mit dieser Übung entlasse ich Sie aus diesem Buchteil, der die Brücke zwischen Coaching und Psychologie schlagen wollte.

Literatur

Beck, Don Edward/Cowan, Christopher C.: Spiral Dynamics. Leadership, Werte und Wandel: Eine Landkarte für das Business, Politik und Gesellschaft im 21. Jahrhundert. Bielefeld: J. Kamphausen 2007

Blickhan; Daniela: Positive Psychologie. Ein Handbuch für die Praxis. Paderborn: Junfermann 2015

Binder, Thomas: Ich-Entwicklung für effektives Beraten. Göttingen: Vandenhoeck & Ruprecht 2016

Collin, Catherine/Benson, Nigel: Das Psychologie-Buch. Wichtige Theorien einfach erklärt. München: Dorling-Kindersley 2012

Hofert, Svenja: Hört auf zu coachen. München: Kösel 2017

Maslow, Abraham: Toward a psychology of being. Blacksburg: Wilder Publications 2011

Maslow, Abraham: A theory of human motivation. Blacksburg: Wilder Publications 2011

Rogers, Carl R.: Entwicklung und Persönlichkeit: Psychotherapie aus der Sicht eines Psychotherapeuten, Stuttgart: Klett-Cotta, 20. Auflage 2016

Rogers, Carl R.: Therapeut und Klient. Berlin: Fischer 1983

Roth, Gerhard/Ryba, Alica: Coaching, Beratung und Gehirn. Neurobiologische Grundlagen wirksamer Veränderungskonzepte. Stuttgart: Klett-Cotta 2017

Schein, Edgar H.: Humble consulting. How to provide real help faster. New York: McGrawHill 2016

Flexi-Coaching und wichtige Grundannahmen

Flexi-Coaching: Ein neuer Ansatz

In diesem Buchteil erfahren Sie mehr über meine Grundannahmen zum Menschen. Diese spiegeln auch meine Prinzipien wider. Sie entscheiden, ob Sie diese übernehmen wollen und in welcher Form.

Wir haben bisher festgestellt: Es gibt keine einheitliche Coaching-Definition, sondern zwei große Gruppen A und B mit unendlichen Ausgestaltungsmöglichkeiten. Festhalten können wir zudem: In Deutschland unterscheidet sich das Selbstverständnis vieler Coaches vom angloamerikanischen Markt. Es beinhaltet vor allem zwei Ansätze:

o Business-Coaching als Coaching zur Zielerreichung und Leistungssteigerung (A) und
o Counseling als therapienaher, ganzheitlicher Ansatz mit Nähe zum Beispiel zur Humanistischen Psychologie (B)

Vieles wird in Deutschland »systemisch« genannt, was für mich einer dogmatischen Gleichmacherei nachkommt. Systemisches Denken und konstruktivistische Grundannahmen sind eine Selbstverständlichkeit. Wichtig ist im Rahmen der Haltung ein selbstaktualisierendes, stets selbstreflektierendes Verständnis. Dazu gehört für Menschen, die als Coach arbeiten, notwendigerweise der Austausch (zum Beispiel durch Intervision) mit anderen und Supervision. Dazu gehört für Menschen, die Coaching im Verständnis A oder B oder in einer Mischform nutzen, die stetige Reflexion über sich selbst.

Deshalb kann es als Bindeglied für Coaching nur eines geben: Haltung. Prinzipien und ein eigenes Selbstverständnis sollten hinter unserer Arbeit stehen. Das macht es uns erst möglich, zu entscheiden, ob wir auch einmal gegen eine »Regel« verstoßen, zum Beispiel indem wir gelegentlich auf eine Zielvereinbarung verzichten. Dabei behalten wir trotzdem Ziele im Auge – wenn der Coachee kein klares hat, muss es der Coach sein, der danach fahndet, was eigentlich das Thema ist. Zu dieser Haltung gehören Grundannahmen, wie ich sie im nächsten Buchteil formuliere. Diese sind ein Vorschlag, sie können andere haben. Es sollte aber welche geben.

Flexi-Coaching kombiniert verschiedene Ansätze aus dem Coaching-Verständnis A und B coach- und coacheegerecht. Coachgerecht bedeutet, dass es dem Kenntnis-, Persönlichkeits- und Erfahrungsschatz angemessen ist, welche Coachees er mit seinem Angebot anzieht. Coacheegerecht bedeutet, dass es der Zielgruppe angemessen sein sollte, welche Fässer man aufmacht – und welche zubleiben.

Führungskräfte sollten sich in ihrem Coaching immer auf das »Coaching-Verständnis A« berufen. Sie haben niemals einen ganzheitlichen Auftrag. Das gilt gleichermaßen für interne Coachs, die mit Coaching-Aufgaben aus der Personalabteilung betraut sind. Hier stelle ich oft ein »Schwimmen« fest, viele versuchen sich auch in Bereich B – das ist in den allermeisten Fällen unangemessen.

Wenn Sie das für sich selbst feststellen, empfehle ich, zunächst die Felder durchzugehen, in denen man coachen und beraten will, und danach zu unterscheiden, ob sie in das Verständnis A oder B fallen. Berufliche Neuorientierung etwa ist ein Feld, das in vielen Fällen ganz klar und eindeutig die mittlere limbische Ebene anspricht, weil motivationale Aspekte eine starke Rolle spielen. Es ist daher ganz automatisch psychologischer Natur. Berufliche Unzufriedenheit ist immer ein ganzheitliches Thema. Und Coachees haben oft kleinere oder größere Baustellen in ihrer Persönlichkeit, etwa ein zu geringes Selbstwertgefühl. Für Coaches, die in diesem Feld arbeiten, ist ein solides Coaching-Verständnis B unerlässlich. Sie benötigen also vertiefte psychologische Kenntnisse. Es sei denn, sie fokussieren auf Weiterbildungs- oder Karriereberatung. So lässt sich jedes mögliche Tätigkeitsfeld durchgehen: Die einen sind mehr auf das Business-Coaching-Verständnis ausgerichtet (Leistung und Ziele), die anderen mehr auf Counseling.

Ganz klar gibt es im Coaching-Verständnis A und B eine Grenze zwischen gesunden und kranken Menschen. Flexi-Coaching ist nicht Therapie.

Egal, ob im Bereich A oder B tätig: Flexi-Coaches stellen sich auf ihr Gegenüber bedingungslos ein, denn sie wissen, dass die gute Beziehung zwischen Coach und Coachee die Basis für alles ist. Ohne diese ist auch ein coachendes Führen nicht möglich. Für ihre Arbeit nutzen sie Methoden aus Coaching und Counseling, aus der Beratung und durchaus auch aus der philosophischen oder einfach partnerschaftlichen Gesprächsführung (Schein 2016) – je nach eigener Angebotsdefinition und entsprechend der persönlichen Fähigkeiten.

Das bedeutet: Für Flexi-Coaches ist es wichtig, zu verstehen, welcher Denk- und Handlungslogik sie selbst folgen – was Ergebnis einer Reflexion sein kann. Und sie sollten daraus ableiten können, was sie selbst nicht abdecken und sehen können. Hierbei hilft die Beschäftigung mit Entwicklungspsychologie und Ich-Entwicklung sehr. Das ist wesentlich, um klarer sehen zu können, welcher Denk- und Handlungslogik der Coachee folgt. Dabei gibt es eine einfache Regel: Wer Menschen entwickeln will, muss reifer sein als sein Kunde, Klient, Mitarbeiter – gleich welches Coaching-Verständnis zugrunde liegt, A oder B, ganz besonders aber bei B.

Erst die richtige Reife ermöglicht, die wichtigen Grundlagen eines Coachings auch erfüllen zu können. Dazu gehören:

- gut hinhören und die richtigen Fragen und Nachfragen stellen
- bemerken, wann es besser ist, auf Tools zu verzichten

○ spüren, wenn etwas helfen würde, was eigentlich kein Coaching ist: einen guten Rat geben, ein An-die-Hand-Nehmen, eine Reflexion in der Gruppe, etwas üben, ein philosophischer Exkurs, einen Spaziergang dazwischenschieben, umarmen, loslassen, sozialpädagogisches »Dampf-Machen«, motivieren, einen prägenden Satz aussprechen, der den Klienten über Jahre tragen wird. Der Katalog ist unendlich erweiterbar.

Literaturtipp

In meinem Buch »Hört auf zu coachen« (2017) findet sich eine umfassende Liste dazu. Ich ordne hier verschiedene Coaching-Handlungen unterschiedlichen Bereichen zu, etwa intellektuell, kognitiv und emotional. Das soll den Lesern helfen, sich vielfältiger zu orientieren – immer vor dem Hintergrund des Gedankens, dass jede wirksame Veränderung Emotionen braucht. Hier spannt der Gedanke des Flexi-Coachings das zentrale Band.

Es folgt nun eine Übersicht der verschiedenen Coachingverständnisse. Business-Coaching ist das Coaching-Verständnis A, Counseling das Coaching-Verständnis B und Flexi-Coaching führt alles (und mehr) klientengerecht zusammen.

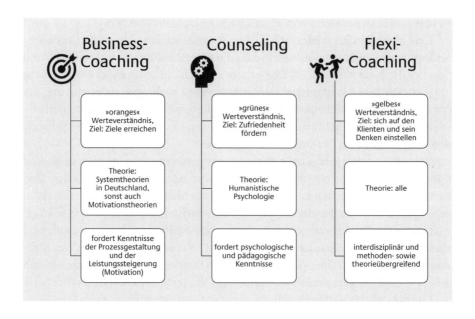

Die gemeinsame Basis: Elf Grundannahmen

In wissenschaftlichen Fachbüchern stellen die Autoren normalerweise den Stand der Wissenschaft in den Mittelpunkt, oft auch den ihrer eigenen Forschungen. Das will ich hier nicht tun. Es gibt viele verschiedenen Ansätze, viele verschiedene Sichtweisen. Mir geht es darum, eine Basis für Annahmen zu schaffen und meinen Flexi-Coaching-Ansatz zu untermauern. Das hat für mich mit Haltung zu tun.

Das bedeutet aber auch, dass ich auswähle. Sie kennen das sicher: Die schlechtesten Restaurants haben übervolle Menükarten und einen Anspruch vom Schnitzel bis zu Tapas alles zu bieten. Bessere wählen aus. Ich will mich also am Besseren versuchen. Die Grundannahmen, um die es mir geht, sind meist nicht nur psychologischer, sondern vielfach interdisziplinärer Natur.

Meine Grundannahmen sollen Ihnen helfen, Ihre Vorgehensweise im Coaching – ob in der Eigenschaft als Selbstständiger oder in Führungsfunktion – zu reflektieren und vielleicht noch einmal neu zu justieren oder zu aktualisieren und sowohl mit Theorie als auch mit Praxis zu untermauern.

Grundannahme 1: Wir stellen unser Gegenüber in den Mittelpunkt, nicht uns

Diese Grundannahme muss einfach ganz an den Anfang, weil sie so unendlich wichtig ist. Es geht nicht um Sie! Die meisten werden mir zustimmen. Und doch erlebe ich häufig eine Grenzüberschreitung, die ich überaus kritisch finde. Dann stülpen wir unsere Werte über den anderen, der bei uns Hilfe sucht oder als unser Mitarbeiter von uns abhängig ist. Gerade für Führungskräfte ist es schwierig, sich immer konsequent daran zu halten, geht es doch zudem um Karriere oder den eigenen Stand im Unternehmen.

In Ihren unterschiedlichen Rollen wird Ihnen einiges abverlangt. Das darf aber nicht zur »Gefangennahme« und Vereinnahmung des Coachees führen. Das aber geschieht, wenn wir Werte, Vorstellungen oder Überzeugungen auf den anderen übertragen oder vielmehr auf ihn projizieren.

Wir müssen uns bewusst sein, wann wir in welcher Rolle agieren. Als Führungskraft sind wir eine Persönlichkeit mit eigenem Charakter und Eigenschaften und einer Haltung. Gleichzeitig leitet das Unternehmensinteresse. Als Coach im Kundenauftrag sind wir einerseits ebenfalls eine eigenständige Person mit einer eigenen Haltung, andererseits aber auch dem Auftraggeber verpflichtet.

Das Gegenüber in den Mittelpunkt stellen bedeutet auch, seine Bedürfnisse zu erkunden, zu erkennen und zu akzeptieren. »Der hat echt versucht, mich zu coachen«, erzählte mir ein Beraterkollege über einen anderen Coach. »Ich sagte, lass das, ich weiß selbst, was ich will.« Der Coach ist da über Grenzen gegangen und hat die Grenzen des anderen nicht berücksichtigt. Wenn jemand sagt »Stopp!«, dann müssen wir darauf hören.

Rollenklarheit bedeutet auch, sich darüber klar zu sein, welche Aufgabe die eigentliche ist – und wo und wann man davon abweicht. Man ist zum Beispiel kein »Wertelieferant« für andere. Viele Coaches liefern aber Werte, wenn sie beispielsweise fordern, jeder soll seine Berufung finden oder die Liebe in sich selbst. Führungskräfte liefern ebenfalls Werte, doch beziehen diese sich auf den Unternehmenskontext – und sollten sich keinesfalls darüber hinaus bewegen.

Rollenklarheit bedeutet, die im vorhergehenden Buchteil dargelegte klare Haltung und überindividuelle Prinzipien zu haben. Das bedeutet: Es darf nicht um die individuellen Vorstellungen und Standards gehen, sondern um solche mit Allgemeingültigkeit. Es geht im Coaching schließlich um den Klienten, seine Ziele und nicht um mich. Mein Nutzenversprechen (»ich helfe, unterstütze ...«) darf im Mittelpunkt stehen, aber nicht meine Werte. Praktisches Beispiel: Dass ich als Führungsperson es richtig finde, dass Mütter die ersten Jahre Teilzeit arbeiten, ist meine Sache. Dass ich als Coach es gut finde, wenn man sich selbst verwirklicht und selbstständig arbeitet, geht nur mich etwas an. Wenn ich aber mit einem Mitarbeiter oder Klienten zu tun habe, muss ich mich in seine Welt versetzen. Die ist von meiner getrennt. Je mehr ich das akzeptiere, desto wirksamer kann ich sein.

Es ist legitim, wenn Coaches neben ihrer Haltung Werte haben, die sie nach außen tragen. Sie müssen keine neutralen weißen Projektionsflächen sein. Das geht gar nicht, wenn man unternehmerisch denkt. Da muss man schon Flagge zeigen und Themen wie Sinn oder Leistung kommunizieren, sonst kommt keiner und bezahlt Geld für das Coaching.

Aber im Coaching darf man den Klienten nicht in die eigene Richtung stupsen. Es ist klar, dass mehr Sinnsucher zu einem Sinn-Coach kommen, das ist sein Nutzenversprechen. Aber er sollte seine Werte bei sich behalten und sie nicht dem Klienten überstülpen. Schon deshalb sollten Sie wissen, was Werte überhaupt sind – psychologosch betrachtet sind es emotional besetzte Handlungsimpulse, die sich aus Motiven ableiten.

Viele Klienten kommen mit Introjekten, also eingeimpften Werten, die aus der Kindheit stammen oder aus dem sozialen und medialen Umfeld. Sie glauben etwas sei erstrebenswert, weil sie es oft genug gehört haben. In Wahrheit sind es aber Fremdkörper, die nicht wirklich zum Wesen des Klienten dazugehören. Ich will Ihnen das an einem Beispiel verdeutlichen:

Stellen Sie Ihre eigenen Überzeugungen zurück

Marie kommt nach zwei Jahren Berufserfahrung mit der Frage zu einem Sinn-Coach, ob sie nicht einen Job mit Sinn finden könnte. Sie wolle dazu alles tun und kündigen. Marie ist offensichtlich noch in einer Entwicklungsphase, in der sie sich stark an anderen ausrichtet. (Daher sollten Sie wissen, was diese Entwicklungsphasen ausmacht.) Hinzu kommt, dass ihr Sinnthema auch Trendthema ist. In Wahrheit geht es gar nicht um ihre Entwicklung, sondern um einen Konflikt, den sie vermeiden möchte.

Nun könnte der Sinn-Coach, beseelt vom Glauben, dass jeder seine Berufung finden kann, sie aus dem Job coachen. Vielleicht würde er auf Naheliegendes hinweisen, etwa die (eben oft gar nicht sinnbringende!) Arbeit in einer Stiftung. Helfen würde er damit jedoch nicht. Helfen würde er, indem er nach dem tiefer liegenden Bedürfnis fahndet – und zum Beispiel den Wunsch nach Zugehörigkeit und Miteinander findet und die Klientin selbst erkennen lässt, worum es bei ihrem Anliegen wirklich geht.

Fazit: Schauen Sie auf Ihr Gegenüber, aber bleiben Sie bei sich. Fragen Sie sich immer wieder, wie sehr Sie wirklich beim anderen und wie sehr noch bei sich sind – bei dem, was Sie richtig finden, für gut oder sinnvoll halten. Ziehen Sie ganz klare Grenzen, damit kommen Sie den Menschen viel näher.

Grundannahme 2: Wir helfen, egal wie wir es nennen

Coaches verstehen sich nicht als Helfer. Ich sehe das anders: Coaching ist zum Beispiel Entwicklungshilfe (Coaching-Verständnis B) oder Zielerreichungshilfe (Coaching-Verständnis A). Es hilft Hindernisse aus dem Weg zu räumen. Zeitweise ist Coaching Lernen. Und manchmal bedeutet es Entwicklung. Coaching kann die schnelle Lösung bieten oder langsame Mikroschritte einleiten und begleiten.

Die Unterscheidung nach Edgar E. Schein kennen Sie bereits (s. S. 19). »Beratung nach dem Arzt-Patienten-Modell« ist unter anderem Counseling, Prozessberatung zum Beispiel Business-Coaching. Jahrzehnte nach dieser Unterscheidung hat Schein viele weitere Bücher geschrieben, zuletzt »Humble Consulting«. Darin rückt er ab von seinen Definitionen früherer Zeit und unterscheidet Beratung nach Level 1 und Level 2. Und darin bringt er auch diesen neuen alten Begriff ein: Helfen. Wenn ich von Helfen spreche, bin ich also in bester Gesellschaft.

Schein hat seine Einstellung zur Beratung geändert, nachdem er festgestellt hatte, dass der herkömmliche Berateransatz – sich die Probleme der Kunden anzuhören, eine Diagnose abzuliefern und dann Lösungen zu präsentieren – meist nicht zum Erfolg führte. Vielmehr verwickelt er seine Klienten in eine Art intelligenten Dialog, ein Sparring, das auf einer guten Beziehung aufbaut. Assoziativ, unstrukturiert. Eigentlich folgt er nur einer einzigen Regel: Verstehen wollen, um zu helfen.

Coaching wird offiziell häufig als Beratungsform verkauft. Manche sprechen auch von einem Kontinuum zwischen Coaching und Beratung, bei der oft auf der einen Seite das Fragen und auf der anderen Seite das Sagen steht. Ich habe diese Gedanken früher selbst lange vertreten. Inzwischen habe ich mich weitgehend von festen Konzepten gelöst. Für mich ist heute Helfen relevant, nicht wie oder was oder mit welchem Konzept und mit welcher Methode. Beraten kann helfen, Business-Coaching kann helfen. Ich spanne den Bogen aber noch weiter. Manchen Menschen hilft manchmal weder das eine noch das andere. Für sie sind Sparring und unterschiedliche Dialogformate viel wertvoller. Ich habe also losgelassen – von einem manchmal allzu verkrampften Fixiertsein auf Methoden und Konzepten und »was man so macht«. So kommt es vor, dass ich manchmal nur lose strukturierte Dialoge führe und einfach meiner Intuition folge.

Dann wiederum greife ich zu ganz klassischen Tools wie dem »inneren Team« von Schulz von Thun, um mit dieser »Teilearbeit« eigene Anteile bewusst zu machen. Für mich war die Beschäftigung mit Entwicklungspsychologie dahingehend sehr erhellend. Sie hat mir bewusst gemacht, warum die einen mehr und die anderen weniger Struktur brauchen. Und warum bestimmte Herangehensweisen sich besser für die eine und andere besser für eine andere Zielgruppe eignen.

Wer Menschen anhand von Formeln, Tools und vorgegebenen Vorgehensweisen hilft, ist nicht bei ihnen (s. erste Grundannahme, S. 51). Das ist nur das Handwerkszeug. Die Intuition geht so verloren. Allerdings darf man nie vergessen, dass Intuition keine Gottesgabe ist, sondern auf Erfahrung basiert. Praktisch heißt das: Um Intuition zu erwerben, muss man möglichst viel machen und ausprobieren. Ja, ausprobieren. Wer immer nur mit denselben Konzepten arbeitet, tut auch seiner Intuition nichts Gutes.

Fazit: Lernen Sie über die Anwendung möglichst vieler Tools und Methoden den Weg zur Toolfreiheit. Beschäftigen Sie sich immer wieder mit neuen Konzepten. Schauen Sie hinter die Fassaden, vor allem kommerzieller Angebote, aber nicht nur dieser. Coaching ist ein Geschäft. Machen Sie da nicht mit. Helfen Sie wirklich.
Für Führungskräfte gilt das genauso: Auch ihnen wird viel verkauft, Tests und Methoden, die sie entlasten. Hier gibt es eine ganz einfache Regel: Kaufen Sie nie etwas, das als beste Lösung für ein Problem verkauft wird. Das ist immer Scharlatanerie, denn die beste Lösung gibt es nicht. Womit wir beim nächsten Punkt sind – dem systemischen Denken.

Grundannahme 3: Wir lehnen nichts ab, nur weil es nicht in unsere Weltsicht passt

Psychologie und Neurowissenschaften stehen in Konkurrenz miteinander. Kognitive Verhaltenstherapeuten mögen keine Psychoanalytiker, Anhänger der positiven Psychologie lehnen es ab, wenn man Menschen psychometrisch vermisst. Hypnotherapie ist die Lösung, EMDR … Und so weiter. Ich habe nie verstanden, warum sich verschiedene Disziplinen, Methoden und Ansätze immer so gegeneinander positionieren müssen. Nun gut, ich verstehe sehr wohl, warum es passiert. Ich halte es aber für kontraproduktiv – wenn Produktivität ein höheres Ziel hat, nämlich dem Anliegen von Menschen zu dienen.

Jeder verteidigt sein Fachgebiet und dabei sollte es doch darum gehen, die wesentlichen Erkenntnisse zusammenzutragen und gemeinsam zu nutzen! Dabei sollte doch jeder seine eigene Tendenz zur Selbstbestätigung in Kontrolle halten, ähnlich wie möglicherweise eigenen Narzissmus und Anerkennungsbedürfnisse. Das zählt für mich zu einer professionellen Haltung dazu.

Dazu gehört erstens die Bereitschaft, sich informiert zu halten, und zweitens die automatische Haltung, zu jeder Information einen Gegeninformation zu suchen. Erst recht gilt das bei kommerziellen Angeboten. Natürlich wird hier nur ausgewählt, was dem eigenen Anliegen dient. Aber nicht nur. Auch Verbände und die Wissenschaft sind bestrebt, eigene Anliegen zu untermauern.

Fazit: Zu jeder Information eine Gegeninformation zu suchen ist grundsätzlich ratsam – vor allem und erst Recht, wenn man eigene Dienstleistungen darauf begründet. Gute Berater können bei der Auswahl helfen. Gute Berater sind entweder Spezialisten in einem Gebiet oder »Helikopter«-Berater, die Schnittstellenwissen haben. Schlechte Berater erkennt man an methodischer Einseitigkeit oder Gebundenheit an ein Thema, etwa ein einziges Testverfahren.

Grundannahme 4: Wir orientieren uns an der Wirklichkeit der Menschen (und nicht an Wahrheit)

Stellen Sie sich vor, Sie gehen mit drei Freunden auf eine Party. Jeder sieht etwas anderes: Peter erkennt sofort seinen alten Freund und läuft auf ihn zu. Sarah ist peinlich berührt, weil sie eine Frau im gleichen Kleid entdeckt. Sie selbst sehen gar nichts, weil der Geräuschpegel Sie irritiert. Sie fühlen sich falsch am Platz. Objektiv ist in diesem Bild nur die Party und selbst diese ist es nicht … Hat sie wirklich stattgefunden. Was ist Vergangenheit? Gibt es in Wahrheit nicht nur eines – die Gegenwart? Ist diese nicht zugleich Vergangenheit, Gegenwart und Zukunft? Wer sich damit beschäftigt, wird zu diesem Schluss kommen. Daraus folgt automatisch, dass es nicht wichtig ist, ob etwas wirklich ist. Lassen Sie sich einmal den Satz von Matthias Brandt aus seiner Erzählung »Raumpatrouille« im Kopf zergehen: »Alles, was ich erzähle, ist erfunden. Einiges davon habe ich erlebt. Manches von dem, was ich erlebt habe, hat stattgefunden« (Brandt 2016).

Was Brandt da schreibt, ist perfekt konstruktivistisch. Er begreift Wirklichkeit als ein Konstrukt, das er im Nachhinein gestalten und mit dem er fließend und kreativ umgehen kann. Daraus ergeben sich auch für die Arbeit mit Menschen wesentliche Grundannahmen:

o Wenn die Vergangenheit und die Zukunft zugleich Gegenwart sind, dann ist alles durch den Menschen gestaltbar. Er kann die Vergangenheit neu bewerten, anders deuten und formt dadurch auch die Gegenwart und die Zukunft.
o Unsere Wahrnehmung entsteht durch unsere Bewertung. Unsere Bewertungen sind Folge früher emotionaler Prägungen. Wenn jeder Mensch etwas anderes sieht, wahrnimmt, denkt und fühlt, dann ist das, was er sieht, wahrnimmt, denkt und fühlt, ebenso fließend und veränderbar. Er kann es steuern.
o Wenn jeder Mensch begreift, dass das, was er sieht, wahrnimmt, denkt und fühlt, für andere gar nicht in dieser Form existiert und wahr ist, dann könnten wir viel offener auf andere zugehen. Wir müssten aufhören, an Wahrheit zu glauben und an richtig und falsch. Wir müssten zudem aufhören, die Wahrheit von anderen zu bewerten. Wir dürfen aber helfen, ungesunde und selbstschädliche Bewertungen umzudeuten.

Jeder, der eine Coaching-Ausbildung hat, kennt die Begriffe systemisch und konstruktivistisch und weiß, dass diese verzahnt sind. In der Coaching-Szene ist also bekannt, dass es Wahrheit nicht gibt und jeder sich seine Welt selbst erzeugt. Nur wird es ganz oft gar nicht so gelebt. Sonst müsste man nämlich erkennen, dass auch »systemisch« ein Konstrukt ist, zudem ein Wortungeheuer mit völlig unklarem Inhalt. Die einen verstehen Ableitungen einer Systemtheorie darunter, die anderen familientherapeutische Interventionen, und dann gibt es noch jene, die Aufstellungsarbeit damit gleichsetzen. Es sind ganz unterschiedliche Konstrukte, denen Menschen unter dem gleichen Begriff verschiedene Bedeutungen geben.

Wer konstruktivistisch denkt, kann nicht auf seine Wahrheit pochen. Genauso wenig ist es dann möglich, bestimmte Herangehensweisen als richtig und andere als falsch zu betrachten – vor allem, wenn ganz offensichtlich verschiedene Dinge wirken, nicht nur eines. So gibt es eine breite Front von Coaching-Vertretern, die »NLP«, also neurolinguistisches Programmieren durchaus zu Recht als unwissenschaftlich ablehnen. Doch ist Wissenschaftlichkeit ein Beleg für das Gute? Ist Wissenschaftlichkeit nicht ebenfalls ein Konstrukt, das durchaus anders definiert werden könnte, als »mit soliden statistischen Methoden belegt« (wie es die Psychologie tut)? Auf der anderen Seite der Wissenschaft stehen »Jünger«, die NLP als wirksame Methode ansehen und Beweise dafür bringen können. Natürlich ist beides richtig – und nichts davon. Ja, es ist unwissenschaftlich. Ja, es wirkt trotzdem. Und? Vieles andere auch. So lange es keine Scharlatanerie ist – also keine Manipulation dahintersteckt –, ist doch alles gut.

Wer verantwortlich mit Methoden und Tools umgeht, für den kann es keine einzige Wahrheit geben. Für den müssen am Ende vor allem ethische Prinzipien die Leitplanken sein. Es könnte so etwas wie einen kategorischen Imperativ des Menschenhelfens geben: »Handle stets so, dass du dem Menschen und übergeordneten Prinzipien folgst.« Welche das sind? Für mich persönlich sind es auf der individuellen Ebene Menschen- oder vielmehr Wesensliebe, Selbstbestimmtheit und Freiheit des Denkens. Auf der übergeordneten Ebene ist es das »Gute« in der Welt, Frieden, Gerechtigkeit, Respekt und Verantwortlichkeit für alle Menschen und die Natur. Und was ist es für Sie?

Alles, was Menschen hilft, sich selbst und andere besser zu verstehen, macht sie frei und bringt sie mehr in Resonanz mit sich selbst. Alles, was sie in eine eindimensionale Sicht zwingt, macht sie unfrei. Deshalb dürfen beispielsweise psychometrische Tests nie als Wahrheit verkauft werden, sondern immer nur als *eine* Sichtweise. Deshalb dürfen diese niemals den Eindruck von »Statik« und »so bin ich für den Rest meines Lebens« vermitteln, sondern sollen Handlungsspielräume eröffnen. Diese Handlungsspielräume entstehen, indem wir verdeutlichen, dass es die eigenen Konstrukte sind, die uns in sehr vielen Fällen im Weg stehen, also letztendlich eine verdeckte Sicht auf mögliche andere Wahrheiten.

> **Fazit:** Machen Sie sich immer wieder bewusst, dass es keine objektive Wahrheit gibt. Verstehen Sie die Wahrheit des anderen, erkunden Sie sie. Mit dem Blick in seine oder Ihre Welt, können Sie viel wirksamer helfen – und auch viel eher Augen öffnen.

Grundannahme 5: Wann immer es sein muss, fördern wir Entwicklung

Wenn Sie mit Menschen arbeiten, kommen Sie kaum daran vorbei, auch Entwicklungshelfer zu sein. Viele Prozesse haben schließlich mit persönlicher Veränderung zu tun. Und persönliche Veränderung ist ohne persönliche Entwicklung manchmal gar nicht denkbar. Man steht sich selbst im Weg, dreht sich im Kreis, denkt, alles gedacht zu haben … aber kommt nicht weiter. Spätestens dann ist es Zeit für Entwicklung. Wenn Sie Menschen entwickeln, sollten Sie aber wissen, wie Entwicklung funktioniert.

Zunächst einmal gilt es dabei, die eigenen Annahmen über Menschen zu überprüfen. Sagen Sie, »ich bin, wie ich bin« oder »ich will so werden, wie ich sein kann«? Lange Zeit herrschte ein statisches Bild vom Menschen vor. Seine Persönlichkeit galt als mehr oder weniger fest. Die Sätze »ich bin so, wie ich bin« oder »ich will so bleiben, wie ich bin« schienen ihre Berechtigung zu haben. Gehirnforscher waren ebenso lange der Meinung, dass sich im Kopf eines Erwachsenen nicht mehr viel Neues tut. Studien schienen dieses statische Bild zu bestätigen: Der IQ sollte ebenso stabil sein wie die Persönlichkeitseigenschaften der sogenannten Big Five, eines weltweit verwendeten Persönlichkeitsinventars.

Was kaum jemand sah, war eine weitere Ebene der Entwicklung, die die Art bestimmt, wie sich Eigenschaften zeigen. So mag jemand, der extravertiert ist, viel reden. Doch der eine geht in einen echten, fruchtbaren Dialog mit seinem Gegenüber, der andere redet nur auf jemanden ein. Beide haben die gleiche Eigenschaft, aber leben sie ganz unterschiedlich aus.

Entwicklungspsychologen wie Jean Piaget, Jane Loevinger, Lawrence Kohlberg und Robert Kegan haben zu diesen Themen seit den 1960er- und verstärkt seit den 1990er-Jahren geforscht. Erst in diesem Jahrtausend kommen ihre Erkenntnisse in der Psychologie an. Sie passen zu dem, was parallel die Hirnforschung ans Licht brachte: Auch bei Erwachsenen entstehen laufend neue Verbindungen und neue Nervenzellen. Die Neuroplastizität des Gehirns zeigt, dass sich Synapsen verändern, je nachdem wie man sie verwendet und trainiert. Der sogenannte emotionale Stil ist zwar einerseits angeboren, lässt sich andererseits aber auch beeinflussen und somit verändern. Diese Veränderungen sind dann wünschenswert, wenn es dem Menschen hilft, ein besseres Leben zu führen und ein zufriedenerer Mitarbeiter zu sein. Auf all diese Themen werde ich noch ausführlicher eingehen. An dieser Stelle, zur Einführung ins Thema also, möchte ich vor allem appellieren, über die eigene Haltung darüber nachdenken. Menschen entwickeln sich, vor allem wenn man sie anregt. Man ist nicht, wie man ist, sondern kann sich verändern, sehr stark sogar.

Ich unterscheide Lernen und Entwicklung. Menschen lernen, wenn Sie einfach mehr von etwas in sich aufnehmen. Sie entwickeln sich, wenn sie ihre Denk-und Handlungslogik verändern. Wenn sie lernen, erweitern sie einfach ihr bestehendes »System«, füttern es mit immer mehr Inhalten. Wenn sie sich entwickeln, begreifen, verstehen, verinnerlichen sie etwas, das sie vorher nicht sehen konnten. Nehmen wir dazu folgendes Beispiel:

Der extravertierte Felix

Felix hat immer sehr viel geredet, auch auf andere eingeredet – ohne zuzuhören. Ihm war gar nicht bewusst, wie das auf sein Gegenüber wirkte, weil er über den oder die andere gar nicht nachdachte. Erst als ihn seine Frau verließ, kam er ins Grübeln.

Als er eine neue Bekanntschaft machte, die ihn auf sein Monologisieren aufmerksam machte, wurde ihm bewusst, dass er auf diese Weise weder eigene Gefühle noch die Emotionen anderer wahrnehmen konnte. Er begann bewusster innezuhalten. Das war für ihn eine ganz neue Erfahrung.

Zum ersten Mal nahm er sich und sein Gegenüber als getrennte Instanzen wahr. Felix hat nicht nur etwas gelernt, er hat sich entwickelt. Dazu war gar kein Training nötig, nur Erkenntnis!

Ohne Förderung und Reize durch ein neues Umfeld und Herausforderungen in Beruf, Partnerschaft oder Gesundheit stagniert die Entwicklung häufig im Alter von 25 Jahren, während Lernen immer weitergeht. Vor allem homogene Umgebungen – gleichbleibende Arbeitsumfelder und gleichbleibende soziale Strukturen – sind wenig entwicklungsförderlich.

Das Beispiel von Felix zeigt: Erst, wenn Menschen an die Grenzen der eigenen Logik kommen, öffnen sie sich – und machen nicht selten regelrechte Entwicklungssprünge.

Gerade Führungskräfte kommen gar nicht umhin, sich zu entwickeln, um ihr Denken immer weiter zu öffnen, da sie komplexere Herausforderungen anders gar nicht wirksam bewältigen können. Sie sollten Entwicklung – und nicht nur Lernen – auch bei ihren Mitarbeitern fördern. Weiterentwickelte Menschen sind selbstsicherer, gesünder und dialogfähiger. Sie übernehmen viel eher Verantwortung. Die wichtigsten Entwicklungshelfer? Anregung durch neue Perspektiven und Umgebungen, Feedback und Reflexion.

Für Coaches ist es wichtig, einzuschätzen, wann sie zum Lernen und wann zur Entwicklung beitragen. Beim coachenden Lernen leiten sie an, auf vorhandene Problemlösungsstrategien zurückzugreifen, bei der coachenden Entwicklung gehen sie tiefer und stellen auch bisherige Annahmen infrage. Mal kann das eine, mal das andere sinnvoll sein.

Zwei Fragen helfen bei der Antwort auf die Frage, ob es eher um Lernen oder eher um Entwicklung gehen sollte:

o Steht ein akutes Problem im Mittelpunkt, das mit den vorhandenen Ressourcen einfach gelöst werden kann?
o Dreht sich die Fragestellung um ein schwieriges Problem, das sich mit den vorhandenen Ressourcen nicht wirksam lösen lässt? (Das erkennt man daran, dass sich der Coachee im Kreis dreht.)

Lautet die Antwort auf die zweite Frage »Ja«, ist Konfrontation das probate Mittel. Der Hamburger Kommunikationspsychologe Friedemann Schulz von Thun

drückt das in seiner »kommunikationspsychologischen Zauberformel« folgendermaßen aus:

Akzeptanz + Konfrontation = Entwicklung
in der Kurzform: A + K = E

Diese »Formel« wird auch Veränderungsformel genannt. Sie besagt, dass vor einer
Konfrontation immer Akzeptanz hergestellt sein muss. Eine Konfrontation ist
eine tiefere emotionale Auseinandersetzung, etwas das Gefühle auslöst – meist
widersprüchliche und häufig sogar schmerzhafte. Konfrontation ist immer emotional, sie erschüttert oder berührt – aber sie ist sehr wirksam.

Fazit: Wir sollten uns selbst und ebenso die Menschen um uns herum entwickeln, in
unserer Rolle als Coach wie auch als Führungskraft. Dazu geben wir ihnen Anregung,
Impulse, lassen sie Neues erleben. Entwicklung ist so wichtig, weil sie Menschen hilft,
gesünder, glücklicher und zufriedener zu leben, sie ist also alles andere als Selbstzweck.

LERNEN = Ich fülle mein
Schema mit mehr vom
Gleichen auf.

ENTWICKLUNG = Ich
ändere mein Schema
grundlegend.

Der Unterschied zwischen Lernen und Entwicklung

Grundannahme 6: Wir helfen Lösungen zu finden, die nicht auf der Hand liegen

Dieser Punkt ergibt sich aus dem vorherigen. Viele Menschen drehen sich im Kreis. Rational haben sie alles abgecheckt. Zu mir kommen Coachees, die Dutzende Tests absolviert und ebenso viele Bücher durchgearbeitet haben. Doch das alles hat nichts genützt. Warum kommen Menschen nicht weiter, auch wenn sie wirklich alles durchdacht haben? Wenn Sie eigentlich alles über sich wissen und meistens sogar die eigenen Ziele kennen?

Dann sind sie gefangen in ihrer gewohnten Denk- und Handlungslogik. In ihrem vorhandenen System sind keine anderen Möglichkeiten implementiert. Deshalb helfen ihnen keine »Wunderfragen«. Es ist so, als hätten sie ein Brett vor dem Kopf.

Hinderliche Ziele

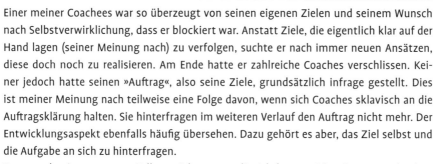

Einer meiner Coachees war so überzeugt von seinen eigenen Zielen und seinem Wunsch nach Selbstverwirklichung, dass er blockiert war. Anstatt Ziele, die eigentlich klar auf der Hand lagen (seiner Meinung nach) zu verfolgen, suchte er nach immer neuen Ansätzen, diese doch noch zu realisieren. Am Ende hatte er zahlreiche Coaches verschlissen. Keiner jedoch hatte seinen »Auftrag«, also seine Ziele, grundsätzlich infrage gestellt. Dies ist meiner Meinung nach teilweise eine Folge davon, wenn sich Coaches sklavisch an die Auftragsklärung halten. Sie hinterfragen im weiteren Verlauf den Auftrag nicht mehr. Der Entwicklungsaspekt ebenfalls häufig übersehen. Dazu gehört es aber, das Ziel selbst und die Aufgabe an sich zu hinterfragen.

Das war aber im genannten Fall gar nicht notwendig. Ich fragte mich: Könnte es sein, dass dieser Mensch etwas hinterherrennt, das nur eine gesellschaftliche Projektion, eine Vorstellung von anderen ist, gar nicht seine eigene? Denn wenn es seine eigene wäre, so müsste er diese doch problemlos realisieren können. Er hatte die Ziele, die er mit einem anderen Coach ausgearbeitet hatte, mitgebracht. All das behinderte jedoch das Coaching. Am Ende haben wir den Zettel umgedreht und etwas ganz Neues vereinbart: ein Jahr ohne diese Ziele, freies Ausprobieren, Leben und Experimentieren, weg mit den hinderlichen Visionen. Damit habe ich einerseits Entwicklung gefördert, andererseits aber auch das Naheliegende und den Auftrag an sich infrage gestellt.

In diesem Zusammenhang ist es wichtig, sich mit dem Einkreis- und Zweikreislernen zu beschäftigen, dem sogenannten Single- und Double-Loop-Learning nach Chris Agyris. Single-Loop-Lernen bedeutet, dass man seine gewohnte Denk- und Handlungslogik zur Lösung von Problemen nutzt. Das ist im Grunde das, was ich zum Lernen beschrieben hab (s. S. 60). Das kann bei einfachen Problemen funktionieren. Wenn ein Mensch vor einer Entscheidung steht und im Grunde nur noch eine Klärung braucht, reicht Single-Loop völlig aus. Wenn aber Blockaden und das Sich-im-Kreis-Drehen offensichtlich sind, gilt es neue Strategien zur Problemlösung zu finden – Double-Loop (also Entwicklung).

Da Coachees immer wieder zu ihrem bewährten Denken zurückkehren, werden sie sich aber nur dann für Neues öffnen, wenn sie mit einem ganz anderen als dem bisherigen Ansatz konfrontiert werden. Dieser wird sie nur erreichen, wenn sie auf der emotionalen Ebene berührt sind: Das grundsätzliche Infrage-Stellen kann das auslösen. Auch die Person des Coachs ist hier sehr wichtig. Er muss konfrontieren können, was eigene Sicherheit und Klarheit (und ein hundertprozentiges Beim-anderen-Sein) voraussetzt.

Führungskräften hilft das Wissen um den zweiten Kreis ebenfalls. Für sie ist das Zweikreislernen vor allem in einem anderen Zusammenhang wichtig, nämlich dann wenn es darum geht, neue Lösungen für Probleme zu finden. Dann können folgende Fragen helfen, einen anderen Zugang zu öffnen – die lassen sich wunderbar auch im Team besprechen:

- Wie haben wir/habe ich etwas bisher gelöst?
- Wie haben wir/habe ich etwas bisher *nicht* gelöst?
- Was haben wir/habe ich bisher angenommen?
- Und was wäre das Gegenteil dieser Annahme?
- Was wenn wir/ich dem Gegenteil folgen?
- Was haben wir/habe ich ausgeschlossen?
- Wen haben wir/ habe ich *nicht* gefragt?
- Wie lösen andere das Problem?
- Welche Lösungen anderer finden wir/finde ich attraktiv?
- Welche Lösungen anderer lehnen wir/lehne ich ab?

Fazit: Einfach kann jeder, aber einfach ist bei komplexen Themen nicht immer ausreichend. Spätestens, wenn eine einfache Ressourcenaktivierung an ihre Grenzen kommt, gilt es darüber hinaus zu denken und auch einmal die Lösung oder das Ziel an sich infrage zu stellen.

Grundannahme 7: Wir denken ganzheitlich und/oder beziehen den »Kontext« ein

Derselbe Mensch kann in dem einen Kontext beispielsweise eine erfolgreiche Führungskraft sein und in dem anderen nicht. Dabei spielen innere Prozesse und äußere Kontextfaktoren eine Rolle: die Werte der Firma, der eigene Chef, zufällige Entwicklung, die Situation, die Konstellation ...

Deshalb ist es wichtig, nicht nur auf die inneren Prozesse, sondern immer auch auf die äußeren Umstände zu schauen, Wechselwirkungen zu betrachten und den Rahmen groß zu stecken. Das Äußere wirkt auf das Innere, das Innere auf das Äußere. Nennen Sie das gern systemisch.

Es kann im Coaching-Verständnis B aber noch mehr sein: Es ist dann nicht nur der Mensch in seinem privaten und beruflichen Wirkungskreis, es sind nicht nur die »Player« in einem Unternehmen oder eine Familie, sondern häufig auch Prägungen durch die Familiengeschichte, nicht selten über mehrere Generationen hinweg.

Stellen Sie sich das vor wie Bild, Bilderrahmen, Zimmer und Wohnung. Alles ist Kontext, nur wird dieser größer und immer mehr Aspekte fliegen ein. Wer spielt auf dem Bild eine Rolle für mich? Was macht den Bilderrahmen aus? Wo hängt das alles? Wie würde eine Veränderung von Bild, Bilderrahmen, Zimmer, Wohnung wirken? Dieses Bild lässt sich im Coaching-Verständnis A für Unternehmen nutzen.

Im Coaching-Verständnis B kann noch viel mehr dazukommen, nennen wir es die ganzheitliche Betrachtung, vielleicht sogar die holistische. Oft werden zu wenige Aspekte gesehen, die auf einen Menschen wirken – dabei sind es unendlich viele, die relevant sind und sein können: die Persönlichkeit des Menschen, seine Bezugspersonen, seine Gesundheit, seine Physis, seine Spiritualität, der Wohnort.

Nehmen wir nur den Ort. Ich lebe seit einiger Zeit teilweise im Süden. Das Leben dort verändert mich; ich werde gelassener. Einige Zeit coachte ich einen Kardiologen aus Norwegen über Skype. Das norwegische Klima drückte auf sein Gemüt; er war meistens angespannt. In vielen Fällen blenden wir solche Faktoren aus. Wir sehen Unzufriedenheit mit der Arbeit im Sinne von Tätigkeit, aber nicht, dass die Atmosphäre im Büro, das häufige Sitzen oder das fehlende Licht und der Umgang miteinander damit zu tun haben könnte.

Mit dem Kontext arbeiten heißt für mich natürlich auch: auf alle Lebensbereiche schauen. Karriere-Coaching ist nur ganzheitlich denkbar, denn welcher Schritt ließe sich unabhängig vom Privatleben, der eigenen Gesundheit, der Interessen machen? Karriereberatung kann diese Aspekte ausblenden.

Führungskräfte sollten sich gleichermaßen auf ihren Auftrag besinnen. Das Privatleben geht sie nichts an, solange dieses die Arbeit der Mitarbeiter nicht tangiert. Sie können aber Hilfsangebote machen, aufklären, den Rahmen bieten, damit ganzheitliches Leben überhaupt möglich wird. Sie sollten wissen, wie wichtig der Kontext ist, sie müssen aber nicht mit ihm »arbeiten«.

Im Coaching-Verständnis B brauchen Sie diesen ganzheitlichen Blick, vor allem wenn es um das Thema Sinn geht, was im Karriere- und Life-Coaching vorkommt. Manchmal hilft es, in die Familiengeschichte einzutauchen. Bei der Sinnsuche reiferer Personen spielt so gut wie immer die Historie der Familie eine Rolle, die ausgesprochene und die unausgesprochene, vielleicht tabuisierte. Sie kann der Schlüssel sein, beispielsweise warum jemand nicht mit Geld umgehen kann.

Geldprobleme

Einmal coachte ich eine selbstständige Klientin, in deren Familie dieses Geldthema hochgradig tabuisiert war. Alle Frauen in dieser Familie sind nie mit Geld ausgekommen, bis hin zur Verschuldung. Meine Klientin hatte deshalb geradezu Angst vor dem Geldverdienen und verkaufte ihre Dienstleistungen völlig unter Wert. Als ihr die Bedeutung des Themas für ihr Problem bewusst wurde, hat sie beschlossen, dass sie die Erste sein würde, die ihr Portemonnaie in den Griff bekommt. Dadurch ist eine positive Handlungsmotivation entstanden.

Den Kontext einzubeziehen kann also durchaus bedeuten, tiefer zu tauchen. Familien- und Kindheitsprägungen haben immer eine Bedeutung für das Jetzt. Was nicht bedeutet, dass man stets in der Vergangenheit wühlen und alles aufarbeiten sollte. Es macht Sinn zwischen dem »An-der-Oberfläche-Bleiben« und dem »Tiefer-Tauchen« zu entscheiden, vor allem in Coaching-Verständnis B. Diese Entscheidung muss aber vor allem der Coachee treffen – der Coach kann nur den Vorschlag unterbreiten: Bleiben wir an der Oberfläche oder tauchen wir tiefer? Tiefer in die Vergangenheit zu gehen bedeutet immer auch mehr Emotion.

Wenn Sie hier noch einmal das Thema Lernen und Entwicklung einbeziehen, wird leichter nachvollziehbar, was ich meine. Die Oberfläche reicht, wenn sich das Problem mit dem vorhandenen Denken lösen lässt. Die Tiefe ist notwendig, wenn das nicht mehr der Fall ist. In beiden Fällen geht es aber natürlich nicht ohne den Kontext. Nur ist dieser beim »Tieftauchen« komplexer und vielschichtiger.

Fazit: Unterscheiden Sie, welchen Kontext Sie einbeziehen je nach Auftrag und Situation. Der Kontext kann klein und größer sein und wenige sowie viele verschiedene Aspekte beinhalten. Bei einfachen Fragestellungen reicht es, das Umfeld zu betrachten, bei komplexen kann der Rahmen größer gezogen werden.
Weiterhin ist eine ganzheitliche Sicht bei den meisten Fragestellungen im nicht jobbezogenen Coaching selbstverständlich. Führungskräfte sollten sich aus dem Privatleben jedoch heraushalten. Das sollte sie aber nicht hindern, hinzuschauen und ein offenes Ohr zu haben, wenn offensichtlich wird, dass »das Private« die Arbeit berührt.

Grundannahme 8: Wir kennen unsere eigenen Beschränkungen

Coaching ohne Inspiration

»Ich hatte den Eindruck, dass der Coach nur eins zu eins in Ideen umsetzte, was ich ihm sagte«, erzählte mir Michael. »Ich sagte, dass ich mich im Konzern wie in einem Korsett fühlte. Dann fragte er, was ich mir wünsche. Da kam mir natürlich der Gedanke, dass es besser sein könnte, im Mittelstand zu arbeiten. Daraufhin fragte mich der Coach, was denn im Mittelstand anders wäre. So erzählte ich, was ich mir so vorstellte. Meine Vorstellungen hinterfragte der Coach nicht.«

Solches Coaching ist einfach. Es greift auf, was im Problemlösungssystem des Klienten ohnehin verankert ist. Und zwar ohne weiteres Hinterfragen und ohne kognitive Verzerrungen und Stereotypen aufzulösen. Konzern ist so, Mittelstand so – das ist eine Vereinfachung, zu kurz und möglicherweise am Thema vorbei gedacht. Es fehlt die Vertiefung auf verschiedenen Ebenen: Was ist das Korsett eigentlich genau? Und was verbindet Michael mit Mittelstand? Ist das nicht vielleicht ein Klischee? Was ist das eigentliche Thema?

Nicht alle Klienten können mangelnde Tiefe so deutlich erkennen wie Michael. Viele werden nach einem solchen Coaching das Gefühl haben, dass ihnen gut geholfen worden sei, weil eine offizielle »Stelle« bestätigt hat, was sie sich schon gedacht haben. Ich finde es aber unverantwortlich, wenn das zu tiefgreifenden Entscheidungen führt. Natürlich hat immer der Klient die Verantwortung, natürlich entscheidet am Ende dieser. Wenn wir aber psychologische Aspekte – vor allem Reife und psychische Gesundheit – mitdenken, wissen wir, dass nicht jeder zu jedem Zeitpunkt voll entscheidungsfähig ist.

Wer mit Menschen zu tun hat, sollte sich bewusst sein, dass er ebenfalls Klischeevorstellungen aufsitzt und Stereotypen im Kopf hat. Er sollte wissen, dass es so etwas wie eine Selbstbestätigungstendenz gibt. Und dass gerade die naheliegenden Lösungen besonders hinterfragt werden sollten. Hier haben die lösungsorientierten Coaching-Ansätze Grenzen. Sie gehen davon aus, dass wenige Informationen ausreichen, um in kleinen Schritten voranzugehen. Doch was bei Verhaltensänderungen und Blockaden wirksam sein kann, ist bei beruflichen und anderen komplexeren Fragestellungen, die größere Veränderungen einleiten können, unpassend. Ganz besonders viel Aufmerksamkeit sollten wir unseren eigenen Interpretationen und unserem Klischeedenken schenken. Wir sollten die sogenannten Heuristiken, also Denkabkürzungen unseres Gehirns identifiziert haben. Wir sollten sensibel sein für die unterschiedlichen Bias, also Verzerrungen und Denkfehler. Auf Seite 273 finden Sie eine tabellarische Übersicht dazu.

Wer nicht sicher aus eigener Erfahrung etwas berichten und beisteuern kann, sollte sehr vorsichtig mit über ein Coaching hinausgehenden Ratschlägen sein. Es ist weiterhin stets eine gute Idee, die naheliegende Lösung ganz besonders kritisch zu hinterfragen – Gegenargumente sammeln ist eine Möglichkeit. Wer sich als Coach unsicher ist, ob er etwas richtig einschätzt, sollte das deutlich formulieren. Wenn Sie bemerken, dass der Klient selbst Stereotypen produziert, sollten Sie erst recht aufmerksam sein. Als Coach, Berater und auch Führungskraft kann es manchmal wichtig sein, den anderen zu bestärken. Dann gehen Sie bewusst in die Elternrolle, aus dem Blickwinkel der sogenannten Transaktionsanalyse, die aus der Psychoanalyse kommt, also das »fürsorgliche Eltern-Ich«. In dieser Position handeln sie automatisch verantwortungsvoll und werden die Aussagen des »kritischen Kind-Ichs«, das nicht mehr im Konzern arbeiten will, warmherzig hinterfragen. Ebenso wie seine Schlussfolgerungen.

Sie werden ihn dann aber wieder zurück ins Erwachsenen-Ich führen, damit der Klient seine eigene Entscheidung treffen kann – oder weitere Schritte durchdenken, die ihn dazu führen.

> **Fazit:** Unser Gehirn führt uns in die Irre. Es verleitet uns dazu, Dinge zu sehen, die naheliegen, weil wir sie kennen, von ihnen gelesen haben, weil sie gegenwärtig sind. Coaches und Führungskräfte sollten sich dessen bewusst sein. Genaues Hinterfragen von allzu einfachen oder klischeehaften Lösungen hilft.

Grundannahme 9: Wir haben eine dynamische Sicht auf Stärken und Persönlichkeit

Die Persönlichkeitspsychologie, professionell »differenzielle Psychologie« genannt, ist an Mittelwerten orientiert. Wir sehen das, wenn wir uns eine Auswertung des Persönlichkeitsinventars »Big Five« (s. S. 102) ansehen. Eine introvertierte Person ist danach »E-«. Das bedeutet, sie hat wenig Extraversion und weicht von der Mitte ab. Alles richtet sich am Durchschnitt aus – das ist Statistik und die Art wie diese aufbereitet wird. Natürlich schafft allein das schon Bedeutung. Es begrenzt und engt ein. Wer nicht zum Durchschnitt gehört, fühlt sich bisweilen schlecht. Er oder sie fällt »raus«.

Mit der Positiven Psychologie kam ein neuer Wind in diese defizitorientierte Disziplin, die sich vor allem statistischer Methoden bediente. Diese Richtung konzentriert sich darauf, was ein Mensch bereits mitbringt, also auf seine Stärken und Talente. Schwächen haben in diesem Bild nichts zu suchen.

Der Stärkenansatz ist im Coaching wichtig und wirksam. Er betont die Beziehungen zwischen Menschen mit unterschiedlichen Stärken. Und er legt ein anderes Licht auf das Thema Schwächen, vor allem dann, wenn man eine dialektische Sicht hinzunimmt, die zwei Pole sieht. Der Neigung zur Struktur steht etwa die Flexibilität gegenüber. Menschen haben meistens eine Präferenz auf der einen oder anderen Seite. Im Leben braucht man jedoch – situationsabhängig unterschiedlich ausgeprägt – beide Seiten. Stärkenentwicklung sollte deshalb nicht nur die eine, sondern stets die andere Seite einbeziehen. Jemand der sehr kreativ ist (normalerweise eine Folge einer flexiblen Haltung und von Offenheit) kann seine Stärken in einem Umfeld, dass diese Seite wertschätzt, natürlich besser entfalten. Dennoch wird es Situationen geben, in denen die andere Seite benötigt wird, etwa bei der Planung eines eigenen Ateliers. Mit der Sicht auf die beiden Pole lässt sich im Coaching deshalb sehr gut arbeiten, auch zur Persönlichkeitsentwicklung. Wenn wir etwas auf der einen Seite sehr mögen, kann es sein, dass wir die andere ablehnen. Wer sehr flexibel ist, mag das Strukturierte oft weniger. Und umgekehrt. Das macht vielfach blind für die Stärken der anderen. Flexible mögen Planer nicht, Planern sind Flexible suspekt. Oder wenn ich die Bogen weiterspanne: Der Stille meidet den Lauten, der Laute finden den Stillen komisch. Der Querdenker hasst Konformisten, und der Konformist den Querdenker … Solches Denken aufzulösen fördert gute Zusammenarbeit in Unternehmen enorm. Wer seine Stärke aber zur Blüte bringen will, muss die andere Seite in sich und bei anderen annehmen.

Das ist ein wichtiger Aspekt, der Coaches und Führungskräften in viel zu vielen Fällen zu wenig bekannt sind. Ein weiterer Aspekt: Wer sich von seinen Stärken leiten lässt, kann Schwächen viel souveräner betrachten. Ein begabter Cellist hat beispielsweise Angst vor den öffentlichen Auftritten und scheut das Drumherum mit Blickkontakt zum Publikum und Verbeugungen. Es fällt ihm schwer, seinen Gesichtsausdruck dramaturgisch einzusetzen. An dieser »Schwäche« lässt sich viel leichter arbeiten, wenn es der Stärke dient.

Literaturtipp

Ich habe diese Gedanken in meinem Buch »Was sind meine Stärken? Entdecke, was in dir steckt« (2016) ausführlicher dargelegt. Mit dem Stärkensystem aus 50 bildhaft beschriebenen Stärken lässt sich meines Erachtens gut arbeiten. Hier vermittle ich ein dynamisches Bild von Stärken, das sich in unterschiedlichen Kontexten anwenden lässt und auch zur Weiterentwicklung dient.

Doch die Arbeit mit Stärken geht weiter: Die sogenannte »Volumenregelung« der Stärken bedeutet, dass sich Stärken negativ auswirken können, wenn es zu viel davon gibt. Die Stärke sollte Situationen angemessen zum Ausdruck kommen. Auch die »Lautstärke« der Stärke sollte variiert werden und sich der Situation und den Anforderungen entsprechend anpassen können.

Das Thema Stärken ist eng gekoppelt an das der Entwicklung von Menschen. Je reifer diese sind, desto reifer werden sie mit ihren Stärken umgehen – desto eher werden sie verstehen, dass Stärken sich verändern. Was zunächst als Gegensatz verstanden wird, etwa Struktur versus Flexibilität, löst sich irgendwann in ein »sowohl als auch« auf. Wer stärkenorientiert arbeitet, konzentriert sich auf das, was funktioniert und Energie gibt. Führungskräfte können das Prinzip der Stärkenorientierung ebenfalls für ihre Teams nutzen und Aufgaben stärkenorientiert vergeben oder noch besser wählen lassen. Dabei ist die Frage, was jemand gern tun möchte in vielen Fällen wichtiger als diejenige, was andere als Stärke sehen. Beispielsweise kann jemand sehr gut im Kundenkontakt sein, aber trotzdem mehr positive Energie aus dem Rechnungswesen ziehen. Wir sollten ihn dann im Rechnungswesen lassen; alles andere führt zu Unzufriedenheit.

Fragen für stärkenorientiertes Coaching

Passende Fragen für stärkenorientiertes Coaching sind beispielsweise:
- Was genau tun Sie regelmäßig, das Ihnen Energie gibt und Sie motiviert?
- Was möchten Sie gern und immer wieder tun?
- Was löst positive Emotionen in Ihnen aus?
- Wer hat ganz andere Stärken als Sie und könnte Ihr Partner in einem Projekt werden? Wie und durch was unterstützen Sie sich gegenseitig?

Fazit: Stärken sind bipolar. Wir müssen Stärke immer als eine hohe Ausprägung von etwas sehen, der auf der anderen Seite meist eine niedrige entgegensteht, zum Beispiel hohe Flexibilität, aber niedrige Planungsorientierung. Durch die Betrachtung dieser zwei Seiten wird Entwicklung viel leichter möglich. Außerdem fördert es das Verständnis von Mitarbeitern untereinander. Wichtig ist auch, sich klar zu machen, dass wir von unserem Standpunkt aus Stärken bewerten. Sind wir selbst eher strukturiert, bevorzugen wir leicht andere, die auch so sind. Für gute Teamarbeit ist aber nicht mehr vom Gleichen, sondern viel vom Unterschiedlichen hilfreich.

Grundannahme 10: Wir gehen davon aus, dass Menschen einen inneren Kern haben

Gibt es etwas, das einen Menschen ausmacht, nur ihn? Zum Beispiel eine Seele? Gar einen Teil in uns, der Teil des Kosmos ist? Darüber kann man sich trefflich streiten. Das will ich hier nicht tun. Man könnte aber auch das Gegenteil annehmen, also denken, dass wir nur ein Produkt unserer Prägungen sind. Das wir von Geburt an einfach nur beschrieben werden – von anderen. Legen wir die neurobiologische Sicht zugrunde, dann spiegeln vier limbische Ebenen das, was den Menschen charakterisiert und ausmacht. Die untere Ebene, das Temperament, ist eher statisch. Die mittlere Ebene ist dynamischer, enthält aber mit den Motivationen noch viel »Individuelles«, vor allem im Zusammenspiel mit der unteren Ebene.

Die obere und die oberste Ebene sind viel mehr durch soziale Prägungen bestimmt. Also könnte man die untere Ebene als inneren Kern des Menschen sehen. Dazu mehr im Abschnitt über Persönlichkeit.

Davon gehe ich nicht aus, und es gibt viele, die diese Annahme unterstützen. Es gibt auch Belege. Beispielsweise aus der Zwillingsforschung, die zeigt, dass eineiige Zwillinge, die getrennt aufwachsen, sich dennoch ähnlich entwickeln.

Die Psychologen Deci und Ryan sprechen von einem inneren Kern, einem »inner core«. Dieser liegt ihrer Selbstbestimmungstheorie zugrunde, die eine empirisch untermauerte Motivationstheorie ist. Danach bestehen drei permanente und kulturübergreifende psychologische Grundbedürfnisse, deren Befriedigung Zufriedenheit und psychische Gesundheit bringt. Es sind dies Kompetenz, Autonomie und soziale Eingebundenheit (andere Forscher nennen die Motive Leistung, Bindung und Autonomie). Sie ermöglichen intrinsische, also aus sich selbst heraus Freude bereitende Handlungen.

Der innere Kern beschreibt den Mensch, wie er sein will, wenn er sein Leben selbst gestaltet und in die Hand nimmt und nach diesen (und weiteren individuellen) Bedürfnissen lebt. Das heißt, der innere Kern beschreibt die Bedürfnisse einer Person und ihre Eigenschaften, die biologisch bedingt oder positiv sozial geprägt sind (nicht negativ!).

Der innere Kern tritt zutage, wenn man sich von familiären Prägungen befreit, die zu schädlichen Glaubenssätzen geführt haben. Der innere Kern tritt auch ans Licht, wenn wir Grenzen um uns ziehen können, innerhalb derer wir nach unseren Bedürfnissen agieren – die anderen einbeziehend, aber bewusst und nicht unterwerfend.

Ein innerer Kern ist frei von »Introjekten«, also fremden Überzeugungen und Werten, die andere eingepflanzt haben. Wenn wir den inneren Kern nicht spirituell erklären wollen, dann geht es auch biologisch. Wir entstehen aus einer Gen-Umwelt-Interaktion. Bestimmte Eigenschaften sind erblich, etwa Offenheit für neue Erfahrungen. Wie sie aber gelebt werden, hat viel mit der Prägung zu tun. Was nehmen wir an, was nicht? Wenn etwas positiv emotional belegt ist, nehmen wir es gern in unseren inneren Kern auf. Dieser ist also nicht statisch, er verändert sich. So wie sich das Auftreten von Eigenschaften ebenfalls verändert.

> **Fazit:** Der innere Kern ist keine Vorbestimmung, kein Plan, der erfüllt werden muss. Er ist nicht mit konkreten Inhalten beschrieben; er öffnet nur Möglichkeiten. Anders würde jeder Gedanken an Selbstverantwortung ad absurdum geführt. Mit einem inneren Kern hat jeder Mensch unterschiedliche Möglichkeiten. Und: Er ist seinen Anlagen nicht ausgeliefert, er kann sie verändern, was wir im Kapitel über den emotionalen Stil vertiefen (s. S. 88).

Grundannahme 11: Wir scheuen uns nicht vor Konflikten und unangenehmen Situationen

Kaffee trinken

Als der große, starke Bär von einem Mann vor mir niederfiel, war ich irritiert. Wie sollte ich mit jemand umgehen, der so tief emotional war und unter seiner eigenen Körperschwere litt? Ja, sein Leben lang war er »der Bär« gewesen und auch ich hatte das wieder auf ihn projiziert. Das hatte zu dem emotionalen Ausbruch geführt. Wir sind dann an die Elbe gegangen und haben Kaffee getrunken. Es war ein sehr gutes Gespräch. Ich konnte die Situation gerade so auffangen, aber zwischendurch war ich nass geschwitzt.

Schwierige psychologische Situationen aufzufangen ist kein leichtes Unterfangen, wenn man sich nicht abgrenzen kann oder sich bei einer Intervention unsicher fühlt. Manchmal weicht man aus oder zaudert und wartet ab. Das ist fast immer falsch. Meistens ist es richtig, seinen eigenen Impulsen zu folgen – siehe mein Beispiel: Kaffee trinken. Das hat all die Schwere rausgenommen.

Ich spreche zum Beispiel häufig mit Führungskräften, die von weinenden Mitarbeitern überfordert sind. Nicht wenige können keine Kündigungen aussprechen oder ernste Konfliktgespräche führen. Einige lassen sich auf Psychospiele von Mitarbeitern ein, nur um Aussprachen zu vermeiden. Diese Mitarbeiter bekommen sehr schnell mit, mit wem sie was machen können. Zögern und Zaudern ist hier völlig falsch. Offensichtliches *nicht* anzusprechen und sofort zu lösen, macht das Problem am Ende nur größer. Wissen Sie nicht, was Sie in bestimmten Situationen tun sollen, holen Sie sich unbedingt Rat. Lassen Sie sich coachen …

In meinen Kursen sitzen manchmal Coaches, die nicht auf sich gehört haben und sich auf psychologische Spielchen eingelassen haben (zum Beispiel auf Kunden, die sogar nachts und am Wochenende anrufen). In vielen Fällen haben sie schon früh gespürt, dass etwas nicht in Ordnung war, aber auf die innere Stimme zu spät gehört. Das passiert vor allem, wenn man unbedingt helfen möchte, zu sehr bei sich und zu wenig beim anderen ist.

Störungen haben Vorrang! Der Satz stammt eigentlich aus der themenzentrierten Interaktion (TZI) nach Ruth Cohn und besagt, dass in einer Gruppe immer erst auftretende Störungen aufgenommen werden sollten. Aber der Satz gilt gleichermaßen in anderen Zusammenhängen. Wenn ich etwas spüre, bei mir oder beim anderen, sollte ich innehalten.

Es ist wichtig, vor allem gegenüber möglichen Erkrankungen aufmerksam zu sein. In Coaching-Ausbildungen wird darüber normalerweise nur Basiswissen vermittelt. Meine Erfahrung ist, dass viele Coaches viele Störungen nicht erkennen, sofern sie weniger offensichtlich sind. Ja, man spürt, wenn jemand so tief depressiv ist, dass das Thema unmöglich ins Coaching gehören kann. Aber Borderline erkennen? Schon schwieriger. Auch ich habe anfangs selten direkt auf meinen ersten Impuls gehört. Sehr lehrreich war für mich, dass ich mein Büro zehn Jahre lang mit einer Psychotherapeutin geteilt habe, mit der ich mich austauschen konnte. Gerade am Anfang ihrer Tätigkeit möchten Coaches und Berater ihren Klienten entgegenkommen. Man freut sich darüber, überhaupt Kunden zu haben. Deshalb fällt das Neins-Sagen und Klare-Grenzen-Ziehen schwerer.

Fazit: Seien Sie mutig, stellen Sie sich. Hören Sie auf Ihre Stimme, wenn sie warnt. Lassen Sie sich als Coach nicht von ökonomischen Zwängen beeinflussen und verlängern Sie ein Coaching nicht wegen ein paar Euro mehr. Das wird sich früher oder später auf andere Weise auf Ihre Einnahmen auswirken. Denn Menschen, die Grenzen setzen, sind wirksamer, klarer, eindrucksvoller für andere. Sie bewirken mehr.
Lassen Sie sich als Führungskraft nicht dazu verführen, Dinge unter den Teppich zu kehren. Ob Alkoholfahne oder Diskriminierung. Sprechen Sie aus, was Sie sehen. Und zwar früh genug und nicht erst, wenn es zu spät ist. Auch das zahlt sich aus. Nicht in Geld, aber in Vertrauen, das Mitarbeiter dadurch entwickeln werden.

Literatur

Agyris, Chris: Personality and Organization. New York: Harper Torch Books 1957
Agyris, Chris: Flawed Advice and the Management Trap. How Managers Can Know When They're Getting Good Advice and When They're Not. New York: Oxford University Press 1999
Deci, Edward L./Ryan, Richard M.: Self-Determination Theory: A Macrotheory of Human Motivation, Development, and Health. In: Canadian Psychology 49, 2008, S. 182–185.
Hofert, Svenja: Was sind meine Stärken? Entdecke, was in dir steckt. Offenbach: Gabal 2016
Schein, Edgar H.: Humble consulting. How to provide real help faster. New York: McGrawHill 2016

Bausteine
der Persönlichkeit

03

Sich selbst und andere verstehen

Was passiert, wenn ich mich entwickle? Warum bin ich, wie ich bin? Kann ich mich grundlegend verändern? Wie funktioniert Psyche? Mit diesen interessanten Fragen beschäftigt sich die wissenschaftliche Psychologie nur am Rande. Es ist vielmehr eine Wissenschaft, die statistische Methoden auf den Menschen anwendet. Die differenzielle Psychologie möchte herausfinden, was Menschen verbindet und was sie unterscheidet. Sie hat das »Ich« im Fokus. Die Sozialpsychologie will wissen, was Menschen in Gruppen ausmacht. Bei ihr geht es um das »Wir«.

Ich möchte mich auf die interessanten Fragen konzentrieren. Die Fragen, die wichtig für Menschen sind, die mit Menschen arbeiten. Ich werde mich nicht mit Fachgebieten und ihren Grenzen aufhalten, sondern das aufbereiten, was für Sie interessant, relevant und für Ihre Arbeit nützlich ist. Da bin ich ganz pragmatisch.

Bevor ich tiefer einsteige, möchte ich Ihnen drei Fragen stellen:

o Denken Sie, dass Sie alle Menschen auf die gleiche Art und Weise erreichen können?
o Was glauben Sie, sagen Tests über einen Menschen wirklich aus?
o Wie sehr ist der Mensch aus Ihrer Sicht veränderbar? (Oder wie sehr nicht?)

Die erste Frage müsste man aus psychologischer Sicht mit »Jein« beantworten. Ja, auf gewisse Art und Weise lassen sich alle Menschen in gleichem Maße erreichen. Und nein, es gibt individuelle Unterschiede. Hier grenzen sich die allgemeine und die differenzielle Psychologie voneinander ab. Die allgemeine Psychologie stellt fest, was für alle Menschen gleichermaßen gilt (oder behauptet das zu tun). Die differenzielle Psychologie zeigt, wie sich Menschen unterscheiden. Sie nutzt dabei vor allem diagnostische Verfahren, womit wir beim dritten Punkt angelangt wären. Tests spielen in der Persönlichkeitspsychologie eine tragende Rolle, vor allem die sogenannten »Big Five« oder OCEAN – das ist das Gleiche! Was diese Tests aussagen, darüber später mehr. Die zweite Frage ist für die Persönlichkeitspsychologie im Grunde uninteressant – ich aber finde sie sehr wichtig. Wir machen Tests nicht zum Selbstzweck oder aus reinem Spaß. Wir wollen wissen, was das eigentlich wirklich bringt und aussagt – ganz praktisch.

Denn mit Verlaub: Wissenschaftlern mag es genügen, wenn sie Menschen vermessen und etwas feststellen, etwa eine Korrelation, also die statistische Beziehung zwischen zwei Aspekten. Aus Coaching-Sicht kann das nicht reichen, geht es aus dieser Perspektive doch immer um Veränderung im Sinne des Menschen.

Neurobiologische Basis

Was machen wir eigentlich im Coaching? Stochern wir im Nebel oder agieren wir auf bekanntem Gebiet? Es geht um die Frage, wie etwas wirkt und wo genau. Und wo ließe sich das besser nachweisen als im Gehirn?

Sigmund Freud hatte seine Laufbahn als Neurologe begonnen. Damals gab es noch keine Geräte, mit denen man die genaue Gehirnaktivität oder die Veränderung der Gehirnstrukturen nachweisen konnte. Es war alles experimentell – die Psychoanalyse basierte zunächst auf nichts als auf Vermutungen und dann auf Erfahrungen. Aber veränderte sie das Gehirn wirklich? Half sie also – oder war die Wirkung, die Patienten wahrnahmen, nur Zufall?

Lange wurde die Wirksamkeit der Psychoanalyse infrage gestellt, wodurch die kognitiven Verhaltenstherapien eine Blütezeit erlebten. Einer der heftigsten Kritiker der Psychoanalyse, Klaus Grawe, wurde später zu ihrem Befürworter. In seinen letzten Werken nahm er eine flexible und offene Haltung gegenüber unterschiedlichen Verfahren ein, eben auch der Psychoanalyse. Der Grund waren auch die neuen Erkenntnisse aus der Hirnforschung.

Heute weiß man, dass unterschiedlichste Therapieformen wirken. Nur leider behauptet nach wie vor jede Richtung für sich den heiligen Gral zu besitzen – das ist ähnlich dogmatisch wie in den Abschnitten über Coaching beschrieben. Über Wirksamkeit schreibe ich im Kapitel »Von psychotherapeutischen Ansätzen für Coaching und Führung lernen« (s. S. 219 ff.) noch einmal ausführlicher. Bezogen auf Coaching gibt es hier kaum Untersuchungen. Laut dem Autor und Neurobiologen Gerhard Roth wirkt Coaching jedoch auf den gleichen limbischen Ebenen, weshalb man es vergleichen könne (Roth 2016). Schauen wir uns sein Modell doch einmal genauer an.

Vier limbische Ebenen

Roth unterscheidet vier limbische Ebenen. Limbisch kommt von limbisches System. Das ist eine Funktionseinheit des Gehirns, die Emotionen verarbeitet. Auch Motive und Motivationen als Handlungsimpulse gehören dazu. Dazu dann mehr im Abschnitt »Baustein: Motive« (s. S. 118). Die limbischen Ebenen sind wie Schichten zu verstehen. Je tiefer die Schicht, desto schwerer erreichbar wird sie für Veränderung durch Coaching und Therapie. Je weiter oben, desto eher ist die Ebene für den Coachee selbst zugänglich. Schwere Dysfunktionalitäten auf der tiefsten Ebene sind kaum oder nur durch sehr lange Therapie behandelbar.

Untere limbische Ebene (ULE): Diese unbewusste Ebene ist genetisch und epigenetisch – also durch die Aktivitäten von Genen – sowie durch vorgeburtliche Einflüsse vorbestimmt. Sie legt dem Menschen sein Temperament in die Wiege. Hier finden sich die elementaren affektiven Verhaltensweisen und Empfindungen. Hier »sitzen« grundlegende Impulse wie Angriff und Verteidigung, Flucht und Erstarren, Aggressivität, Wut und das Sexualverhalten. Diese Ebene lässt sich nur mit Körperempfindungen und Emotionen erreichen, wenn überhaupt.

Mittlere limbische Ebene (MLE): Diese Ebene ist die Ebene der sozialen Prägung. Hier verknüpfen sich motivationale und emotionale Ereignisse mit angeborenen Gefühlen wie Angst, Wut, Trauer, Freude. Hier findet sich auch das Erkennen von Emotionen und Mimik, Gestik und Körperhaltung. Auf dieser Ebene bildet sich das grundlegende und individuelle Motivationssystem aus, das durch die Emotionen handlungsrichtungsbestimmend ist. Hier entstehen unser Selbstbild und unser Verhältnis zu Mitmenschen, etwa gekennzeichnet durch Empathie. Die mittlere Ebene ist ein Ergebnis unbewusster und bewusster Prozesse, die teils erinnerungsfähig sind, teils nicht, sofern prägende Ereignisse vor der Sprachentwicklung stattgefunden haben.

Die obere limbische Ebene (OLE): Diese Ebene beinhaltet die bewussten, überwiegend sozial vermittelten Antriebe und Erfahrungen. Hier entwickeln sich Impulshemmung, Risikowahrnehmung sowie die Regeln moralisch-ethischen Verhaltens. Auf dieser Ebene passen sich die gesellschaftlichen Vorgaben auf der Basis der unteren und mittleren Ebene an. Sie ist erst mit 18 bis 20 Jahren ausgereift, bei manchen Menschen sogar erst später. Hier findet also ein Reifeprozess statt.

Die kognitiv-sprachliche Ebene (KE): Die kognitiv-sprachliche Ebene mit handlungsvorbereitenden Arealen und Teilen des Arbeitsgedächtnisses ist die Grundlage von Intelligenz, Verstand, Einsicht und planvollem sowie kontextangemessenem Verhalten. Sie kommt nur in Verbindung mit starken Gefühlen und Bedürfnissen zum Tragen – also in Verbindung mit den unteren Ebenen. So existiert nur ein affektiv-emotionales oder impulsives Verhalten, aber kein verstandesgemäßes. Das bedeutet: Handeln braucht Emotionen – oder auch ohne Gefühl passiert nichts. Das lässt sich sogar bei Menschen nachweisen, die denken, sie spürten nichts. Im Gehirn ist die passende Aktivität immer sichtbar, wenn auch vielleicht schwächer als bei anderen.

kognitiv-sprachliche Ebene (KE): Intelligenz, Verstand, Einsicht und Vorbereitung von Handeln in Verbindung mit Emotionen; Zentralbereich des Coachings (im Sinne Lernen)		
untere limbische Ebene (ULE):	**mittlere limbische Ebene (MLE):**	**obere limbische Ebene (OLE):**
Temperament und grundlegende Affekte; wenn überhaupt nur durch lange Therapie beeinflussbar, normalerweise kein Coaching-Bereich	individuelles Motivationssystem, Kern der Persönlichkeit; durch Therapie und Coaching (im Sinne Entwicklung) beeinflussbar	Anpassung an gesellschaftliche Normen und Regeln, ein Zentralbereich des Coachings (im Sinne Lernen)
Vier-Ebenen-Modell nach Roth/Ryba (2016), Interpretation Lernen/Entwicklung Svenja Hofert		

Die vier limbischen Ebenen

Was wirkt?

Was ist auf diesen Ebenen wirksam? Die therapeutische Allianz erklärt 30 bis 70 Prozent der Wirksamkeit eines Psychotherapieverfahrens. Für Störungen auf der unteren limbischen Ebene ist Coaching völlig ungeeignet. Hier helfen keine verhaltenstherapeutischen Maßnahmen, da diese nur überdecken. Man kann kein Verhalten »ausradieren« oder »löschen«, wie der Behaviorismus annimmt.

»Ohne nachhaltige Aktivierung von Emotionen, insbesondere im Bindungsbereich, ist Therapie längerfristig unwirksam« (Roth/Ryba 2017). Auch Coaching braucht diese Emotionen. Dabei müssen die Emotionen so stark und nachhaltig sein, dass der synaptische Spalt zwischen den Neuronen überwunden wird und sich ein zunächst elektrisches in ein chemisches Signal verwandelt. Das nennt sich Langzeitpotenzierung. Dabei entstehen sogenannte NMDA-Rezeptoren. Diese müssen danach sofort trainiert werden, damit sie ihrerseits weitere AMPA-Rezeptoren bilden.

Beim normalen Reden und Abrufen gewohnten Wissens und vorhandener Informationen werden nur vorhandene AMPA-Rzeptoren aktiviert. Man bleibt beim Alten. Viele Coaching- und Therapie-Gespräche sind reine AMPA-Gespräche. Einigermaßen sicheres Zeichen dafür ist, wenn der Coachee sich Wochen später an ein nettes Gespräch, nicht jedoch an Details erinnert. Wären NMDA-Rezeptoren entstanden, hätte sich etwas eingebrannt.

Neue Rezeptoren müssen allerdings an etwas andocken können. Es ist deshalb wichtig, einen emotionalen Ansatzpunkt bei den Menschen zu suchen. Dabei ist Inkongruenz zu vermeiden. Wenn ich Angst um meinen Arbeitsplatz habe, werde ich schwerlich neue Führungskompetenzen lernen.

Wichtig ist weiterhin, dass es die positiven Emotionen sind, die die Neuronen zum Feuern bringen. Das heißt, es gilt möglichst viel Freude, Interesse, Stolz zu aktivieren. Auch Bindung ist sehr emotional. Sie erzeugt Vertrauen.

Die folgende Tabelle zeigt beispielhaft, auf welchen Ebenen, welche Intervention wirkt. Ihr liegen die Wirkfaktoren in der Therapie nach Grawe zugrunde. Wir können daraus Folgendes ableiten:

o   Den heiligen Gral gibt es auch im Coaching nicht.
o   Es gut ist, verschiedene Ebenen anzusprechen.
o   Unterschiedliche Themen benötigen unterschiedliche Maßnahmen.
o   Ein Coach muss entscheiden, was im jeweiligen Fall Sinn macht, zum Beispiel bei der Frage Umgehung des Problems oder sich ihm stellen.

Wirkfaktoren nach Grawe	Limbische Ebene	Coaching-Intervention (einige Punkte nach Roth 8/2017 ergänzt und konkretisiert)
Ressourcenaktivierung	MLE, OLE	Erfahren eigener Stärken, Bewusstwerden grundlegender Antriebe, Arbeit mit Anteilen, Transaktionsanalyse, Sparring
Problemaktualisierung	MLE, OLE, KE	Visionsarbeit, Fantasiereisen, Rollenspiele, Psychodrama, Perspektivenwechsel, Gesprächstherapie, Dialoge
Motivationale Klärung	MLE, OLE, KE	Verschiedene Tools wie 360-Grad-Analyse, Motivtests, dialektisches Coaching (mit Gegensätzen)
Problembewältigung		
Umgehung des Problems	OLE, MLE	Veränderung der Situation, sodass das Problem nicht mehr vorkommt (Beispiel: Konfliktscheue Person wechselt in einen Bereich ohne Konflikte.)
Symptom- oder Problembeseitigung	OLE, MLE	Sich-der-Situation-Stellen, Shaping (schrittweise Zielerreichung), Gedankenstopp, Analyse der Ursachen

Perspektivwechsel	KE, OLE	Rollenspiele, Tetralemma
Emotionen und Körperempfindungen	MLE, OLE	Bodenanker, konfrontatives Coaching, Hypnosen, Aufstellungen, EMDR, wingwave®
Einüben von Verhaltensweisen	MLE, OLE	Seminare, Workshops, Rollenspiele
Aufbau neuer Fähigkeiten und Erfahrungen	MLE, OLE	Konkretes Üben, Action Learning, neue Erfahrungen durch Umgebungswechsel
Umstrukturierung der inneren Landkarte	KE, MLE, OLE	Sokratischer Dialog, Perspektivwechsel, Landkarte erstellen und neu beschreiben, Storytelling
Entscheidungs- und Loslassprozesse	KE, MLE	Tetralemma, Stühlearbeit, Teilearbeit
Umsetzungsunterstützung und Evaluation	KE, OLE, MLE	Lerntagebuch, Personal Kanban, Züricher Ressourcen Modell ZRM®, Arbeit mit Bildern

Sechs Grundsysteme

Neben den limbischen Ebenen sind auch die neurobiologisch-psychische Grundsysteme relevant für das Coaching, da diese zeigen, welche Thematik sich wo abbildet: Motivation liegt etwa im internen Bewertungssystem. Hier entscheidet sich, was ich mag oder nicht mag. Wenn man etwas an diesen Bewertungen ändern will, gilt es also hier anzusetzen.

Sechs Grundsysteme

Stressverarbeitungssystem, unter anderem mit Resilienz; Cortisol

internes Beruhigungssystem, zum Beispiel mit Ängstlichkeit und Risikoscheue; Serotonin

internes Bewertungssystem, mit allen Bewertungen, Dopamin und Opiade

Impulshemmungssystem, Umgang mit Impulsen

Bindungssystem, zum Beispiel mit frühkindlichen Bindungserfahrungen; Oxytocin

Realitätssinn und Risikowahrnehmung, entwickelt sich bis zum Erwachsenenalter

Die sechs neurobiologischen Grundsysteme

Erstens: Stressverarbeitungssystem. Im Stressverarbeitungssystem entscheidet sich, wie resilient ein Mensch ist. Die Stressverarbeitung hängt eng mit der Cortisol-Ausschüttung zusammen. Es prägt sich in den ersten Lebensjahren aus.

Zweitens: Beruhigungssystem. Das interne Beruhigungssystem ist Teil der Stressverarbeitung. Hier bildet sich Ängstlichkeit, Risikoscheue, aber auch Aggression und Impulsivität ab. Gesteuert wird es von Serotonin. Ist es dysfunktional, prägt es bei Männern eher antisoziales und bei Frauen selbstzweifelndes Verhalten aus. Bei beiden Geschlechtern ist in diesem System die Depression abgebildet.

Drittens: Bewertungssystem. Das interne Bewertungssystem beschreibt die situationsgebundene Ausschüttung von Dopamin sowie hirneigenen Opiaten und Cannabinoiden. Es registriert alles, was eine Person tut und erlebt und bewertet es. Hier entwickelt sich schon früh, wie sehr eine Person auf Belohnung oder Strafe reagiert – was wiederum Grundlage der Motivation ist. Denn: Motivation wird ausgelöst durch die Aussicht auf Belohnung (Erfolg ist eine Variante davon) oder aus Angst vor Strafe.

Viertens: Impulshemmungssystem. Das Impulshemmungssystem entwickelt sich erst zu Beginn des Erwachsenenalters. Es entsteht durch eine Hemmung der Amygdala und des Nucleus accumbens durch limbische Areale der Großhirnrinde. Hier zeigt sich, wie sehr oder wenig ein Mensch seine Impulse im Griff hat.

Fünftens: Bindungssystem. Das Bindungssystem steuert über die Ausschüttung von Oxytocin Fühlen, Wahrnehmung, Verhalten und Denken. Eine positive frühkindliche Bindungserfahrung – die sogenannte sichere Bindung – erhöht die Bereitschaft, sich auf andere einzulassen. Es gibt eine sichere Bindung, eine unsicher-vermeidende und eine unsicher-ambivalente. Bindungsstörungen können auch noch in späterer Kindheit entstehen, graben sich dann aber oft weniger tief ein. Störungen in späterer Kindheit sind Kerngebiet des Coachings.

Sechstens: Realitätssinn und Risikowahrnehmung. Der Realitätssinn und die Risikowahrnehmung entwickeln sich nach dem dritten Lebensjahr und zusammen mit der Sozialisation bis zum Erwachsenenalter weiter.

Neurobiologisches Grundwissen ist wichtig für alle, die mit Menschen arbeiten. Coaches brauchen es, um ihr Coaching angemessen und vor allem auch nachhaltig zu gestalten. Sie sollten zum Beispiel wissen, dass Veränderung intensives Üben braucht. Personalentwickler sollten wissen, welche Grundlagen Veränderung braucht, auch aus neurobiologischer Perspektive.

Persönlichkeit: Ein Wechselspiel

Rothaarige haben oft eine ganz besondere Persönlichkeit, sagt man. Tatsache ist, sie fallen auf. Und ein solches Auffallen beeinflusst die Wahrnehmung durch die Umwelt. Wie die Umwelt uns wahrnimmt, formt wiederum unser Selbstbild. Sie sind rothaarig und die anderen nehmen Sie als Außenseiter wahr? Nun reagieren Sie wahrscheinlich auf deren Reaktion. Als Kind möchte niemand ausgegrenzt werden. Doch genau dieser »Stempel« kann zu weiterer Abgrenzung führen und diese Tendenz verstärken. Oder es kommt zu einem Versuch der Anpassung. Als Erwachsener verwandelt sich dann die frühere Außenseiterposition in etwas, das zu den Anlagen und zu weiteren Prägungen passt. Sie kann zum Beispiel zu Extravaganz werden, wenn eine Anlage zur Eigenwilligkeit und Individualität vorhanden ist. So entsteht Persönlichkeit aus einer ständigen Interaktion zwischen den Genen und der Umwelt, nicht nur bei Rothaarigen. Es handelt sich somit um eine ununterbrochene gegenseitige Beeinflussung!

Man kann nun behaupten, dass bestimmte Persönlichkeiten bestimmte Rahmen suchen. Das ist genau das, was die Psychologie Genotyp-Umwelt-Interaktion nennt. Es bedeutet, dass man sich passende Umfelder sucht, je mehr man sich aus der sozialen Anpassung löst. Danach bestimmen nicht nur die Erbanlangen die Umwelt, sondern man sucht sich Umwelten aus, die mit den genetischen Anlagen korreliert sind. Die Zwillingsforschung zeigt, dass es dabei kaum eine Relevanz hat, wie die Erziehung aussah: Getrennt voneinander aufgewachsene eineiige Zwillinge suchen sich auch dann ähnliche Lebensumfelder und entwickeln sich ähnlich, wenn Kontinente sie von Geburt an getrennt haben. Zum Beispiel haben sie ähnliche Berufe und ähnliche Schulabschlüsse. Es gibt also ganz offensichtlich etwas, das in uns fest ist und nicht nur durch Umwelteinflüsse erklärbar.

Ich habe beispielsweise ein furchtbar unterentwickeltes räumliches Vorstellungsvermögen. Ich kann mich sehr schlecht orientieren, geschweige denn Größenverhältnisse erkennen. Das haben auch andere in meiner Familie, die nicht mit mir aufgewachsen sind. Es ist eine wirklich auffällige Eigenschaft. Es gibt noch weitere Auffälligkeiten, die nicht durch Erziehung zu begründen sind. Wahrscheinlich können Sie so etwas ebenfalls aus Ihrer Familie berichten. Und dennoch haben Menschen die Möglichkeit, sich ständig weiterzuentwickeln. Sie haben zwar bestimmte, oft genetische mitbestimmte Eigenschaften – Introversion gehört dazu – aber sie können sich dennoch sehr stark entwickeln und weit über das hinaus, was die Eigenschaft vorzugeben scheint. Denken Sie nur an einen introvertierten Menschen, der alle in seinen Bann ziehen und ganze Hallen füllen kann.

Persönlichkeit wird vielfach heute noch als statisch begriffen. Ein Mensch »ist so« oder so. Diese Sicht ist veraltet, falsch und schädlich. Die Stanford-Professorin Carol Dweck hat jahrzehntelang zum Mindset geforscht und unterscheidet das »Fixed Mindset« vom »Growth Mindset«. Menschen mit einem wachstumsorientierten Mindset (Growth) glauben daran, dass sie sich selbst jederzeit fundamental verändern können, auch ihre Eigenschaften und Intelligenz. Sie sehen Fehler als Chance zum Lernen. Das hat zur Folge, dass sie sich stärker entwickeln und sogar eine stärkere Aktivität im MRT zeigen. Menschen mit einem statischen Mindset (»Fixed«) glauben dagegen, dass sie so sind, wie sie sind, und daran nichts oder wenig ändern können. Diese Menschen entwickeln sich weniger. Es entscheidet also nur die innere Einstellung! Diese wirkt sich direkt auf Verhalten aus. Wer ein statisches Mindset hat legt den Fokus auf vorhandene Klugheit oder Begabung (»Du bist eben klug.«). Wer ein dynamisches Mindset hat, lobt eher Anstrengung (»Toll, du hast dich wirklich angestrengt.«). Coaches, Berater und Personalentwickler sollten unbedingt ein dynamisches Mindset haben beziehungsweise dieses entwickeln.

Aus der Hirnforschung weiß man beispielsweise seit den 1990er- und erst recht den 2000er-Jahren, dass es zwar genetische Dispositionen gibt, Gene sich aber an- und ausschalten lassen. Maßgeblich dafür, ob eine genetische Disposition sich entfaltet oder nicht, ist das Umfeld, vielmehr die Frage wie anregend und entwicklungsfördernd dieses ist. Dies gilt in besonderem Maße für Eigenschaften, die sozial geprägt sind.

Die veraltete Überzeugung, Menschen seien so, wie sie sind, führt zu fragwürdigen Prognosen. Es lässt sich kaum realistisch einschätzen, was wirklich im jeweiligen Menschen steckt – erst recht nicht bei sehr jungen Leuten. Es ist allerdings wahrscheinlich, dass sich Menschen zu ihren angelegten Eigenschaften passende Umwelten suchen, je älter sie werden.

Nehmen wir den jungen Götz George, einen der größten Schauspieler der letzten Jahrzehnte. Er lispelte und der später eigenwillige, etwas exzentrische Charakter war noch unsichtbar. Auch äußerlich war George eher ein 08/15-Typ. Wir alle kennen das: Es gibt Menschen, die einen völlig überraschen, weil sie sich ganz anders entwickeln, als wir das gedacht hatten. In etlichen Fällen sind es in Jugendjahren unauffällige, nicht selten schüchterne und gehemmte Menschen, die später Großes leisten.

Wenn man mit der psychologischen Brille darauf schaut, überrascht eine solche Entwicklung allerdings kaum. Es sind die Abweichungen von der Norm, die »untypisches« Verhalten und damit überdurchschnittliche Leistungen begünstigen. Dennoch richten wir schon unsere Kinder in der Schule an einer Norm aus – an der Mitte.

Das macht das Konzept fragwürdig: Die Messlatte, an den man uns ausrichtet, ist der Mittelwert, aber die wahren Begabungen beruhen auf Extremen, auf Abweichung. Der Mittelwert ist so gesetzt, dass sich darum herum zwei Drittel gruppieren. Je weiter man nach außen kommt, desto mehr gelangt man an die äußeren Pole, in den Bereich das Seltenen. Dort sind die Extreme.

Schon über diese Darstellung – Mitte und außen – ließe sich streiten. Wer möchte vor allem in jungen Jahren schon abweichen? Das Extrem ist das Seltene, ist die Außenseiterposition – siehe die Rothaarigen, siehe die Inselbegabten, die besonders Sensiblen. Große Abweichungen erklären psychische Krankheiten. So ist es nicht weit von extremer Introversion zu Sozialphobie oder Autismus. Die Grenzziehungen zwischen gesund und krank sind dabei willkürlich gesetzt, die Übergänge fließend.

Unsere Welt wäre nicht unsere Welt, wenn es keine Unterschiede gäbe. Wäre eine Gesellschaft aus stets optimistischen Menschen gut? Oder sind lauter offene, veränderungsaffine Charaktere immer und in jeder Situation hilfreich? Natürlich nicht. Jedes Gewicht braucht ein Gegengewicht. Und welche Kräfte sich am Ende durchsetzen, bestimmen die Situationen und Gelegenheiten des Lebens.

Unsere Persönlichkeit richtet sich immer wieder neu aus, auch weil sie interpretiert wird. Die Gene bilden dabei eine Art emotionales Gerüst, der Inhalt jedoch legt sich erst durch Einflüsse von außen darüber. Man kann sich das vorstellen wie ein Blatt Papier, das man nach und nach vollschreibt. Es ist Papier und bleibt Papier. Doch die Geschichte, die darauf steht, schreibt zunächst das soziale Umfeld und später ergänzt der Mensch selbst Stück für Stück seine Geschichte.

Manche Einflüsse hemmen eine biologisch mögliche Entwicklung oder schalten sie sogar aus. Andere Einflüsse dagegen begünstigen eine biologisch angelegte Entwicklung oder verstärken sie sogar. Durch Training lassen sich schlechte genetische Voraussetzungen positiv beeinflussen. Ein anderes Umfeld, ein anderer Umgang und Training können den Schalter regelrecht umlegen. Persönlichkeit ist also alles andere als statisch! Es gibt fünf Einflussfaktoren auf die menschliche Persönlichkeit:

- das individuelle Erbgut
- die epigenetischen Gen-Regulationsmechanismen (also die Aktivitäten der Gene)
- die vorgeburtlichen Einflüsse
- die Qualität der früh- und nachgeburtlichen Bindungserfahrung
- die Sozialisationsprozesse und individuelle Erlebnisse

Persönlichkeit ist ein dynamisches Konzept. Sie verändert sich laufend – auch durch unsere Bewertungen. Wenn wir mit Menschen arbeiten, sollten wir deshalb davon ausgehen, dass jeder sich jederzeit auch verändern kann, und wir nur einen kleinen Teil dessen kennen, was einen Menschen ausmacht. Deshalb ist es so wichtig ein »Growth Mindset« zu haben.

Persönlichkeit: Die Bausteine

Persönlichkeit ist dynamisch. Sie entsteht und verändert sich im ständigen Wechselspiel zwischen den Prägungen durch die Biologie und denen der Umwelt. Sie ist sowohl biologisch vorbestimmt, aber noch mehr sozial beeinflussbar – vor allem gilt das für den emotionalen Stil und die Reife. Der emotionale Stil beschreibt die Art, wie etwas verarbeitet wird, zum Beispiel optimistisch. Die Reife sagt darüber aus, wie man eine Eigenschaft lebt. Das sind die Punkte, an denen sich sehr konkret ansetzen lässt.

Wir haben es in der Hand: als Lehrer in der Schule und als Eltern bei unseren Kindern, als Coach, Berater und Führungskraft bei unseren Klienten und Mitarbeitern. Wir können beeinflussen, eine bestimmte Richtung der Entwicklung fördern. Aber um was geht es bei dieser Beeinflussung überhaupt? Dafür müssen wir zunächst wissen, woraus sich Persönlichkeit zusammensetzt.

Zur Persönlichkeit gehören unterschiedliche Aspekte, die ich im Folgenden Bausteine nennen möchte. Alle Bausteine zeigen unterschiedliche Seiten der Persönlichkeit, aber sie lassen auch Aspekte außen vor. Manche Bausteine haben Überschneidungen mit anderen. Einige sind mehr der Biologie und andere mehr der Umwelt zuzurechnen. Und oft ist nicht zu trennen, was nun welchem Einfluss zuzuschreiben ist.

Der amerikanische Psychologe Dan McAdams sieht Persönlichkeit mit seinen »A New Big Five« genau in diesem Wechselspiel zwischen biologischer Disposition und Umwelteinfluss. Zwischen der Biologie und dem Umfeld liegen in seinem Modell drei Schichten der Persönlichkeit:

○ Motive oder auch Bedürfnisse und Eigenschaften
○ Werte als Handlungsrichtungen sowie Fähigkeiten und Fertigkeiten als entwickeltes Können und Verhalten
○ Interpretationen von sich selbst, seinen Eigenschaften, seinem Verhalten und seinen Werten. Auf diese Schicht hat jeder bewussten Zugriff: Er kann sich seine Sicht auf sich selbst gestalten. Das ermöglicht auch Um- und Neudeutungen von vergangenen Erfahrungen.

Dieses integrative Modell von McAdams ist der Positiven Psychologie zuzurechnen. Durch aktives »Storytelling« kann es Menschen gelingen, die eigene Persönlichkeit und Geschichte neu zu erzählen und positiver zu bewerten. Im Coaching kommt dem eine besondere Bedeutung zu, denn es geht häufig um dieses Neubewerten.

Die Bausteine der Persönlichkeit

Wir sehen also ein ständiges Pingpongspiel: auf der einen Seite die Biologie, auf der anderen die Umwelt und dazwischen eine dynamische Persönlichkeit, die ihre Sicht auf sich selbst verändern kann.

Dies wird erst mit zunehmender Reife möglich – dann nämlich wenn die Persönlichkeit eine eigene, selbstbestimmte Position einnimmt. Damit einher geht in der Regel eine Befreiung von Fremdbestimmungen. Prägungen durch das Umfeld, die ein Mensch als nicht zu sich selbst gehörig begreift, werden verändert. Und dass so etwas wie einen inneren Kern des Menschen gibt, der unabhängig von seinen sozialen Prägungen ist, zeigt die Zwillingsforschung sehr deutlich.

Baustein: emotionaler Stil

Angenommen, Sie haben heute einen Streit mit Ihrem Partner – wie lange belastet Sie das? Wie schnell stecken Sie negative Erfahrungen weg? Wie reagieren Sie selbst – und was nehmen Sie im Unterschied dazu bei Ihren Kunden, Mitarbeitern, Verwandten und Freunden wahr? Zur Verdeutlichung ein Beispiel:

Unterschiedliche Selbstwahrnehmung

Anfang 2017 war ich in einem überfüllten Zug unterwegs. Wir waren sechs Personen im Abteil. Der dicke Mann am Fenster sprach die ganze Zeit über seine Reise nach Mexiko und seinen Ärger über den mangelnden Service. Dabei schaute er aber niemanden an. Er nahm nicht wahr, dass einige sich überfordert, andere genervt fühlten. Dass er mir durch seine Körperfülle 50 Prozent meines Platzes nahm, bemerkte er nicht. Mir tat er leid, aber ich wusste auch, wenn ich das zeige, würde ich keine Zeit mehr für mein Buch haben. Der Mann hatte eine schlechte Selbstwahrnehmung und kaum soziale Intuition. Die Frau, die mit ihrem Sohn reiste, hatte eine auffällig gute Kontextwahrnehmung. Sie nahm alle im Abteil freundlich wahr und konnte sich dennoch ganz auf ihren Sohn konzentrieren, mit dem sie ein interessantes Spiel machte. Einer klopfte mit den Fingern auf die Kopfhaut, der andere musste sagen wie oft und mit wie vielen Fingern. Sie lachten viel, und es wirkte als hätten sie beide eine optimistische Grundeinstellung.

Wie Menschen mit dem Leben und seinen täglichen und besonderen Herausforderungen umgehen, ist wesentlich durch ihren emotionalen Stil bestimmt. Der emotionale Stil hat die sechs Dimensionen Resilienz, Grundeinstellung, soziale Intuition, Selbstwahrnehmung, Kontextsensibilität und Aufmerksamkeit. Diese sechs Dimensionen haben jeweils zwei Extreme, deren Aktivitätszentren während eines MRT im Gehirn zu beobachten sind.

Der Begriff des emotionalen Stils geht auf den Psychologen Richard Davidson zurück, der seiner Erforschung einen großen Teil seiner Lebenszeit gewidmet hat und weiterhin widmet. Der Boom des Themas »Resilienz« in den letzten Jahren ist nicht zuletzt auf ihn zurückzuführen. Seine Forschungen und die anderer Psychologen bewiesen, dass sich der emotionale Stil beeinflussen lässt. Das ist revolutionär, denn bis dahin verfolgte die Psychologie ein weitgehend statisches Modell des Menschen. Sie ging eher davon aus, dass Eigenschaften unveränderlich seien.

Davidson kam über Begegnungen mit Meditation zu seinem Lebensthema. Der Harvard-Professor promovierte bei dem bekannten Motivationsforscher David McClelland und ist unter anderem beeinflusst von Daniel Coleman, der durch seine Forschungen zur emotionalen Intelligenz bekannt wurde. In den 1970er-Jahren kam Davidson mit Meditation in Berührung, widmete sich dann aber zunächst erst »seriöser« Forschung. Jahre später, inzwischen in Harvard, nahm er den Faden wieder auf. Er begegnete mehrmals dem Dalai Lama und versprach ihm schließlich, sich der Frage zu widmen, warum manche Menschen so viel widerstandsfähiger waren als andere. Was unterschied ihre Emotionen von anderen?

Als Davidson mit seinen Forschungen begann, war es verpönt, sich mit Emotionen zu befassen. In der Psychologie herrschte der Behaviorismus, der Fokus lag also auf dem beobachtbaren Verhalten, nicht auf inneren Prozessen. Über das Gehirn wusste man noch nicht viel, glaubte aber, dass es sich im Laufe des Erwachsenenalters kaum noch veränderte. Meditation wurde belächelt. Sich mit diesen Themen zu beschäftigen, konnte einem Karrieregau gleichkommen – was Davidson vorübergebend von seinen Forschungsideen abbrachte. Doch er kam er zu seinem Lebensthema Emotionen zurück und wendete sich wieder der Meditation zu. Er verknüpfte die Methoden der Gehirnforschung mit psychologischen Fragestellungen und untersuchte unter anderem die Gehirnaktivitäten tibetanischer Mönche.

In Davidsons Büchern finden sich Hilfen zur Selbsteinschätzung auf der Skala der emotionalen Stile. Bei einigen Dimensionen ist das relativ leicht und zuverlässig möglich, vor allem bei Resilienz und Grundeinstellung. Soziale Intuition, Selbstwahrnehmung, Aufmerksamkeit und Kontextsensibilität erfordern mehr Distanz zu sich selbst. Ob ich eine wirklich gute Wahrnehmung für den Kontext habe oder mich nur so einschätze, darüber wird mir das Feedback der anderen jedoch viel sagen. Nur werde ich dieses Feedback als Mensch mit schwächerer sozialer Intuition vielleicht gar nicht so sehr bemerken. Die Selbsteinschätzung liefert also keine sichere Einschätzung, aber einen guten Anhaltspunkt.

Davidsons Experimente haben gezeigt, dass sich viele Einschätzungen der Probanden später im MRT bestätigten.

Selbsteinschätzung der sechs Dimensionen des emotionalen Stils

Nutzen Sie die die folgende Skala zunächst zur Selbsteinschätzung. Kreuzen Sie den Wert an, der auf Sie zutrifft.

Anschließend können Sie sich dazu Feedback einholen und die Werte vergleichen.

Einmal so, immer so? Davidsons Experimente mit Kindern zeigte, dass aus einem ängstlichen und schüchternen Baby kein schüchternes Kind werden muss. Davidsons Daten deuteten weit mehr auf Veränderung über die Jahre hinweg als auf Stabilität. Sein Fazit lautete: Es gibt Menschen, bei denen eine Verhaltenshemmung wie Schüchternheit das ganze Leben über stabil bleibt, und es gibt andere, bei denen sich das verändert.

Als Beispiel zeige ich Ihnen meinen eigenen emotionalen Stil.

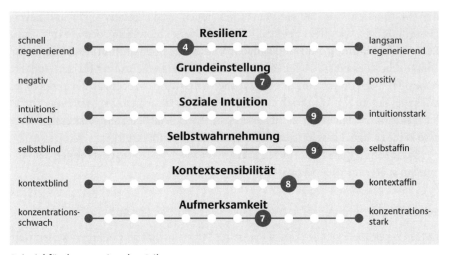

Beispiel für den emotionalen Stil

Wenn Sie als Coach mit Ihren Klienten am emotionalen Stil arbeiten, können Sie anhand konkreter Situationen besprechen, wie sich das eine oder andere Verhalten zeigt. Meist können sich Menschen durch den Vergleich mit anderen gut selbst verorten. Beim emotionalen Stil gibt es kein Gut oder Böse, sondern nur ein situativ unterschiedliches Hilfreich oder Schädlich. Einige emotionale Stile sind in einer hohen Ausprägung hilfreicher für ein gesundes Leben, dazu zählt beispielsweise die Resilienz. Andere dürfen ruhig einen »Mittelwert« aufweisen. Eine zu hohe Kontextsensibilität bedeutet zum Beispiel, dass ein Mensch ständig darauf achtet, was um ihn herum passiert – und darüber kann es passieren, dass er sich selbst gar nicht mehr wahrnimmt.

Eine der besten Methoden den emotionalen Stil zu beeinflussen ist Meditation. Meditation steigert die Aufmerksamkeit und die Fähigkeit zur Stressbewältigung. Bereits nach acht Wochen Training mit täglich 45 Minuten Übungsdauer lässt sich eine signifikante Verdichtung der grauen Substanz im Hippocampus erkennen. Diese graue Substanz kann durch Dauerstress mit einem hohen Cortisolspiegel im Blut geschädigt werden. Studien zeigten, dass durch Meditation selbst die Dichte der grauen Substanz in der Amygdala – die man auch als Angstzentrum bezeichnet – abnahm.

In den folgenden Abschnitten erfahren Sie Details zu den emotionalen Stilen und erhalten Tipps zum Umgang und Training.

Praxistipp: Mit gutem Beispiel voran

Als Führungskraft haben Sie die Chance selbst Vorbild zu sein. Wenn Sie selbst meditieren, wird das ihre Mitarbeiter neugierig machen. Wenn Sie selbst zugeben, manchmal länger zu brauchen, um Rückschläge zu verkraften, und daran arbeiten, wird dies das Vertrauen stärken. Bringen Sie Mitarbeiter in Kontakt mit diesen Themen, etwa durch Vorträge. Bieten Sie Räume zur Meditation. Es gibt viele Möglichkeiten. Sie fördern damit nicht nur den Stressabbau, sondern steigern auch die Leistungsfähigkeit insgesamt.

Resilienz: Resilienz sagt etwas über unsere Belastbarkeit aus, die mit der Erholungszeit nach negativen Erlebnissen zusammenhängt.

Trotz Einschränkungen erfolgreiche Unternehmerin

Menschen mit multipler Sklerose (MS) sind beruflich meistens sehr eingeschränkt. Manche können nicht mehr gehen, andere nicht mehr schreiben oder die Tastatur bedienen. Sarah konnte nicht mehr am Computer arbeiten, war aber trotz ihrer Einschränkungen eine tüchtige Unternehmerin. Die MS und eine Folgeerscheinung, die lähmende Müdigkeit, hatte sie voll in ihren Alltag integriert. Ich erlebte sie als sehr resilient.

Wie lange brauchen wir, um negative Ereignisse und Situationen zu verdauen? Schmerzliche Erfahrungen machen viele. Wie schnell und produktiv diese jedoch verarbeitet werden, ist sehr unterschiedlich. Eigene Krankheit, Verluste des Partners, eine Kündigung oder das Scheitern bei einer Prüfung nehmen einige Menschen als Katastrophe wahr, während andere nach kurzem Innehalten optimistisch damit umgehen. Diese Menschen haben es in der Regel sehr viel leichter, etwas Neues zu finden. Resilienz spielt sich zwischen dem präfrontalen Kortex und der Amygdala ab. Resiliente Menschen haben nach schockierenden Ereignissen eine relativ kurze Aktivität der Amygdala, weniger resiliente eine viel längere.

Resilienz ist durch Meditation sehr gut zu beeinflussen. Sie zu erhöhen ist deshalb ein wichtiges Ziel im Coaching. Indem Sie Ihrem Coachee die Wirksamkeit der Meditation verdeutlichen, machen Sie ihn darauf neugierig. Sie können zum Beispiel auch Meditationselemente ins Coaching einbauen. Menschen, die durch einen Jobverlust sehr nervös sind, sprechen vielfach schlecht auf den Ratschlag an, dass es wichtig sei, zu sich zukommen. Sie verlieren sich leicht in Aktionismus. Ich kenne das gut aus dem Outplacement, in dem ich lange tätig war: Am liebsten würden viele sofort loslegen, um keine wertvolle Zeit zu verlieren. Sich mit sich selbst beschäftigen? Zur Ruhe kommen? Gerade für weniger resiliente Menschen ist das meistens zunächst keine Option. Lässt sich Ihr Klient partout nicht darauf ein, dann schildern Sie ihm Ihre eigenen Erfahrungen. Bringen Sie Beispiele über die Vorteile, die sich daraus ergeben, wenn jemand in sich ruht. Weisen Sie auf den typischen Teufelskreis hin, der entsteht, wenn man sich innerlich aufgewühlt in einen Bewerbungsprozess begibt oder gar eine berufliche Neuorientierung anstrebt: Die ersten Feedbacks auf Bewerbungen und in Vorstellungsgesprächen fallen dann häufig negativ aus. Ich habe mit etlichen Klienten einen Kompromiss geschlossen: Die Hälfte der Zeit beschäftigen wir uns mit Bewerbungsaktivitäten, die andere Hälfte mit der inneren Einstellung ...

Grundeinstellung: Die Grundeinstellung besagt, ob wir positiv oder negativ denken. Wer positiv denkt, schaut zuversichtlich nach vorn. Er kann Glücksgefühle länger aufrechterhalten. Glücksgefühle von weniger positiv eingestellten Menschen – die in Experimenten genauso stark messbar sind – verpuffen schneller.

Optimismus macht das Leben leichter

Karl, ein ehemaliger Vorstand, brauchte fast drei Jahre, um eine neue Arbeitsstelle zu finden. Er hatte vorher in einem schwierigen Branchenumfeld gearbeitet. Seine Erfahrungen waren nicht mehr gefragt. Zudem hatte er auf erster Ebene gearbeitet und viele Mitarbeiter geführt. Dass er nun mit weniger zufrieden sein könnte, nahm ihm kaum jemand ab. Mehrfach war er bis in die letzte Bewerbungsrunde gelangt, dann aber kurz vor Vertragsabschluss gescheitert. Andere wären in seiner Situation in Selbstzweifeln versunken. Er jedoch schaffte es über diesen langen Zeitraum, seine gute Laune zu erhalten. Trotz mehr als 300 Bewerbungen behielt er den Glauben an sich und die Welt. Das Einzige, das sich änderte, war, dass er den Arbeitsmarkt nach dieser Zeit nüchterner und kritischer betrachtete. Ich bewunderte seine Haltung sehr – er war eindeutig ein Optimist.

Eine optimistische Grundhaltung ist in schwierigen Lebenslagen sehr hilfreich, etwas Pessimismus kann aber ebenfalls durchaus nützlich sein. Die Grundeinstellung zeigt sich im präfrontalen Kortex und im bauchseitigen Striatum, wo der Nucleus accumbens sitzt. Kommt zu wenig Input aus dem präfrontalen Kortex, führt dies zu einer negativen Grundeinstellung. Ist die Aktivität hoch, wirkt dies positiv auf die Grundeinstellung.

Eine neutrale oder leicht negative Grundeinstellung kann in bestimmten Berufen von Vorteil sein, vor allem da, wo Kritik und gesundes Misstrauen gefragt sind.

Wer Veränderungen bewältigen muss, ist jedoch mit Optimismus besser bedient. Negative Gefühle lassen sich durch anderes Denken ändern. Ist der emotionale Stil schädlich, so helfen Methoden aus der kognitiven Verhaltenstherapie. So gilt es beispielsweise den inneren Kritiker einzufangen, um positive Seiten an sich selbst sehen zu können.

Praxistipp: Fortschritte skalieren und visualisieren

Coaches sollten auf das negative Denken aufmerksam machen und dann auf das Positive zurückführen. Sie sollten Fortschritte und Veränderungen auch kleinster Schritte thematisieren. Es hilft sehr, wenn Coachees ihre Fortschritte aufschreiben oder diese aufnehmen und so dokumentieren. Auch das Visualisieren hilft. Ganz wichtig ist hier die Skalierung. Legen Sie fest, was erreicht werden soll und woran sich das zeigt. Konkretisieren Sie das, notieren Sie es. Das sind »Beweise«, die für Menschen, die ihre eigene Veränderung nicht bemerken, extrem wichtig sind.

Soziale Intuition: Auf Seite 86 schilderte ich die Situation in der Bahn. Der dicke Mann hatte offenbar keine soziale Intuition. Soziale Intuition zeigt sich daran, dass Menschen sensibel auf zwischenmenschliche Botschaften reagieren und subtile Botschaften empfangen. Menschen mit niedriger sozialer Intuition vermeiden Blickkontakt und bemerken die Gefühle anderer nicht oder kaum. Niedrige soziale Intuition geht einher mit einem niedrigen Aktivitätsniveau in der Sehrinde, dem Gyrus fusiformis und einer hohen Aktivität in der Amygdala. Soziale Situationen lösen also Ängste aus. Bei der hohen sozialen Intuition ist es umgekehrt.

Eine niedrige Intuition kann dazu führen, dass sich Menschen lieber mit Maschinen beschäftigen oder an »Dingen« arbeiten. Dies führt dann zu durchaus wünschenswerten Effekten. Dieser Stil ist also durchaus sehr relevant für die berufliche Orientierung. Allerdings benötigen geniale Forscher oder Computerexperten ebenfalls soziale Intuition, sodass ein Training spätestens dann sinnvoll sein kann, wenn jemand mit seinem Stil an eigene Grenzen stößt und auch darunter leidet.

Hier ist das Wissen hilfreich, dass fehlende soziale Intuition mit der Amygdala verknüpft ist. Die Konfrontation mit angstauslösenden Situationen wie Blickkontakt sollte also behutsam erfolgen. Ich trainiere das mit Klienten gezielt, beispielsweise wenn ein Vorstellungsgespräch ansteht. Es kann sinnvoll sein, ihnen zu empfehlen, das eigene Verhalten zu thematisieren: »Seien Sie nicht irritiert, wenn ich wegschaue, aber für mich ist Blickkontakt anstrengend. Deshalb versuche ich ihn zu vermeiden.«

Selbstwahrnehmung: »Was fühlen Sie gerade?« Es gibt Menschen, die sprudeln bei dieser Frage. Anderen fällt gar nichts ein. Selbstaffine Menschen können sich und ihre Gefühle sehr gut wahrnehmen. Wer dagegen selbstblind ist, hat keinen Zugang zu sich und seiner seelischen Befindlichkeit. Er bemerkt die eigenen Gefühle nicht.

Diese sind aber sehr wohl da, wie Messungen im MRT zeigen. Selbstaffinität spielt sich im Inselkortex – auch Inselrinde genannt – ab, der Signale aus den inneren Organen empfängt. Im Inselkortex orteten Wissenschaftler zudem den Sitz des sprachvermittelnden Denkens, was vielleicht eine Begründung dafür ist, dass manchem Selbstblinden im wahren Sinn des Wortes oft die Worte fehlen. Auch Geschmacks- und Geruchssinn sitzen hier. Eine hohe Aktivität zeigt Selbstaffinität an, eine schwache Selbstblindheit.

Die Fähigkeit, seine eigenen Gefühle wahrzunehmen, ist für Veränderungen überaus relevant. Wer seine eigenen Gefühle differenziert wahrnimmt, kann leichter merken, wenn ihm etwas zusagt oder nicht. Ist die Tätigkeit erfüllend? Die Antwort auf die Frage setzt Selbstaffinität voraus. Für Arbeitgeber kann Selbstblindheit aus egoistischer Sicht hilfreich sein – wenn der Mitarbeiter keinen Zugang zu sich hat, wird er möglicherweise weniger klagen oder eher Dinge tun, die »gegen« innere Bedürfnisse laufen. Dies ist jedoch kurzfristig gedacht.

Eine übertriebene Selbstaffinität kann einhergehen mit Hochsensibilität. Dies führt dann ebenso zu Stress, da die Wahrnehmung eigener Gefühle so stark ist, dass es belastend wirkt.

Kontextsensibilität: Menschen mit einer hohen sozialen Kontextaffinität, bemerken alles, was sich um sie herum abspielt und nehmen sehr intensiv wahr.

Wenn Menschen alles merken

Marianne bemerkt alles um sich herum. Manchmal fallen ihr Dinge auf, die gar nicht relevant sind, und die sie überbewertet. Sie ist so aufmerksam auf den sozialen Kontext, dass sie sich selbst darin nur als jemand sieht, der auf das Umfeld reagiert.

Menschen mit einer hohen Kontextaffinität eignen sich deshalb ideal für Serviceberufe und sind überall da gut einsetzbar, wo es darum geht, sich flexibel auf andere einzustellen. Kontextblindheit zeigt sich dagegen daran, dass diese Wahrnehmung fehlt.

Viele Traumapatienten haben einen geschrumpften Hippocampus. Banale Ereignisse führen sie zurück in die traumatische Situation. Sie können nicht mehr unterscheiden zwischen der friedlichen Situation auf dem Land und dem Erlebten auf dem Schlachtfeld. Das passt zu der Tatsache, dass sich die Wahrnehmung des sozialen Kontextes im Hippocampus abspielt. Eine geringe Aktivität zeigt Kontextblindheit an, eine hohe Kontextaffinität. Der Hippocampus ist so etwas wie eine sensorische Schaltzentrale des Gehirns. Durch ihn laufen viele Informationen, etwa vom Kurzzeit- ins Langzeitgedächtnis. Auch das räumliche Vorstellungsvermögen bildet sich hier ab.

Meist ist situativ und je nach Beruf eine unterschiedliche Kontextaffinität hilfreich. Diese lässt sich ebenfalls sehr gut trainieren. So veränderte sich einer Studie zufolge der Hippocampus von Londoner Taxifahrern schon nach kurzer Zeit des Trainings auffällig: Er wurde größer (http://www.spiegel.de/wissenschaft/mensch/gedaechtnisforschung-wieso-londons-taxifahrer-mehr-graue-zellen-haben-a-802777.html) – Ihnen fällt mein schlechtes räumliches Vorstellungsvermögen ein? Sehen Sie, ich hätte durch Üben eine Chance!

Aufmerksamkeit: Sie zeigt sich daran, dass Menschen geistig in eine Aktivität eintauchen und alles um sich herum vergessen können.

Völlig vertieft

Bei Julian war auffällig, wie tief er in eine Aufgabe eintauchen konnte. Nichts konnte ihn ablenken, selbst laute Geräusche nicht. Er war vollkommen konzentriert und bei sich. Fast wie ein meditierender Mönch, und tatsächlich üben diese täglich Aufmerksamkeit für das Hier und Jetzt.

Hochaufmerksame Menschen können selbst in einem lauten Umfeld konzentriert arbeiten, weniger aufmerksame lassen sich schnell ablenken. Die Grenze vom schwach aufmerksamen Typ zum Aufmerksamkeitsdefizitsyndrom ADHS ist fließend. Devid Striesow fand in der Schauspielerei eine Lösung für seine ADHS. Einen Job im Büro hätte er laut eigener Aussage nie bewältigen können. Aufmerksamkeitsstarke Typen weisen bei externen Stimuli eine Reaktion im präfrontalen Kortex und ein moderates P300-Signal auf. Das sind wellenförmige Signale, die sich bei der Elektroenzephalografie (EEG) oder bei der Magnetoenzephalografie (MEG) zeigen, mit denen Gehirnströme gemessen werden. Die Signale lassen sich bestimmten Gehirnbereichen zuordnen, hier eben dem Kortex. Aufmerksamkeitsschwache Personen haben eine solche Phasendeckung kaum und empfangen ein sehr starkes oder sehr schwaches Signal.

Ob jemand eine hohe oder schwache Aufmerksamkeit hat, ist vor allem für die berufliche Orientierung wichtig sowie für das Umfeld, in dem jemand arbeitet. Großraumbüros sind demzufolge schlecht für Menschen mit niedriger Aufmerksamkeitsspanne. Aufmerksamkeit ist ebenso für Menschen ein Thema, die sich nicht auf das Hier und Jetzt konzentrieren können und immer wieder in einen Autopiloten verfallen, der sie automatisiert Dinge tun lässt. Meditation ist hier sehr wirksam, ebenso autogenes Training.

Praxistipp: Aufmerksamkeit kann gelenkt werden

Auf was konzentriere ich mich? Jeder kann das selbst entscheiden. Es helfen oft schon sehr einfache Übungen. Beispielsweise kann ich einem negativen Gedanken einen anderen gegenüberstellen und diesen immer wieder wiederholen. Bilder sind sehr hilfreich. Lassen Sie ein Bild entstehen, dass das »Negative« überspielt. Sie können die Handflächen aneinander reiben oder klatschen: Alles dient am Ende nur einem: die Aufmerksamkeit zu lenken und von etwas Unangenehmen auf etwas Angenehmen zu schieben. Probieren Sie es einmal aus.

Ich habe ein unangenehmes Thema in den Griff bekommen, indem ich mir 350 Mal hintereinander »Sonne« vorgesagt habe. Das funktioniert. Und wenn Ihr Coachee das nicht glaubt, lassen Sie ihn die 350 Sonnen zählen. Jetzt fallen Ihnen die Schäfchen ein? Genau, die hatten ganz genau dieselbe Funktion.

Fazit: Der emotionale Stil ist gut zu beeinflussen. Wenn Sie Menschen entwickeln wollen, ist das ein wichtiger Anknüpfungspunkt – vor allem wenn diese Probleme mit zu geringer Resilienz oder negativem Denken haben. Die Arbeit damit zielt vor allem darauf, das allgemeine Wohlbefinden zu verbessern. Mittel der Wahl ist hier Meditation. Empfehlen Sie Klienten ein Achtsamkeitstraining, das eine gute Einführung in die Praxis darstellt.

Baustein: Intelligenz

Welche Bedeutung hat Intelligenz? In Deutschland wird der »IQ« immer wieder kritisch beäugt. Man redet nicht darüber. Tests im Rahmen des Recruitings sind verpönt. Die maximale Toleranzgrenze verläuft im Bereich der Auszubildenden, bei Erwachsenen jedoch gelten IQ-Tests eher als »Teufelszeug«. Das verwundert vor allem aus zwei Gründen: Zum einen fordert die Zukunft der Arbeit in einem hohen Maß analytische Kompetenzen, die mit einem herkömmlichen IQ-Test sehr gut messbar sind. Zum anderen ist Deutschland ein Land, in dem Bildungschancen stark mit der Herkunft der Eltern verbunden sind. Der Einsatz von IQ-Tests könnte für mehr Chancengleichheit sorgen. Die USA verwenden den SAT seit den 1970er-Jahren um College-Absolventen zu testen. Der SAT testet mathematische und verbale Fähigkeiten. Viele Universitäten verlangen ihn.

Ich selbst war lange ein Kritiker eines frühen Tests, sehe aber inzwischen mehr Vorteile – wenn man sensibel mit den Ergebnissen umgeht. So habe ich die Erfahrung gemacht, dass es nicht sinnvoll ist, Jugendlichen den Durchschnittswert mitzuteilen, sondern auf die einzelnen Bereiche einzugehen. Mit meinem Sohn habe ich beispielsweise den IST-2000 gemacht. Dieser hat zwei Vergleichsgruppen: Gymnasiasten und Nicht-Gymnasiasten. So kommt am Ende kein durchschnittlicher IQ raus, sondern ein Vergleich mit der Gruppe, mit der ein Vergleich sinnvoll ist – in unserem Fall Gymnasiasten.

Aus den Ergebnissen lässt sich viel ablesen. Das räumliche Vorstellungsvermögen ist übrigens bei meinem Sohn ebenfalls nicht so gut. Ein Architekturstudium ist deshalb eher ungeeignet. Gut, dass er sich für die Bereiche interessiert, in denen er auch besser abschneidet als andere. Noch sinnvoller ist so eine Testung, wenn man das Interessenmodell RIASEC des amerikanischen Psychologen John Holland – über das ich später noch schreibe – dazunimmt. Daraus ergeben sich schon recht konkrete Interessenfelder.

Intelligenz ist eines der am besten untersuchten »Konstrukte« überhaupt. Es gibt viele Studien dazu, und die meisten belegen einen Zusammenhang mit beruflicher Leistung. Der IQ hängt danach mit Arbeitsleistung ($r = .62$), beruflicher Lernleistung ($r = .59$), Einkommen ($r = .33$) und beruflicher Entwicklung ($r = .31$) zusammen. Falls Sie das r nicht interpretieren können: Das ist ein Korrelationsmaß. Je höher die Zahl, desto größer der Zusammenhang.

Aus Sicht eines Arbeitgebers macht ein IQ-Test also durchaus Sinn, zumindest am Anfang des Berufslebens. Wenn jemand bereits eine Promotion und andere berufliche Leistungen vorzeigen kann, ist dieser jedoch eher überflüssig, man kann in diesen Fällen von mindestens mittlerem IQ ausgehen. »Mehr IQ« ist nicht in jedem Fall besser. Intelligente Menschen langweilen sich auch schnell. Dagegen kann bei beruflichen Quereinstiegen kann eine Messung durchaus hilfreich sein: So haben Professoren mit hoher Wahrscheinlichkeit einen höheren IQ, in einfacheren Jobs ist die IQ-Streuung indes groß. Es kann also sein, dass in einem ehemaligen Hauptschüler ein ausgesprochen intelligenter Mensch steckt, der eine Chance verdient hat.

Coaches, die mit beruflicher Orientierung zu tun haben, rate ich zum Einsatz von IQ-Tests bei jungen Menschen. Da diese oft noch nicht die persönliche Reife haben, wirklich eigene Entscheidungen zu treffen, hilft der Test beim Finden einer Richtung – selbst wenn das Ergebnis bedeutet »alles ist möglich« (bei durchschnittlichen Werten).

Das Ergebnis muss man den jungen Klienten nicht unbedingt mitteilen. Ungewöhnlich gute oder schlechte Ergebnisse können auch negativ beeinflussen. Teilen Sie Ergebnisse mit, so liefern Sie eine Gebrauchsanweisung zum Lesen mit. Der IQ-Wert 100 ist ein willkürlich festgelegter Wert. Rund um die 100 gibt es eine Standardabweichung von 15 nach unten und oben: Zwei Drittel aller Menschen haben also einen IQ zwischen 85 und 115. Darunter wird die Luft dünner. Nur noch etwa zwei Prozent sind über 130 oder unter 85.

Die deutsche Klassifizierung sieht folgendermaßen aus:

- unter 55 bedeutet leichte Retardierung, also Beschränktheit
- 85 bis 99 ist niedriges Niveau
- 100 ist der Normwert
- 101 bis 115 ist höheres Niveau
- über 115 bis 129 ist eine überdurchschnittliche Intelligenz
- 130 bis 145 ist Hochbegabung
- über 145 ist Höchstbegabung

Nach Charles Spearman gibt es einen allgemeinen Intelligenzfaktor, den »g-Faktor«. Dieser beeinflusse alle anderen Bereiche. Louis Leon Thurstone verwarf diese Vorstellung und ermittelte sieben Primärfaktoren für Intelligenz:

- Space: räumlich-visuelle Aufgaben
- Perceptual Speed: Wahrnehmung von Objekten und Relation zwischen ihnen, Auffassungsgeschwindigkeit
- Numerical Ability: rechnerisch-mathematische Fähigkeiten
- Memory: Gedächtnisleistung
- Reasoning: logisches Schlussfolgern
- Word Fluency: Wortflüssigkeit
- Verbal Relations: Wortbeziehungen richtig verstehen und interpretieren

Raymond Cattell schließlich unterschied kristalline und fluide Intelligenz. Die fluide Intelligenz bezieht sich auf Fähigkeiten, schnell Probleme lösen zu können, die kristalline auf Wissen und Erfahrung. Dementsprechend nimmt fluide Intelligenz mit dem Alter ab, was aber laut neuerer Forschungen wesentlich mit mangelndem Training zu tun haben dürfte.

Anerkannte Intelligenztests sind der Berliner Intelligenzstrukturtest, der ein Mehrfaktorenkonzept ist und auf dem Modell von Thurstone beruht. Das ebenso sehr verbreitete Modell von David Wechsler, der Hamburg Wechsler-Test, beruht auf seinem Modell der verbalen und praktischen Handlungskompetenz. Der IST-2000 wird vor allem für die Berufswahl empfohlen.

Heute existieren zudem sogenannte Mehrfachwortwahl-Intelligenztests, mit denen sich das Intelligenzniveau schnell herausfinden lässt. Diese sind für die Arbeit mit Patienten angelegt, die sich nicht auf einen mehrere Stunden dauernden IQ-Test einlassen können, etwa Alzheimer-Patienten.

Tipp: Mit Intelligenztests arbeiten

Um mit Intelligenztests zu arbeiten, muss Ihnen die Thematik sehr vertraut sein. Intelligenztests können Sie in der Testzentrale von Hogrefe bestellen. Dazu müssen Sie Psychologe sein oder Ihre psychologischen Kenntnisse alternativ belegen und Nachweise erbringen. Den Mehrfachauswahltest MWT-B erhalten Sie auch hier: http://www.spitta-medizin.de.

Hintergrund: Statistik verstehen: Was ist das r?

Das r. ist ein Korrelationsmaß, Korrelationskoeffizient genannt. Der maximale Wert ist 1 – bei 1 besteht also ein vollständiger Zusammenhang. Ab r=.70 spricht man von einem sehr starken Zusammenhang. Ab .5 bis .69 liegt ein starker Zusammenhang vor, .3 bis .59 bezeichnet einen mittleren Zusammenhang. .2 bis .29 kennzeichnet den schwachen Zusammenhang. Unter .19 ist statistisch kein Zusammenhang mehr feststellbar. Wenn Sie solche Zahlen lesen, ist es übrigens gleich, ob dort steht 0.19 oder .19. Das Quadrat des Korrelationskoeffizienten r^2 nennt man Bestimmtheitsmaß oder auch Determinationskoeffizient. Es gibt an, wie viel Prozent der Varianz die untersuchte Beziehung – Korrelation – erklärt. Beispiel: Bei r = 0,3 werden 9 Prozent erklärt. Bei r = 0,62 werden ungefähr 38 Prozent der gesamten auftretenden Varianz im Hinblick auf einen statistischen Zusammenhang erklärt.

Konkret bedeutet dass, dass dieser Wert die Abweichung vom Mittelwert beschreibt. Bezogen auf die Intelligenz heißt das bei unserem Beispiel Arbeitsleistung: 38 Prozent der Mittelwertabweichung in einer Studie erklärt sich durch Intelligenz. Das könnte man auch so interpretieren: Selbst wenn der Zusammenhang stark ist – es gibt noch viele andere Faktoren, die hier hineinspielen ...

Diesen Unterschied zu kennen, ist wichtig, denn oftmals werden Korrelationsmaße mit Korrelationskoeffzienten verwechselt. Die Folge ist, dass die Zusammenhänge viel größer gesehen werden, als sie sind.

Das Modell der multiplen Intelligenzen nach Gardner

Dass herkömmliche Intelligenztests kognitive Intelligenz messen und deshalb künstlerische und soziale Bereiche fehlen, ist unbestritten. Wer sich mit beruflichem Coaching beschäftigt oder im Ausbildungsbereich arbeitet, sollte natürlich die anderen Bereiche ebenfalls miteinbeziehen. Dazu eignet sich das Modell von Howard Gardner besonders gut. Er leugnet nicht, dass es eine allgemeine Intelligenz gibt, beschreibt aber weitere Intelligenzen:

Sprache: Verbale Intelligenz ist ebenso in klassischen IQ-Tests ein wichtiger Bereich. Zur sprachlichen Intelligenz nach Gardner gehört aber mehr: eine hohe Sensibilität für die gesprochene und die geschriebene Sprache. Die Fähigkeit, Sprachen zu lernen, ist ein weiterer Aspekt, hinzukommt die Fähigkeit, Sprache zu bestimmten Zwecken – etwa wissenschaftlich – zu gebrauchen. Bei den meisten Menschen wird es einen Schwerpunkt geben, sie nutzen Sprache künstlerisch-freier oder zweckgebundener. Meiner Meinung nach ist dies stark an die dahinterliegende Motivationsstruktur gekoppelt. So wird jemand, der im RIASEC viele Punkte bei »forschend« hat, mit wissenschaftlichem Interesse ausgestattet, sich eher diesem Bereich zuneigen, während das künstlerische Interesse eher zur Literatur ziehen könnte. Beide jedoch hätten in einem IQ-Test eine hohe Wortflüssigkeit, die das Wortverständnis ergänzt. Wortflüssigkeit bedeutet, dass jemand eine große Zahl unterschiedlicher Wörter nutzen kann.

Logik und Mathematik: Zu diesem Intelligenzbereich gehört die Fähigkeit, Probleme logisch zu analysieren. Jemand mit einem hohen Logik-IQ kann mathematische Operationen durchzuführen und wissenschaftliche Fragestellungen untersuchen. Er kann Formeln verstehen und rechnen. Dieser Bereich wird in normalen IQ-Tests ebenfalls abgefragt. Diese nutzen dazu unter anderem sogenannte Matrizen. Dabei geht es darum, aus einer Reihe von Figuren die passende zu finden.

Musik: Musikalische Intelligenz beinhaltet das Talent zum Musizieren, zum Komponieren sowie den Sinn für die musikalischen Prinzipien. Voraussetzung dafür ist unter anderem ein geschultes Gehör. Es ist mittlerweile erwiesen, dass es einen Zusammenhang zwischen musikalischer und allgemeiner Intelligenz gibt. Dabei besteht eine mittlere bis hohe Korrelation. Es ist also grob fahrlässig, wenn Schulen den Musikunterricht ausfallen lassen oder Eltern Musik als weniger wichtig einstufen (Maier-Karius 2010.

Bewegung und Körper: Die körperlich-kinästhetische Intelligenz beschreibt das Potenzial, den Körper zur Problemlösung oder zur Erschaffung von Kunst und Bewegung einzusetzen. Vor allem durch Ausdauertraining lässt sich der IQ steigern. Sport in jungen Jahren beeinflusst die spätere Selbstregulation und wirkt positiv auf kognitive Funktionen. Ein fitter Körper ist in jedem Job hilfreich, aber vor allem dort, wo körperliche Anstrengung dazu kommt, etwa bei der Polizei.

Sehen und Raumdenken: Die räumliche Intelligenz fragen auch klassische IQ-Tests ab. Sie umfasst den Sinn für Strukturen und Verhältnisse großer Räume und das Erfassen enger begrenzter Raumfelder. Dies ist für Bauingenieure und Architekten, aber ebenso für andere Ingenieure und manche Künstler wichtig.

Intrapersonale Intelligenz: Als intrapersonale Intelligenz bezeichnet Gardner die Fähigkeit, Absichten, Motive und Wünsche anderer Menschen zu verstehen. Das versetzt in die Lage, erfolgreich auf sie einzugehen und sie abzuholen. Jeder, der mit Menschen arbeitet, braucht dies – für Coaches, Lehrer, Berater und Führungskräfte ist soziale Intelligenz aber ganz besonders wichtig. Meine These ist, dass soziale Intelligenz mit der Reife, also der Ich-Entwicklung korrelieren sollte.

Existenzielle oder spirituelle Intelligenz: Hier geht es um grundlegende Fragen der Existenz und die Fähigkeiten, die beispielsweise spirituelle Führer wie Gandhi haben. Ob das eine eigene Intelligenz ist? Im Grunde tangiert auch dieser Bereich die Ich-Entwicklung? Danach haben spirituelle Führer eine höhere Ich-Entwicklungsstufe erreicht.

Naturalistische Intelligenz: Seit einiger Zeit ergänzt Gardner seine Siebenerliste mit einer weiteren Intelligenz. Er nennt sie naturalistische Intelligenz. Diese beinhaltet die Fähigkeit, die Natur zu beobachten und Unterscheidungen zu treffen.

Das Modell von Gardner ist empirisch nur dürftig untermauert. Eine Validierungsstudie mit 187 Teilnehmern ergab, dass die von ihm genannten Intelligenzen weniger in die Kategorie der Leistungsmessung, sondern eher in den Bereich der Persönlichkeitsmerkmale fallen. Laut Wikipedia erreicht nur die Hälfte der acht Skalen (Intelligenzen) das allgemein als angemessen angesehene Maß der internen Reliabilität. Das ist eines von drei Kriterien für die Beurteilung von Wissenschaftlichkeit (s. dazu auch das Kapitel »Wer bin ich im Unterschied zu anderen?«, S. 136).

Meine Meinung: Vor allem die interpersonale, intrapersonale und existenzielle Intelligenz prägen sich durch Reife aus, also Persönlichkeitsentwicklung. Persönlichkeitsmerkmale wie Verträglichkeit und Extraversion führen höchstwahrscheinlich zu höherer »Intelligenz« in den sozialen Bereichen.

Die Kritik macht das Modell für Praktiker aber nicht weniger interessant. Wer mit jungen Leuten arbeitet, kann es sehr gut nutzen, um daraus Übungen abzuleiten. Es bietet zudem ein gutes Beobachtungsraster für Pädagogen. Im Internet lassen sich beispielsweise zahlreiche zu den Intelligenzen passende Musterlösungen herunterladen.

Emotionale Intelligenz

Was nutzt es, wenn jemand schlau ist, aber nicht lebensklug? Die Kritik an der herkömmlichen IQ-Messung kam früh auf. So sagt Intelligenz nichts über persönliches Glück und Zufriedenheit aus. Auch wie wirksam jemand sein Leben bewältigt, hängt kaum von der Intelligenz ab. Hier haben sich zwei alternative Modelle etabliert: Die emotionale Intelligenz nach Goleman und das Modell der multiplen Intelligenzen nach Gardner.

Daniel Goleman berief sich auf Gardner, vor allem auf seine intrapersonale Intelligenz. Eine seiner Kernaussagen, die sich durchaus belegen lassen, lautet: Managementerfolg ist stärker durch den »EQ« als durch den IQ vorherbestimmt. Sein Buch »Emotionale Intelligenz« (1997) hatte einen großen Einfluss auf die Praxis. Die sogenannten Soft Skills höher zu bewerten als die Intelligenz geht unter anderem darauf zurück. Der »EQ« von Goleman beruht vor allem auf die Fähigkeit von Menschen, sich sozial kompetent zu verhalten. Dabei geht es um emotionale Selbstwahrnehmung, emotionale Selbstregulation, Fähigkeit zur Selbstmotivation und Belohnungsaufschub, Empathie und soziale Kompetenz. Um den EQ zu messen gibt es zahlreiche Tests, jedoch ist keiner so ausgereift wie der Intelligenztest. Dies hat sicher damit zu tun, dass die emotionale Intelligenz kein klares Konstrukt ist. Sie hat teils mit Eigenschaften und wiederum viel mit Reife zu tun.

IQ: Was Sie immer mitdenken müssen

Bis hierhin mögen Sie den Eindruck haben, dass Intelligenz eine wichtige Rolle spielt. Ja, tut sie, aber – eben nicht nur die kognitive Intelligenz, sondern auch andere Intelligenzen, etwa die emotionale.

Aber auch das Denken in erweiterten IT-Kategorien allein reicht nicht aus, um zu verstehen, was jemand erfolgreich macht. Es kommt noch viel mehr dazu: Zufall, Chancen, Persönlichkeitsmerkmale wie die Big Five, persönliche Reife sowie weitere psychologische Faktoren, etwa die kognitive Kontrolle. Menschen, die sich schon als Kinder selbst kontrollieren und Bedürfnisse aufschieben können, sind als Erwachsene erfolgreicher. Dies hat der sogenannte Marshmallow-Test ergeben (https://www.youtube.com/watch?v=Y7kjsb7iyms). In diesem klassischen psychologischen Experiment setzte man kleine Kinder vor einen leckeren Marshmallow. Der Studienleiter erklärte, dass es einen weiteren Marshmallow geben würde, wenn das Kind jetzt darauf verzichtete, seinen sofort zu essen. Dann verließ er unangekündigt den Raum. Die Kinder, die sich das Bedürfnis nach dem Gepäck verkniffen und auch (scheinbar) unbeobachtet nicht zugriffen, wurden später erfolgreicher und erzielten höhere Gehälter.

Auch der sogenannte »Fischteicheffekt« kann sich positiv auf beruflichen Erfolg auswirken. Leistungsstarke Studenten werden unter ihresgleichen schwächer, ihre Leistungen sinken unter ihr eigentliches Niveau ab. In einem Umfeld jedoch, indem sie selbst »große Fische« sein können, behalten oder steigern sie ihr Leistungsniveau.

. . . .

Motive spielen natürlich zusätzlich eine große Rolle: Wer seine Fähigkeiten nicht anwenden will, bringt sie auch nicht zur Blüte. Deshalb sollten Sie sich immer die Formel Leistung = Wollen × Können × Dürfen vergegenwärtigen. Der Blick auf das Können allein reicht nicht aus. Und gerade als Coach, Berater und Führungskraft sind sie wichtig für die Stellschraube »Wollen«, also die Bedürfnisse. Als Führungskraft ab einer bestimmten Ebene haben Sie normalerweise zusätzlich direkten Einfluss auf die Gestaltung des »Dürfens«.

Fazit: Wie hilft Ihnen nun dieser Baustein praktisch weiter? Der IQ ist vor allem relevant für die erste Berufsorientierung, aber natürlich hilft es auch bei späteren Jobentscheidungen zu wissen, wo man Ausschläge hat – wenn man sie hat. Oft schätzt man sich selbst falsch ein, deshalb halte ich viel von Testungen vor allem in jüngeren Berufsjahren. Diese aber bitte nie internetbasiert, sondern unbedingt bei einem Profi durchführen lassen.

Baustein: Big Five

Wenn es um Wissenschaftlichkeit von Persönlichkeitstests geht, so führt kein Weg am Modell der Persönlichkeitspsychologie »Big Five« vorbei. Durch meine Arbeit als Ausbilderin habe ich viel Kontakt mit Menschen, die eine Coaching-Ausbildung durchlaufen haben. Ganz selten kennen diese aber die Big Five, auch OCEAN genannt. Das finde ich überraschend und erschreckend zugleich, sind die Big Five doch das Persönlichkeitsmodell, dem die allermeisten Studien zugrunde liegen. Wer mit Menschen arbeitet, sollte es kennen.

Die Big Five oder auch OCEAN – der Begriff steht für die ersten Buchstaben der zugrunde liegenden Eigenschaften – sind der mit Abstand am häufigsten verwendete Persönlichkeitstest. Zu den Big Five liegen mehr als 3 000 unabhängige Studien weltweit vor. Damit kann sich kein anderes Verfahren messen. Gleichzeitig sind die Big Five unter Coaches, Trainern und Führungskräften im deutschsprachigen Raum kaum bekannt. Das gilt meiner Erfahrung sogar für Psychologen, die im Studium in der Regel mit den Big Five gearbeitet haben. Bei ihnen sind kommerzielle, aber nicht wissenschaftliche Verfahren wie der MBTI® stärker verankert, was vielleicht auch eine Folge guten Marketings der Anbieter ist. Kommerzielle Tests sind zudem attraktiver aufbereitet und bieten eine Einnahmequelle für das Coaching.

Was sind die Big Five? Hier eine Definition, anhand derer Sie auch gleich die Buchstabenkombination OCEAN nachvollziehen können:

Offenheit für neue Erfahrungen (Openness): Menschen mit hoher Offenheit haben ein ästhetisches Gespür, eine hohe Vorstellungskraft, einen Bezug zu ihren inneren Gefühlen, eine Präferenz für Abwechslung und intellektuelle Neugier. Sie sind unkonventionell und tendieren dazu, Autorität zu hinterfragen. Sie erleben positive und negative Gefühle intensiver als Menschen, die auf dieser Skala niedrig abschneiden. Menschen, die auf dieser Skala niedrig abschneiden sind konservativer und eher traditionell. Offenheit sagt beruflichen Erfolg allgemein nicht sicher voraus, was mit unterschiedlichen Anforderungen in verschiedenen Berufen zu tun haben dürfte.

Gewissenhaftigkeit (Conscientiousness): Diese Eigenschaft beschreibt Menschen, die Dinge zu Ende bringen, die planen und strukturiert sowie genau vorgehen. Auch ein starker Wille und Bestimmtheit ist damit verbunden. Weiterhin sind gewissenhafte Personen leistungsorientiert. Prinzipientreue hängt damit ebenfalls zusammen. Menschen mit niedriger Gewissenhaftigkeit sind nicht weniger moralisch, halten sich aber nicht immer an Regeln. Sie planen weniger und sind weniger strukturiert und hängen sich weniger rein. Hohe Gewissenhaftigkeit hängt laut verschiedener Studien stark mit beruflichem Erfolg zusammen (r=.80) sowie ebenso mit Integrität.

Extraversion (Extraversion): Extravertierte reden gern, gehen auf andere zu, sind optimistisch und aktiv. Sie haben positive Gefühle und bewerten Erfahrungen gern ebenso. Introvertierte sind kritischer und zurückhaltender. Sie mögen es lieber mit wenigen Personen zu sprechen und die Zahl ihrer täglichen Interaktionen ist meist geringer. Extraversion korreliert in einigen Studien positiv zu Managementaufgaben und zu Tätigkeiten im Vertrieb sowie bei der Polizei.

Angepasstheit/Verträglichkeit (Agreeableness): Eine angepasste Person ist zuvorkommend, altruistisch, kooperativ und hilfsbereit. Menschen, die auf dieser Skala niedriger abschneiden sind kompetitiver, egoistischer, misstrauischer und skeptischer. Weniger verträgliche Personen sind beruflich erfolgreicher. Ausnahmen bestehen in Bereichen, die Verträglichkeit fordern, etwa Kundenservice.

Neurotizismus (Neuroticsm): Diese Eigenschaft beschreibt Menschen, die viel nachdenken und öfter traurig sind und ängstlich. Hohe Werte können mit psychiatrischen Erkrankungen zusammenhängen. Stabile Personen, also solche mit niedrigem Neurotizismus, sind ruhig, sicher und performen gut unter Stress. Stabilität korreliert mit beruflichem Erfolg in vielen Bereichen, wobei es auch Berufe gibt, in denen Neurotizismus von Vorteil ist.

Teilnehmer meiner Ausbildungen sind anfangs meist kritisch gegenüber den Big Five eingestellt. Erst durch nähere Beschäftigung erkennen sie den Wert gerade für berufsbezogenes Coaching, Personalauswahl und Mitarbeitermotivation.

Der Grund für die Ablehnung liegt in der Haltung, die viele Menschen ins Coaching zieht: Sie wollen Menschen unterstützen. Sie glauben daran, dass jeder etwas aus sich machen kann. Sie finden es nicht gut, dass sie selbst oder ein anderer »weniger« von einer Eigenschaft hat. Und sie lehnen Plus- und Minuskategorien ab. Das ist für sie Schubladendenken.

Das kann ich gut nachvollziehen, vor allem den Punkt mit Plus und Minus. Introversion wird in Forschungsarbeiten etwa als »E-« dargestellt, was schon psychologisch ungünstig ist. Nichtsdestotrotz muss man sich mit Modellen beschäftigen, bevor man sie beurteilen kann. Und bei aller Kritik liegen in den Big Five doch auch einige Schlüssel zum Verständnis von Menschen, ihrem Verhalten und ihrer Berufswahl begründet. So stehen die Big Five mit beruflicher Zufriedenheit und Erfolg in bestimmten Berufen in Zusammenhang. Ich habe sehr positive Erfahrungen damit gemacht, das in Beratungen einzubeziehen. Wenn ein junger Mensch weiß, dass Berater eine höhere Offenheit für Erfahrungen mitbringen, so kann ihm diese Information Sicherheit für die Berufswahl geben. Sie bietet zudem eine Möglichkeit, Präferenzen zu hinterfragen. Möchte ein sehr instabiler Mensch Arzt werden, ist die Frage, ob er die Belastungen des Klinikalltags bewältigen wird. Das heißt nicht, dass er nicht Medizin studieren soll, aber möglicherweise bedeutet es, dass er sich frühzeitig mit anderen Optionen beschäftigt, die sich aus einem Medizinstudium ergeben.

Wie funktionieren die Big Five?

Die Big Five beruhen auf einem lexikalischen Ansatz, der davon ausgeht, dass Sprache Persönlichkeit beschreibt. Auch die Unterschiede zwischen Personen schlagen sich in Sprache nieder. Weiter lassen sich bestimmte Begriffe kategorisieren und zusammenfassen, zum Beispiel liegen herzlich und persönlich nah beieinander. Aufgrund von Faktorenanalysen ermittelten die Forscher fünf stabile Skalen aus rund 18 000 Begriffen. Ihr System funktioniert weitgehend kulturunabhängig in der westlichen und östlichen Welt. Die Big Five sind nicht beliebig veränderbar, sondern sie stabilisieren sich bis etwa zum 30. Lebensjahr. Auch nach dem 50. Lebensjahr treten Veränderungen ein. So werden Menschen dann meist geringer verträglich, gewissenhafter und verlieren an Extraversion.

Die Big Five sind etwa zur Hälfte erblich. Sie stehen also mit biologischen Faktoren in Interaktion. So hängt Extraversion mit einem bestimmten Gen zusammen. Neurotransmitter haben einen erheblichen Einfluss. Serotoninmangel steht mit Neurotizismus in Zusammenhang. Menschen, die weniger Dopamin produzieren sind ruhiger und introvertierter.

Die Big Five sind zu etwa 50 Prozent erblich, möglicherweise sogar noch mehr, da Messfehler eher dazu führen, dass man Erblichkeit unterschätzt. Dies kann beispielsweise anhand von Zwillingsstudien belegt werden. Die höchste Erblichkeit hat demnach die Offenheit für neue Erfahrungen:

- Neurotizismus: ≈ 48 Prozent (die Varianz in den Messdaten
- Extraversion: ≈ 54 Prozent erklärt sich durch Erblichkeit)
- Offenheit für Erfahrungen: ≈ 57 Prozent
- Gewissenhaftigkeit: ≈ 49 Prozent
- Verträglichkeit: ≈ 42 Prozent

Die Messung der Big Five erfolgt mithilfe psychometrischer Tests in der Selbsteinschätzung, neuerdings auch anhand einer Datenanalyse im Internet. Die einzelnen Dimensionen des Big Five verteilen sich auf Skalen. Diese Skalen wiederum enthalten Subskalen, die sich je nach Testversion unterscheiden können. Die Subskalen korrelieren untereinander. So ist es wahrscheinlicher, dass ein kontaktfreudiger Mensch zugleich herzlich ist. Dennoch können sich natürlich innerhalb einer Skala erhebliche Unterschiede ergeben. So kann ein Mensch stark extrovertierte und introvertierte Eigenschaften haben, woraus sich insgesamt ein mittlerer Wert ergibt – typisch ist das allerdings nicht.

Die Forscher Paul T. Costa und Robert R. McGrae entwickelten den NEO-FFI, der aus 60 Items, also Aussagen besteht. Sein großer Bruder ist der NEO-PI-R mit 240 Items. Beim NEO-PI-R werden die fünf Faktoren noch jeweils in sechs Unterskalen unterteilt. Es gibt zahlreiche weitere Versionen, die teilweise unterschiedliche Akzente setzen. Bei mir selbst ergeben sich vor allem bei der Gewissenhaftigkeit je nach Testversion Unterschiede. Fragt der Test mehr Leistungsorientierung habe, tendiere ich zu hohen Werten, zielt er mehr auf Ordentlichkeit ergeben sich niedrige. Bei der Offenheit für neue Erfahrungen habe ich normalerweise stark überdurchschnittliche Werte, wird aber viel »Kunst« abgefragt, ergibt sich ein nicht ganz so deutliches Bild. Ich bin kein Kunstfreak, mag aber Philosophie und Literatur. So gilt hier wie bei allen Tests: Je weniger Fragen, desto ungenauer des Bild. Das sollten Sie wissen, wenn Sie mit den Tests arbeiten, vor allem mit Kurzversionen. Beziehen Sie dann die gestellten Fragen in Ihre Beratung mit ein. Eine Erweiterung der Big Five um die Dimension »Ehrlichkeit« ist der HEXACO. Diese Dimension wird in anderen Tests der Verträglichkeit zugeschlagen.

In der Beratung verwenden wir gern den B5T von Dr. Lars Satow, da er mit wenigen Fragen schnell auszufüllen ist und zusätzlich drei Motive einbezieht, Macht, Leistung und Sicherheit. Diesen Test kann man im Internet absolvieren, allerdings sieht der Berater dann nicht, auf welche Fragen wie geantwortet worden ist. Berater, die den Test nutzen wollen, bekommen für rund hundert Euro eine Exceltabelle und Auswertungsformulare.

Wenn Sie als Führungskraft Big-Five-Tests für die Personalauswahl einsetzen möchten, sollten Sie in jedem Fall ein ausführliches Verfahren verwenden. Sie müssen sich den Einsatz des Tests vom Betriebsrat genehmigen lassen. Führen Sie unbedingt ein Auswertungsgespräch mit einem strukturierten Fragenbogen. Das bedeutet, alle Bewerber erhalten die gleichen Fragen und die Bewertung ist standardisiert.

Praxistipp: Testadressen

Folgende Tests können Sie über das Internet erhalten:
- Kostenloser Hexaco-Test mit 100 Fragen und Kontrollfragen: http://hexaco.org
- B5T von Dr. Satow: www.drsatow.de
- NEO FFI und NEO PI-R bei www.hogrefe.de

Die Big Five und berufliche Passung

Was denken Sie, was einen Lehrer in seinem Beruf glücklich macht? Vermuten Sie, dass jemand, der sehr introvertiert ist, als Grundschullehrer auf Dauer zufrieden sein wird? Sicher gibt es diese Menschen. Meine Erfahrung ist jedoch, dass introvertierte Lehrer durch den dauernden Kontakt mit den Schülerinnen und Schülern sowie durch den hohen Geräuschpegel eher belastet sind. Öfter neigen Introvertierte zu konzeptioneller Arbeit, die im Lehrerberuf typischerweise jedoch eine untergeordnete Rolle spielt.

Was passt zu welchem Beruf? Diese Informationen sind für berufliches Coaching wichtig, denn Eigenschaften stehen mit beruflichen Profilen in Verbindung. Sie sagen etwas über beruflichen Erfolg aus.

Wie sich eine überdurchschnittliche Eigenschaft zeigen kann

Ich erinnere mich an einen Elektroingenieur mit überdurchschnittlicher Offenheit für neue Erfahrungen, der im Konstruktionsbereich extrem unterfordert war. Allein die Tatsache, dass er nun etwas hatte, was sein Fremdheitsgefühl erklärte, war für ihn äußerst hilfreich. Die nächste Frage war, wo mehr Menschen mit einer hohen Offenheit zu finden sind. Dies führte ihn in den Entwicklungsbereich und schließlich zur Gründung seines eigenen Unternehmens.

Die Kombination aus RIASEC, IQ-Test und Big Five ist hinsichtlich der Berufswahl junger Menschen oder bei der beruflichen Entscheidung nach dem Studium sinnvoll. Für die berufliche Neuorientierung in späteren Jahren können diese Tests gleichermaßen wertvolle Hinweise geben. Man sollte sich dabei aber immer bewusst sein, auf welcher Basis man eine Empfehlung trifft. Geht es eher um die Suche nach Homogenität? Homogene Umfelder sind weniger konfliktanfällig. Sie sind aber auch nicht so produktiv. Aus Sicht eines Coachs, der im Bereich berufliche Neuorientierung arbeitet, ist die berufliche Zufriedenheit des Menschen wichtig. Gerade unsichere und instabile Charaktere laufen Gefahr in einem reibungsstarken, heterogenen Umfeld gegen Windmühlen zu kämpfen, was die Entwicklung eher hemmt als fördert. Sichere Personen könnten allerdings einen großen Mehrwert stiften durch ihr Anderssein. Das sollten zum Beispiel auch Führungskräfte im Auge behalten und mit einer anderen Brille darauf schauen. Für mich spricht daraus sehr viel für Quereinstiege im reiferen Lebensalter: Dann nämlich kann man mit dem Anderssein ganz anders und viel produktiver umgehen.

Studien-Check: Womit die Big Five zusammenhängen

Hier einige Zusammenhänge, die Studien für die Big Five nachgewiesen haben:

- Leistung korreliert am meisten mit Gewissenhaftigkeit. Wer also leistungsorientierte Menschen sucht, sollte laut Big Five weniger auf dieses Merkmal achten. Aber bitte nicht nur. Ich könnte sehr viele Beispiele für weniger gewissenhafte, aber überaus leistungsorientierte Menschen nennen, mich eingeschlossen.
- Topmanager sind meist extravertiert, wenig verträglich, stabil, mittel gewissenhaft und offen. Auch hier: Es gibt genügend Gegenbeispiele. Entscheidend ist zudem die Frage, wer geführt werden soll. Ein Introvertierter wird leichter einen Zugang zu ebenfalls Introvertierten bekommen.
- Im kaufmännischen Bereich sind Introversion, Gewissenhaftigkeit und der Neurotizismus höher. Das stimmt. Ich erinnere mich an einen sehr extravertierten Banker, der mit seiner Art aneckte. Kein Problem in einem toleranten Umfeld, das ist aber nicht die Regel.
- Erfolgreiche Architekten haben eine weit überdurchschnittliche Offenheit für neue Erfahrungen, ebenso wie Künstler. Klar, Offenheit macht eher kreativ.
- Piloten sind stabil und extravertiert. Bitte! Zumindest bei stabil sollte es keine Ausnahme geben.
- Krankenpfleger sind eher stabil und gewissenhaft. Ja, denn sie müssen einen ziemlichen Stress aushalten.
- Berater sind introvertiert oder extravertiert, in jedem Fall jedoch mit hoher Offenheit ausgestattet. Muss sein: Kreativität fordert Offenheit.

- Moderatoren sind mittiger ausgerichtet, haben also eher keine extremen Ausprägungen in den Big Five. Deshalb können Sie sich leichter auf verschiedene Seiten einstellen.
- Juristen sind niedrig verträglich. Das erleichtert es ihnen, sich durchzusetzen. Müsste aber nicht so sei. Am Ende kommt es jeweils auf die Bereiche an.
- Grundschullehrer sind verträglich und extravertiert. Ja, das ist irgendwie logisch.
- Sekundarstufe-II-Lehrer sind weniger verträglich und extravertiert. Da sie sich gegen Jugendliche durchsetzen müssen, scheint das logisch.
- Hotelangestellte: extravertiert, gewissenhaft und verträglich. Ja, das macht sie zu guten Dienstleistern.

Die Big Five wurden in Studien öfter mit dem Modell der RIASEC von John Holland übereinandergelegt. So lässt sich ermitteln, ob Menschen mit bestimmten Eigenschaften bestimmten Neigungen folgen. Das tun sie: Bei der Berufswahl war auffällig, dass offene Personen sich viel seltener für den konventionellen Bereich entschieden. Übersetzt heißt das: Menschen mit geringerer Offenheit für Neues gehen seltener in Umfelder wie Konzern oder Verwaltung. Die Konsequenzen: Ist jemand offen und doch hier »gelandet« könnte er/sie theoretisch viel bewirken durch seine Ideen. Praktisch könnte er/sie jedoch ein Fremdheitsgefühl entwickeln, da er/sie anders ist. Ich erlebe diese Problematik häufig im Coaching. Sie führt zu Grundsatzfragen: Aus Sicht der Unternehmen wären diese Menschen wichtig, aber aus individueller Perspektive steht die Persönlichkeit unter Bedrängnis, da es immer noch selten ist, dass Anderssein positiv bewertet wird. Offenheit steht auch in Beziehung zum Erfolg in Beratungstätigkeiten oder im Bereich Training und Veränderungsmanagement.

Auch der Zusammenhang der Berufswahl mit Intelligenz ist untersucht. Intelligentere Personen entschieden sich häufiger für den forschenden Bereich, extravertierte Personen wählten seltener den Holland-Bereich »realistisch«. Das ist ein Bereich, den beispielsweise Ingenieure häufig anstreben. Das Klischee vom introvertierten Ingenieur liegt daher durchaus nahe.

Hintergrund: Korrelation heißt nicht Kausalität

Wenn etwas korreliert bedeutet das nichts anderes, als dass ein statistischer Zusammenhang besteht. Diese sagt nichts aus über eine Kausalität. Die Tatsache, dass Manager häufiger extravertiert sind, heißt also nur das und nicht mehr. Der Zusammenhang kann durchaus zufällig sein. Gut möglich, dass der Zusammenhang von anderen Faktoren beeinflusst wird, also moderiert. Denkbar ist in diesem Beispiel die Personalpolitik mit ihrer Begünstigung von Extraversion als Moderator. Besonders deutlich wird das bei einem anderen

Beispiel: Führungskräfte sind öfter männlich. Hier ist die Moderation durch die Personal-auswahl sofort naheliegend. Dies sollten Sie sich immer vor Augen halten, wenn etwas mit etwas anderem korreliert. Das heißt nicht, dass das gut so ist. Es ist schlicht und ergreifend ein statistischer Zusammenhang, der mal mehr, mal gar nicht bedeutsam sein kann.

Die Big Five und berufliche Zufriedenheit und Erfolg

Auch berufliche Zufriedenheit oder Unzufriedenheit lassen sich teilweise mit den Big Five erklären – oder genauer mit den dahinterliegenden Eigenschaften. Daraus ergeben sich Ansatzpunkte für das Coaching im beruflichen Kontext, denn wenn man die entsprechenden Eigenschaften kennt, lässt sich damit arbeiten. So kann man die einer Eigenschaft zugrunde liegende Lebensinterpretation beeinflussen. Glaubenssätze lassen sich umdeuten, emotionale Stile – wie bereits dargestellt – durch Meditation und Gehirntraining beeinflussen.

Intrinsischer Karriereerfolg wird definiert als die selbst wahrgenommene berufliche Zufriedenheit. Extrinsischer Karriereerfolg ist der mit messbaren Faktoren wie Gehalt belegte berufliche Erfolg einer Person. Mit extrinsischem Berufserfolg in Zusammenhang stehen in der Reihenfolge ihrer Relevanz:

- o niedriger Neurotizismus
- o hohe Gewissenhaftigkeit
- o niedrige Verträglichkeit
- o hohe Extraversion

Das bedeutet, dass stabile Persönlichkeiten, die genau sind, eigenwillig und kon-taktorientiert, erfolgreicher sind. Wir lesen hier das typische Big-Five-Profil er-folgreicher Unternehmer und Managern. Ein weiterer Faktor, die mit den Big Five nur sehr indirekt verwoben sind, spielt ebenfalls mit herein: die Intelligenz. Men-schen, die intelligenter sind, sind eher erfolgreich. Manager, die intelligenter sind, ebenso. Intelligenz wiederum steht nur mit der Offenheit für neue Erfahrungen in Zusammenhang, mit den anderen Eigenschaften nicht. Aber: Extrinsischen Be-rufserfolg beeinflusst Offenheit in den Studien nicht. Das könnte aber dem Alter dieser Untersuchungen zuzuschreiben sein. Im Zeitalter der Digitalisierung ist Offenheit, so meine These, wichtiger geworden als im Industriezeitalter, das durch die Standardisierung von Prozessen – also die Gegenbewegung zur Offenheit – ge-prägt war. Belegen kann ich das jedoch nicht.

Mit intrinsischem Berufserfolg in Zusammenhang steht vor allem hohe Ge-wissenhaftigkeit. Ordentliche und strukturierte Menschen sind also zufriedener.

Überraschend ist, dass Neurotizismus und Extraversion den intrinsischen Berufserfolg nicht vorhersagten. Offenbar sind also neurotischere und introvertiertere Menschen nach innen hin genauso zufrieden wie stabile und extrovertierte. Zwischen dem IQ und intrinsischem Berufserfolg besteht keine Korrelation.

Interessant ist weiterhin, dass Verträglichkeit am ehesten veränderbar ist. Da diese aber in Zusammenhang mit extrinsischer Zufriedenheit steht, könnte das bedeuten, dass gerade diese Eigenschaft gut entwickelbar ist – im Sinne von mehr Abgrenzung. Ich erlebe es oft, dass sehr verträgliche Menschen dazu neigen, sich anderen anzupassen. Das wiederum macht unzufrieden. Gesundes Grenzen-Ziehen könnte eine hohe Verträglichkeit also beeinflussen – und damit indirekt den extrinsischen Berufserfolg. Man könnte es auch als »Nein-Sagen lernen« übersetzen.

Fazit: Mithilfe dieses Bausteins wissen Sie nun, dass Menschen in bestimmten Berufen häufiger diese oder jene Eigenschaften haben. Teilweise wiesen Studien auch nach, dass Menschen mit einem bestimmten Set an Eigenschaften glücklicher (zum Beispiel trifft das zu auf verträgliche Grundschullehrer) oder erfolgreicher sind (das trifft beispielsweise auf Architekten zu) sind.

Besonders für junge und/oder unsichere Menschen sind diese Kenntnisse wichtig. Es wird ihnen leichter fallen, sich dort zu entfalten, wo sie eine Passgenauigkeit spüren. Aus Arbeitgebersicht ist aber Unterschiedlichkeit oft ein Vorteil und nicht zu viel vom Gleichen. Je reifer Menschen sind (s. Ich-Entwicklung), desto weniger relevant wird dieser Punkt, da reife Menschen im Verhalten flexibel sind und sich weniger leicht erschüttern lassen.

Grundsätzlich wird es aber immer so sein, dass man sich in einem Umfeld, das die eigenen Eigenschaften schätzt, besser entfalten kann. Je mehr unterschiedliche Eigenschaften gewünscht und gefördert sind, desto weniger wichtiger sind also am Ende die Big Five.

Baustein: Interessen

Welchen Dingen schenke ich meine Aufmerksamkeit? Was interessiert mich? Interessen haben mit unseren Bewertungen zu tun, die sehr früh entstehen und sich im Laufe der Kindheit verfestigen. Diese Bewertungen sind allerdings nicht angeboren, sondern erzogen. »Mag ich/mag ich nicht« – dies entsteht aufgrund von frühen Prägungen. Psychologisch gesehen sind Interessen ein mehrdimensionales Konstrukt. Das bedeutet: Ganz viele unterschiedliche Aspekte fließen in die Bewertung mit ein. Interessen haben mit Motiven und Werten zu tun. Und sie sind eng verflochten mit der Umwelt und ihren Reizen. Wie sehr fördert sie mich? Wenn ich mit vielen Themen in Berührung komme, gibt es viele »Interessenpotenziale«, also Interessen, aus denen mehr werden kann, wenn ich Sie in mir aufnehme und als positiv bewerte und in mir abspeichere.

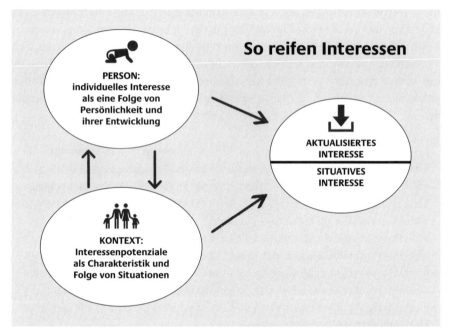

Interessen entstehen in einer Wechselbeziehung: Der (kleine) Mensch wird vom Kontext geför-dert. Er nimmt es an, zeigt Interesse – und aktualisiert seine Vorlieben, wenn seine Bewertung positiv ausfällt.

Später werde ich noch ausführlicher darauf eingehen, dass Werte die Richtung der Handlungen bestimmen. Wenn beispielsweise mein Wert »Lernen« ist und ich zudem mit »Mathematik« aufgrund familiärer Prägung in positiver Verbindung stehe, so löst das Fach eher Freude und Interesse aus. Wenn ich aber eine unange-nehme Erfahrung damit gemacht habe, so ist das Gegenteil der Fall. Da hilft mein Motiv nicht – möglicherweise lerne ich zwar brav, aber verlagere mein Interesse auf andere Themen. Im Allgemeinen sind es die, die Freude auslösen.

Lob und Feedback von den richtigen Personen kann diese Freude anfachen. Und hier kommen wir an einen kritischen Punkt: Auf diese Weise, also durch Lob oder eine andere Form der Anerkennung, kann sich das Interesse vom inneren Kern einer Person entkoppeln. Dies kann Menschen passieren, die wenig Bezug zu sich selbst aufbauen konnten und sich stark an anderen orientieren. Wir werden das später noch im Zusammenhang mit dem Motiv »Anerkennung« sehen: Es gibt Menschen, die ihr Selbstbild vor allem durch die Anerkennung von anderen aufbauen. Diese sind besonders prädestiniert dafür, Dinge zu tun, die eigentlich gar nicht »ihre« sind. Manche lassen sich so viele Jahre und Jahrzehnte mehr oder weniger fremdbestimmen. Sie machen also etwas, das ihnen nicht wirklich Freude macht, wofür sie aber Lob erhalten (oder wenigstens keine Kritik).

Wer mit dem Thema Berufsorientierung zu tun hat, sollte das unbedingt mit in seine Überlegungen einbeziehen. Gerade unsichere Menschen, die noch nicht zu ihrem inneren Kern gefunden haben, kann man leicht beeinflussen. Sie sind gute Beute für »Gurus« und andere, die mit der Verwirklichung von Träumen locken. Gerade diesen Menschen kann man aber besonders wirksam helfen, zu sich zu finden.

In der Theorie ist Interesse eine Beziehung zwischen einem Subjekt und einem Objekt. Dieses Subjekt, der Mensch, ist geprägt durch seine Persönlichkeit, aber ebenso durch seine Reife und seine Werte. Das erklärt, warum sich Interessen mit dem Alter häufig stark verschieben. Menschen sind zudem geprägt durch zeitgeistige Werte. Deshalb können Interessen beispielsweise »schick« sein – gesellschaftlich gewünscht und akzeptiert. Seit einiger Zeit ist es etwa schick, einen Traumjob zu haben, und was ein Traumjob ist, bestimmt die Gesellschaft. Der Coach scheint dazuzugehören – sodass Unzufriedenheit mit diesem Beruf beinahe zum Tabuthema geworden ist. Das erzählen mir Coaches, die gar nicht (mehr) so sehr den Traumjob sehen, sondern eher die harte Arbeit, denn man bekommt viel »Seelenmüll« ab. So kann es Menschen geben, die im Laufe der Berufsausübung entdecken, dass sie das eigentlich gar nicht wollen, und der Ruf zum Coaching (oder wohin auch immer) eigentlich nicht der der eigenen Stimme gewesen ist.

Richard M. Ryan und Edward L. Deci stellen in ihrer »Self Determination Theory« in der von Richard Dienstbier herausgegebener Schrift »Perspectives on Motivation« fest, dass jeder Mensch einen inneren Kern hat: »For us self goes deeper than cognition – it is not a set of cognitive mechanisms and structures but rather a set of motivational processes of this person« (Deci/Ryan in: Dienstbier 1991, S. 238). Diese Deutung entspricht dem, was ich hier geschrieben habe. Interessen sind also nicht Teil der Persönlichkeit, sondern eine Folge davon, sie ergeben sich daraus. Sie sind zudem durch den Kontext geprägt, durch das, was man kennt. Das Umfeld bietet etwas an und die Persönlichkeit bestimmt, wonach man greift. Daraus ergibt sich, dass Umfelder den Interessenappetit fördern sollten. Und auch, dass Interessen nicht auf der grünen Wiese wachsen. Sie sind die Folge von Erfahrungen und Erlebnissen. Für mich hat das unmittelbare Auswirkung auf das Thema Berufung: Ja, es gibt einen inneren Kern, der in eine bestimmte Richtung zieht. Aber nein, diese Richtung ist nicht fest und unumstößlich festgelegt. In diesem Sinn kann niemand glauben, dass er dazu geboren ist, Friseur zu werden, aber durchaus, dass es seine Berufung ist, etwas Kreatives zu erschaffen. Für mich ergibt das ein fließendes und dynamisches Berufungsbild.

Ich habe oft darüber nachgedacht, wie sich die Digitalisierung auf die Berufsorientierung auswirken wird. Schließlich entstehen ganz neue Berufsbilder, die völlig anders sind als vorherige. Menschen sitzen mehr und mehr vor dem Computer und schaffen immer weniger mit den Händen. Sie werden sich in diesem Kontext bewegen müssen, was ein Umlernen erfordert. Nicht mehr das Sichtbare und Fassbare prägt Interessen, da das Digitale oft gar nicht sichtbar und nie fassbar ist. Das muss aus meiner Sicht bei der Berufsorientierung berücksichtigt werden. Um das Digitale zu verstehen, braucht es mehr Vorkenntnisse, mehr Erfahrung – sonst sind es langweilige Daten, die wenig Freude machen. Es müssten viel früher Berührungen stattfinden und besonders Mädchen sollten mehr mit Daten in Verbindung kommen. Damit sie erkennen, dass auch diese »leben«.

Was haben Interessen mit Talent zu tun?

Zahlreiche Studien belegen, dass selbst eingeschätzte und objektiv erfasste Fähigkeiten nur gering bis moderat korrelieren. Bei Fähigkeiten, die ein IQ-Test misst, besteht teilweise nur ein Zusammenhang von $r = 0.50$. Das bedeutet, kaum 25 Prozent der Varianz lässt sich mit der Selbsteinschätzung erklären. Das gilt gerade in jungen Jahren. Gerade hier ist dieser Faktor besonders wichtig, da junge Leute Interessen häufig aus ihren vermeintlichen Fähigkeiten ableiten. Sie interessieren sich also beispielsweise für den Beruf Journalist, weil sie denken, sie könnten sehr gut schreiben. Doch möglicherweise ist die verbale Kompetenz gar nicht so groß, und fehlt zudem der Wille, sich mit aller Kraft in etwas reinzuknien.

Im Fernsehen lassen sich bisweilen besonders krasse Beispiele von Fehleinschätzungen beobachten, etwa wenn sehr schlechte Sänger bei einem Talentwettbewerb mitmachen und wir Zuschauer uns vor Lachen wegwerfen (wie gemein!). Einige der Kandidaten haben vielleicht einfach zu wenig geübt, aber bei anderen ist vermutlich selbst mit viel Training Hopfen und Malz verloren. Deshalb gilt es bei Interessen genau hinzuschauen, wie viel Talent, innere Kraft und Willen dahintersteckt. Je mehr der Antrieb aus unterschiedlichen Richtungen kommt, desto besser. Die Entschlossenheit, so zu sein wie X, kann sehr groß sein – viele Künstler sind bekannt geworden, weil sie ein großes Vorbild hatten, dem sie nacheiferten. Möglicherweise war sogar am Anfang mehr Wille als Talent vorhanden?

Anfang der 1990er-Jahre stellte der US-Psychologe Anders Ericsson zusammen mit dem Deutschen Ralf Krampe und Clemens Tesch-Römer die sogenannte 10 000-Stunden-Regel auf. Der US-Autor Malcolm Gladwell hat die Regel in seinem Buch »Überflieger« (2010) berühmt gemacht. Sie besagt, dass zum Beispiel Musiker, die 10 000 Stunden investieren, erfolgreicher werden als jene, die nicht so viel Zeit aufbringen. In anderen Bereichen konnte man ähnliche Unterschiede allein anhand der aufgewendeten Übungszeit ermitteln.

Das ist aber inzwischen nicht mehr der Stand der Wissenschaft. Wir wissen heute: Es ist nicht nur die eingesetzte Zeit. Es kann jemand durchaus mit viel weniger Übungseinsatz erfolgreich werden. Im Sport ist das definitiv so. Eine Metaanalyse, die mehrere Studien zusammenfasst, zeigt, dass lediglich etwa 20 Prozent der sportlichen Leistungen durch Trainingsstunden erklärt werden können. Das Phänomen gibt es zudem in der Musik, beim Schreiben, bei künstlerischen und bei analytischen Tätigkeiten. Das heißt, der Erfolg hängt überwiegend von anderen Faktoren ab. Dazu gehören Leidenschaft und Talent – und ganz klar auch verschiedene Persönlichkeitseigenschaften, siehe Big Five. Ich denke, dieses Wechselspiel ist sehr einleuchtend. Aus mir wäre allein aufgrund meines Körperbaus selbst mit unheimlich viel Übung keine Balletttänzerin geworden ... Talent ist also immer ein Wechselspiel von Physis, Eigenschaften, Umwelt und Übung.

Das sollten Berater und Coaches beachten, die mit beruflichen Themen zu tun haben: Fahnden Sie nach echtem Talent und wirklichen Fähigkeiten, und dann suchen Sie den Willen, bestehend aus Ehrgeiz, Durchhaltekraft, Frustrationstoleranz und Leidenschaft. Dies alles ist wichtig.

Interessen und Reife

Ein weiterer, nicht zu vernachlässigender Punkt liegt in der Reife. Interessen verändern sich mit dem Lebensalter. Anfangs sind Interessen noch sehr aus dem Wunsch nach Anerkennung und dem Streben nach Zugehörigkeit gespeist. Man macht das, für das man gelobt wird (alternativ genau das Gegenteil, mehr aus Protest). Und man findet gut, was in der Peergruppe »in« ist, was die nach wie vor große Beliebtheit bei den Berufswünschen von »etwas mit Medien machen« erklärt. YouTube, Musik, Internet: Diese Dinge sind einfach sehr angesagt. Wer sich dafür interessiert, gehört dazu.

Oft sind junge, aber auch ältere Menschen einseitig geprägt. Sie kennen bestimmte Musik, bestimmte Kunst, bestimmte Technik, bestimmten Sport – und bleiben oft bei dem, was sie kennen. So schreiben sich Bewertungen fest, zum Beispiel Fussball mag ich, Karate nicht.

Wer etwas aber nicht kennt, kann es nicht bewerten. Er oder sie bewertet »trocken«, das ist als würde man eine Filmkritik zu einem Film schreiben, den man gar nicht gesehen hat. Viele Coaches und Berater sehen diesen Punkt zu wenig. Doch die Frage »Was gefällt?« kann im Grunde nur der beantworten, wer etwas kennt. Deshalb ist so wichtig, möglichst viel Unterschiedliches auszuprobieren. Durchaus auch mal Dinge, die man erst mal ablehnt. Wer versteht, dass sein Bewertungssystem manchmal vorschnell »nein« sagt, kann sich mit diesem Gedanken vielleicht leichter anfreunden.

Etliche Menschen haben nur sehr wenige Interessen, weil das Umfeld ihnen zu wenige Angebote gemacht hat. Angebote machen, ist gerade für die junge Zielgruppe deshalb ungeheuer wichtig. Ihnen muss man aktiv helfen, Interessen mit Persönlichkeit in Verbindung zu bringen. Sie wissen nicht, dass ein Anwalt oft wochenlang über Akten brütet und wenige Kontakte hat – sie können deshalb nicht erkennen, dass dieser Beruf für sehr abwechslungsorientierte Menschen belastend werden kann. Sie müssen das entweder erleben oder von jemand erfahren, der sich auskennt.

Eine Zeit lang habe ich mit sehr jungen Leuten gearbeitet. Das hat mir viel Freude gemacht. Ich wusste aber, dass meine Verantwortung in der Arbeit mit ihnen ungleich höher war: Junge Leute suchen nach konkreter Empfehlung, denn sie können auf wenig Erfahrung zurückgreifen. Sie neigen sehr viel mehr dazu, anzunehmen, was der Coach sagt. Sie sind noch weit von sich selbst entfernt, selbst wenn sie Stärken und Interessen ebenso wie Desinteressen durchaus wahrnehmen. Aber Verbindungen herstellen, etwa zwischen Interessen, Eigenschaften und Berufen können sie noch nicht. Dabei brauchen sie Hilfe.

Fallbeispiel: Interesse Mensch

Jana ist die Tochter einer Schauspielerin. Sie ist ein ruhiges und belesenes Mädchen. Im IST-2000 (Intelligenz-Struktur-Test 2000) schneidet sie besonders gut in den verbalen Teilen und bei der Logik ab. Das überschneidet sich mit ihren Interessen. Sie denkt gern über Dinge nach und argumentiert leidenschaftlich. Ihr Zahlenverständnis ist durchschnittlich. Im RIASEC tendiert sie zu den Dimensionen »Investigativ« und »Artistisch«. Das überrascht sie, denn ihr Interesse für Kunst ist begrenzt. Sie kann zeichnen, aber nicht herausragend. In einem Kreativitätstest, den ich anschließend mit ihr mache, kommt vor allem wissensorientierte, verbale Intelligenz heraus.

Sie nimmt gern auch gegensätzliche Positionen ein. In den Big Five ist sie offen und flexibel, aber eher introvertiert. Ihre Interessen beziehen sich auf Psychologie und Gesellschaft. Wirtschaft mag sie ebenso wenig wie Technik. Sie schwankt zwischen Anthropologie und Philosophie.

Ich empfehle Jana Soziologie, weil ihre Argumentationsfreudigkeit in diesem Fach meiner Erfahrung nach besser aufgehoben wäre. Psychologen diskutieren weniger. Philosophie empfinde ich als unpassend, weil Jana ungern theoretische Abhandlungen ohne praktischen Bezug liest. Von Anthropologie rate ich mit Blick auf den Arbeitsmarkt ab. Mit Soziologie könnte sie zu ähnlichen Themen kommen.

Wer nicht klar weiß, was er beruflich machen möchte, sollte etwas breiter wählen und sich später im Master spezialisieren. Dazu hat man mit Soziologie mehr Möglichkeiten. Ich glaube außerdem, dass es ihr helfen wird, wenn sie empirische Methoden und Statistik lernt. Natürlich rate ich, sich zunächst in Probevorlesungen zu setzen, aber so haben wir eine Vorauswahl getroffen.

Mit dieser Empfehlung lag ich richtig: Soziologie war für sie eine sehr gute Wahl. Rein auf Basis ihrer Interessen wäre Jana aber nicht darauf gekommen. Es ist also immer ein Zusammenspiel mit Persönlichkeit und Fähigkeiten. Diese sollte man sich bei jungen Leuten genauer anschauen. Eine rein gesprächsbasierte Berufsorientierung reicht in diesem Alter nicht.

Interessentests

»Der Beruf ist das Rückgrat des Lebens und seine Wahl die wichtigste Entscheidung, die der Mensch treffen muss.«
(Friedrich Nietzsche, 1844–1900)

Interessen sind vor allem in zwei Lebensphasen besonders wichtig: Am Anfang des Berufslebens, wenn es darum geht, die richtige Tür zu finden. Und nach der Karrierephase, wenn eigene Werte wieder mehr in den Fokus rücken.

Menschen interessieren sich eher für Dinge, die sie können. Dies gilt trotz aller Fehleinschätzungen, die möglicherweise mit zu wenig Feedback und Stärkenförderung in der Schulzeit zu tun haben. Und sie können Dinge, für die sie sich interessieren. Das lässt sich teilweise durchaus nachweisen. Deshalb machen Interessentests Sinn – noch mehr weil diese die Korrelation zwischen Interessen und Fähigkeiten dokumentieren.

Bewährt hat sich vor allem für Berufseinsteiger das RIASEC-Modell von John Holland. Es ist in fast allen Berufsorientierungstests enthalten, beispielsweise im Test der »ZEIT« oder im Testverfahren Explorix. Das Modell ist empirisch gut untersucht. Aus ihm lassen sich auch Ableitungen über kognitive Fähigkeiten treffen, was wiederum zeigt, dass Interessen ein mehrdimensionales Konstrukt sind. Der Zusammenhang zwischen den RIASEC-Interessen und Persönlichkeitsmerkmalen ist gut untersucht, so zieht die Dimension »Investigativ« erwartungsgemäß besonders Persönlichkeiten mit einer hohen Offenheit an, während »Conventional« (traditionelle Orientierung) diese eher abschreckt. Die Dimension »Sozial« wiederum lockt Menschen mit hoher Verträglichkeit, während sie für Menschen mit niedriger Verträglichkeit wenig attraktiv ist.

Der Zusammenhang zwischen Fähigkeiten und allgemeiner Intelligenz wurde ebenfalls untersucht (Pässler 2012). Danach geht eine höhere Intelligenz mit forschendem Interesse einher. Das Intelligenzniveau von Menschen mit sozialem oder künstlerischem Fokus ist etwas niedriger, wohingegen es bei praktisch-technischem Interesse höher liegt. Bei konventionellem Interesse gibt es keine Auffälligkeiten bezogen auf die Fähigkeiten.

All das bedeutet: Das Interesse deutet auf die Fähigkeiten, allerdings reicht das nicht aus, da die Selbsteinstufung von Fähigkeiten allein nicht sehr verlässlich ist. Gerade junge Menschen sollten sich im Zweifel testen, ein kostenloses Angebot dazu ist www.was-studiere-ich.de oder das www.borakel.de der Ruhr Universität Bochum. Dies zielt sehr auf junge Menschen. Wer mit Älteren arbeitet, kann das RIASEC-Modell mit erfahrenen Personen ausprobieren. Ich habe aber auch schon 40-Jährige gesehen, denen die Uni-Tests sehr geholfen haben.

Das RAISEC-Modell

Mit dem RAISEC-Modell lässt sich sehr gut praktisch arbeiten, da sich konkrete Ausbildungs- und Studienrichtungen, aber auch allgemeine Interessenrichtungen bei einer erfahreneren Zielgruppe aus den einzelnen Dimensionen ableiten:

R: **Realistisch** (praktisch, technisch): Personen, die ein hohes praktisches und technisches Interesse anzieht, bevorzugen beispielsweise die Arbeit mit Dingen, Maschinen, Geräten und Werkzeugen. Sie wählen häufig Studiengänge und Berufe im technischen, mechanischen und anwendungsorientierten Bereich.

I: **Investigativ** (Forschung): Personen mit einem hohen forschenden Interesse lieben es, zu entdecken, geistige und intellektuelle Aufgabenstellungen zu lösen und zu erforschen sowie sich mit abstrakten Problemen zu beschäftigen. Das zieht sie oft in naturwissenschaftliche Studiengänge, aber auch in die Sozialwissenschaften sowie in Berufe, die beispielsweise in der Markforschung oder in Think Tanks abgebildet sind.

A: **Artistisch** (sprachlich, künstlerisch, kreativ): Mit einer hohen Ausprägung des sprachlich-künstlerischen Interessen mögen diese Personen es, eigene Ideen sprachlich oder künstlerisch zum Ausdruck zu bringen. Sie wählen Studiengänge und Berufe im Bereich der Geisteswissenschaften und Kunst.

S: **Soziale Orientierung:** Hier stehen in der Regel Tätigkeiten im Mittelpunkt, bei denen anderen Menschen geholfen werden kann. Diese Personen entscheiden sich häufig für Studiengänge und Berufe im Gesundheits-, Pflege- und Erziehungsbereich.

E: **Enterprising** (unternehmerische Orientierung): Ein hohes unternehmerisches Interesse prädestiniert für ökonomische Fragestellungen und dazu, Menschen zu führen. Menschen mit dieser Präferenz sind häufig durchsetzungsstark und bereit, Verantwortung zu übernehmen. Sie wählen vermehrt Studiengänge und Berufe im Bereich der Wirtschaftswissenschaften.

C: **Conventional** (Konventionell): Mit einem konventionellen (systematisierend-ordnenden) Interesse werden ordnende, verwaltende oder strukturierende Tätigkeiten gewählt. Konventionell-orientierte Personen entscheiden sich häufiger zum Beispiel für Jura.

Fazit: Mithilfe dieses Bausteins wissen Sie nun, dass Interessen für alle Fragen beruflicher Orientierung höchst relevant sind. Aber diese sind, wie wir gesehen haben, nicht so einfach zu fassen. Da Interessen aufgrund von Bewertung entstehen, brauchen sie Erfahrung mit einem Thema. Man kann nur etwas bewerten, was man kennt.

Bringen Sie daher Menschen in Berührung mit neuen Themen, damit sie diese bewerten können. Bedenken Sie, dass Interessen mit Fähigkeiten nicht unbedingt zusammenhängen, vor allem junge Leute liegen oftmals falsch. Schauen Sie hinter die Kulissen. Sehen Sie aber auch, dass Wille ganz viel ausgleichen kann. Deshalb ist es wichtig, auch das Wollen im Blick zu haben.

Und damit sind wir beim nächsten Baustein, der sich mit den Motiven befasst. Ich finde, dass dieser Baustein noch wichtiger ist als der eben behandelte.

Baustein: Motive

Wissen Sie, was Sie antreibt? Welche Bedürfnisse spüren Sie in sich? Welchen Motiven folgen Sie – und welchen nicht? Das sind Fragen, die Sie nicht nur sich selbst, sondern auch Ihren Klienten stellen können. Führungskräften empfehle ich, ihre Mitarbeiter zu beobachten und ganz genau hinzusehen. Am besten natürlich dann, nachdem sie sich selbst analysiert haben. Bei den Bedürfnissen lassen sich biologische und soziale Grundbedürfnisse unterscheiden. Diese sind zum Teil bei allen Menschen gleich und zum Teil individuell, sodass Motivprofile entstehen, die den Charakter eines Menschen mitbestimmen.

Des einen Freud ist des anderen Leid

Klaus, Geschäftsführer einer kleinen Firma, wollte alles richtig machen und seinen Mitarbeitern Verantwortung übertragen. Also entschied er sich, die fertigen Projektunterlagen für die Kundenpräsentationen nicht mehr anzusehen. Das könnte wie Kontrolle wirken! Und kontrollieren wollte er nicht. Vertrauen war sein Credo.

Doch die wohlgemeinte Maßnahme kam bei einigen Mitarbeitern überhaupt nicht an. Zwei beklagten sich, einer wurde immer stiller. Zwei andere wiederum blühten richtig auf.

Dieses Beispiel zeigt zum einen, wie wichtig Bedürfnisse sind. Und zum anderen, wie diese sich von Mensch zu Mensch unterscheiden. Gleichmacherei im Job ist daher wenig sinnvoll.

In unserer Ausbildung erlebte Klaus einen Aha-Effekt, als wir das Thema Motive behandelten. Besonders das Motiv »Anerkennung« faszinierte ihn. Einem Teil seiner Mitarbeiter fehlte also Anerkennung! Sie brauchten Feedback, wünschten sich Rückmeldung. Diese Mitarbeiter benötigten das, um sich sicher zu fühlen. Ohne konnten sie nur schwer einen Bezug zur eigenen Leistung entwickeln. »War das gut oder nicht?« Diese Frage vermochten sie für sich gar nicht beantworten. Das Feedback vom Chef half ihnen, sich selbst einzuschätzen und einzuordnen. Die besagten Mitarbeiter hatten eine bestimmte Version des Anerkennungsmotivs, das ich »Fremdanerkennung« nenne. Sie bauten also das eigene Selbstbild vor allem auf den Einschätzungen von anderen auf. Ihr Motiv lag dem Motiv des Chefs genau entgegengesetzt. Er hatte eine Version des Anerkennungsmotivs, die ich Selbstanerkennung nennen möchte. Das bedeutet, er war auch ohne Rückmeldungen von anderen sicher. Diese waren für sein Selbstbild unerheblich. Aus dieser Haltung heraus kann man Feedback leichter »abschaffen«.

Ein Motiv ist ein Bedürfnis. Es ist immer stabil über einen längeren Zeitraum, sogar über die Lebensspanne – es verändert sich also nicht wesentlich in seiner Ausprägung. Ich erkläre das meinen Klienten mit dem Sinnbild eines Motors, der anspringt, wenn man den richtigen Knopf drückt, der sich aber nicht rührt, wenn man danebengreift. Motive bestimmten die Richtung sowohl der beruflichen Zufriedenheit als auch des Handelns. Sie liefern außerdem eine Erklärung für Unzufriedenheit und Konflikte. Unzufriedenheit entsteht, wenn Motive nicht erfüllt werden. Konflikte sind vielfach auf widerstreitende Motive zurückzuführen – so wie im genannten Beispiel. Hier hatten Chef und Mitarbeiter ganz unterschiedliche Ausprägungen des Motivs »Anerkennung«.

Man könnte Motive auch als Wertungsdisposition bezeichnen. Wenn ich dazu tendiere, meine Aktivitäten häufig nach dem Ziel auszurichten, gute Leistungen zu erbringen, bewerte ich Leistung als etwas Positives. Ich habe also ein »Leistungsmotiv«. Dieses wird in der Motivationsforschung normalerweise mit dem Motiv Anerkennung gleichgesetzt. Leistung entsteht aber auch aus anderen Motiven: aus Macht etwa oder Wettbewerb, aus Ordnung oder Unabhängigkeit. Der Leistungsmotor von Menschen ist sehr verschieden: Bei Anna dreht er auf Hochtouren, wenn sie etwas theoretisch ergründen kann, bei Felix, wenn er anderen helfen darf.

Im Coaching und im Führungskontext sind Motive unheimlich wichtig. Sie treffen Aussagen über Eignung, Leistung, Motivation, Karriereentwicklung und Veränderung. Gerade das Motiv Anerkennung mit seinen beiden Polen Fremdanerkennung und Selbstanerkennung gehört zu den drei Grundmotiven (die beiden anderen sind Risiko und Wettbewerb), die in der Arbeitswelt, aber auch im Privatleben besonders relevant sind. So gesellen sich in Berufs- aber auch Partnerbeziehungen Menschen mit ähnlichen Grundmotiven zueinander.

Motive sind zeitlich stabile Bedürfnisse und dauerhafte Antriebe, etwas zu tun oder zu lassen. Motive liegen auf der mittleren limbischen Ebene, das heißt, sie liegen relativ tief. Dort verbinden sie sich mit der oberen limbischen Ebene, die die Anpassung an gesellschaftliche Normen, Regeln und Werre beinhaltet (s. S. 77). Sie sind deshalb nicht oder kaum veränderbar.

Im humanistisch-psychologischen »A New Big Five« von Dan McAdams gehören die Motive zu den »Traits«, also zu den stabilen Eigenschaften. Sie sind als Persönlichkeitsbestandteile wie Triebfedern in uns verankert und ergänzen Eigenschaften, wie sie die Big Five messen.

Biogene oder primäre Motive haben eine genetische Grundlage, können aber durch Umwelteinflüsse überlagert werden. Soziogene oder sekundäre Motive wurden erlernt oder erworben. Dabei sind die ersten sechs Lebensjahre entscheidend. Manche meinen, alles was danach kommt, verstärkt nur noch die ersten Prägungen. Was wir über den emotionalen Stil gelesen haben, scheint dem zu widersprechen.

In welcher Form sich Motive zeigen, hat immer mit der Situation zu tun. Einer der bekanntesten Motivforscher, Heinz Heckhausen, schrieb 1989: »Motivation ist eine momentane Gerichtetheit auf ein Handlungsziel, eine Motivationstendenz, zu deren Erklärung man die Faktoren weder nur aufseiten der Situation oder der Person, sondern auf beiden Seiten heranziehen muss« (Heckhausen 1980). Motive sind also bipolar, haben zwei Seiten, die jeweils zwei extreme Auslegungen beschreiben. Zusammen bilden sie eine Motivkategorie. Die beiden Seiten der Motivkategorie Anerkennung sind also Fremdanerkennung und Selbstanerkennung. Da die Motive so zentral sind, lassen Sie uns diese noch weiter anschauen.

Das Motiv Anerkennung

Anerkennung ist eines der Grundmotive, die immer aktiv sind. Der eine Pol dieser Motivkategorie ist Fremdanerkennung. Menschen, die hier eine starke Ausprägung haben, bauen ihr Selbstbild stark aus den Einschätzungen von anderen auf. Sie sind also potenziell unsicher in ihrem Verhalten. Der andere Pol ist Selbstanerkennung. Selbstanerkennung bedeutet, dass jemand sein Selbstbild in wesentlichen Teilen aus sich selbst holt. Natürlich sind für alle Menschen Feedback und Rückmeldungen wichtig, aber sie benötigen sie in unterschiedlicher Form. Menschen mit Selbstanerkennung glauben an ihren Erfolg, Menschen mit Fremdanerkennung wollen Misserfolg vermeiden. Ihr Leistungsverhalten unterscheidet sich deshalb. Menschen mit Selbstanerkennung sind zum Aufbau des Selbstbilds weniger angewiesen auf Rückmeldungen. Für sie sind diese vielmehr Bestätigung oder Korrektur. Menschen mit Fremdanerkennung dagegen benötigen Rückmeldungen, um sich selbst zu verorten. Sie sind immer etwas unsicher. Menschen mit Selbstanerkennung erwarten Erfolg – sie sind sicher.

Ich habe viele hundert Motivtests mit Klienten absolviert und sehe meist schon am Blickkontakt und dem Verhalten in den ersten Minuten, welche Motivseite eher wirkt. Fremdanerkennungsleute agieren empathischer, sind mehr auf die Reaktion des anderen bedacht, wirken insgesamt oft weicher. Wie sich ein Motiv insgesamt auf Handlungen auswirkt, hat noch mit vielen anderen Aspekten zu tun. Immer spielen verschiedene Motive miteinander und verbünden sich. Anerkennung kann sich zum Beispiel mit »Wettbewerb« paaren. Dann strebt jemand nach Anerkennung dafür, zu gewinnen und besser zu sein. Auch was als anerkennenswert gewertet wird, ist höchst unterschiedlich. Ich erinnere mich an eine Kundin, die ein starkes Fremdanerkennungsmotiv hatte und außerdem ein sehr hohes Wettbewerbs- und Statusbedürfnis. Für sie war es das Größte, wenn sie einen Bonus ausgezahlt bekam und die Leistung finanziell und sichtbar nach außen belohnt wurde. Warme Worte waren ihr völlig unwichtig. Hier kommen »Werte« ins Spiel, auf die ich später noch einmal eingehen werde. Werte bestimmen mit, welche Handlungsimpulse Motive geben. Bei der Kundin war finanzielle Belohnung ein Wert, nach dem sie strebte.

Wir hatten bei den Big Five schon festgestellt, dass die gleichen Eigenschaften ganz unterschiedlich gelebt werden können. Das ist bei den Motiven ebenso. Je reifer jemand ist, desto breiter seine Denk- und Handlungslogik. Reife Menschen leben Motive immer sehr viel vielseitig oder sie haben zumindest die Potenziale dazu. Sie werten die andere Seite des Motivs nicht ab. Das bedeutet, dass ein Mensch in einer späteren Entwicklungsstufe eher Seiten des anderen Pols annehmen, integrieren und an anderen schätzen kann. Jemand mit einem hohen intellektuellen Wissensmotiv kann dann jemand mit einem hohen praktischen Wissensmotiv sehr wertschätzen und umgekehrt. Jemand mit hoher Selbstanerkennung kann jemand mit hoher Fremdanerkennung ebenso sehr mögen. Bei unreifen Charakteren besteht die Gefahr der Abwertung.

Menschen in früheren Entwicklungsstufen lehnen die jeweils andere Seite oft ab. Zwischen den beiden Polen eines Motivs gibt es natürlich jede Menge Facetten und viel »Sowohl-als-Auch«. So sind die meisten Menschen nicht eindeutig auf der einen oder anderen Seite, sondern in der Mitte. Sie verhalten sich dadurch flexibler und können leichter andocken. Aber auch Menschen mit einem eindeutigen »Heimathafen« auf einer Motivseite, können Verhaltensimpulse der jeweils anderen Seite spüren – beispielsweise kann sich das Verhalten in privaten und beruflichen Situationen unterscheiden. Ich selbst bin beruflich eher machtmotiviert, nehme also Einfluss und steuere. Privat ist es öfter anders, da lasse ich mich führen. Man könnte das noch viel mehr differenzieren und vielleicht von 100 Situationen 70 finden, in denen ich ein machtvolles – beeinflussendes – Verhalten bevorzugt wird, und 30, in denen das nicht so ist.

Legen wir die Formel Leistung = Wollen × Können × Dürfen zugrunde, sind Motive Wollen und Eigenschaften Können. Nehmen wir die Eigenschaft »kreativ« als ein Beispiel. Diese hat möglicherweise etwas mit Intelligenz zu tun, der Fähigkeit zu »flüssigem Denken«. Damit diese Eigenschaft jedoch zur Blüte kommen kann, benötigt sie einen Verbündeten. Dieser Verbündete ist ein Motiv – beispielsweise das Motiv Flexibilität (also Gegenpol zu Ordnung) oder Wissen, das man auch Neugier nennen könnte. Ein flexibler Mensch hält nicht an Strukturen fest. Ein neugieriger Mensch saugt Wissen auf. Beides spielt der Kreativität zu.

Wenn ein Mensch seine motivationalen Ziele nicht oder nur ungenügend umsetzen kann, entsteht etwas, das sich »motivationale Inkongruenz« nennt. Das bedeutet praktisch, der Mensch wird unzufrieden, vielleicht sogar krank. Kongruenz hält die Psyche zusammen, Inkongruenz stört sie.

Praxistipp: Motive im Coaching

Ohne den Blick auf Motive ist persönliche Entwicklung kaum denkbar. Auch bei der Karriereentwicklung und beruflichen Neuorientierung hilft der Blick auf Motive sehr – vor allem wenn man die Formel Leistung = Wollen × Können × Dürfen zugrunde legt. Alles Können nutzt nichts ohne Wollen. Motive bilden eine Art Motor, der einen dazu treibt, den nächsten Schritt zu tun oder das nächste Ziel zu erreichen. Was ist dabei das führende Motiv oder welche Motive sind dabei ausschlaggebend? In meiner Praxis arbeite ich hier mit einer 360-Grad-Analyse, die von den Motiven (Frage: Was treibt mich an?) zu Stärken (Frage: Was genau stärkt dieser Antrieb?), Potenzialen (Frage: Was brauche ich für noch mehr Stärke?) zu den Zielen führt (Frage: Was sind meine kurz-, mittel- und langfristigen Ziele, die sich daraus ergeben?). Alles hängt zusammen, alles lässt sich allein denken, in der Kombination aber entsteht ein stimmiges Bild. Der nächste Schritt, das Ziel, wird so viel greifbarer.

Weitere beruflich relevante Motive

Wie viele Motive es neben den erwähnten sonst noch gibt, ist umstritten, zumal die Abgrenzung oft schwerfällt. Was ist beispielsweise Macht genau? Ist es auch Dominanz und Steuern oder nur Einfluss? Darüber streiten sich Forscher. Fr die praktische Nutzung ist das aber letztendlich nicht wirklich wichtig. Tatsache ist aber, dass Macht neben Leistung beruflich ein sehr bedeutsames Motiv ist. Es beeinflusst eine Führungskraft und ihre Art zu führen von allen Motiven am meisten. So wird jemand mit einem ausgeprägten Machtmotiv eher den Impuls spüren, zu steuern und aktiv einzugreifen als jemand mit einem gering ausgeprägten Machtmotiv. Je nach Ausprägung seiner weiteren Motive, zum Beispiel Unabhängigkeit, Status, Beziehung ... wird er versuchen so zu führen, wie diese Ausprägungen es ihm am einfachsten machen.

Beispielsweise bedeutet: hoch ausgeprägtes Machtmotiv = hoher intrinsischer Drang, die Dinge unter Kontrolle zu haben oder sogar selbst in der Hand zu haben; niedrig ausgeprägtes Machtmotiv = es fällt leicht zu delegieren, nicht alles unter Kontrolle zu haben oder einer starken Führung zu folgen. Natürlich kommt jetzt hinzu, dass sich einzelne Motive gegenseitig verstärken, ausgleichen oder abschwächen. Jeder hat mehrere Lebensmotive. Insofern ist es wichtig, die verschiedenen Motivkombinationen zu erkennen und zu berücksichtigen. Denn es kann zu Zielkonflikten kommen. Zum Beispiel: hohe Ausprägung bei Macht, aber auch hohe Ausprägung Anerkennung und persönliche Verbundenheit.

Motivkategorie (Beispiele)	Die eine Seite ...	Die andere Seite ...
Anerkennung	Selbstanerkennung: Ich bin selbstsicher, egal was kommt.	Fremdanerkennung: Ich brauche Rückmeldung, sonst bin ich unsicher.
Risiko	Risiko: Ich gehe gern aufs Ganze.	Sicherheit: Ich bin vorsichtig.
Wettbewerb	Harmonie: Ich will es friedlich.	Wettbewerb: Ich will mich vergleichen
Macht	Unterstützung anderer: Ich möchte »Indianer« sein.	Beeinflussung anderer: Ich bin gern »Häuptling«.
Neugier	Praktische Neugier: Ich will umsetzen und machen, Hauptsache Praxis.	Theoretische Neugier: Ich will auch Theorie ganz genau wissen.

Einige beispielhafte Motive: Anerkennung, Risiko und Wettbewerb sind Grundmotive, Macht und Neugier beruflich relevant

Kritik an Motivtests

Motivtests in Fragebogenform sind sehr beliebt – aber nicht unumstritten. Es gibt die MSA®, mit der ich arbeite, das Reiss Profile®, neuerdings LUXX® und die MPA® sowie diverse mehr. Bemängelt wird immer wieder – wie bei anderen kommerziellen Testverfahren wie DISG® oder MBTI® – der sogenannte Barnum-Effekt, der besagt, dass jeder in vagen und allgemeinen Aussagen etwas für sich entdecken und diese für sich als zutreffend interpretieren kann, ähnlich wie in der Astrologie. Ich kann das nicht bestätigen: Die Aussagen in den Motivtests sind wesentlich differenzierter und sie treffen keineswegs auf jeden zu. Kritisiert werden weiterhin die teilweise dünnen wissenschaftlichen Gütekriterien. Die Kritik ist dabei insofern berechtigt, als Steven Reiss keine genaueren Angaben über seine Normgruppe gemacht hatte, was aus wissenschaftlicher Sicht nicht nachvollziehbar ist. Von der MPA® liegen zumindest auf der Website gar keine Daten zur Normierung und anderen Gütekriterien offen. Ein weiterer Kritikpunkt ist, dass es sich um Typologien handelt. Typologien fußen nicht auf einem empirischen wissenschaftlichen Modell, sondern sind von ihren Autoren aufgrund von Beobachtungen entworfen worden. Dies wird aus wissenschaftlicher Perspektive gern als »minderwertig« angesehen. Aber ist es das automatisch? Ich meine nicht. Die meisten Menschen können sehr viel mehr mit Motiven als mit den Big Five anfangen. Es hilft dabei, sich selbst zu verstehen. Und es dient der Entwicklung, selbst wenn die Konstrukte meiner Meinung nach nicht immer ganz sauber operationalisiert sind und es vielleicht auch gar nicht werden können.

Dennoch sollten Sie möglichst nur mit Tests arbeiten, die Hand und Fuß haben und auf die wissenschaftlichen Gütekriterien achten. Mehr dazu finden Sie ab Seite 135.

Motive, Motivation und Flow

Heutzutage fallen häufig die Begriffe intrinsische Motivation und Flow. Eigentlich müsste man statt intrinsischer Motivation sagen »motivgerechtes Arbeiten«, denn genau darum geht es. Nach Michail Csíkszentmihályi (1975) bedeutet intrinsisch Hingabe an eine Sache, ein Sich-Verlieren in der Handlung, die Zeit wird vergessen, man geht in der Aufgabe auf. Das ist das »Flow-Erlebnis«. Das Flow-Erleben muss in seiner Aufgabenschwierigkeit zur Person passen. Zu leichte Aufgaben langweilen, zu anspruchsvolle stressen.

Warum gerät jemand in den Flow? Er muss von innen motiviert sein. Während Motive stabile Handlungsdispositionen sind, sind Motivationen vorübergehende Anreize. Beides hängt also zusammen. Wenn ich beim Texteschreiben die Zeit vergesse, habe ich einerseits die Motivation dazu gehabt, überhaupt anzufangen, zum Beispiel weil ich ein für mich attraktives Ziel damit verbinde. Zum anderen habe ich aber eine meiner Persönlichkeit angemessene Aufgabenschwierigkeit vor mir und kann weiterhin von meiner Motivstruktur profitieren. Diese ist beispielsweise durch eine hohe Wissensorientierung geprägt.

Motive und Motivation müssen aber nicht zusammenpassen. Es kann für mich ein Anreiz sein, mich bei einem Marathonlauf anzustrengen und diesen durchzuhalten, weil ich mit einer Freundin gewettet habe. Deshalb habe ich nicht notwendigerweise das Motiv »körperliche Aktivität«, also ein stabiles Bedürfnis danach, meinen Körper in Bewegung zu setzen. Es kostet mich Überwindung, aber die Motivation die Wette zu gewinnen, treibt mich an …

Motive und Werte

Warum laufe ich Marathon, obwohl ich kein Motiv »körperliche Aktivität« habe? In jedem Motiv liegt Motivationspotenzial, das Handlungsenergie auslösen kann. In welche Richtung sich diese Handlungsenergie bewegt, hat mit unseren Werten zu tun. Diese entscheiden, welche Kontexte wir suchen, aber auch wie wir ein Motiv genau ausleben. Nehmen wir das Beispiel: Mein Wert ist »gewinnen«. Er leitet sich aus dem Motiv »Wettbewerb« ab, deshalb stelle ich mich dem Marathonlauf. Das Motivationspotenzial kommt hier also nicht aus der körperlichen Aktivität, sondern aus dem Motiv, das sich mit dem Wert »Wettstreit gewinnen« koppelt. Genauer gesagt, geht es vielleicht um: »Gewinnen um jeden Preis«, »Gewinnen mit Spaß«, »fair gewinnen«, aber auch »besser sein als die anderen« oder »Auge um Auge, Zahn um Zahn«. Gerade die letzteren Werte sind in der Regel so nicht kommuniziert und nur teilbewusst. Es ist so, wie wenn Sie jemand fragen würde: »Welche Werte haben Sie?« Und dann konkreter nachfragt und mehr in die Handlung geht: »Welche Werte leben Sie – und woran zeigt sich das genau?« Bei der ersten Frage werden ganz andere – oberflächlichere – Werte herauskommen als bei der zweiten. Sie sollten immer auf die tiefere Ebene gehen und nach Beispielen suchen.

Motivationspotenzial kann sich aus allen Motiven ableiten – den entscheidenden Handlungsimpuls geben aber die daran geknüpften Werte. Mein Motiv ist Wissen in seiner intellektuellen Ausprägung (die andere Seite wäre praktisch). Dieses Buch schreibe ich deshalb, weil ich eine Menge an Wissen verknüpfen und einiges durch Nachlesen und Recherchieren nochmals aufladen kann. Meine Werte, die Handlungsimpulse setzen, könnte man so beschreiben: »gut fundiert mit hohem praktischen Nutzen«. Mein Motivationspotenzial liegt in der Aufgabe an sich. Das könnte bei anderen Autoren ganz anders sein – abhängig von ihren Motiven und Werten.

Im Zusammenhang mit Werten ist der Begriff der Introjekte wichtig. Das sind Werte, die nicht meine eigenen sind. Sie sind mir eingepflanzt worden. Das passiert vielfach in der frühen Kindheit und äußert sich durch Glaubenssätze wie »Ich bin nicht gut genug«. Introjekte können aber auch später dazukommen, so kann die Gesellschaft und können Unternehmen Werte in Menschen einpflanzen. Ich sehe das derzeit beim Thema »New Work«. Es ist schick, auf eine bestimmte Art und Weise zu arbeiten, etwa flexibel und selbstbestimmt und nachhaltig. Aber sind das die eigenen Werte? Ganz oft erlebe ich hier Wertekonflikte. Da entscheiden sich Menschen für bestimmte Unternehmen, etwa Start-ups, weil diese Werte zu verkörpern scheinen, die »passen«. Doch dann entsprechen diese eben doch nicht dem, was man wirklich und aus tiefem Herzen will und möchte. Auch der vermeintliche Führungsstil ist häufig wie ein »Introjekt«. Viele sagen beispielsweise, sie führten »kooperativ«, weil ihnen das so beigebracht worden ist. Beobachtet man diese Führungskräfte, so trifft das aber gar nicht zu. Motive, Werte und Handlungen klaffen auseinander. Es gibt keine Verbindung zwischen Motiv und Wert. Letztendlich ist der Wert nur ein auswendig gelernter Begriff.

Dazu habe ich in meinem Buch »Agiler führen« (2016) mehr geschrieben, denn bei diesem Thema geht es nicht zuletzt um Kulturwandel, der immer mit Werteveränderung einhergeht. Diese ist jedoch nur möglich, wenn die Werte wirklich angenommen und gelebt werden – und in Prinzipien übersetzt wurden. Nehmen wir als Beispiel den Wert »Kooperation«. Erst wenn ein Prinzip seine Bedeutung beschreibt, wird er fassbar: »Ich binde Mitarbeiter in alle meine Entscheidungen ein« wäre ein Prinzip, das auch einer Überprüfung standhalten könnte.

Im Berufungscoaching sind Introjekte ebenfalls sehr verbreitet. Bestimmte Coaches, nennen wir sie Guru-Coaches locken mit »Trendwerten« wie Traumjob, Selbsterfüllung, Erfolg, Geld ohne viel Arbeit. Doch diese Trendwerte sind wie Sand auf der Haut. Sie können sich ganz schön festsetzen, aber sie haben nichts mit der Person zu tun. Behalten Sie dies als Coach und Führungskraft immer im Kopf. Werte kann man nicht schulen, man kann sie nur leben. Und damit dies überhaupt möglich ist, ist eine tiefe, innere Identifikation unerlässlich.

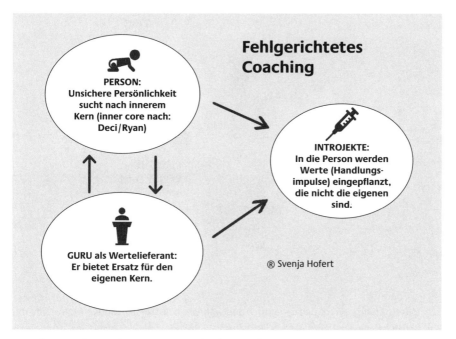

Vorsicht Introjekte: Nicht nur Guru-Coaches können diese in andere einpflanzen, auch Unternehmen. Dann bringen sie Mitarbeitern etwas bei, das mit ihnen selbst wenig zu tun hat.

Noch einmal zusammengefasst folgende Übersicht und die beiden Schemazeichnungen:

Wert versus Motiv

Ein Wert
- gibt dem Verhalten Orientierung
- ist immer kontextspezifisch
- ist veränderbar

Ein Motiv
- ist ein Beweggrund für Verhalten
- bezeichnet eine Präferenz für etwas
- ist stabil über einen langen Zeitraum

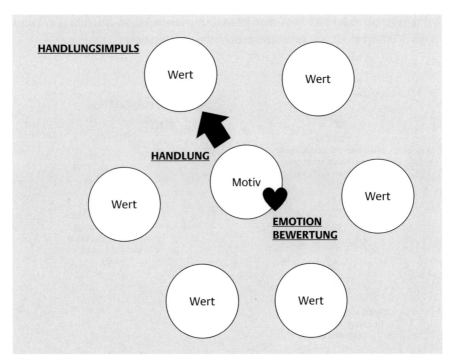

Schemazeichnung 1: Werte sind dynamisch und umkreisen die stabilen Motive. Motive sind mit Emotionen gekoppelt. Emotionen sind Bewertungen (mag ich/mag ich nicht). Aus dem Impuls der Motive entsteht eine Handlungsrichtung.

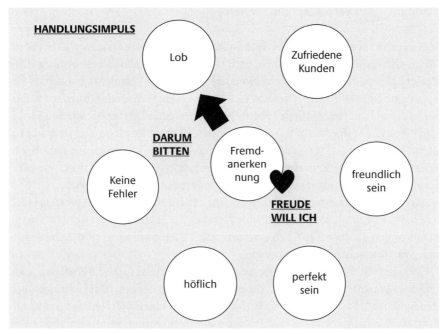

Schemazeichnung 2: Die Übersetzung auf ein Beispiel. Aus der Fremdanerkennung entsteht bei Lob Freude und der Handlungsimpuls »Darum bitten«.

Praxistipp: Wie erkennt man Motive?

Da Motive nicht unbedingt über Verhalten sichtbar sind, kann man sich ihnen oft nur durch genaue Beobachtung und Fragen nähern. Was treibt Sie eigentlich an? Warum tun Sie das, was Sie tun? Auch die Kopplung an Emotionen ist hilfreich: »Wenn Sie einen Arbeitstag reflektieren, in welchen Momenten genau geht es Ihnen richtig gut?«
Im Coaching hilft die Arbeit mit dem Lebenslauf, gekoppelt an die Frage: »Was hat Sie in dieser Tätigkeit angetrieben?« Oder: »Was hat Ihnen am meisten gegeben?« Sie werden auf diese Weise Muster entdecken. So gibt es Menschen, denen es immer gut geht, wenn sie mit anderen zusammenarbeiten. Hier spielt das Motiv »Beziehungen« eine Rolle. Andere haben berufliche Höhepunkte, wenn sie erfolgreich waren. Hier ist immer zu hinterfragen, was genau als Erfolg gewertet wird beziehungsweise was daran wirklich ein positives Gefühl auslöst. Ist es die Anerkennung? Die Möglichkeit, etwas zu gestalten und zu beeinflussen – also das Motiv »Macht«? Ist es das »Sich-durchgesetzt-Haben« (Motiv Wettbewerb)? Oder …? Dabei geht es nicht darum, dass jemand wissenschaftlich identifizierte Motive benennt, sondern in seiner eigenen Sprache beschreiben kann, was ihn antreibt.

Handlung und Verhalten unterscheiden

Motive sind Handlungsimpulse. Handlung ist jedoch etwas anderes als Verhalten. Wenn wir von Verhalten sprechen, meint dies jede beobachtbare Bewegung einer Person. Der in der Psychologie verwendete Begriff des Verhaltens hat seinen Ursprung im Behaviorismus. Dies war eine lange Zeit prägende Richtung der Psychologie, die sich in ihrer radikalen Form nur mit den äußerlich beobachtbaren Veränderungen des Menschen befasste. Das bedeutet: Innere Prozesse oder das, was im Menschen vorgeht, interessierten nicht. Behaviorismus ist eng an den Forscher B. F. Skinner und seine Experimente mit Ratten gekoppelt. Verhalten in seinem Sinn ist etwas, das sich beobachten lässt. Interpretationen haben keinen Platz.

Wenn man von einer Handlung spricht, meint man dagegen etwas, das sich an einem Ziel ausrichtet, dem also ein Wert zugrunde liegt. So kann jemand seine Handlungen an dem Ziel Geldverdienen ausrichten oder aber auf die Unterstützung von Menschen, also an Fürsorge.

Wie verhält sich Ihr Mitarbeiter oder Klient? Das heißt nicht automatisch, dass dahinter Werte und Ziele stehen, die er selbst verfolgt. Es kann Überschneidungen geben, dann sind beobachtbares Verhalten und an einen Wert gekoppelte Handlung eins. Es kann aber auch anders sein, dann steckt hinter einem Verhalten keine an Werte gekoppelte Handlung. Gut möglich, dass Menschen mit ihrem Verhalten eigenen Werten zuwiderlaufen. Verhalten kann somit gänzlich unmotiviert erfolgen, Handlung aber nicht.

Praxisfall: Wenn Menschen sich einfach nur verhalten (und nicht handeln)

Der introvertierte Vertriebler soll hundert Adressen anrufen, obwohl das seinen Motiven und Werten zuwiderläuft. Wenn es nach ihm ginge, würde er intensive Gespräche führen und langsam Beziehungen aufbauen. Das ist jedoch nicht im Sinn der Geschäftsführung. Nun könnte man einfach sagen, dieser Vertriebler ist eine Fehlbesetzung – oder die Geschäftsleitung kann versuchen, ihn doch in die gewünschte Richtung zu entwickeln. Dabei können Motive und Werte helfen. Wo ergibt sich ein Ansatzpunkt für einen Handlungsimpuls? Nehmen wir an, der Vertriebler hat ein hohes Fremdanerkennungsmotiv. Feedback und Lob könnten ihn dazu bringen, sich mit der Vorgehensweise anzufreunden. Möglicherweise hat er ein Wettbewerbsmotiv, dann könnte gezielt sein Wettbewerbsbedürfnis angesprochen werden. Schätzt man diese Arbeitskraft sehr, könnte man mit ihm gemeinsam in einen Dialog treten, um einen Ansatz zu finden, der beiden Seiten gerecht wird. In jedem Fall ist es für alle Parteien nicht erstrebenswert, über einen längeren Zeitraum gegen die Motive zu arbeiten. Selbst wenn möglicherweise gute Leistungen erzielt werden – gerade bei einem starken Fremdanerkennungsmotiv ist die Wahrscheinlichkeit groß – wird dies dauerhaft nur zu Unzufriedenheit führen.

Wie Ihnen dieser Baustein praktisch weiterhilft, zeigt das folgende Fazit:

Fazit: Motive sind extrem wichtig – sowohl im Coaching als auch in der Führung. Wünschen wir, dass Menschen sich kongruent verhalten und zufrieden sind, müssen wir sie einbeziehen. Sie hängen weiterhin eng mit Werten zusammen, die Handlungsimpulse geben. Deshalb sind Motive so wichtig für Veränderungen. Wir können die Handlungsimpulse neu setzen, nicht aber die Motive! Für die Entwicklung von Menschen ist das ein entscheidender Punkt. Ebenso wichtig ist der Blick auf die Zweiseitigkeit der Motive. Wir entwickeln uns und andere Menschen, wenn wir den Pol annehmen und in uns integrieren, den wir abwerten oder als weniger wichtig ansehen. Das ist so etwas wie der Schlüssel zu jeder Persönlichkeitsentwicklung!

Sie können statisch mit Motiven arbeiten unter der Frage »Was treibt mich an«? Oder aber entwicklungsbezogen. Dann ist die Frage vielmehr: »Was hindert mich, um wirksamer zu sein, und welche Seite muss ich in mir aufnehmen?« Im Beispiel ist es die Seite Selbstanerkennung.

Hintergrund: Motivforschung und Tipp zu impliziten Motiven

Die Motivforschung stammt aus der psychoanalytischen Schule. Während des Zweiten Weltkriegs bekam der Analytiker Henry Murray den Auftrag, die Motivlage Adolf Hitlers zu erforschen. Er sagte aufgrund seiner Analysen voraus, dass Hitler sich umbringen würde, würde er mit seinen Plänen scheitern – was eingetreten ist.

Ein weiterer bekannter Motivforscher war David McClelland, der die drei dominanten Bedürfnisse der menschlichen Motivation bekanntmachte: »need for affiliation« (Beziehung), »need for achievement« (Leistung) und »need for power« (Macht).

Der Motivforscher Henry A. Murray ist auch Entwickler des Thematischen Apperzeptionstests (TAT). TAT ist ein projektiver Test, der implizite Motive misst. Implizit bedeutet vorsprachlich, also nicht bewusst artikulierbar. In Psychologielehrbüchern steht meist, implizite Motive seien nicht mit den expliziten Motiven korreliert. Bis auf Leistung im Sinne von Konzentration, Bemühen, Anstrengung und Ähnlichem sei kein Motiv objektiv messbar.

Das ist sicher richtig. Allerdings müssten solche Aussagen ebenfalls für die Big Five gelten. Hinzukommt: Sprachlichkeit prägt, eine Grenzziehung zwischen Vorsprachlichkeit und Sprachlichkeit scheint mir müßig: Das »Selbst« als reflektierbare Identität nach William James ist immer sprachlich! Wenn ich die emotionale Qualität des Motivs Macht spüre, so ist dies Teil meines Selbst. Implizit und explizit fließen hier zusammen.

Dennoch kann es hilfreich sein, die Motive des TAT dazuzunehmen (bestellbar bei Hogrefe), auch wenn die Bilder recht altbacken und verstaubt anmuten. Alternativ lassen sich Kunstgemälde nutzen. Lassen Sie Ihren Klienten Situationen beschreiben: Was sieht er darin? Wer ist er in einem Gemälde. Manchmal kommt man so sozial erwünschten Selbsteinschätzungen auf die Spur. Beispielsweise gibt es Menschen, die sich machtvoll verhalten, aber in einem schriftlichen Motivtest mit niedriger Macht abschneiden. Das ist ihre soziale Bewertung. So etwas zu thematisieren ist bei entwicklungsbezogenen Coaching hilfreich.

Baustein: Anspruchsniveau

Warum erbringt jemand Leistung? Was motiviert? Es gibt neben den Motiven noch mindestens zwei weitere wichtige Aspekte, die auf Leistung wirken. Das eine ist die individuelle Intelligenz und das andere das sogenannte Anspruchsniveau.

Auf einem Basketballplatz trainieren einige Jungen den Korbwurf. Manche von ihnen stehen direkt vor dem Korb und werfen immer wieder hinein. Sie sind damit sehr erfolgreich, versenken fast alle Bälle. Andere Kinder stehen einige Meter vom Korb entfernt. Sie erlangen viel weniger Treffer, vielleicht die Hälfte. Wieder andere stehen hinter der Dreipunktelinie. Sie strengen sich an, den Ball in die Nähe des Korbes zu bringen. Das gelingt kaum.

Hier zeigen sich unterschiedliche Anspruchsniveaus. Manchen ist es wichtig, die einfache Aufgabe möglichst fehler- und stressfrei zu bewältigen, andere dagegen wollen schwerere Aufgaben bewältigen. Sie kalkulieren einen Misserfolg ein. Wieder andere wählen ein mittleres Niveau.

Nach der bekannten Theorie von John William Atkinson ist es so: Erfolgsmotivierte wählen bei anfänglichem Erfolg die schwere, bei Misserfolg die leichte Aufgabe. Misserfolgsmotivierte Kinder wählen bei anfänglichem Erfolg die leichte, bei Misserfolg die schwere Aufgabe.

Misserfolgsmotivierte meiden damit mittelschwere Aufgaben und wenden sich entweder leichten oder schweren Aufgaben zu. Wenn sie hier versagen, können sie sagen, sie hätten es gewusst. Erfolgsmotivierte suchen sich mittelschwere Aufgaben mit wahrscheinlicherem Erfolg. Ausbilder können sich das bewusst zunutze machen, indem sie es Misserfolgsorientierten am Anfang leicht machen, um ihnen dann schwerere Aufgaben zu geben. Erfolgsorientierten sollten sie mittelschwere Aufgaben geben. Wie erkennt man Erfolgs- oder Misserfolgsorientierung? Fragen Sie zum Beispiel, wo sich jemand auf dem Basketballfeld positionieren würde, um zu üben. Und erkunden Sie Erfolgs- und Misserfolgserlebnisse und den Umgang damit in der Vergangenheit. Diese Kenntnisse sind vor allem für Führungskräfte wichtig, um das Verhalten ihrer Mitarbeiter zu verstehen und sich darauf einzustellen.

Fallbeispiel

Die misserfolgsmotivierte Studentin Anna entscheidet sich für ein geisteswissenschaftliches Studium, weil sie nicht daran glaubt, das Psychologiestudium zu schaffen, vor allem aufgrund der Statistik. Würde man sie vor der Studienwahl gezielt an einen kleinen Erfolg heranführen, steigt die Wahrscheinlichkeit, dass sie es sich doch noch einmal anders überlegt.

Der erfolgsmotivierten Berufsanfängerin Silke wird bei ihrer ersten Stelle schon in der Probezeit gekündigt. Jetzt sucht sie nach einem einfachen Job, bei dem nichts schiefgehen kann. Als ihr das in einem Coaching bewusst wurde, arbeitete sie daran, sich mehr zuzutrauen.

Baustein: Selbstkonzept

Was denken Sie über sich selbst? Dabei sind zwei Anteile zu unterscheiden: Die beschreibenden Annahmen über sich selbst (Selbstkonzept) und die Bewertung dieser durch Selbstwertgefühl und Selbstwirksamkeitserwartung.

Unter Selbstkonzept verstehen wir »eine Kombination von Eigenschaften, Fähigkeiten, Einstellungen und Wertvorstellungen, über die sich eine Person definiert« (Berk 2005, S. 343). Im Grunde fließt hier also alles ein, was wir bis hierhin besprochen haben. Ein solches Selbstkonzept kann gut und gesund sein oder aber »kleinmachend« und einschränkend.

Einem gesunden, fruchtbaren Selbstkonzept stehen vor allem Verleugnung und Verzerrung im Weg. So kann es passieren, dass ein Mensch eine Erfahrung völlig leugnet (»Die Eins in Mathematik war ein Zufall, ich kann Mathematik gar nicht!«). Bei der Verzerrung ist die Erfahrung zwar im Bewusstsein, die Bedeutung ist aber so verzerrt, dass sie zum aktuellen Selbstkonzept passt. Sie wird sozusagen kleingemacht. Sicher haben Sie das schon einmal erlebt, wenn ein Mitarbeiter oder Klient sich selbst völlig irrational bewertet. Und mehr noch, dass jemand etwas gar nicht sieht, einen deutlichen blinden Fleck hat. Das kann sich auch auf Dinge beziehen, die positiv und fruchtbar sind.

Während Sie möglicherweise sehen, was für tolle Dinge jemand auf den Weg bringt und zu was er oder sie alles fähig ist, ist er oder sie dafür blind. Das Selbstkonzept wirkt sich auch auf die Ergebnisse der Persönlichkeitstests aus. Wenn ich mich selbst für wenig gewissenhaft halte, bin ich es – oder ermögliche es mir nicht mehr. Das Selbstkonzept hängt eng mit dem »inneren Kind« zusammen, auf das ich noch eingehen werde. Die Prägungen der ersten Lebensjahre bestimmen schließlich die Annahmen über uns. Das bedeutet, dass es in vielen Fällen sehr hilfreich ist, mit Kindheitsprägungen zu arbeiten – wenigstens im Coaching. Führungskräfte können aber ebenfalls viel dazu beitragen: Positives Feedback kann sehr viel bewirken. Am Ende geht es ja darum, Menschen glauben zu lassen, dass sie etwas *wirklich* können.

Ein weiterer Aspekt der hier hineinspielt, ist die Lageorientierung. Es gibt Menschen, deren Selbstkonzept ist nicht darauf ausgerichtet, das Zepter in die Hand zu nehmen und Dinge konsequent anzugehen – sie sind nicht resilient. Sie drehen sich im Kreis und meinen keinen Ausweg zu finden. Hier hilft weiteres Darüber-Nachdenken nicht – vielmehr sollte die Resilienz gestärkt werden. Im Coaching gilt es, denjenigen ins Tun zu bringen und konkrete, aktive Lösungsschritte anzugehen. Und das meine ich wörtlich.

Fazit: Dieser Baustein hilft Ihnen praktisch folgendermaßen weiter: Das Selbstkonzept ist für Coaches wichtig, da es eine wesentliche Aussage darüber trifft, was jemand für sich selbst für möglich und unmöglich hält. Die Intervention liegt darin, den Blick zu öffnen und Erfahrungen neu zu deuten. Hier empfiehlt sich die Arbeit am emotionalen Stil. Höchstwahrscheinlich ist eine Person mit negativem Selbstkonzept eher negativ eingestellt.

Literatur

Berk, Laura E.: Entwicklungspsychologie. München: Pearson Studium 2004
Dienstbier, Richard A. (Hrsg.) mit Deci, Edward L./Ryan, Richard M.: Perspectives on Motivation. Nebraska Symposium on Motivation. Nebraska: University of Nebraska Press 1991
Feldman Barrett, Lisa: How Emotions Are Made. Boston: Houghton Mifflin Harcourt 2017

Gladwell, Malcolm: Überflieger. Warum manche Menschen erfolgreich sind und andere nicht. Frankfurt am Main: Campus 2009

Goleman, Daniel: Emotionale Intelligenz. München: dtv, 2. Auflage 1997.

Heckhausen, Heinz/Heckhausen Jutta: Motivation und Handeln. Berlin: Springer 1980

Hofert, Svenja: Agiler führen. Wiesbaden: Springer Gabler 2016

Maier-Karius, Johanna: Beziehungen zwischen musikalischer und kognitiver Entwicklung im Grund- und Vorschulalter. Paderborn: Lit 2010

McAdams, Dan: A New Big Five. Fundamental Principles for an Integrative Science of Personality. Am Psychology, 2006 Apr; 61(3): S. 204–217

McClelland, David: Human Motivation. Cambridge: Cambridge University Press 2009

Pässler, Katja: Die Bedeutung beruflicher Interessen und kognitiver Fähigkeiten für die Studien- und Berufswahl. Dissertation, Universität Hohenheim 2012

Roth, Gerhard/Ryba, Alica: Coaching, Beratung und Gehirn. Neurobiologische Grundlagen wirksamer Veränderungskonzepte. Stuttgart: Klett-Cotta 2017

Woolfolk, Anita: Pädagogische Psychologie. München: Pearson 2009

Die Vermessung der Persönlichkeit

04

Wer bin ich im Unterschied zu anderen?

»Wer bin ich?« – Tests beantworten diese Frage, indem sie mit anderen vergleichen. »Wo liegen meine Stärken?«, fragen Kunden. Führungskräfte wollen erkennen, wen Sie sich da »einkaufen« und möglichst Erfolgschancen im Voraus berechnen. Das Messen und Vermessen liegt im Trend. Daher sind Tests ein Riesengeschäft. Kein Wunder, dass immer wieder neue entstehen. Manchmal geht es leider vor allem um das Verkaufen. Das ist eines der Probleme. Ein anderes ist, dass nur ein Bruchteil der Personen, die Tests einsetzen, diese überhaupt beurteilen können. Das liegt sicher daran, dass es am notwendigen Wissen über Tests und Testkonstruktionen fehlt. Viele können die Wissenschaftlichkeit von Tests gar nicht beurteilen. Ich halte es für grob fahrlässig, wenn Unternehmen fragwürdige, also für diesen Zweck gar nicht geeignete Tests zur Personalauswahl einsetzen, und für mindestens bedenklich, wenn dies im Coaching geschieht.

Dabei schützen ein Psychologiestudium, ein Doktortitel und sogar die Professur nicht vor einem Grundproblem: Die meisten, die ein Verfahren entwickelt haben, sind so überzeugt davon, dass sie konkurrierende Verfahren abwerten – und so der eigenen Selbstbestätigungstendenz in die Falle gehen. Wer kommerzielle Interessen mit einem Test verbindet, wird zudem jeden zertifizieren, der die Seminarkosten bezahlt. Ich habe jedenfalls nie erlebt, dass jemand nach einem Zertifizierungskurs keine Anwendererlaubnis erhält. Und ich saß in Seminaren, bei denen ich einigen Teilnehmern diese nicht gegeben hätte. Mehr noch: Viele dieser Zertifizierungen sind Verkaufsschulungen. Die Anwender werden so »indoktriniert«, dass sie die Vorzüge dieses Verfahrens kennenlernen – mehr nicht. Die Zugehörigkeit zum Kreis der Zertifizierten kann zu einer In-Gruppen-Wahrnehmung führen (»Ich gehöre dazu«), kritische Distanz wird nicht geschult und nicht gefördert.

Coaches und auch Personalverantwortliche setzen die Tests gern ein und lassen sie sich manchmal zu leicht verkaufen. Doch in den Händen von Menschen ohne kritische Distanz richten diese Instrumente auf breiter Ebene mehr Schaden an als Nutzen. Ich möchte mit diesem Kapitel sensibilisieren und die Augen öffnen. Zudem möchte ich Tests mit ihren Vor- und Nachteilen vorstellen.

Was ist überhaupt ein Test?

Vieles nennt sich Test, was eigentlich gar kein Test ist. Tests in Frauenzeitschriften etwa sind meist eher Checklisten, selbst wenn diese von Psychologen entwickelt worden sind. Es stehen keine umfangreichen statistischen Daten zur Verfügung, wissenschaftliche Kriterien werden nicht erfüllt. Das ist nicht weiter schlimm, solange man solche Tests eher zum Spaß oder zur Selbstreflexion verwendet. Man sollte sie aber nicht allzu ernst nehmen.

Es gibt auch bekanntere Tests, die keine Tests sind, sondern eigentlich Reflexionsfragebögen. Dazu gehören der Karriereanker von Edgar E. Schein oder auch der Rollentest nach Meredith Belbin. Der sogenannte Lifo®, der sich auf Peter Drucker, Carl Rogers und Erich Fromm beruft, ist ebenfalls kein Test. Der Lifo® misst Verhaltenspräferenzen, also Stile. Diese bleiben über einen längeren Zeitraum nicht notwendigerweise stabil, sondern können sich verändern. Damit kann ist zum Beispiel das wissenschaftliche Gütekriterium der Reteststabilität nicht gegeben. Das ist ebenfalls nicht schlimm. Es ist gut, wenn sich etwas verändert, und gerade dieses Instrument hat diesen Anspruch. Nur ist es dann kein wissenschaftlicher Test. Und damit ist er für die Personalauswahl nicht geeignet.

Auch meine eigenen Angebote Worklifestyle® und Worklifestyle®-Stärken-Navigator sind keine Tests im wissenschaftlichen Sinn. Ich habe zwar tausende von Datensätzen und statistische Auswertungen vorliegen. Das allein macht aber auch noch lange keinen Test. Da für mich die Kommunikation im Vordergrund steht und keineswegs die Vermessung der Persönlichkeit, ist das genau so gewollt. Meine Instrumente will ich als Hilfe zur Selbsteinschätzung, Reflexion und Entwicklung verstanden wissen. Sie zeigen Präferenzen, vermessen aber keine Eigenschaften.

Es ist wichtig, dass man auch den Coachees diese Unterschiede darlegt. Ziel muss es sein, deutlich zu machen, dass ein Fragebogen ein Reflexionsinstrument ist – und dass das etwas ganz anderes ist als ein wissenschaftlicher Test.

Wir lassen sich also wissenschaftliche Tests und unwissenschaftliche Tests voneinander unterscheiden? Unwissenschaftliche Tests sind eher Checklisten und Verfahren, die Präferenzen anzeigen. Der beliebte MBTI®-Typenindikator gehört ebenso dazu, obwohl er sich zwar nicht Test nennt, trotzdem aber mit Wissenschaftlichkeit zu argumentieren sucht. Auch andere Verfahren bemühen sich bisweilen krampfhaft, Wissenschaftlichkeit herbeizureden, indem sie sich Professoren und Psychologen mit Doktortitel einkaufen, die Gutachten beisteuern.

Ich fände es ehrlicher, wenn man sich gar nicht erst bemühte, etwas nachzuweisen, was man gar nicht nachweisen muss. Nur würde eines damit ganz klar wegfallen: die Personalauswahl mit einem solchen Test. Diese ist aber ein lukratives Feld.

Welche Tests gibt es?

Psyindex (https://www.zpid.de/pub/tests/verz_einf.pdf), ein Recherche- und Dokumentationssystem deutschsprachiger psychologischer Literatur und Tests, verwendet die folgende Testklassifikation. Die fürs Coaching relevanten Verfahren habe ich fett, die für die Personalauswahl kursiv gemacht. Hat etwas für beides Relevanz ist es fett und kursiv. Alle anderen sind normal gedruckt. Psyindex ist eine umfangreiche Wissensbasis, in der Sie Informationen zu vielen Verfahren, aber nicht allen erhalten.

- Entwicklungstests (inklusive Schulreifetests und gerontologische Verfahren)
- *Intelligenztests (mit Lernfähigkeitstests und Gedächtnistests)*
- **Kreativitätstests**
- **Leistungs-, Fähigkeits- und Eignungstests (mit Musikalitätstests und Sporttests)**
- *Verfahren zur Erfassung sensomotorischer Fähigkeiten*
- Schulleistungstests
- *Einstellungstests (inklusive verkehrspsychologischer Tests, berufsbezogener Einstellungstests sowie arbeitspsychologischen Verfahren)*
- **Interessentests**
- **Persönlichkeitstests**
- **Projektive Verfahren**
- Klinische Verfahren
- **Verhaltensskalen**
- Sonstige Verfahren (inklusive Verfahren zur Erfassung soziographischer Daten sowie Explorations- und Anamneseschemata)

Psychometrische Verfahren

Wenn Sie an Tests denken, so haben Sie wahrscheinlich Fragebögen im Blick. Soll mithilfe dieser Fragebögen auf der Basis einer Theorie etwas gemessen werden, beispielsweise eine Eigenschaft, nennt man sie psychometrische Tests. Psychometrisch sagt nichts anderes aus, als dass diese Tests die Psyche vermessen. Aufgabe des Fachgebiets der Psychometrie ist also das psychologische Messen. Basis ist die sogenannte Faktorenanalyse, bei der mit statistischen Methoden ermittelt wird, welche Variablen eigentlich zusammengehören und sogenannte Skalen bilden. Denken Sie an die Big Five: Da gehört zum Beispiel »Herzlichkeit« zur Extraversion. Das haben die Testentwickler nicht erfunden, sondern errechnet. Dabei liegt die Annahme zugrunde, dass psychologische Merkmale »normalverteilt« sind. Das bedeutet, dass es durchschnittliche, unterdurchschnittliche und überdurchschnittliche Ergebnisse gibt. Diese Normalverteilung folgt der Kurve einer Glocke, die in der Mitte einen dicken Bauch hat und zu beiden Seiten schmaler wird.

Wenn man Ergebnisse umrechnet, also transformiert, ist es das Ziel, eine solche Verteilung mit statistischen Methoden zu erreichen. Man will also herausfinden, was Durchschnitt ist und was außen liegt.

Wichtig ist hier der Begriff der Standardabweichung, der besagt, in welcher Entfernung vom Mittelwert die Ergebnisse liegen, die noch den statistischen Durchschnittswerten angehören. Beim IQ-Test gibt es den willkürlichen Wert von 100. 15 Punkte nach oben (also 115) und unten (also 85) ist der IQ im Normalbereich, also im unteren und oberen Normalbereich. In diesem Bereich finden sich ungefähr Zweidrittel aller Ergebnisse. Davor und danach werden die Werte immer seltener. So haben nur noch etwa zwei Prozent einen IQ von 130 und mehr. Das ist also ein Abstand von zwei Standardabweichungen.

Wie beurteile ich einen Test?

Die Testbeurteilung ist sogar für ausgebildete Psychologen sehr schwer. Erstens werden dafür Kenntnisse in Statistik benötigt, zweitens in Testkonstruktion und drittens zudem in der zugrundeliegenden Theorie. Es ist also ein fast aussichtsloses Unterfangen, einen Test selbst beurteilen zu können. Dennoch gibt es die alte Regel »Wer fragt, führt«, die ich hier abwandeln möchte in: »Wer die richtigen Fragen stellt, bringt unseriöse Verkäufer zumindest in Bedrängnis.« Ihr Ziel sollte daher sein, die richtigen Fragen stellen zu können und sich das auch zu trauen. Viele kommerzielle Anbieter wissen sehr genau, dass das nur wenige Kunden machen – unter anderem weil sie dadurch Nichtwissen zeigen würden. Also: den eigenen Stolz zurückstecken, dann lässt Sie eine Antwort wie »der Test hat eine extrem hohe Validität« nicht davor zurückhalten, weitere Fragen zu stellen. Das kann schließlich jeder behaupten!

Zunächst einmal gilt: Tests müssen wissenschaftlich fundiert sein, also auf einer Theorie beruhen – beispielsweise auf der Theorie des g-Faktors der Intelligenz oder der Eigenschaftstheorie der Big Five. Sie sollten weiterhin wissenschaftlichen Gütekriterien genügen. Dabei unterscheidet man Haupt- und Nebengütekriterien. Hauptgütekriterien sind Objektivität, Reliabilität und Validität. Jedes dieser Kriterien hat es in sich, am wichtigsten und am meisten komplex ist die Validität. Weiterhin müssen Tests standardisiert sein. Das bedeutet, dass ganz genau beschrieben sein muss, wie man sie anwendet. Das nennt man gern etwas altertümlich »Handanweisung«. Außerdem sollten Tests normiert sein; das ist ein sogenanntes Nebengütekriterium.

Objektivität: Ein objektives Verfahren ist ein Verfahren, das unabhängig von der Person des Testleiters ist. Seine Person darf keine Rolle für das Ergebnis spielen. Es sollte also beim Ergebnis egal sein, ob Sie oder ich den Test durchführen. Dabei gibt es eine Durchführungs-, eine Interpretations- sowie eine Auswertungsobjektivität.

Durchführungsobjektivität bedeutet, dass die Art der Durchführung immer gleich ist, und es eine genaue Anweisung dazu gibt. Welches Material ist erlaubt? Wie viel Zeit steht zur Verfügung? Wer ist anwesend?

Interpretationsobjektivität bedeutet, dass keine individuellen Deutungen einfließen dürfen. Dies ist in Coaching-Situationen bisweilen schwierig, da Klienten Deutungen erwarten, und Deutungen zudem hilfreich sein können. Mit der Erfahrung in einem Verfahren steigen zudem die Deutungsmöglichkeiten, weil man mehr Fallbeispiele hat. Wenn ich mehrere hundert Motivanalysen ausgewertet habe, kann ich auf viel mehr zurückgreifen, als wenn ich nur zwei kenne. Das macht die Auswertung lebendig, ist aber unwissenschaftlich. Tatsächlich besteht die Gefahr, den Klienten mit diesen Fallbeispielen zu beeinflussen. Ich löse das, indem ich das Modell erkläre, die Klienten eine halbe Stunde mit dem Ergebnis allein lasse mit der Aufgabe, sich Gedanken und Fragen zu notieren. Weiterhin überlasse ich die Deutung zunächst dem Klienten. Danach kommt man aber meist nicht umhin, über die Deutungen zu sprechen.

Auswertungsobjektivität ist hier nicht gegeben. In einer solchen Situation finde ich das allerdings vertretbar. Komplett anders läge der Fall, wenn ich aufgrund eines Tests Schlüsse über die Eignung ziehen würde. In diesem Fall sollte ich ein weiteres Verfahren zur Absicherung heranziehen, im Recruiting ist das ein Vorstellungsgespräch mit einem standardisierten oder halbstandardisierten Interview. Das bedeutet alle Bewerber auf eine Stelle bekommen die gleichen Fragen.

Reliabilität: Reliabilität bedeutet, dass ein Testergebnis zuverlässig ist. Unter gleichen Bedingungen führt die Wiederholung oder der Paralleltest mit einem verwandten Instrument zu einem ähnlichen Ergebnis. Wenn ein Proband in einem IQ-Test also einmal mit 73 und einmal mit 137 Punkten abschneidet – was bei einigen kostenlosen Internettests durchaus vorkommen kann –, so ist der Test nicht reliabel.

Validität: Die Validität gibt den Grad der Genauigkeit an, mit der ein Test misst, was er vorgibt zu messen. Konstruktvalidität berechnet, inwieweit gemessen wird, was gemessen werden soll. Misst er wirklich ein Motiv oder eine Eigenschaft? Misst er wirklich Leistung? Intelligenz? Oder etwas ganz anderes? Um dieses beurteilen zu können, sind Kenntnisse in der zugrundeliegenden Theorie notwendig. Jemand, der sich mit Motiven nicht auskennt, wird entsprechende Konstrukte kaum beurteilen können. Zur Konstruktvalidität gehört die Faktorenanalyse, wobei statistisch gemessen wird, welche Variablen zusammengehören, also das gleiche Konstrukt erfassen und einen Cluster bilden. Zum Beispiel bilden in IQ-Tests Aufgaben, die das rechnerische Vermögen erfassen einen eigenen Cluster.

Kriteriumsvalidität ist ebenfalls wichtig. Die prognostische Kriteriumsvalidität etwa sagt aus, inwieweit ein Kriterium in der Lage ist, Vorhersagen zu treffen. Beispiel: Ein Mathematiktest kann nicht nur die Wahrscheinlichkeit für die Lösung ähnlicher Aufgaben, sondern auch Leistungen in einem bestimmten Lehrberuf vorhersagen.

Testfairness ist ein weiteres Gütekriterium. Mit dem Test darf niemand benachteiligt werden, beispielsweise aufgrund ethnischer Zugehörigkeit oder Geschlecht.

Ein zentrales Nebengütekriterium ist die Normierung oder Eichung eines Tests. Darunter versteht man das Erstellen eines Bezugssystems, mit dessen Hilfe die Ergebnisse einer Testperson im Vergleich zu den Merkmalsausprägungen anderer eingeordnet und interpretiert werden können.

Um ein Ergebnis interpretieren zu können, müssen Sie wissen, wie viele Menschen bei einem Test x-Punkte erzielen. Ihre Testdaten erhalten erst durch den Vergleich mit einer ausreichend großen Zahl anderer Menschen eine Bedeutung: Wenn nur zwei Prozent der Bevölkerung 295 Punkte in einem IQ-Test erzielen, ist diese Zahl völlig anders zu werten, als wenn zwei Drittel der Bevölkerung das schaffen. Je größer die Normstichproben und je mehr relevante Teilnormen, desto besser. So wurde das das »Bochumer Inventar zur berufsbezogenen Persönlichkeitsbeschreibung« (BIP) an 4 312 Personen normiert. Solche Größenordnungen sind wichtig, um einen Test nicht nur an einer Gesamtbevölkerung zu messen, sondern auch an Teilgruppen wie Vertrieblern oder Führungskräften. Für die Auswahl eines Topmanagers nützt es wenig zu wissen, dass seine Leistungsmotivation deutlich höher ist als beim Bevölkerungsdurchschnitt. Interessanter ist, wie sich seine Leistungsmotivation im Vergleich zu oberen Führungskräften abbildet.

Informationen zu den Normstichproben sind bei kommerziell vermarkteten Verfahren kaum zu erhalten. So können keine neutralen und unabhängigen Studien entstehen – was erklärt, warum es sehr viele Studien zu den Big Five gibt, aber nur sehr wenige oder gar keine zu anderen Tests.

Zuletzt noch ein kleiner Exkurs in die Statistik: Ein Test hat Cronbachs Alpha (Reliabilität) zwischen α = .74 und .91, die Retest-Reliabilitäten liegt zwischen rtt = .71 und .79. Für einen Zeitraum von zwei bis drei Jahren bewegen sich die Retest-Reliabilitäten aller Skalen auf hohem Niveau von über rtt = .70. Dieser Test erfüllt gute wissenschaftlichen Standards. Sehr viel höher wäre übrigens verdächtig!

Praxistipp: Fragen an Testanbieter!

- Welche Theorie liegt dem Test zugrunde?
- Wie groß ist die Normstichprobe?
- Welche Teilstichproben gibt es?
- Welche Gütekriterien (Objektivität, Reliabilität, Validität) werden erfüllt, welche nicht?
- Welche prognostische Validität hat der Test?
- Ist der Test konform zum allgemeinen Gleichbehandlungsgesetz?
- Entspricht der Test der DIN-Norm zur Personalauswahl?
- Gibt es unabhängige wissenschaftliche Studien, also solche die nicht vom Anbieter in Auftrag gegeben wurden?
- Welche kritischen Punkte haben sich in der Vergangenheit gezeigt?
- Welches Verfahren ist vergleichbar und welches sind Ihre Vorteile im Vergleich dazu?
- Welche Kritik an Ihrem Verfahren würden Sie äußern?

Achten Sie bei den Antworten auf Werbeäußerungen und Worthülsen. Derzeit argumentieren viele der Testanbieter mit Emotionen sowie mit Ergebnissen der aktuellen Hirnforschung. Bei einem Fragebogen auf Sprachbasis ist das Quatsch, er kann nichts mit Hirnforschung zu tun haben. Um Reaktionen des Gehirns zu analysieren, brauchen Sie Geräte: Sie können heute im MRT Reaktionen im Gehirn sehen, die im Grunde schon ein genauer Persönlichkeitstest sind. Vier Skalen des Big Five lassen sich eindeutig Gehirnregionen zuweisen. Als einzige Eigenschaft der Big Five zeigt Offenheit für neue Erfahrungen keine Übereinstimmungen mit Gehirnarealen. Das könnte daran liegen, dass bis heute nicht ganz klar ist, ob Offenheit nicht in Wirklichkeit ein grundlegendes Merkmal der Intelligenz ist.

Wie dem auch sei: All das ist nicht durch eine bestimmte Fragetechnik zu ermitteln. Fragebögen sind keine neurowissenschaftlichen Instrumente. Sie können diese nur ergänzen. Wenn Sie kritische und wirklich ausgewogene Informationen zu diversen Testverfahren suchen, empfehle ich Lars Lorbers Typentest.de. Auch bei Werner Stangl (http://www.stangl-taller.at) finden sich immer hervorragende und detailreiche Informationen, die keinem »Herrn« dienen.

Projektive Verfahren – Zugang zum Unbewussten

Einen ganz anderen Ansatz als die Psychometrie fahren projektive Verfahren, die häufig aus der Psychoanalyse stammen – etwa der Rorschach-Test mit seinen berühmten Tintenklecksen. Die Ergebnisse dieser Tests sind durchaus messbar, und sie sind objektiv durchführbar. Nur ist ihre Wissenschaftlichkeit anhand der Gütekriterien wesentlich schwerer nachzuweisen. Das macht sie aber keineswegs schlechter – im Gegenteil. Der eindeutige Vorteil liegt darin, dass sie soziale Erwünschtheit weitgehend ausschließen können. Allerdings setzt ein projektives Verfahren sehr viel mehr Erfahrung bei der auswertenden Person voraus als ein psychometrisches. Auch wenn die Auswertung computerunterstützt erfolgen kann, fordern sie dennoch Analysekompetenz.

Einer der bekanntesten Tests dieser Art ist der Thematische Apperzeptionstest, entwickelt von Henry A. Murray und Christiana D. Morgan, den wir bereits im Kapitel über Motive kennengelernt haben (s. S. 117). Dieser arbeitet mit situativen Bildern, zu denen der Klient eine möglichst dramatische Geschichte erzählen soll. Anhand dieser Geschichte lässt sich ermitteln, welche Motive der Klient in den Bildern sieht. Diese sind immer mehrdeutig. Die Interpretation der Situation lässt sich auf seine Persönlichkeit übertragen. Auf einer der Bildtafeln ist beispielsweise eine Laborsituation mit zwei Frauen zu sehen. Was sieht der Klient darin? Wer ist der Held? Sieht er darin das Kontrolliertwerden durch die Chefin? Erkennt er eine produktive Zusammenarbeit? Oder fokussiert er auf die Entdeckung einer wissenschaftlich relevanten Flüssigkeit?

Dabei lassen sich folgende Fragen stellen:

o Was führte zur gezeigten Situation?
o Was passiert da gerade?
o Was denken die Personen?
o Was fühlen die Personen?
o Wie ist der Ausgang der Geschichte?

Zur Auswertung empfiehlt Murray folgende Fragen:

o Wer ist der literarische Held der Geschichte?
o Welche Gedanken und Gefühle hat der Held, also welche Motive und Bedürfnisse?
o Welchen Einfluss hat die Umwelt des Helden?
o Welchen Ausgang hat die Geschichte?
o Welches Thema bildet die Kombination von Bedürfnissen und Umwelt in Verbindung mit dem Ausgang?
o Welche Interessen und Gefühle drückt der Klient damit aus?

Diese Fragen gebe ich hier deshalb wieder, weil ich die Erfahrung gemacht habe, dass sich damit andere Bildkarten ebenfalls gut besprechen lassen, beispielsweise in der Biografiearbeit im Rahmen eines Coachings zur beruflichen Neuorientierung. Sie können diese also als Anregung verstehen, sie auch in einem anderen Kontext zu nutzen.

Tipp: Arbeiten mit Bildkarten

Bilder sind ein wichtiger Schlüssel zu Emotionen. Dabei gibt es verschiedene Ansätze. Bilder zur Ressourcenaktivierung nach dem Zürcher Ressourcenmodell ZRM® haben vor allem das Ziel, positive Anker zu setzen. Sie helfen, sich an Zustände zu erinnern oder positiv zu aktivieren. Ich nutze diese Bilder vor allem als Hintergrundbilder für das Handy. Natürlich können weniger digital affine Klienten diese ausdrucken und aufhängen, etwa neben die Spiegel im Badezimmer.

Für das Karriere-Coaching habe ich eigene Bilder selbst zusammengestellt, anhand derer sich Karrierelebensphasen und Karriereinterpretationen erfassen lassen. Karrierelebensphasen ist ein von mir entwickeltes Modell, das unterschiedliche zentrale Karrieremotivationen beschreibt, die im Laufe des Lebens wechseln können. So geht es darum, eine Eintrittstür zu finden (eine Zugehörigkeit zu entwickeln), erfolgreich zu sein (Karriere zu machen mit zwei verschiedenen Hauptrichtungen Inhalt und Führung), sein eigenes Ding zu machen und sich selbst zu verwirklichen. Durch Bilder lassen sich diese Themen wesentlich schneller und differenzierter erfassen.

Im Teamcoaching habe ich ein Set für »mein Bild von Teamarbeit«. Teammitglieder können Teamsituationen heraussuchen, die ihren momentanen Bedürfnissen entsprechen. So erkennt man, was sie antreibt. Bevorzugen Sie eine enge Form der Zusammenarbeit mit viel Nähe und Austausch? Brauchen Sie Rückzug? Über die Bilder kommen solche Themen sehr viel schneller zutage.

Ein weiterer Ansatz liegt in der Arbeit mit Gemälden. Vor allem in komplexen Gemälden, die mehrdeutige Szenen und unterschiedliche Personen darstellen, lässt sich viel über die Person des Coachees entdecken. Sie können sie fragen, wer in einem Gemälde ist, was sie empfindet, ob sie sich in andere Rollen hineindenken kann. Und vieles mehr.

Literaturtipp

Im Beltz Verlag gibt es zudem eine Reihe von Bildkartensets zu unterschiedlichen Themen. Hier eine Auswahl:

- Bernd Weidenmann/Sonia Weidenmann: 75 Bildkarten für Coaching und Beratung (2013)
- Bernd Weidenmann/Sonia Weidenmann: 75 Bildkarten für Trainings, Workshops und Teams (2013)
- Björn Migge/Rudi Fränkle: 75 Bildkarten Schema-Coaching (2015)
- Sylvia Kéré Wellensiek: 75 Bildkarten Resilienztraining (2015)
- Claudia Härtl-Kasulke/Monica van Bueren: 75 Bildkarten Die Kraft der Emotionen (2016)
- Holger Lindemann: 75 Bildkarten für die Arbeit mit Leit- und Glaubenssätzen (2016)
- Charlotte Friedli: 75 Bildkarten Teamentwicklung (2016)

- Björn Migge/Rudi Fränkle: 75 Bildkarten Sinnorientiertes Coaching (2016)
- Hans-Georg Ruhe/Senta Oppitz: 75 Bildkarten Biografiearbeit (2016)
- Nicola Katharina Leffers: 75 Bildkarten Wahrnehmungstraining und Potenzialentfaltung (2017)

Downloadmaterialien

Auf den folgenden Seiten erhalten Sie eine Übersicht über gängige Testverfahren, die Sie unter www.beltz.de direkt beim Buch sowie unter http://karriereblog.svenja-hofert.de/tests-im-ueberblick/ auch regelmäßig aktualisiert downloaden können.

Überblick über die wichtigsten Persönlichkeitstests

Test	Aufbau	Kosten	Wissenschaftlichkeit*	DIN 33430/ Eignung PA**	Unabhängige Studien***	Meine Empfehlung Einsatz in Coaching/Beratung/ Training
Big Five zum Beispiel Version Reflector Empfohlen	Fragebogen, etwa 30 Minuten	Zertifizierung ab 1 000 Euro, pro Test ab etwa 120 Euro, einmalige Einrichtung ab rund 2 000 Euro	+	+	+	Berufsberatung +/- Coaching + Karriereberatung + Karriereplanung + Kompetenzentwicklung + Recruiting + Teamentwicklung -
B5T Big Five mit Motiven	Kurzer Fragebogen (40 Fragen im Vergleich zu über 200 bei Langversion)	100,-- Nutzung bei Dr. Satow kaufen	++	+	+	Berufsberatung +/- Coaching + Karriereberatung + Karriereplanung + Kompetenzentwicklung + Teamentwicklung +
Big Five Neo FFI	ungefähr 230 Fragen	Bei Hogrefe rund 190 für 25 Tests und Handbuch, Handauswertung, Variante bei www.open-test.ch (wenige Euro)	+	+	-	Berufsberatung +/- Coaching + Karriereberatung + Karriereplanung + Kompetenzentwicklung - Recruiting + Teamentwicklung -

Test	Beschreibung	Kosten / Bezug				Einsatzgebiete
Bochumer Inventar <<LZ>>Und 6F (eine erweiterte Variante)	210 Items, 14 Skalen, Ergebnis in einem einseitigen Report, etwa 45 Minuten, beruht auf Big Five	Ab 500 Euro für die Grundausstattung, ab 2 000 Euro PC, Einzeltest 98 Euro bestellbar bei Hogrefe, Testzentrale / Test 40 Euro bei der Ruhr Uni direkt	+****	+		Berufsberatung - / Coaching + / Karriereberatung + / Karriereplanung + / Kompetenzentwicklung - / Recruiting + / Teamentwicklung -
CAPTain® (Computer Aided Personnel Test answers inevitable)	Forced Choice-Verfahren, ungefähr 45 Minuten	Tagesseminar (Preis nicht veröffentlicht), http://www.captain-od.de	+		-	Berufsberatung +/- / Coaching + / Karriereberatung + / Karriereplanung + / Kompetenzentwicklung - / Recruiting + / Teamentwicklung -
DISG®	Typentest nach Marston und Geier, Ursprung etwa 80 Jahre alt	Verschiedene Anbieter, die sich alle leicht anders positionieren, zum Beispiel Persolog® EverythingDISG®	+/- (versionsabhängig)	+	-	Berufsberatung - / Coaching + / Karriereberatung + / Karriereplanung + / Kompetenzentwicklung - / Recruiting - / Teamentwicklung +

Golden Profiler®	Verfahren beruht auf den Jung-Typen beziehungsweise MBTI	Lizenzierung ab rund 3 000 Euro inkl. Jahreslizenz, die allein über 1 000 Euro kostet (Vertrieb über Hogrefe)	+/-	+	-	Berufsberatung - Coaching + Karriereberatung - Karriereplanung - Kompetenzentwicklung - Recruiting - Teamentwicklung -
Harrison Paradox	Schieben von Aussagen in Reihenfolgen, etwa 30 Minuten, basiert ebenso auf Jung	Über deutschen Lizenzpartner, Voraussetzung sind Schulungen, ab 3 000 Euro, verschiedene Auswertungen über ein Punktesystem	+/-	+	-	Berufsberatung - Coaching - Karriereberatung + Karriereplanung + Kompetenzentwicklung + Recruiting + Teamentwicklung -
Hogan	Misst Potenziale, Motive und Werte auf sieben Skalen sowie das »Risiko« (dark side), vor allem für Assessments eingesetzt	Zertifizierung ca. 2 500 Euro	+	+	-	Berufsberatung - Coaching - Karriereberatung + Karriereplanung + Kompetenzentwicklung + Recruiting + Teamentwicklung -

					Anwendung
KODE®	Misst Kompetenzen, also erlernte Fähigkeiten, und Ausprägungen in Kompetenzbereichen (personal, sozial, aktivitätsorientiert, fachlich-methodisch)	Keine Angabe, laut Aussagen von Zertifizierten etwa 3 000 Euro	+	-	Berufsberatung + Coaching + Karriereberatung + Karriereplanung + Kompetenzentwicklung + Recruiting + Teamentwicklung -
Lifo®	»Interventionsinstrument«, kein Test: Misst vier Verhaltensstile und geht von einem Stärken-Schwächen-Paradoxon aus (Schwächen als übertriebene Stärken)	fünf Tage Euro 3 300 Euro	-	-	Berufsberatung - Coaching + Karriereberatung + Karriereplanung + Kompetenzentwicklung + Recruiting - Teamentwicklung -
Margerison McCann TMS®	60 Fragen zu Arbeitspräferenzen – in diesem Sinn kein direkter Persönlichkeitstest	TM Zentrum, zwei Tage mit Zugang zum System rund 1 800 Euro	+/-	+	Berufsberatung - Coaching - Karriereberatung - Karriereplanung - Kompetenzentwicklung + Recruiting - Teamentwicklung +

MBTI®	88 Items mit Fragen und psychologischen Gegensatzpaaren wie entschlossen-warmherzig, »Best-Fit-Prinzip«	Lizenz für Deutschland bei AMT, ab 3 500 Euro Zertifizierung	+/-		Misst Präfer-enzen, keine Eigenschaften	-	+ (USA)	Berufsberatung - Coaching + Karriereberatung + Karriereplanung + Kompetenzentwicklung + Recruiting - Teamentwicklung +
Insights MDI®	Ein weiterer Test der auf dem Typenmodell von C. G. Jung und dem Marston (DISC®) beruht, Begriffe werden in Rangordnungen gebracht	Lizenz für Deutschland bei Scheelen, Zertifizierung 2 450 Euro	(starke Kritik aus der Forschung/ BDP)	-	-			Berufsberatung - Coaching + Karriereberatung - Karriereplanung - Kompetenzentwicklung - Recruiting - Teamentwicklung +
MSA® Motiv-struk-turanalyse	Fragebogen, etwa 30 Minuten	ungefähr 2 200 Euro Ausbildung, pro Test Einkauf etwa 80 Euro	+ große Normgrup-pe, Wissen-schaftlich-keit besser als bei der MPA®	-	(private Fragen)			Berufsberatung +/- Coaching + Karriereberatung + Karriereplanung + Kompetenzentwicklung + (vor allem unter dem Aspekt »Inte-gration der anderen Seite«) Recruiting - Teamentwicklung +

	Beschreibung	Anbieter/Kosten			Anwendungsbereiche
MLQ Multifactor Leadership Questionaire	Führung transaktion und transformational	Mindgarden	+	-	Berufsberatung -, Coaching+, Führungskräfteentwicklung
Profiling Values®	Forced Choice, etwa 30 Minuten	Keine Angabe auf der Website, aber viele Module inklusive Sales-Seminar buchbar	- (keine Angaben außer Absicherung gegen 16 PF)	+	Berufsberatung -, Coaching -, Karriereberatung +/-, Karriereplanung +/-, Kompetenzentwicklung -, Recruiting -, Teamentwicklung -
RIASEC (Explorix) für Jugendliche ab 15 Jahren und Erwachsene	Fragebogen, etwa 30 Minuten, ermittelt berufliche Präferenzen	Hogrefe in der Expertenversion, unter Explorix.de für 13,50 Euro pro Test einzukaufen.	+/- (keine Angaben Reliablitiä auf Website)	+	Berufsberatung ++, Coaching +, Karriereberatung +, Karriereplanung +, Recruiting -, Teamentwicklung -
Teamklima Inventar	Fragebogen, etwa zwölf Minuten, Ziel ist es die Voraussetzungen für Innovation im Team zu testen	240 Euro mit 15 Fragebögen (Hogrefe)	+	+	Teamcoaching +, Teamentwicklung +

Regeln für den verantwortungsvollen Umgang mit Tests

Stellen Sie sich vor, Sie haben eine 17-jährige Tochter. Sie ist unsicher, schüchtern und stellt sich selbst infrage. Und dann bekommt sie ein IQ-Ergebnis, dass sie in einem einzigen Bereich als unterdurchschnittlich bewertet. Was macht das mit ihr? Selbst wenn sie in den vier anderen Bereichen normal abschneidet, könnte sie anfangen, noch mehr an sich zu zweifeln. Ähnliches kann bei anderen Tests passieren, denn in psychometrischen Verfahren geht es immer um den Vergleich.

Mit einstufenden Tests und auch Fragebögen sollte man vorsichtig umgehen, wenn das Selbstbewusstsein im Keller ist, denn natürlich bekommt man damit einen Spiegel der Selbsteinschätzung.

Neulich bekam ich eine E-Mail von einer Frau, die meinen Stärkentest ihrer selbstunsicheren Nichte schenken wollte. Ich habe ihr abgeraten, auch wenn mein Test kein Test ist: Ich weiß, dass sich niedriges Selbstbewusstsein unmittelbar auf die Antworten auswirkt. Und ich weiß, dass gerade unsichere Menschen dazu neigen, auf die Defizite zu schauen, so sehr man sie in eine andere Richtung zu motivieren versucht. Und dann kann ein Teufelskreis entstehen: Was ich selbst nicht glaube, kann ich auch nicht ermöglichen.

Die erste Regel für den verantwortungsvollen Umgang mit Tests: Tests sind nichts für instabile Menschen, auch die unwissenschaftlichen nicht. Sobald Zahlen auftauchen – weg damit. Dafür verwende ich lieber Stärkenkarten, die neutraler sind.

Noch mehr gilt das für (wissenschaftliche) Tests, die einen mit anderen vergleichen, und bei denen man mit »weniger« abschneiden kann als irgendein Durchschnitt. Tests mit Minusskalen (dem Plus ist also ein Minus gegenübergestellt) können auch eine ungute psychologische Nebenwirkung entfalten. Heikel ist deshalb auch der Big Five, der Introversion als zu wenig (minus) Extraversion misst.

Die zweite Regel: Wende nur etwas an, das du selbst sicher verstanden hast. Das gilt mit steigender Komplexität eines Tests in zunehmenden Maß. Ein Interessentest ist weit weniger komplex als ein Motivtest – zum Einstieg also besser geeignet.

Die dritte Regel: Beschränken Sie sich niemals auf ein Verfahren. Wer immer nur den MBTI® anwendet, wird blind für dessen Nachteile. Die Kenntnis mehrerer Verfahren ist meiner Meinung nach essenziell, um differenzieren und die notwendige Distanz zu jedem Test entwickeln zu können. Man erkennt außerdem, dass alle Tests letztendlich eigene Konstrukte erschaffen, mit denen sie die Welt erklären. Das kann dann problematisch werden, wenn es die Möglichkeiten begrenzt, weil jemand anfängt, diesem Weltbild zu glauben und zu folgen und alles daraufhin erklärt.

Die fünfte Regel: Moderieren Sie den Test und das Testergebnis so verständlich, dass kein Raum für Fehlinterpretationen und Vereinfachungen bleibt. Planen Sie dafür ausreichend Zeit ein. Ein einstündiges Auswertungsgespräch ist für einen komplexen Test viel zu kurz.

Die sechste Regel: Werden Sie nicht müde zu betonen, dass jeder Test nur ein winziges Fenster öffnet, durch das der Blick auf die Persönlichkeit erfolgt, ganz viel aber im Verborgenen lässt. Ich selbst habe mehr als 100 Verfahren bei mir selbst angewendet, jeder Winkel meiner Persönlichkeit ist vermessen. Aber jeder neue Test hat mir eine neue Erkenntnis geboten – oder alte relativiert. Für mich ist der Gedanke hochgradig erschreckend, wenn ich mir überlege, was passiert wäre, wenn ich im Persönlichkeitsbild eines Tests steckengeblieben wäre wie in einem Moor. Nie und nimmer wäre ich dann heute da, wo ich bin. Es ist wichtig, dass Sie sich dessen bewusst sind und auch stets Ihre Klienten darauf aufmerksam machen. So ein Test ist nur ein Schritt, sich selbst besser zu verstehen. Danach ist man nicht »fertig«.

Ich schalte dieses Kapitel bewusst vor die Ich-Entwicklung, weil es viel damit zu tun hat. Tests helfen sehr bei der Entfaltung des Ichs. Ihre Gefahr ist aber, dass sie etwas einfrieren, was besser in Bewegung bliebe.

Die siebte Regel: Sehen Sie Tests also nicht als Mittel zur statischen Vermessung, sondern als Entwicklungsgrundlage. Viele Klienten begrenzen sich durch ihre Testergebnisse selbst. Sie sind eben ein »ENTP« und deshalb schließen sie dieses oder jenes aus. Wenn Testauswerter zu so einer Sicht führen, dann richten sie Schaden an.

Literatur

Heckhausen, Heinz/Heckhausen Jutta: Motivation und Handeln. Berlin: Springer 1980

Hossiep, Rüdiger/Mühlhaus, Oliver: Personalauswahl und -entwicklung mit Persönlichkeitstests. Praxis der Personalpsychologie. Band 9. Göttingen: Hogrefe, 2. Auflage 2015

Hossiep, Rüdiger/Paschen, Michael/Mühlhaus, Oliver: Persönlichkeitstests im Personalmanagement. Göttingen: Verlag für Angewandte Psychologie 2000

McAdams, Dan: A New Big Five. Fundamental Principles for an Integrative Science of Personality. Am Psychology, 2006 Apr; 61(3): S. 204–217

McClelland, David: Human Motivation. Cambridge: Cambridge University Press 2009

Psychologie der Veränderung

Veränderung verstehen und begleiten

Entwicklung ist Veränderung, aber Veränderung ist mehr als nur Entwicklung – es ist ein Prozess, den wir als Coaches oder Führungskräfte mitgestalten. Deshalb ist es wichtig, die Psychologie der Veränderung zu kennen. Sie ist die Voraussetzung für Entwicklung, gibt ihr den größeren Rahmen.

Mit jeder Veränderung einhergehen Entlernen und Neulernen – etwa früh gelernter Muster. Wir bewegen uns dabei immer auf den tieferen limbischen Ebenen – in der Regel der mittleren. Das bedeutet, dass Veränderungen stets von Emotionen begleitet sind. Der Verstand – den es so ohnehin nicht gibt – hilft gar nichts, wenn es darum geht, aus alten Gewohnheiten auszubrechen und engagierte, neue Schritte zu unternehmen. Motivationsimpulse à la »Mach doch einfach!« verpuffen meist nach kurzer Wirkung. Auch Visionen, durch Bilder und Gespräche erschafft, verschwinden schnell wieder. Ein Coaching im Verständnis A (s. S. 20) wird ebenso keine tiefere Entwicklung in Gang setzen können, höchstens Bremsen lösen. Visionen können sich wie Tagträume im Kopf festsetzen, aber sie verändern nichts – zur Handlung laden Sie jedenfalls nicht ein. Im Gegenteil manchmal sorgen solche Visionen nur für ein schlechtes Gewissen: dass man es einfach nicht schafft, sie umzusetzen.

Warum ist Veränderung so schwierig? Ein Grund ist, dass wir Emotionen und Verstand voneinander trennen. Im Grunde gibt es diese Trennung sowieso nicht. Alles ist Emotion, auch die reinste Ratio. Bei Menschen, die angeblich nichts fühlen, hat man beispielsweise nachgewiesen, dass sie im Kopf die gleiche Aktivität zeigen wie andere, mitunter sogar mehr. Der Verstand hat die Emotionen also einfach nur rationalisiert.

Wir können das Gefühl also nicht ausschalten, nur kocht es mal auf kleiner und mal auf größerer Flamme. Auf der größeren kann es mehr entfachen, die Neuronen eher zum Feuern bringen. Daran sind dann auch wieder Gedanken beteiligt, die sich mit den Gefühlen verbinden.

Veränderung benötigt Denken und Fühlen. Etwas kann eher im Kopf sein oder als Gefühl auftreten – erst durch die Verbindung von beidem wird Veränderung möglich. Denn nur dann wachsen neue Verbindungen im Gehirn, neue neuronale Verknüpfungen entstehen. Wir brauchen körperliche und sensorische Empfindungen und Emotionen, aber auch vom bisherigen Denkkonzept »abweichende« Gedanken. Solche neuen Gedanken entstehen viel eher, wenn stärkere Emotionen beteiligt sind. Wie Sie das fördern und steuern können, davon handelt das nächste Kapitel. Dazu gehört kleiner Ausflug ins Gehirn.

Wieso wir für Veränderungen den Kopf benötigen

Unser Gehirn besteht aus 100 bis 150 Milliarden Nervenzellen, die man Neuronen nennt. Diese Neuronen sind schon bei unserer Geburt vorhanden und erneuern sich das ganze Leben lang, auch im Alter. Einige verschwinden, während andere neu hinzukommen. Es findet also ein reger und ständiger Austauschprozess statt. Damit neue Nervenzellen entstehen, müssen Informationen ins Großhirn. Der Temporallappen und der Hippocampus spielen als »Türsteher« für Informationen eine zentrale Rolle. Durch ihn müssen alle Informationen durch, damit sie langfristig im Großhirn abgespeichert werden können. Diesen Weg passieren Informationen, die mit Gefühlen verbunden sind, besonders leicht. Intensive Gefühle beschleunigen den Prozess, ganz besonders die positiven Gefühle. »Oh, ich kann das, welche Freude!« bewirkt viel mehr als ein flacheres Gefühl des Stolzseins auf eine gute Note.

Anders ist es mit negativen Gefühlen. Mit starkem Angsterleben verbundene Erfahrungen landen nicht im für die Rationalität zuständigen Großhirn, sondern in der Amygdala, dem Mandelkern. Diese schüttet Stresshormone wie Adrenalin oder Noradrenalin aus, wenn Gefahr in Verzug ist. Die Folge sind emotionale Zustände wie Trauer, Wut oder auch Aggressionen sowie körperliche Symptome wie Herzrasen, Schwindel oder Übelkeit. Die Amygdala meldet dem Großhirn solche Gefühle in rasender Eile. Dort hinterlassen sie Markierungen. Leider besteht dabei die Neigung, die negativen Gefühle besser zu erinnern als die positiven. Das ist gut für die Gefahrenmeldung, aber schlecht für unsere Wahrnehmung. Im Nachhinein können die Dinge so schlechter werden, als sie tatsächlich waren.

Das sagt viel darüber aus, wie Menschen zu Veränderungen bewegt werden können: durch die Aktivierung der Amygdala. Denn die Amygdala ist zudem der zentrale Dirigent positiver Gefühle, die dann eine Rückmeldung ans Großhirn geben. Daraus können wir ableiten, was bei Veränderungen zu tun ist: Es nutzt wenig, sich rational mit etwas zu beschäftigen. Es bringt viel, Emotionen einzubinden – vor allem positive. Eine positive Erfahrung wird also mehr bringen als nur reden. Bei negativen Gefühlen dagegen ermöglicht das Darüber-Reden einen distanzierenden Umgang mit negativen Erfahrungen, es rationalisiert. Und das ist gut.

Wenn Sie also mit Veränderungen zu tun haben, schauen Sie sich die Art der ge-
wünschten Veränderung an, um Ihre Vorgehensweise darauf anzupassen. Über Konflikte und Ärger spricht man besser, Schritte in eine neue Richtung verlangen mit
positiven Emotionen verknüpfte Erfahrungen. Geht es um Veränderungen in Unternehmen ist beides sinnvoll: Die Ängste nimmt man durch Reden, die Motivation für
das Neue bringt Erleben.

Wichtig ist dabei als weiterer Punkt die Nachhaltigkeit. Einmal ist keinmal – dieser Spruch hat durchaus seine Berechtigung. Habe ich einmal mit einer Meditation
ein positives Erlebnis gehabt, wird mich das nicht zu einem fleißigen und täglich
praktizierenden Meditationsjünger machen. Um zu verstehen, warum das so ist,
sollten wir noch einmal in unseren Kopf schauen: Nervenzellen verbinden sich
mit anderen Nervenzellen, diese Verbindungen nennt man Synapsen. Eine einzige
Nervenzelle kann so mit hunderten oder tausenden anderen Neuronen ein Netz-
werk bilden. Von diesen Netzwerken gibt es unendlich viele.

Es können aber nicht nur neue Verbindungen, sondern auch beim Erwachsenen immer wieder neue Zellen entstehen. Sicher weiß man das für den Bereich
des Hippocampus, also der Schaltzentrale im Temporallappen. Weiterhin können
nicht genutzte Zellen rekrutiert werden, denn in vielen Arealen liegen eine Menge
Zellen brach, die fast ohne Verknüpfungen existieren. Werden sie eingebunden in
neuronale Netzwerke, erwachen sie zu neuem Leben.

Für die Entwicklung sind dabei vor allem die sogenannten NMDA-Rezeptoren
wichtig, da diese es vermögen, so stark zu feuern, dass sie den synaptischen Spalt
überbrücken und damit neue Verbindungen initialisieren. Der synaptische Spalt
verbindet Prä- und Postsynapse, wenn ein chemisches Aktionspotenzial ausgelöst
wird – etwa durch Rezeptoren. Dabei sind zwei Glutamat-Rezeptoren besonders
wichtig: NMDA und AMPA. NMDA-Rezeptoren sind dabei für die Bildung neuer
Gedächtnisinhalte essenziell, arbeiten dabei aber im Team mit den AMPA-Rezeptoren, die diese neuen Nervenbahnen verstärken.

Die AMPA-Rezeptoren brauchen also sozusagen Vorarbeiter. Manche sagen,
»AMPA-Lernen« bringe nichts, weil dabei immer mit dem vorhandenen »Material«
gearbeitet wird. Das ist insofern nicht richtig, weil beide Rezeptoren zusammen-
spielen müssen.

Wie sehr feuern die Neuronen? Je mehr, desto mehr Veränderung. Starkes Feuern ist auch daran zu erkennen, dass Menschen sich daran noch lange erinnern,
und zwar sehr konkret. Feuern auf niedriger Flamme führt zu einem: »Das war
nett und interessant – tolles Coaching«. Da war jemand dann zwar involviert,
aber nicht aktiviert. Die Erinnerung wird schwammig, außer »Es war ein hilfrei-

ches Coaching oder Frau Hofert war nett« wird nicht viel erinnert. Im Grunde ein schlechtes Zeichen. Ich empfehle daher, zur Überprüfung der Nachhaltigkeit immer mit großem Abstand nachzufragen, was erinnert wurde. Ein unmittelbares Feedback sagt relativ wenig aus.

Die Synapsen bilden die Muster, die uns bestimmte Dinge denken lassen. Sie spiegeln Lernerfahrungen. Wenn wir also umlernen wollen, müssen wir neue Verbindungen bilden. Je öfter wir eine bestimmte Erfahrung machen, desto stabiler wird die synaptische Verbindung zwischen den Nervenzellen, desto wahrscheinlicher ist eine dauerhafte Veränderung.

Dabei spielt Zeit ebenfalls eine große Rolle, denn Nervenbahnen brauchen lange um stabil und fest zu werden. So dauert es etwa 28 Tage, bis aus einer neuen Zelle ein ausdifferenziertes Neuron geworden ist, Zellfortsätze entstanden und Verknüpfungen mit Ein- und Ausgängen gewachsen sind. Die Stärke der neuen Nervenzellen ist abhängig von der Aktivität, mit der man sie beeinflusst. Das heißt, wer in dieser Zeit mehr lernt, stärkt seine Zellen. In den folgenden zwei Wochen sind die Neuronen besonders offen, Reize in ihren Synapsen zu kodieren. Das bedeutet, dass sich das Gelernte besonders gut verankert. So vollzieht sich das Neulernen über einen Zeitraum von etwa sechs Wochen – aus diesem Grund sind viele Kurse auf sechs oder mehr Wochen ausgerichtet.

Wenn Sie also mit Veränderungen zu tun haben, die neues Lernen erfordern, denken Sie immer in Prozessen. Einmalige Erlebnisse lösen vielleicht etwas Positives aus, für eine Veränderung reicht das aber nicht Wenn ich mit Klienten an Veränderungsthemen arbeiten soll, die nur einen Termin vereinbart haben, verabrede ich nach etwa sechs Wochen ein Nachgespräch. Sie erhalten für diese Zeit ein Selbstcoaching-Blatt, das ich individuell zusammenstelle.

Für Personalentwickler bedeutet das, dass sie Veränderungen von Mitarbeitern engmaschig begleiten beziehungsweise begleiten lassen sollten. Wollen Sie, dass ein Mitarbeiter an seinem Verhalten etwas ändert, sollten Sie konkret besprechen, was Sie genau meinen, und dies immer wieder mit dem Mitarbeiter reflektieren, anstatt nur einmal im Jahr ein Gespräch zu suchen.

Eine Variante ist das sogenannte Action Learning, bei dem Teams ihr Neulernen gemeinsam gestalten. Das »Neue« sollte täglich aktiviert werden. Hilfreich ist dabei auch ein Lerntagebuch.

In den weiteren Abschnitten erfahren Sie mehr über den konkreten Umgang mit Veränderungen, über die Gestaltung des Prozesses und die Aktivierung von Emotionen. Es lohnt sich also, dabeizubleiben. Beginnen wir mit einem Thema, das oft sehr emotional besetzt ist: dem Bauchgefühl.

Kopf und Gefühl – das braucht Veränderung

Hören Sie auf Ihr Bauchgefühl? Oder eher auf Ihr Kopfgefühl? Ja, Kopfgefühl. Bauch und Kopf zu trennen, ist eine verrückte Idee, die auf einer veralteten Vorstellung unserer biologischen Landkarte beruht. Deshalb sind Erklärungsmodelle, die dem Bauch die Intuition und dem Kopf den Verstand zuschreiben, aus wissenschaftlicher Sicht Unsinn. Dass manche »Experten« dem Herz das Gefühl zuordnen, lässt sich nur bildlich-symbolisch, nicht aber anatomisch erklären. Kurzum: Die Prozesse zwischen Bauch und Kopf lassen sich nicht trennen, es ist ein ständiges Wechselspiel. Dies haben wir bereits auf Seite 157 ff. festgestellt, als ich sie in die Funktionsweise und das Wechselspiel des rationalen Hippocampus und der emotionalen Amygdala eingeführt habe.

Lange war nicht bekannt, dass der Bauch im Grunde fast ein Abbild des Gehirns ist. Kopf und Bauch – vielmehr Darm – sehen nicht nur ähnlich aus, sondern besitzen auch ein Nervensystem, das wahrnehmen und reagieren kann. So spricht man heute von Kopfhirn und Bauchhirn. Vor allem der Austausch von unten nach oben ist sehr aktiv. So sendet der Bauch viele Informationen an den Kopf, die dort das Denken beeinflussen. Aber der Kopf kommuniziert ebenfalls mit dem Bauch.

Dennoch trennen wir in unserer Vorstellung meist Bauch und Kopf. Neben dem falschen Bild von unserer Anatomie könnte der Grund für die Wahrnehmung zweier getrennter Einheiten auch in der Entwicklung der Menschen begründet liegen. Im Laufe der persönlichen Reifung entsteht eine zunehmend tiefere Wahrnehmung eigener Gefühle. Dies merkt man an einem immer differenzierteren Ausdruck. Zudem wächst die Fähigkeit, Gefühle und Verstand zu verbinden. Erst in späteren Entwicklungsphasen können Menschen überhaupt beides zusammen und nicht mehr als getrennten Prozess wahrnehmen. So kommt es, dass manche Menschen gar nicht merken, was sie »in sich hineinfressen« – sie haben keinen Zugang dazu. Wenn wir mit Veränderungen zu tun haben, gilt es deshalb immer auch, sich mit den Gefühlen, die sie auslösen, zu beschäftigen. Erst wenn diese überhaupt wahrgenommen werden, lässt sich darüber reden. Das ist alles andere als banal. Während Coaches und andere Menschen in Helferberufen im Wahrnehmen und Darüber-Sprechen sehr geübt sind, ist das für andere Berufsgruppen höchst ungewohnt.

Kopf und Gefühl zusammenbringen

Zugang zu den eigenen Bedürfnissen finden

Bei Klaus war das offensichtlich. Er arbeitete zusammen mit einem Kollegen als Teil eines Geschäftsführungstandems. Ständig ärgerte er sich über den Partner, entwickelte sogar ein Magengeschwür. Die Gefühle von Wut und Ärger nahm er jedoch gar nicht wirklich wahr, geschweige denn, dass er daraus Wünsche an den Kollegen ableitete, wie es in der fortgeschrittenen Kommunikation selbstreflektierter Erwachsener möglich ist.

Durch gezieltes Üben und Trainieren gelang es ihm schließlich, einen stärkeren Zugang zu den eigenen Gefühlen zu bekommen, mehr zu beobachten und eigenes Fühlen und Denken zu verbinden. Hier half ihm die Übung »Fünfschritt der Wahrnehmung« (s. unten) sehr. Klaus bemerkte dadurch die in ihm aufsteigende Wut, wenn der Partner ihn in Entscheidungen nicht einband. Er hörte genauer in sich hinein: Was hat diese Wut mit ihm zu tun? Was interpretierte er nur? Bisher hatte er nichts getan – außer sich abzuwenden und zu schweigen. Könnte er sich auch anders verhalten?

Je mehr er die einzelnen Ebenen wahrnehmen konnte, desto mehr erschlossen sich ihm andere Verhaltensweisen. Schließlich gelang es ihm, direkter zu reagieren und auszusprechen, was ihm missfiel. Dadurch veränderte sich das Verhältnis zu seinem Partner sehr zum Positiven.

Was uns von unseren Emotionen entkoppelt ist einerseits die Überlagerung der Gefühle durch rationale Gedanken, andererseits ist es aber auch der Autopilot, indem wir oft beinahe automatisch handeln. Wir machen Dinge, weil wir meinen, diese tun zu müssen. Das hat natürlich auch mit Gefühlen zu tun. Denn diese Dinge machen wir meist, während wir die Emotionen ignorieren. Dabei verlieren wir den Bezug zu uns selbst, die Verbindung zwischen Denken, Tun und Fühlen.

Menschen dabei zu unterstützen, diese Verbindung wiederherzustellen, ist eine wichtige Aufgabe im Coaching. Personalentwickler und Führungspersonen, die sich um ihre Mitarbeiter sorgen, sollten besonders achtsam sein. Mitarbeiter landen im Burnout, weil sie ihre eigenen Bedürfnisse nicht mehr spüren. Gönnen Sie Mitarbeitern eine Pause. Fragen Sie ruhig nach, wie es ihnen geht und was sie empfinden. Das geht natürlich nur in einer sehr vertrauensvollen Umgebung, in der eine ehrliche Antwort nicht ausgenutzt wird. Das versteht sich von selbst. Hoffe ich.

Übung: Fünfschritt der Wahrnehmung

Der Fünfschritt der Wahrnehmung bringt Menschen dazu, sich selbst genauer zu beobachten.

- Was ist das für eine Situation, die ich gerade beobachte?
- Was fühle ich?
- Was denke ich?
- Was wünsche ich mir?
- Was tue ich?

Durch die getrennte Wahrnehmung der verschiedenen Aspekte wird die Aufmerksamkeit auf sich selbst größer. Man wird sich bewusster. Und es kommen neue Gedanken hinzu. Probieren Sie das einmal an sich selbst aus, bevor Sie es in Ihr Coaching einbringen. Wählen Sie dazu drei Situationen aus, die Sie als emotional empfinden.

- Die Situation: Was passiert da genau? Was beobachte ich?
- Das Gefühl: Wie ist es beschaffen? Gibt es ein erstes Gefühl und ein zweites? Bringt es körperliche Reaktionen mit sich? Wo sitzt es genau? Kann ich es lokalisieren?
- Die Gedanken: Was geht mir durch den Kopf? Wie lösen sich auch verschiedene Gedanken ab? Gibt es möglicherweise sogar mehrere innere Stimmen?
- Die Wünsche: Was möchte ich tun? Was wünsche ich mir ganz allgemein?
- Das Handeln: Was tue ich schließlich?

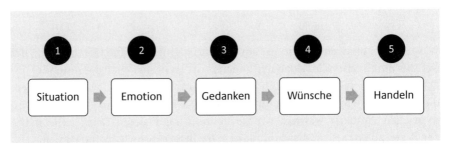

Fünfschritt der Wahrnehmung: wichtig für persönliche Veränderung und Entwicklung

Im ersten Schritt sollten Sie es bei der reinen Reflexion dieser fünf Schritte belassen. Für jemanden, der eine solche differenzierte Wahrnehmung gar nicht gewohnt ist, kann das eine ziemliche Herausforderung sein. Im zweiten Schritt analysieren Sie das, was Sie ausgearbeitet haben. Handeln Sie Ihren Wünschen entsprechend? Oder ist es eine bewusste Entscheidung, das nicht zu tun? Ist diese Entscheidung dann vielleicht sogar mit einem guten Gefühl verbunden? Wenn Sie dazu »Ja« sagen, sind Sie in einer guten Kopf-Bauch-Verbindung. Beachten Sie bei dieser Übung, dass sie über einen längeren Zeitraum erfolgen sollte, damit Sie tatsächlich eine verbesserte Verbindung erreichen.

Wandeln Sie die Übung ab, wenn Ihre Klienten Schwierigkeiten haben, so stark zu differenzieren. Die Übung setzt eine höhere Reife voraus. Menschen, die noch gar nicht in einen richtigen Dialog treten können und eigene Gefühle weder differenziert wahrnehmen noch beschreiben können, sind damit vielfach überfordert. Das sind oft Menschen, die in frühen Loevinger-Stufen sind (s. S. 175 ff.).

Wenn es nicht geht, sollten sich auf die Schritte vier und fünf – also auf Wünsche und das Handeln – konzentrieren: Was wünsche ich mir und wie handele ich schließlich?

Kreisdenken auflösen

Viele Menschen wünschen sich Veränderungen, aber sie packen sie nicht an. Sie drehen sich im Kreis. Zu mir kommen viele »Kreisdenker«. Sie haben alles hundertmal durchdacht, aber sie bekommen die PS nicht auf die Straße. Viele waren schon bei x-verschiedenen Coaches, und im Grunde hat jeder meiner Vorgänger nur bestätigt, was die Leute schon wussten. Manche interpretieren das als Beweis für die Unwirksamkeit des Coachings oder dass sie einfach den »falschen« Coach erwischt haben. Aber so einfach ist es nicht. Jeder ist für seine Veränderung selbst verantwortlich. Ein Coach kann Auswege zeigen, die Wege passieren muss jeder selbst.

Stellen Sie sich einen Kreisverkehr vor, der keine Ausfahrten mehr hat. Durch das ständige Im-Kreis-Fahren ist der Blick vernebelt. Das Kreisdenken hat die alten neuronalen Verbindungen noch weiter verstärkt. Je länger man im Kreis denkt, desto schwieriger wird man wieder herauskommen. Man nutzt immer nur die alten neuronalen Bahnen und schafft keine neuen.

Mir selbst gelingt es oft, aber natürlich nicht immer, ein solches Kreisdenken mit einfacher und konkreter Planung aufzubrechen, mit Mini-Schritten. Für viele Menschen sind diese ganz konkreten Schritte notwendig, um aktiv werden zu können. Die Tatsache, dass sie jemanden »Bericht« erstatten sollen, bringt sie auf Trab. Eine solche konkrete Planung ist im Coaching unüblich. Viele Coaches und auch Führungskräfte belassen es bei Zielvereinbarungen.

Aber: Gerade Menschen, die noch kein wirklich stabiles Ich haben (s. dazu auch S. ###), profitieren davon, Erledigtes einfach abhaken zu können. Ich arbeite dazu mit Post-its oder Stattys Notes, auf die ich Aufgaben schreibe. Außerdem definiere ich mit dem Coachee Meilensteine als emotionale Auftanker. Mit jedem Meilenstein ist etwas geschafft, das ein positives Gefühl auslöst. Das könnte man auch als Ritual bezeichnen – auch in Unternehmen extrem wichtig. Dabei gebe ich klare Rückmeldungen zur Größe der Aufgaben und Schritte.

Eine große Gruppe von Menschen kann mit langfristigen Zielen eher wenig anfangen, für sie sind viel kleinteiligere Schritte notwendig. Das sehen sie oft selbst nicht. Hier kann der Coach die Größe und Art der Ziele und Meilensteine hinterfragen.

Teilweise hat Kreisdenken mit einem Entwicklungsstau zu tun. Dieser ist besonders typisch für Menschen in der eigenbestimmten Phase (E6 nach Loevinger, s. S. 198). Diese Phase ist gekennzeichnet durch Verantwortungsbewusstsein, das teilweise übertrieben wird. Die eigenen Maßstäbe sind dann so hoch und so groß, dass das Streben danach die Menschen blockiert. Hier hilft es, die Maßstäbe selbst infrage zu stellen – etwa ein guter Manager zu sein oder eine perfekte Vollzeitmutter. Die eigenen Werte werden dann zur Falle. Ich erlebe es des Öfteren, dass Menschen sich ihre in dem Fall ungesunden Werte sogar bei anderen Coaches »bestätigen« ließen. Das macht es natürlich nur schlimmer. Diese Coaches glauben, dass das Streben nach etwas Lebenssinn gibt – die Methode der »Big Five for Life« von John Strelecky ist beispielsweise daran ausgerichtet. Bei einigen Klienten funktioniert das gut. Dann gibt das eine gesunde Orientierung. Bei anderen führt es jedoch zur verkrampften Haltung des Unbedingt-erreichen-Wollens. Gerade beim Thema Lebenssinn passiert das häufiger, da Medien und Umfeld uns hier glauben lassen, dass so etwas dazugehört. Blockaden sind ein klares Indiz dafür, dass etwas nicht stimmt. Es geht in so einer Situation also mehr um das Loslassen als darum, Wege zur Erfüllung zu finden.

Ziel zur Auflösung des Kreisdenkens muss sein, neue Neuronen wachsen und/oder Verbindungen entstehen zu lassen. Wie wir gelernt haben, helfen dabei Emotionen. Und wie kommt man zu solchen Emotionen? Am besten durch positive Erfahrungen. Kreisdenker müssen also als erstes neue Erfahrungen machen. Schicken Sie sie raus! Wenn es Menschen sind, die Ziele brauchen, lösen Sie den Glauben an Ziele auf. Es ist genauso wichtig, ab und zu kein Ziel zu haben. Nur dann kann man ein neues finden! Es muss immer eine Balance geben zwischen Zielen und Los- oder Treiben-Lassen. Wenn man noch kein neues Ziel hat, die alte Situation aber verlassen will, wird man Neues nur durch Loslassen entdecken können.

Hat das Kreisdenken mit Ängsten und traumatischen Erlebnissen zu tun, bieten sich Verfahren aus der Traumatherapie an. Methoden wie das psychotherapeutische Verfahren EMDR oder wingwave® können helfen. EMDR wurde vor rund 20 Jahren von Frances Shapiro erfunden. Heute gibt es zahlreiche Ausbildungsinstitute. Vielfach erwartet man eine Therapieausbildung als Voraussetzung, jedoch könnten teilweise auch ausgebildete Coaches zugelassen werden.

Das Umfeld verändern

Auf der individuellen Ebene einer Einzelperson beginnt Veränderung mit einer Entscheidung, etwas zu tun. Doch diese einzelne Person ist immer eingebunden in ein Umfeld, welches den Stil und den Takt der Veränderung mitbestimmt. So können Umfelder hemmend und fördernd sein. Ein anderes Umfeld kann viel bewirken. Somit ist Umweltveränderung eine der wichtigsten Maßnahmen überhaupt. Ich habe oft mit Führungskräften zu tun, die unglückliche Mitarbeiter »mitschleppen«. Diese haben keinen Spaß am Job, aber kündigen auch nicht, meist sind sie schon lange dabei. Ihnen kann man etwas Gutes tun, wenn man sie dabei unterstützt, ein neues Umfeld zu finden. Sie werden das meist erst rückblickend sehen können – so wie der Segen der Veränderung häufig erst rückblickend deutlich wird.

Auch die Veränderung von Bezugspersonen kann wichtige Impulse setzen. Erst durch den Wechsel seines Musiklehrers startete mein Sohn richtig durch. Eine

Kundin war mehrere Jahre beim gleichen Coach gewesen. Der Wechsel tat ihr auf lange Sicht gut. Partnerwechsel, Arbeitgeberwechsel, Ortswechsel: All das kann vieles zum Positiven wenden. Aber: Nach einer langen Zeit, ist der erste Wechsel in der Regel schwierig. Nach 16 Jahren in der gleichen Firma ist der nächste Arbeitgeber bisweilen nur eine Durchlaufstation. Nach fünf Jahren beim gleichen Coach, wird der Nachfolger es schwer haben – vielfach ist ein weiterer Wechsel nötig, weil das Durchbrechen der bisherigen Denkmuster erst einmal zur Irritation und Ablehnung führt. Das hat mit der Gewöhnung zu tun, oder anders gesagt: Beharrungstendenz, die sich auch im Umgang mit Bezugspersonen zeigt.

Zu viel Veränderung auf einmal ist ebenfalls ein Risiko. Das sehen manche Menschen aber nicht. Sie spüren eine Unzufriedenheit und führen diese auf einen einzigen, einzelnen Aspekt zurück, in etlichen Fällen auf den Beruf. Sie sehen dabei die Wechselwirkung nicht, die zwischen verschiedenen Lebensbereichen besteht. Diese bestehen immer. Wer ein erfülltes Liebesleben hat, kann ein weniger erfüllendes Berufsleben deutlich leichter verkraften.

Deshalb empfehle ich in meinen Ausbildungen, mit den Säulen der Identität nach Hilarion Petzold zu arbeiten. Diese zeigen dem Klienten an, dass sein Lebenshaus verschiedene Säulen hat – und diese verschiedenen Seiten notwendig sind, damit es überhaupt stabil stehen kann. Die Benennung der Säulen variiere ich immer etwas. Das habe ich in meinem Buch »Meine 100 besten Tools für Coaching und Beratung« (2013) beschrieben.

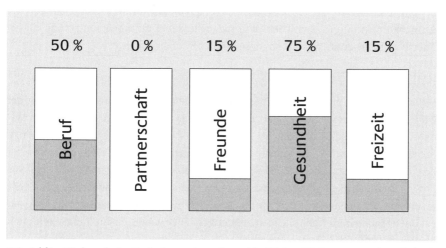

Beispiel für »Säulenarbeit«: Veränderung braucht stabile Säulen. Die Prozentangaben sind Beispiele. Jede Säule kann zu 100 Prozent gefüllt sein. Die Frage an den Klienten ist also, wie er das in seiner derzeitigen Situation wahrnimmt. Hier ist die Partnerschaftssäule der »Knackpunkt« mit nur null Prozent.

»Standard« sind die Säulen »Beruf«, »Partnerschaft/Familie«, »Körper/Gesundheit«, »Freizeit/Hobbys« und »Soziales/Freunde«. Ich male die Säulen auf und lasse die Klienten einzeichnen, wie gefüllt sie sind. Dabei helfen Prozentangaben, wobei 100 Prozent das Maximum und null Prozent das Minimum sind. Wenn alle Säulen brachliegen, empfehle ich, sich auf eine Säule zu konzentrieren. Welche das ist, entscheidet der Klient dann für sich allein. Kann er das nicht, ist meine Empfehlung, sich auf einfache Säulen zu konzentrieren, also keinen Job zu kündigen, wenn alles andere auch nicht funktioniert. Oft können die Klienten nicht einschätzen, wie schwierig es ist, eine neue Beschäftigung zu finden – es sei denn man hat ein standardisiertes Berufsprofil, das am Markt nachgefragt wird, etwa Krankenpfleger. Sonst gilt: Die lange Suche, das Wegbrechen beruflicher sozialer Kontakte und die zahlreichen Absagen würden die Situation eher verschärfen.

Ich weiß von Therapeuten, die hier anders agieren, weil ihnen der Arbeitsmarkt weniger vertraut ist. So empfahl der Therapeut einer meiner Kundinnen, die für sie schwierige und aufreibende Selbstständigkeit aufzugeben – obwohl sie einen guten Einstieg gefunden hatte. Mit ihrem Profil hatte sie es aber extrem schwer, einen adäquaten Job zu finden. So landete sie in einer sie unterfordernden Anstellung, die die Lage verschlimmerte. Sie entschied sich schließlich, die Selbstständigkeit wiederaufzunehmen, hatte aber bereits alle Auftraggeber verloren und musste neu anfangen. Bei der Entscheidung hätte entwicklungspsychologisches Wissen und ein Blick auf die Motivatoren geholfen: Ja, es fiel der Klientin schwer, sich selbst zu steuern, und sie war sehr von Anerkennung getrieben. Die Angst vor negativer Kritik stresste sie sehr und führte dazu, dass sie sich übertrieben in die Aufgaben reinhängte. Der Therapeut hätte sie dabei unterstützen sollen, dieses Thema zu bearbeiten, anstatt so diese Empfehlung zu geben.

Fallbeispiel: Maria und die Säulen der Identität

Maria war 26 Jahr in einem Konzern beschäftigt. Es handelte sich um ein Unternehmen der Energiebranche, das im Bereich der Digitalisierung in Schwierigkeiten geraten war. Maria war aufs Abstellgleis geraten, im Unternehmen gab es keine Stellen mehr, die ihren Fähigkeiten entsprachen. So kam sie zu mir, da sie wissen wollte, wie ihre Chancen auf dem Arbeitsmarkt aussähen. Maria verdiente im hohen sechsstelligen Bereich, und eine Analyse ihrer Fähigkeiten ergab, dass sie kaum eine annähernd adäquat bezahlte Stelle in anderen Unternehmen finden könnte. Ihr Gehalt würde, so meine Einschätzung, auf ein Drittel schmelzen. Wenn sie überhaupt etwas finden würde, da ihre Tätigkeiten kaum übertragbar auf andere Branchen waren.

Ich kommuniziere das ganz offen, auch wenn ich weiß, dass ein »Coach« das vielleicht nicht machen sollte. Nach so vielen Jahren Berufserfahrung ist meine Einschätzung der Chancen aber meist sehr sicher. Natürlich behaupte ich nicht, dass ich etwas sicher wüsste, sondern formuliere es folgendermaßen: »Nach allem, was ich in dem Bereich bisher gesehen habe, schätze ich das so oder so ein.« Gern füge ich hinzu: »Natürlich bin ich weder allwissend noch ein Orakel. Ich kann mich irren.« Das ist für mich so etwas wie der Disclaimer. Ich kann mich irren – natürlich. Ich weiß um Urteilsverzerrungen und kenne die »Selbstbestätigungstendenz«, die besagt, dass man dazu neigt, Belege für die eigene Aussage zu suchen und auch zu finden.

Ich malte für sie die Säulen der Identität auf, obwohl ihr Anlass, aus dem sie zu mir gekommen war, ein rein berufsbezogener war. Natürlich holte ich mir die Erlaubnis. Dabei kam heraus, dass die Säulen »Partnerschaft« und »Soziales« bei je null Prozent lagen. Maria hatte mit über 50 Jahren noch nie einen Partner über mehr als ein Jahr gehabt und für Freunde hatte sie lange keine Zeit durch den aufreibenden Job. Als sie die Zeichnung sah, wurde ihr selbst klar, was sie als Erstes ändern musste: die Säule »Soziales« stabilisieren. Da entschied sie, den Job zunächst zu behalten, aber das Engagement herunterzufahren. Ich riet ihr, neue Erfahrungen zu sammeln, indem sie sich neue Umfelder suchte.

Wenn Menschen wenige Interessen haben wie Maria, gebe ich manchmal den Tipp, sich pro Woche eine neue Aktivität zu suchen – und zwar etwas, das bisher gar nicht interessiert hat, gern auch zufällig ausgesucht. Über den Eventkalender bei Xing oder in den Stadtzeitschriften lässt sich immer etwas finden. Diese »Experimentierphase« setze ich meist auf sechs Wochen an, um danach ein Zwischenfazit zu ziehen.

Bei Menschen, die sich sehr schwer selbst steuern können, unterstütze ich bei der Erstellung des Plans. Vielfach ist es sinnvoll mit Mikroschritten zu arbeiten, also sehr kleinteilig zu besprechen, was als Nächstes geschehen soll. Scheuen Sie sich hier nicht, auch einmal direktiver aufzutreten, auch wenn sie in ihrer systemischen Ausbildung anderes gelernt haben. Sie dürfen Menschen, die sich selbst schwer führen können, ruhig stärker anleiten.

Veränderung als Prozess denken

Wir haben bis hierhin zwei gemeinsame Grundannahmen:

○ Erstens: Veränderung braucht eine Entscheidung, manchmal auch die, auf ein Ziel zu verzichten.
○ Zweitens: Veränderung ist ein Lernprozess.

Dieser Prozess hört beim Individuum erst dann auf, wenn etwas in Fleisch und Blut übergegangen ist. Ich habe mir vor etwa zehn Jahren vorgenommen, viermal pro Woche Sport zu machen. Es gab seitdem höchstens eine Woche, in der ich das nicht eingehalten habe. Sport gehört für mich dazu wie Zähneputzen. Ich muss mich nicht mehr aufraffen, ihn als Bestandteil meines Lebens mitzudenken.

Wir haben gelernt, dass Menschen vier bis sechs Wochen benötigen, um etwas neu zu lernen, denn in dieser Zeit reifen im Hippocampus neue Zellen zu Neuronen heran. Veränderungen in Teams und Unternehmen geht meist langsamer vonstatten. Es gibt kein Gehirn der Gruppe, hier spielen vielmehr sozialpsychologische Aspekte eine Rolle, die Gruppendynamik, aber auch Urteilsverzerrungen auf der Gruppenebene. So entscheiden Gruppen oft anders als Einzelpersonen, dazu später mehr.

Insgesamt sind andere Kräfte im Spiel. Wer Veränderungsprozesse in Unternehmen steuert, sollte aber ebenso auf Neulernen durch positive Erlebnisse setzen. Ein gemeinsames Event kann viel Energie freisetzen, aber es ermöglicht keine Veränderung. Der Effekt verpufft. Deshalb sollten sie als Verantwortlicher für Veränderungen in Unternehmen immer in Programmen denken und nie in Einzelaktionen. Das wird in vielen Unternehmen falsch gemacht. Ein einzelnes Teambuilding-Event sorgt kurzfristig für gute Stimmung, ist aber langfristig wertlos --sechs Wochen gemeinsames Lernen mit täglichen Reflexionen hat einen viel nachhaltigeren Effekt.

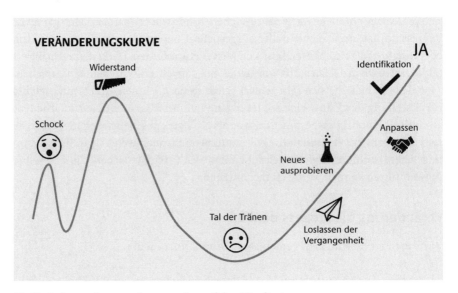

Die Veränderungskurve und was so alles auf dem Weg liegt …

Gehirngerecht durchspielen, was Veränderung bedeutet

Auf der Einzelebene setzt Neulernen eine weitgehende Synchronisierung der Emotionen und Gedanken voraus, die vielen schwerfällt. So trennen die meisten Menschen ihren Verstand von den Gefühlen. Sie haben etwas hundertmal durchdacht, aber kein einziges Mal gefühlt. Das ist ein Grund für Stagnation. Es kann auch andersherum sein: Etwas wurde hundertmal gefühlt, aber nie durchdacht – auch dann wird es nicht vorwärtsgehen. Solche Emotionalität entsteht beispielsweise, wenn man Bilder von der Zukunft malt oder sich auf Fantasiereisen begibt. Das ist durchaus eindrücklich, nachhaltig und wichtig – aber zu wenig, um eine Veränderung einzuleiten.

Ich habe vielfach mit Kunden zu tun, die in einem früheren Coaching fantastische Ideen ausgearbeitet haben, oft visuell – aber von Umsetzung keine Spur. Häufig liegt dies an der fehlenden Konkretisierung. Einige Coaches glauben daran, dass die Visionen allein stark genug sind, um Menschen zu leiten. Sie sind überzeugt, dass die Vorstellung führen kann. Doch das ist ein Irrglaube. Wenn wir uns die Funktionsweise des Gehirns verdeutlichen, muss uns das klar sein. Erst wenn neue Verbindungen stark genug sind, kann sich das Denken verändern.

Wer sich verändern möchte und eine Vision hat, muss diese intensiv und sehr konkret durchdenken – bis hin zu einem minutengenauen Tagesablauf. Fehlen die Informationen, um das zu tun, gilt es diese zu beschaffen. Noch besser ist ein direktes Erleben. So habe ich immer wieder Klienten, die von einem bestimmten Beruf träumen: zum Beispiel Konditor. Können sie sich den Tagesablauf in einem solchen Beruf nicht von sich aus vorstellen, sollten sie bei einem Konditor hospitieren (und nicht nur dann). Sie müssen möglichst viele, möglichst konkrete Informationen sammeln. Die Vorstellung von duftendem Gepäck und der gefühlte Stolz auf das Backwerk reichen nicht – auch die weniger schönen Seiten müssen gefühlt sein. Weiterhin muss der Weg zu einem solchen Traumjob konkret ausgemalt werden. Was geschieht in der Zeit, bis die Pläne realisiert sind? Wie wird es finanziert? Je mehr konkrete Gedanken, desto besser. Die Wahrscheinlichkeit steigt enorm, wenn nicht nur Vision und Ziele stehen, sondern auch der Prozess zur Erreichung ganz konkret durchdacht ist.

Fallbeispiel: Klara und die berufliche Veränderung, die eigentlich eine persönliche ist

Klara wollte immer einen kleinen Hof in der Toskana bewirtschaften. Sie hatte in einem Gruppencoaching wunderbare Bilder gemalt, die dieses Ziel zeigten. Sie ärgerte sich aber, dass sie es nicht realisierte, sondern immer wieder »sichere« Arbeitsstellen annahm. Ich brachte sie auf die Idee, doch einfach einmal einen Urlaub auf einem Bauernhof zu buchen und bei der Olivenernte mitzuhelfen, um ein Gefühl dafür zu bekommen. Irgendwann machte sie es. Sie hielt es gerade mal drei Tage aus. Die Hitze, der Schmutz und die Mücken – all das war nichts für sie. So konnte sie diesen Traum endlich beerdigen. Dabei entdeckte sie für sich, dass sie zu hohe Erwartungen an ihren Job hatte. Dieser sollte ihr die hundertprozentige Befriedigung und Talenterfüllung bieten. Der Maßstab war viel zu hoch.

Es galt also im Coaching, diesen Maßstab zu hinterfragen. Auch die starke und einseitige Visionsorientierung war letztendlich ungesund. Sie hinderte Klara daran, sich auf das Hier und Jetzt zu konzentrieren und den Moment wahrzunehmen. Nun fiel auf, dass der Grund ihres Festhaltens an der Berufsvision mit der Flucht vor der eigenen Entwicklung zu tun hatte. Sie wollte ihre Arbeit auf ihre Weise machen und hatte das Feedback ihrer Vorgesetzten immer als ungerecht abgelehnt. Sie war so dem Maßstab »Bleib wie du bist« gefolgt, nicht etwa »Verbessere dich selbst«. Die Beschäftigung mit diesen Themen half ihr sehr, mehr Lebenszufriedenheit zu entwickeln.

Für Coaches, die in der beruflichen Neuorientierung arbeiten, gibt es aus meiner Sicht ein zentrales Thema: Folge ich in meinem Coaching dem Bedürfnis des Klienten? Oder hinterfrage ich dieses auch? Oder: Wann mache ich Ersteres, wann Letzteres? Das muss jeder für sich beantworten, sollte sich aber immer zwei Fragen stellen:

o Erstens: Wie helfe ich dem Klienten am besten?
o Zweitens: Kann ich auffangen, was ich anstoße?

Phasen der Veränderung

Veränderungen werden nicht immer selbst gesucht, in etlichen Fällen erfolgen sie von außen. Eine Kündigung kann das ganze Lebenskonzept genauso auf den Kopf stellen wie das Ende einer Partnerschaft, Verlust von nahen Verwandten oder eine gesundheitliche Krise. In solchen Fällen beginnt Veränderung meist mit einem Schock, der in eine Schockstarre führt. Viele sind dann gar nicht in der Lage zu handeln. Die fünf Trauerphasen der Sterbeforscherin Elisabeth Kübler-Ross helfen auch dabei, in der Arbeit mit Einzelpersonen und Teams Veränderungen richtig einzuordnen:

o Nicht-wahrhaben-wollen
o Zorn
o Verhandeln
o Depression
o Akzeptanz

So ist es normal, dass dem Schock erst einmal Verneinung folgt. Dann möchte der Mensch in einer Veränderung, der um sein bisheriges Leben trauert, nicht wahrhaben, dass es bald anders sein wird. Es folgt der Widerstand gegen die erzwungene

Veränderung und das Tal der Tränen. Bis hierhin geht die Kurve nach unten. Das Tal der Tränen hat aber einen reinigenden Effekt. Endlich wird gesehen, dass etwas unvermeidbar ist. Man trauert um das Alte, die Vergangenheit. Danach beginnen sich Menschen vorsichtig oder mutig voranzutasten. Sie probieren Neues aus, experimentieren. Der Mann, der seinen Job verloren hat, nimmt ein Projekt an. Die Frau, die den Partner verloren hat, geht wieder aus. Und das Team im Unternehmen schaut sich die neue Situation doch einmal an, meist getrieben von veränderungsbereiten Führungskräften oder Persönlichkeiten, die es dazu ermutigen. So passt man sich der neuen Situation an und erkennt durchaus Vorteile. Irgendwann früher oder später schließt man Frieden und bekennt sich dazu, wie es jetzt ist. Das Modell ist zwar empirisch nicht belegt, jedoch stelle ich immer wieder fest, dass diese Phasen fast immer beobachtbar sind – und wie hilfreich es ist, diese auch zu durchleben. Sie können daraus ableiten, dass es wenig Sinn macht, nach einem Schock direkt mit dem Arbeiten zu beginnen. Es braucht eine Zeit der Trauer, allein oder gemeinsam, oder allein und gemeinsam. Sie können in Veränderungsprozessen erkennen, dass sich Personen in verschiedenen Stadien befinden. Während einige lange Widerstand leisten, sind andere schon längst dabei, sich an die neuen Gegebenheiten anzupassen.

Für Coaches und Berater, aber auch für Führungskräfte heißt das: Geben Sie dem Trauern Zeit und Raum, motivieren Sie aber rechtzeitig zum Ausprobieren. Arbeiten Sie mit Gruppen auf diese Weise, nutzen Sie vor allem das Potenzial der Menschen, die schnell aus dem Widerstand und der Trauer kommen, um die anderen mitzunehmen. Meist sind das starke Charaktere mit einer hohen Offenheit für neue Erfahrungen. Sie können in einem Veränderungsprozess Botschafter und Treiber sein. Es macht mehr Sinn, sie zu fördern und zu stützen, als sich auf den Widerstand zu konzentrieren. Gründe für Widerstand sind mannigfaltig. Sie sind einerseits persönlichkeitsbedingt: Weniger offene Personen neigen mehr zum Festhalten. Andererseits spielen gruppendynamische Effekte mit herein: Die Widerständler sind häufig entmachtete »Alphas«, die Anhänger um sich scharen. Mitunter ist eine Trennung von solchen Personen der einzige Weg, um als Unternehmen voranzukommen. So ist der Gründer des US-Unternehmens Zappos Tony Hsieh durch den Spruch »Accept holacracy or leave« berühmt geworden. Diesen Satz hat er an die Führungskräfte adressiert, die nicht bereit waren, das neue Unternehmenssystem Holakratie anzunehmen. Damit sie das Unternehmen verließen, bekamen die Führungskräfte Abfindungen.

Je länger Menschen etwas ohne große Veränderung tun, desto schwieriger ist das Neue für sie. Hier wirken Persönlichkeit und Umwelt zusammen. So suchen Menschen mit weniger großer Offenheit und einem hohen Sicherheitsbedürfnis eher stabile Umfelder und orientieren sich seltener neu. Die Stabilität des Umfelds verstärkt diese Eigenschaften noch.

Der Gewöhnungseffekt nach vielen Jahren im gleichen Umfeld ist groß. Ich sehe das deutlich bei Kunden aus Konzernen, die Jahre und Jahrzehnte zwar interne Veränderungen durchmachen, aber immer im gleichen System geblieben sind. Es ist wie in einer Familie: Man kann sich ein anderes System gar nicht mehr vorstellen. Solche Menschen prägen meist eher einseitige Vorstellungen von Führung oder Unternehmenskulturen, weil sie das zugrunde legen, was sie kennen. Sie sind so in ihrem Umfeld aufgegangen, dass sie sich nur sehr langsam und erst nach einem schwerwiegenden Ereignis – etwa einem Burnout – lösen können.

Es ist also viel schwerer, Menschen mit einer langen Zugehörigkeit von Veränderung zu überzeugen. Sie sind vielleicht manchmal neugierig und wollen wissen, was für sie sonst »noch drin« ist. Aber ohne Leidensdruck, ist die Bereitschaft zur Bewegung gering. Menschen schaffen sich ihre eigene Realität und in dieser blenden sie regelmäßig Aspekte aus. Manager halten sich für unersetzlich, Sachbearbeiter sind überzeugt »richtig« zu handeln. Das ist mit der Verhaltensökonomie, die zwischen Wirtschaftswissenschaften, Neurowissenschaften und Psychologie liegt, gut erklärbar. Wir wissen unter anderem durch die Forschungen von Daniel Kahneman, dass wir uns laufend selbst etwas vormachen. Das nennt sich kognitiver Bias, also Fehler im Kopf. Die Selbstbestätigungstendenz besagt, dass man laufend nach Bestätigung seiner eigenen Einschätzung sucht. Und diese garantiert auch findet.

Umgang mit Angst

In Veränderungsprozessen spielt das Gefühl der Angst eine zentrale Rolle. Angst ist in den unterschiedlichen psychologischen Schulen immer anders interpretiert worden. Bei Freud etwa ist die Angst dem Ich, Über-Ich und dem Es zugeordnet, im Behaviorismus ist die Angst ein erlernter Mechanismus. Die Persönlichkeitspsychologie unterscheidet in den Big Five zwischen einer allgemeinen Ängstlichkeit als Persönlichkeitsmerkmal, also Neurotizismus und Angst als kurzfristigen Übergangszustand. Der Tiefenpsychologe Fritz Riemann unterschied vier Grundformen der Angst, denen er vier Persönlichkeitstypen zuordnete:

o Der Hysteriker begegnet seiner Angst vor der Vergänglichkeit durch ein buntes, kreatives, abwechslungsorientiertes Verhalten.
o Der Zwanghafte versucht seine Ängste mit Struktur und Planung zu überbrücken.
o Der Depressive begegnet seiner Angst vor dem Alleinsein durch die Suche nach Nähe und Gesellschaft.
o Der Schizoide kreist mit seinen Gedanken vor allem um sich und grenzt sich von anderen ab.

Diese Grundformen existieren natürlich nie in Reinform, jeder Mensch hat situativ mehrere Tendenzen. Christoph Thomann entwickelte daraus später das »Riemann-Thomann-Kreuz«, das die Grundformen in Gegensätze fasst. Es ermöglicht, Menschen darin zu positionieren Dieses Modell kann in Veränderungsprozessen helfen, sich bewusst über eigene Reaktionen oder die Reaktionen der Gruppe zu werden.

- Stelle ich mich der Veränderung, indem ich Kontakt zu den anderen suche? (Nähe)
- Versuche ich sie distanziert zu beobachten? (Distanz)
- Probiere ich sie aus? (Wechsel)
- Oder ordne und strukturiere ich? (Dauer)

In den unterschiedlichen Veränderungsphasen ist unterschiedliches Verhalten sinnvoll, letztendlich sind aber alle vier Perspektiven notwendig. Das näheorientierte Verhalten hilft durch die Verbindung mit anderen bei Beziehungen. Die Distanz ermöglicht eine nüchterne Beobachtung der Veränderung. Das wechselorientierte Verhalten wiederum hilft beim Ausprobieren und Experimentieren. Die strukturierte, planvolle Dauer ist hilfreich, um im neuen Alltag zurechtzukommen.

Angst ist weniger angeboren als erlernt und deshalb stark mit Erinnerungen verknüpft. Angst zieht Vermeidung, Flucht oder Abwehr nach sich. Es ist deshalb das Gegenteil von Neugier, das Erkundungsverhalten beinhaltet und mit als positiv empfundener Erregung einhergeht. Wer Neuem und Unbekanntem begegnet, kann also sowohl positive Gefühle erleben als auch negative, vor allem Angst. Angst unterdrückt die Freude an Erkundung, Spiel und Kreativität. Deshalb ist es in Veränderungssituationen wichtig, sich mit der Angst auseinanderzusetzen. Dies geschieht am besten durch Konfrontation mit der Angst, auch und gerade im Gespräch. Die Ängste müssen auf den Tisch und ausgesprochen werden. Es ist dagegen kontraproduktiv, sie zu überdecken oder verniedlichen.

Das sagt einiges über den idealen Umgang von Führungskräften in Veränderungssituationen aus: Sie müssen den offenen Umgang mit Ängsten fördern. Coaches sollten Ängste nicht wegdrücken, indem sie diese mit positiven Gefühlen – etwa Visionsarbeit – überlagern. Für diese ist später noch Zeit. In einer Angstsituation ist die Beschäftigung mit Zielen und Visionen überhaupt nicht angebracht. Leider wissen das viele nicht. So höre ich immer wieder von Coaches, dass sie ihre Klienten auf andere Gedanken bringen wollen. Nein, die Angst muss raus. Man muss darüber sprechen. Unbedingt!

Literatur

Hofert, Svenja: Meine 100 besten Tools für Coaching und Beratung. Offenbach: Gabal 2013

Riemann, Fritz: Grundformen der Angst. München: Ernst Reinhardt 1990

Roth, Gerhard: Persönlichkeit, Entscheidung und Verhalten. Warum es so schwierig ist, sich und andere zu ändern. Stuttgart: Klett-Cotta 2016

Roth, Gerhard/Ryba, Alica: Coaching, Beratung und Gehirn. Neurobiologische Grundlagen wirksamer Veränderungskonzepte. Stuttgart: Klett-Cotta 2017

Strelecky, John: The Big Five for life. Was wirklich zählt im Leben. München: dtv 2009

Die persönliche Entwicklung

Denken Sie einmal zurück: Wie haben Sie sich selbst verändert? Was ist anders als vor zehn oder 20 Jahren? Und was ist gleichgeblieben? Welche Teile von Ihnen sind veränderlich und welche dynamisch? Kommen wir nun zu einem wichtigen Teilgebiet von Veränderungen: der persönlichen Entwicklung.

Zurück zu den Fragen – und hin zu meiner eigenen Antwort: Bei mir hat sich viel getan. Ich bin ruhiger geworden, ausgeglichener, gelassener. Gleichgeblieben ist mein Interesse an Menschen und Entwicklung. Dieses Interesse war schon als Kind sehr groß. Ich habe leidenschaftlich gern beobachtet. Das tue ich immer noch. Aber heute sehe ich sehr viel mehr als früher. Es sind ganz viele Aspekte dazugekommen. Ich sehe aber auch das Gleiche, das ich früher schon gesehen habe – nur bewerte ich einiges mittlerweile ganz anders. Meine Lust am Beobachten hat dazu geführt, dass ich nie aufgehört habe, mir Fragen zu stellen. Ich habe über Lehrbücher hinausgedacht und immer wieder festgestellt: Da fehlt doch etwas! Die lassen doch etwas außen vor, all diese schlauen Leute, die Theorien entwickeln oder Tests erfinden.

Dazu gehören zum Beispiel Fragen, die mir die Autoren von Büchern zur Persönlichkeitspsychologie bisher nicht beantworten konnten: Warum können zwei Menschen mit dem gleichen Big-Five-Profil so unglaublich verschieden sein? Wieso gibt es Menschen, die sich mit niedriger Gewissenhaftigkeit in den Big Five viel zuverlässiger verhalten als solche mit hoher? Das dürfte doch gar nicht sein! Aber auch: Weshalb scheinen einige Menschen bestimmte Dinge gar nicht sehen und denken zu können? Aus welchem Grund sind gleich intelligente, extravertierte und gewissenhafte Menschen als Führungskräfte in dem einen Kontext wirksam und in einem anderen nicht?

Im vorangegangenen Kapitel ging es um die Psychologie der Veränderung, davor um Bausteine der Persönlichkeit. Ich verwende den Begriff Bausteine, da es mir wichtig ist, darzustellen, dass eine Persönlichkeit viele Facetten hat, dass sie dynamisch ist und sich verändert. Im Kapitel über die Grundannahmen habe ich bereits in den Unterschied zwischen Lernen und Entwicklung eingeführt. Lernen bedeutet Informationen aufzunehmen. Entwicklung ist mehr: Sie bringt eine Transformation mit sich, eine Veränderung der Logik des Denkens und Handelns.

Als Coach, Berater und Führungskraft ist uns an solchen Transformationen besonders gelegen. Wenn wir nicht nur kleine Probleme lösen, sondern große Prozesse begleiten wollen, wird es immer auch um Entwicklung gehen. Um Entwicklung zu verstehen, helfen Kenntnisse in entwicklungspsychologischen Modellen, von denen ich Ihnen die wichtigsten vorstellen möchte. Wann immer sinnvoll, arbeite ich heraus, was das für Ihre praktische Arbeit bedeutet.

Die menschliche Entwicklung verstehen

Ohne die anderen bin ich nichts

Anna arbeitet als Vertriebsmitarbeiterin im Innendienst. Für sie ist das Team alles. Geld verdienen müsste sie eigentlich nicht, da sie geerbt hat und der Ehemann gut verdient. Sie sucht im Beruf ein zweites Zuhause und Wärme. Das ist für sie wie ein Lebenselixier. Wenn ich sie nach ihrem Lebenssinn frage, sagt sie: die Kollegen. Sie ist sehr stark mit ihrem Umfeld verschmolzen. Als Anna ihre Arbeitsstelle verliert, verliert sie gleichzeitig diesen Sinn. Sie möchte sofort ein neues Unternehmen suchen, hat das Gefühl sonst nicht leben zu können oder verrückt zu werden. Ohne die anderen ist sie nichts – so fühlt sie jedenfalls.

Menschen bewegen sich ständig zwischen den Polen »Ich« und »Wir«, zwischen Unabhängigkeit und Zugehörigkeit, nicht nur als Kind und in der Pubertät. Die Reise geht auch später noch weiter. Lebenskrisen machen sich meistens an zwei Eckpfeilern fest: Es geht entweder um Abgrenzung oder um Zugehörigkeit, wir wollen entweder unabhängiger werden oder suchen Bindung, auch im übertragenen Sinn, etwa dem Spirituellen.

Verschiedene entwicklungspsychologische Modelle greifen diese Thematik auf. Alle haben einen unterschiedlichen Fokus, auf den ich später noch einmal eingehe. Sie besitzen aber auch gemeinsame Grundannahmen:

- Die Pole Zugehörigkeit/Bindung (Wir) und Autonomie (Ich) geben immer den Rahmen vor, unabhängig von der Persönlichkeit des Menschen.
- Der Maßstab des Denkens wird innerhalb dieser Pole immer größer. In einer frühen Entwicklungsstufe sieht man nur sich, später die anderen, schließlich den Kontext und dann auch den Einfluss von Vergangenheit, Gegenwart, Zukunft.
- Entwicklung verläuft in Stufen oder spiralförmig. Es ist also eine Abfolge.
- Eine Stufe folgt auf die andere, ein Überspringen ist nicht möglich.
- Je weiter die Entwicklung voranschreitet, desto mehr Perspektiven und Aspekte kann ein Mensch sehen und in sich integrieren. Die Komplexität des Denkens und Sprechens steigt.
- Es gibt einen Unterschied zwischen Verstehen und Begreifen. Menschen können etwas intellektuell nachvollziehen, ohne es in ihre Denklogik zu integrieren. Das bedeutet: Sie können etwas verstehen, aber nicht selbst produzieren.
- Mit zunehmender Entwicklung steigt die innere Stabilität und psychische Gesundheit.

○ Mit zunehmender Entwicklung steigt die Fähigkeit zur Selbstaktualisierung, sich also immer wieder neu auszurichten und dabei einen stabilen Kern zu behalten.

Logisch ist für jeden anders

Menschen verstehen und interpretieren Dinge höchst unterschiedlich. Kommentare in meinem Blog liefern ein gutes Beispiel dafür. Manche Menschen sehen etwas in meinen Texten, das aus meiner Perspektive gar nicht dasteht. Sie ziehen Schlüsse, die ich als vereinfachend empfinde. Ich habe zum Beispiel einmal aus meiner Sicht differenziert über unterschiedliche Sichtweisen auf das Thema Berufung geschrieben. Darauf schrieben mir einige, ich hätte keine Ahnung, andere wiederum kommentierten, ich sähe das ganz falsch. Dass ich aber gar nichts »gesehen«, sondern einfach nur unterschiedliche Aspekte beleuchtet habe, wurde ausgeblendet.

Die Logik mancher Leser sucht aber nach richtig oder falsch. Und wenn es da nicht steht, leiten sie es einfach selbst aus meinen Texten ab. Ähnlich verhält es sich im Coaching oder in Führungssituationen: Einige Menschen benötigen Klarheit darüber, was richtig und was falsch ist. Sie haben noch nicht verstanden, dass es Grautöne gibt. Ich erinnere mich beispielsweise an einen Mitarbeiter, der nicht damit zurecht kam, dass es einerseits dokumentierte Vorschriften gab, andererseits sein Chef diese aber auch einmal bewusst ignorierte, wenn etwas Wichtiges dafür sprach. Das sah der Mitarbeiter als wankelmütig an, es verunsicherte ihn, weil er nach der Regel suchte. Aber natürlich: Der Chef hätte ihm deutlicher machen müssen, wann ein Prinzip wichtiger ist als eine Regel. Es ist also auch die Art, wie man etwas kommuniziert. Aber nicht nur. Was Menschen als wichtig wahrnehmen, ist höchst unterschiedlich. Und viele blenden eine Reihe von Informationen einfach aus. Das hat mit ihrem Denkschema zu tun. Sich darauf einstellen zu können, ist extrem nützlich für Coaches und alle, die mit Menschen arbeiten.

Die Entwicklung des Denkens

Das Denken entwickelt sich im Kindesalter in einer bestimmten, immer gleichen Reihenfolge. Diese Entwicklung hat Jean Piaget untersucht und beschrieben. Bekannt ist sein Versuch mit verschiedenen Wassergefäßen. Dabei kippte er Wasser aus einem breiteren Gefäß in ein schmaleres. Die Kinder erkannten den höheren Wasserstand, jedoch nicht, dass es sich um genauso viel Wasser handelte wie zuvor. Sie waren vielmehr überzeugt, dass in dem länglichen Gefäß mehr Wasser sei.

Auch als die Versuchsleiter das Wasser zurückschütteten und das Wasser wieder auf dieselbe Höhe im breiteren Gefäß kam, waren die Kinder nach wie vor sicher, dass im schmaleren Behälter mehr Wasser sei. Piaget führte weitere Experimente durch, die in die Psychologiegeschichte eingingen. Er ließ beispielsweise Kinder auf die Zeichnung von Bergen schauen, um zu sehen, welche Perspektive sie einnehmen können und welche nicht. In einem bestimmten Alter konnten Kinder sich nicht vorstellen, dass jemand auf der anderen Seite des Berges etwas anderes sieht als sie selbst. Das kann man übertragen und vom Alter lösen. Bestimmte Perspektiven einzunehmen ist nicht jedem möglich, weil es das Denkschema nicht hergibt. Gleichzeitig kann man sich nicht vorstellen, dass es eine andere als die eigene Perspektive geben kann. – Nicht ohne Grund bezeichnete Einstein Piagets Experimente als genial. Piaget leitete daraus vier Entwicklungsstufen ab:

- **Sensomotorische Phase:** Das Kind lernt motorisch auf sensorische Reize zu reagieren.
- **Präoperative Phase:** Diese Phase ist durch magische Überzeugungen geprägt. Kinder bewältigen die Umschüttaufgabe mit dem Wasser noch nicht. Außerdem können sie sich nicht in die Perspektive einer anderen Person versetzen, die einen Berg betrachtet. Es sieht seinen Standpunkt als den einzig möglichen.
- **Konkrete Operationen:** In dieser Phase ab dem siebten oder achten Lebensjahr können sich Kinder vorstellen, dass die gleiche Menge Wasser in einem dünnen länglichen und einem breiten Gefäß enthalten sein kann. Es gelingt auch Unterklassen zu addieren. Allerdings können Kinder in dieser Phase sich oft noch nicht unrealistische Annahmen vorstellen, wie etwa fliegende Autos. Das hypothetisch-deduktive Denken kennzeichnet den Übergang in die nächste Phase. Das Kind kann zwei Annahmen aufeinander beziehen, etwa alle Menschen sind sterblich. Mein Vater ist ein Mensch. Mein Vater ist also sterblich.
- **Formale Operationen:** Ab etwa dem elften Lebensjahr lassen sich Probleme vollständig auf der hypothetischen Ebene lösen. Ein Beispiel sind Aufgaben vom Typ: Drei Schwestern A, B und C haben verschiedene Körpergrößen. Wenn A größer als B und C kleiner als A, welche Schwester ist dann die Größte?

Sie mögen fragen, was nützt mir dieses Wissen, wenn ich mit Erwachsenen arbeite? Es ist insofern nützlich, als es zeigt, dass es Schemata gibt, die die Logik bestimmen, mit der Menschen etwas wahrnehmen, also denken. Es kann nur etwas in seiner ganzen Bedeutung verstanden werden, wenn es auch der Logik entspricht. Es offenbart zudem, wie Menschen lernen – und zwar auf zweierlei Art und Weise. Einmal lernen sie etwas hinzu, das in ein bestimmtes Schema passt. Andererseits verändern sie ihr Schema und damit die Art, etwas aufzunehmen. Letzteres bedeutet einen erheblich größeren Entwicklungssprung.

Piaget unterscheidet zwischen Verhaltensschemata und kognitiven Schemata. Ein Verhaltensschema bezieht sich auf Handlungen, etwa Laufen. Es umfasst alles, was von einer Person unter Laufen verstanden wird. Ein kognitives Schema kann man sich vorstellen wie eine Mindmap. Es hat eine oberste Ebene, die den Hauptbegriff umfasst. Von da verzweigt es sich weiter. Es beschreibt so das, was eine Person von etwas weiß. Beispiel: Ein Kind, das bisher nur Hunde kennt, sieht eine Kuh und sagt »Wauwau« dazu, weil in seinem Schema alles mit vier Beinen ein Hund ist. Die Mutter erklärt, dass das eine Kuh sei, die zudem »muht«. Jetzt ändert sich das Schema. Das Kind erkennt, dass es mehr Tiere mit vier Beinen gibt, die zudem unterschiedliche Geräusche machen.

Anderes Thema: Coaching. Unter diesem Schema könnten »Fragen« und »Prozess gestalten« stehen. Unter »Fragen« würde sich zum Beispiel die Wunderfrage aus dem lösungsorientierten Kurzzeitcoaching oder zirkuläres Fragen aus der systemischen Therapie reihen, unter Prozess gestalten »Flipchart« und »Coaching-Vertrag«.

Lernt jemand Neues dazu, so geschieht dies im vorhandenen Schema als Assimilation. Beim Assimilieren reiht sich eine neue Information in ein Schema ein. Bei der Akkomodation verändert sich das Schema selbst. Würde jemand mit dem vorgestellten Coaching-Schema eine neue Fragetechnik lernen, könnte diese sich einreihen. Würde das Thema Coaching grundsätzlich infrage gestellt, müsste sich das Schema ändern. Akkomodation ist Entwicklung, Assimilation Lernen.

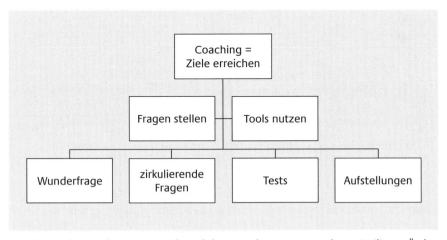

Ein Schema für Coaching: Neues reiht sich hier ein, das ist Lernen oder Assimilieren. Ändert sich das Schema, spricht man von Akkomodation. Das Denken entwickelt sich weiter. Dann wäre Coaching zum Beispiel nicht mehr an »Ziele erreichen« gebunden, sondern wie von mir vorgeschlagen an das »Helfen«.

Der praktische Nutzen dieser Theorie liegt im Verstehen dieses Unterschieds – und den Konsequenzen, die Sie daraus für die Praxis ziehen können. Natürlich werden Ihre Mitarbeiter und Kunden in der Lage sein, formale Operationen durchzuführen, denn sie haben alle Stufen der kognitiven Entwicklung durchlaufen. Aber sie haben ein festgefügtes Denkschema, in das sie Informationen einordnen. Nehmen wir an, Sie sollen Ihre Mitarbeiter für mehr Kreativität öffnen. Ein Mitarbeiter hat das Denkschema »neues Thema« und darunter »Konzept erstellen« und »Schulungen machen«. Mit diesem Schema wird keine Öffnung stattfinden. So agieren aber viele Firmen. Schauen Sie sich hierzu doch mal das Einkreis- und Zweikreislernen nach Chris Argyris an, das auch in den Grundannahmen beschrieben ist. Zweikreislernen ist genau das: Das Schema wird infrage gestellt. Im genannten Beispiel ließe sich fragen, ob wir es überhaupt mit einem neuen Thema zu tun haben. Vielleicht gilt es vielmehr, erst einmal zu schauen, ob nicht bereits Kreativität vorhanden ist. Die Frage wäre also: Wo findet sich bereits Kreativität?

Genauso wichtig ist dieses Wissen für Führungskräfte: Wenn Sie also Mitarbeiter wirklich entwickeln wollen, müssen Sie genau hier ansetzen. Stellen Sie die bisherige Interpretation – also das Schema – infrage.

Im Coaching ist die Schemaänderung enorm wichtig, um Menschen aus eingefahrenem Denken zu holen. Viele Klienten kommen mit ihren Schemata nicht weiter. Ihre Probleme lassen sich nur durch neues Denken lösen.

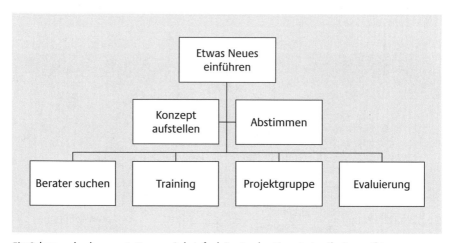

Ein Schema, das begrenzt: Neues wird einfach in eine bestimmte Logik eingereiht

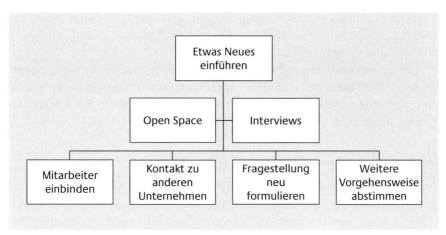

Ein Alternatives Schema zur selben Aufgabenstellung

Die Entwicklung der Moral

Lawrence Kohlberg übertrug den Gedanken der kognitiven Entwicklung von Piaget auf das moralische Urteil. Auch in seinen Forschungen ergab sich ein stufenmäßiger Verlauf, dem eine wechselnde Orientierung zugrunde liegt. Kohlberg teilte seine Stufen in drei Ebenen ein. Er nannte sie vorkonventionell, konventionell und postkonventionell:

○ Stufe 1: Orientierung an Strafe und Gehorsam (vorkonventionell)
○ Stufe 2: Orientierung an Zweckdenken, zum Beispiel wie du mir, so ich dir (vorkonventionell)
○ Stufe 3: Orientierung an Übereinstimmung mit anderen (konventionell)
○ Stufe 4: Orientierung an gesellschaftlichen Maßstäben und Ordnungen (konventionell)
○ Stufe 5: Orientierung am Sozialvertrag und Nutzen für alle (postkonventionell)
○ Stufe 6: Orientierung an allgemeingültigen Prinzipien, überindividuelles Denken (postkonventionell)

Auch hier könnte man von Schemata sprechen, die die Logik beschreiben, nur dass diese viel weitreichender und grundlegender sind. Das Schema von einem Menschen auf Stufe 1 lässt viel weniger Handlungsspielräume zu als das Schema von einem Menschen auf Stufe 5 oder 6. Jemand auf Stufe 1 wird Dinge vermeiden, um nicht bestraft zu werden. Jemand auf Stufe 5 wird Dinge tun, um Nutzen zu stiften. Übertragen Sie diese Kenntnisse einmal auf Mitarbeiter in Unternehmen im

Hinblick das Thema »Verantwortung übernehmen«. Auf Stufe 1 wird keiner Verantwortung übernehmen wollen, aus Angst etwas falsch zu machen, auf Stufe 5 wird er das mit Freude tun.

Die Stufen 5 und 6 zeigen Denken, das vor allem durch kritische Reflexion entwickelt werden kann. Auf welcher Stufe der Moralentwicklung ein Mensch steht, lässt sich an einer Dilemmata-Diskussion erkennen. Kohlberg beschreibt »Das Heinz-Dilemma«, das ich hier verkürzt wiedergebe.

Das Heinz-Dilemma nach Kohlberg

Eine todkranke Frau leidet an einer seltenen Krebsart. Es gibt ein Medikament, das ihr Leben hätte retten können. Das Medikament ist so teuer wie ein Luxuswagen. Heinz, der Ehemann, borgt von allen Bekannten Geld, bringt aber nur die Hälfte des Preises zusammen. Nach ergebnislosen Verhandlungen mit der Krankenkasse sieht Heinz keinen Ausweg, als in eine Apotheke einzubrechen, die – wie er erfahren hat – das Medikament vorrätig hat, und das Medikament für seine Frau zu stehlen. Was denken Sie – sollte er das tun? Schreiben Sie einfach ein Pro- und ein Kontraargument auf und dann vergleichen Sie Ihre Argumente mit dem möglicher Antworten auf den unterschiedlichen Stufen.

Stufe	Pro	Kontra
1	Heinz sollte das Medikament stehlen, da seine Frau vielleicht ein bekannter Popstar ist ...	Heinz sollte es nicht stehlen, da er dafür ins Gefängnis kommen kann.
2	Heinz sollte das Medikament stehlen, weil seine Frau ihm dann eines Tages ebenfalls einen Gefallen tun könnte.	Heinz sollte das Medikament nicht stehlen, falls er seine Frau nicht liebt, denn das wäre die ganzen Schwierigkeiten nicht wert.
3	Heinz sollte das Medikament stehlen, selbst wenn er seine Frau nicht liebt und auch wenn es für einen Fremden ist, denn wir sollen immer bereit sein, anderen zu helfen.	Heinz sollte es nicht stehlen, um einen guten Eindruck in der Gemeinschaft und seinen Status zu behalten.
4	Heinz sollte das Medikament stehlen, weil Menschen zum Nutzen der Gesellschaft Verantwortung für andere übernehmen müssen.	Heinz sollte das Gesetz achten, denn der Respekt vor dem Gesetz würde erschüttert, wenn einzelne Bürger meinten, sie könnten jederzeit Gesetze brechen, nur weil sie nicht mit ihnen übereinstimmen.

5	Heinz sollte das Medikament stehlen, da das Recht auf Leben das Recht auf Eigentum verdrängt oder sogar übersteigt.	Man sollte das Gesetz achten, weil das Gesetz die grundlegenden Rechte Einzelner gegenüber anderen sichert, die diese übertreten.
6	Heinz sollte das Medikament stehlen. Es sollte zudem verankert werden, dass das Recht auf Leben stets über den Eigentumsrechten und kommerziellen Interessen steht.	Heinz sollte das Medikament nicht stehlen, die Gesetzgebung sollte jedoch eine Lösung finden, damit die Kommerzialisierung eingedämmt werden kann und es damit zu so einer Situation in Zukunft gar nicht erst kommen kann.

Sie sehen an den Antworten, dass sich die Orientierung verändert: zunächst ist sie bei einem selbst, dann bei den anderen, schließlich bei der Gesellschaft und am Ende definiert es ihre Standards und Prinzipien mit. Die Komplexität steigt, es kommen immer mehr Aspekte dazu. Mit höherer Moralentwicklung sehen Menschen nicht mehr nur sich selbst, sondern sich selbst im Kontext. Das sagt einiges über Integrität im beruflichen Kontext aus: Je weiter in der Moralentwicklung, desto höher wird sie sein.

Haben Sie es auch schon einmal erlebt, dass jemand etwas ganz selbstverständlich fand, bei dem Sie den Kopf geschüttelt haben? Mein Sohn sagte mit 14 Jahren, dass jeder sich selbst der Nächste sei. Er hielt es für völlig normal. Das war es aus seiner Perspektive auch. Es gehört zur normalen Entwicklung von Kindern und Jugendlichen, dass sie die vorkonventionellen Ebenen durchlaufen. Mit dem Eintritt ins Berufsleben wechseln sie meist in den konventionellen Bereich. Auf die postkonventionellen Ebenen gelangen jedoch selbst nur noch wenige Erwachsene.

Der Wert von Kohlbergs Modell liegt darin, dass es unterschiedliche Denklogiken aufzeigt, die moralischen Entscheidungen zugrunde liegen. Das Denken bezieht immer mehr Aspekte ein und zieht damit weitere Kreise. Höhere Führungskräfte sollten postkonventionell denken können, da dies die Entwicklung von Menschen, aber auch von Unternehmen als Teil der Gesellschaft fördert. Menschen mit postkonventionellem Verständnis werden sich weniger abhängig zeigen und sich eher unabhängige Meinungen bilden können. Sie können einfacher die für einen Gesamtkontext relevanten Aspekte in ihr Denken einbeziehen. Sie handeln nicht selbstbezogen und unterwerfen sich keinen Gruppenzwängen. Wenn Sie sich in Ihrem Bereich umschauen, werden Sie jedoch feststellen, dass das noch lange nicht der Normalfall ist.

Auch Coaches sollten Stufe 5 oder 6 anstreben, denn nur so können sie sich auf unterschiedliches Denken einstellen. Postkonventionelle Denker können Denken auf früheren Ebenen wahrnehmen und nachvollziehen. Für Fachberater ist das nicht ganz so entscheidend, aber fraglos ebenso hilfreich. Sie sollten sich aber ihre eigenen Grenzen bewusst machen.

Mir erzählte eine Führungskraft von einem Trainer, der immer nur nach Lehrbuch agierte und nicht links und rechts schaute. Er lehrte ausgerechnet agile Methoden, zu denen das gar nicht passt. Warum er bei vielen Teilnehmern nicht ankam, verstand er nicht. Er pochte einfach zu sehr darauf, dass etwas so oder so gemacht werden muss. Er hielt das für die einzige Möglichkeit ... Ein die Entwicklung förderndes Coaching wäre für ihn sehr hilfreich gewesen. Dabei müsste im Vordergrund stehen, den Trainer an seine eigenen und die Bedürfnisse der Teilnehmer heranzuführen.

Auf Seite 214 erhalten Sie eine Zusammenfassung der unterschiedlichen Maßnahmen.

Das Streben nach Gleichgewicht

»Es gibt keine Gefühle, keine Erfahrungen, keine Gedanken und keine Wahrnehmungen, die von dem Prozess der Bedeutungsbildung unabhängig wären. Erst durch den Prozess der Bedeutungsbildung wird etwas zu Gefühlen, Erfahrungen, Gedanken und Wahrnehmungen, weil wir nämlich dieser Prozess sind«
(Kegan 1986, S. 31).

Robert Kegan ist ein weiterer Forscher, der sich auf Entwicklungspsychologie spezialisiert hat. Als Schüler von Kohlberg baut er auf dessen Entwicklungsmodell auf und entwickelte das Konzept weiter. Statt von Stufen spricht er von Phasen. Das macht die Entwicklung dynamischer und weniger in sich abgeschlossen. Die zentrale Idee von Kegan ist das Subjekt-Objekt-Gleichgewicht. Wir denken bei Subjekt und Objekt meist sofort an Grammatik. Aber Gleichgewicht?

Der Idee Kegans ist eine Entwicklung vom völligen Subjekt hin zu einem immer größer werdenden Objekt. Das bedeutet, dass das Ich mit den eigenen Bedürfnissen und seiner Beschränktheit immer kleiner, während das Objekt mit den Vorstellungen von anderen und der Welt, von Zusammenhängen und Beziehungen immer größer wird. Irgendwann erkennt ein Mensch zugleich Bedeutung und Bedeutungslosigkeit im großen Kontext. Je mehr er sich vom Subjekt löst und je größer also sein Objekt, desto freier wird er in seinen Entscheidungen. Er handelt irgendwann nicht mehr aus Eigennutz und aufgrund von Impulsen, sondern als Teil von etwas immer Größerem, in dem er aufgeht.

Das ist ein großer Gedanke. Natürlich hat ein in diesem Sinn weiterentwickelter Mensch ganz andere Gedanken und Bedürfnisse als ein in diesem Sinn weniger weiterentwickelter Mensch. Er sieht mehr und bezieht viel mehr Aspekte ein. Er ist glücklicher, meist weniger neurotisch. Er kann sich besser selbst steuern, benötigt weniger Führung von außen und ist besser zur Selbstführung in der Lage. Denn auf jeder Stufe dieses Subjekt-Objekt-Gleichgewichts werden Konflikte produktiver bewältigt als auf der Stufe zuvor.

Der weniger weiterentwickelte Mensch sieht seine Grenzen nicht. Für ihn ist seine Welt logisch. Als Coach und Führungskräfte müssen wir uns in diese Logik hereindenken können. Das können wir nur, wenn wir sie selbst haben. Und das ist das Problem. Coaching-Ausbildungen fördern dieses Denken kaum, sie können es auch nicht in der Kürze der Zeit. Längere systemische Ausbildungen entwickeln ein wenig dieses Denken, aber eher nicht hinein in den postkonventionellen Bereich. Therapieausbildungen sind am ehesten geeignet, aber ebenfalls kein Garant für postkonventionelle Entwicklung. Mir jedenfalls sind viele sehr traditionell denkende Therapeuten begegnet, die stark in den Kategorien richtig versus falsch verhaftet waren. Meine These ist, dass Menschen, die sich nur mit einem oder wenigen Konzepten beschäftigen, sich tendenziell weniger entwickeln als solche, die verschiedene Konzepte lernen.

Robert Kegan unterscheidet die wichtigen Etappen danach, welche Wahrnehmungen und Erlebnisse wir jeweils als zu uns gehörig, *subjektiv* erleben, und was uns als *objektiv* und nicht zu uns gehörig erscheint. Auf alles, was einem Subjekt als ein Objekt vorkommt, kann es Bezug nehmen. Das ist so, wie wenn ich sage: »Svenja geht ins Haus.« Ich sehe und kenne das Haus und kann es beschreiben. Also kann ich es »verstehen«. Allerdings bin ich nicht mehr das Haus.

Kegan sieht die Stufen nicht voneinander abgetrennt, sondern spiralförmig ineinander übergehend. Ziel der Entwicklung ist es, ein Gleichgewicht herzustellen. Das bedeutet, das Subjekt will das Objekt nicht nur verstehen, es will mit dem Objekt verschmelzen. Ein völliger Gleichgewichtszustand ist nur in Stufe 0 erzeugbar, da ist das Kleinkind verschmolzen mit dem Objekt: seiner Mutter. Es kann nicht trennen, was es selbst und was der andere ist. Die Außenwelt wird hier völlig ins Ich-Erleben integriert. »Alles ist ich, nichts bist du.«

Die folgende Tabelle bringt die Gedanken noch einmal weiter in Form:

Die Entwicklungsstufen des Selbst nach Robert Kegan		
Stufe	Subjekt (die Person selbst; wir empfinden es als zu uns gehörig)	Objekt (alles außerhalb; wir empfinden es als nicht zu uns gehörig)
0 einverleibend	Alles ist Ich.	
1 impulsiv	Impulse, soziale Wahr-nehmungen	Reflexe (sensorisch)
2 souverän	Meinungen, Bedürfnis-se, Präferenzen	Impulse, soziale Wahr-nehmungen
3 zwischenmenschlich	Abstraktionen, Ge-genseitigkeit, innere Zustände, Selbstwahr-nehmungen	Meinungen, Bedürfnis-se, Präferenzen
4 institutionell (selbstentwickelndes Selbst)	abstrakte Systeme, mul-tiples Rollenbewusst-sein, Selbstregulierung	Abstraktionen, Ge-genseitigkeit, innere Zustände, Selbstwahr-nehmungen
5 überindividuell (selbstaktualisierendes Selbst)	dialektische gegensei-tige Durchdringung von mir und anderen	abstrakte Systeme, mul-tiples Rollenbewusst-sein, Selbstregulierung

Selbstaktualisierung als Entwicklungsziel

Der erste entwicklungspsychologische Ansatz, der weithin bekannt geworden ist, ist der von Abraham Maslow, Vertreter der Humanistischen Psychologie wie Kegan und Kohlberg. Die Humanistische Psychologie begreift sich als dritte Kraft und stellt sich gegen Psychoanalyse und Behaviorismus. Ihr Ziel ist es, den Menschen glücklicher zu machen und die Welt voranzubringen. Sie steht – wie wir bereits gesehen haben – der Positiven Psychologie nahe. Maslow ging davon aus, dass sich menschliche Bedürfnisse auf eine bestimmte Art und Weise entfalten. Er sieht also weniger unterschiedliche Schemata des Denkens, als vielmehr Bedürfnisse, also Motive. Diese bringt er in eine Abfolge.

Zunächst geht es darum, Defizitbedürfnisse zu befriedigen, dazu gehören physiologische Bedürfnisse, Sicherheitsbedürfnisse, soziale Bedürfnisse und Selbstachtung. Erst wenn diese erreicht sind, kommt die Wachstumsmotivation ins

Spiel. Nun kann der Mensch sich selbst aktualisieren und selbst verwirklichen. Es geraten Themen wie Kreativität, Spiritualität und Authentizität in den Aufmerksamkeitsfokus.

Maslow hat seine Pyramide, die in so viele Trainingsunterlagen eingeflossen ist, nie selbst veröffentlicht. Vermutlich war es ein Schüler, der diese in die Welt gebracht hat. Maslow selbst hat sein Modell später stark verändert. Empirisch ist es nicht. Er hat erkannt, dass nicht alle die gleichen »Defizitbedürfnisse« haben und auch die Abfolge nicht gleich ist. So gibt es Menschen, die bleiben auch dann moralisch, wenn sie verhungern, und andere verwirklichen sich selbst dann nicht, wenn sie alle Defizite befriedigt haben. Es muss also etwas geben, das Bedürfnisse moderiert – die Modelle von Kohlberg und Kegan sind dazu geeignet, diese Rolle zu übernehmen.

In späteren Arbeiten unterscheidet Maslow drei Wachstumsmotive: kognitive Bedürfnisse (Wissen, Verstehen, Neues erfahren, ...), ästhetische Bedürfnisse (Symmetrie, Ordnung, Schönheit, ...) und Selbstverwirklichung (eigenes Potenzial ausschöpfen, Sinn finden, ...). Die höchste Form der Selbstverwirklichung wurde für ihn die Kunst des Abstandnehmens von sich selbst, die Selbsttranszendenz. Für den heutigen Kontext interessant sind die Themen Selbstaktualisierung und Selbsttranszendenz. Damit beschreibt Maslow im Grunde Menschen auf einer Stufe 6 nach Kohlberg oder E8 und E9 nach Jane Loevinger. Dieses Modell ist das am besten empirisch erforschte. Für die praktische Arbeit eignet es sich besser als alle bisher vorgestellten.

Hintergrund: Fixed Mindset und Growth Mindset nach Carol Dweck

Die Stanford-Professorin Carol Dweck hat jahrzehntelang zum Thema Mindset geforscht. Sie hat herausgefunden, dass es Menschen mit einem statischen und solche mit einem dynamischen, also wachstumsorientierten Mindset gibt.

Mindset könnte mit Denk- und Handlungslogik übersetzt werden. Es ist die Art und Weise, wie jemand etwas aufnimmt, interpretiert und daraus Handlungen ableitet. Menschen mit einem statischen Bild von sich selbst denken, sie sind, wie sie sind und könnten daran nichts ändern. Sie sind also entweder klug oder dumm, aber das ist mehr oder weniger in Stein gemeißelt. Diese Menschen entwickeln sich weniger und sind auch nicht gut geeignet, die Entwicklung anderer zu fördern, sei es als Coach oder Lehrer oder auch als Eltern. Sie werden eher auf Aspekte achten, die den Beweis dafür liefern, dass jemand ist, wie er ist. Sie werden Bemühungen weniger sehen beziehungsweise weniger an deren Wirkung glauben. Und zwar auch, wenn sie gelernt haben, dass jeder sich ändern kann. Diese Überzeugung muss internalisiert sein.

Wer entwicklungsbezogen mit Menschen arbeitet, sollte eine wachstumsorientierte Haltung haben.

Dies ist auch für Ihre Kunden und Mitarbeiter sehr wichtig. Nur wenn Sie daran glauben, sich entwickeln zu können, werden sie auch die dafür nötige Haltung einnehmen können.

Neun Stufen der Ich-Entwicklung

Wir haben jetzt einige Entwicklungstheorien kennengelernt. Sie alle zeigen, dass Entwicklung in Sprüngen verläuft. Die kognitive Entwicklung (Piaget) genauso wie die Entwicklung der Moral (Kohlberg). Einige sehen keine Sprünge, sondern eine Spirale (Kegan). Am Ende läuft es jedoch auf dasselbe hinaus: Menschen entwickeln sich in das gesellschaftliche System hinein, bis sie innerhalb dessen einen eigenen Platz gefunden haben. Und manche entwickeln sich dann auch wieder hinaus, um sich in einem größeren Kontext mit einer eigenen Position zu verorten. Diese Position ist fließender und veränderbarer. Maslow nennt das selbst-aktualisierend. Die bisher vorgestellten Theorien sind also im Kern ähnlich, wenn auch in der Ausgestaltung Unterschiede bestehen.

Die am meisten differenzierte und für die konkrete Arbeit mit Menschen aus meiner Sicht relevanteste Theorie stammt von Jane Loevinger. Ihre Theorie der Ich-Entwicklung entwickelte die Psychologin, die bei ihrer Forschung streng mathematisch vorging, in mehr als 40 Jahren Forschung. Sie fand Muster in ihren Daten, die darauf hindeuteten, dass persönliche Entwicklung als Prozess abläuft und sich in Stufen abbildet, die sich klar voneinander abgrenzen. Loevinger konnte diese Abgrenzung für acht Stufen vornehmen. Sie ahnte, dass es eine neunte geben könnte, konnte diese aber aufgrund der wenigen Daten nicht empirisch nachweisen. Erschwerend kommt hinzu, dass auch Auswerter solcher Datensätze eine entsprechende Stufe brauchen. Da aber nur wenige Menschen eine E8 erreichen (etwa vier Prozent) und noch weniger darüber hinaus kommen (ein Prozent), scheitert es schon an diesem Personal. Die empirische Lücke schloss später Susanne Cook-Greuter, die in ihren Daten eine neunte (integriert) und zehnte (fließend) Stufe fand, die aber nur weit unter einem Prozent aller untersuchten Personen erreichten.

Wenn man Persönlichkeit als Baustein betrachtet und die limbischen Ebenen einbezieht, liegt die Ich-Entwicklung über den Ebenen, schlägt sich aber vor allem auf der kognitiv-sprachlichen Ebene nieder, moderiert das Auftreten zum Beispiel von Eigenschaften.

Keine der Stufen kann übersprungen werden, die Entwicklung vollzieht sich also von Stufe zu Stufe. Jede Stufe integriert die jeweils vorherige in sich. Das bedeutet, dass jede weitere Stufe die andere um ergänzende Aspekte »aktualisiert«. Dabei steigt die Komplexität. Ein impulsgesteuerter Mensch auf der Stufe E3 sieht vor allem sich und folgt dem Prinzip: »Jeder ist sich selbst der Nächste.« Auf der Stufe E4 orientiert er sich auch an den anderen und deren Regeln. Nun möchte er

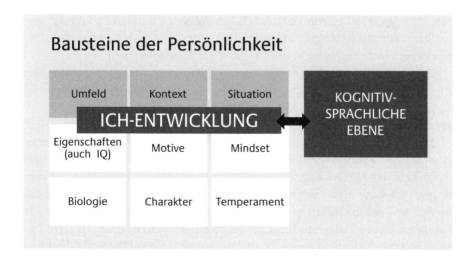

dazugehören. Dafür gibt er seine Impulse auf. Die Stufen folgen aufeinander, es müssen aber nicht alle Stufen durchlaufen werden. Vielfach stagniert die Entwicklung auf E5, der rationalistischen Stufe. Diese Stufe erklimmen viele junge Leute am Übergang von der Schule zum Beruf. Manche sind aber bereits in der Schule rationalistisch. Dies sind meistens diejenigen Schüler, die eine klare Vorstellung davon haben, was sie machen möchten. Schüler auf E4 sind mehr daran orientiert, zu einer Gruppe zu gehören. Sie folgen eher anderen als sich selbst.

Die Stufen von Jane Loevinger lassen sich einfach den Ebenen von Kohlberg zuordnen und so bilden sie einen vorkonventionellen, konventionellen und postkonventionellen Bereich. Im vorkonventionellen Bereich regiert das Gesetz des Ich und des Impulses. Vor allem die Stufe E3 kommt aber auch bei Erwachsenen noch recht häufig vor. Diese Erwachsenen sind egoistisch und durchsetzungsstark und deshalb nicht selten überaus erfolgreich. Sie nutzen andere für ihre eigenen Zwecke. Wenn Sie jetzt an Donald Trump denken, liegen Sie richtig. E3 ist aber ebenso eine verbreitete Stufe in Gefängnissen. Im kriminellen Milieu ist eine Person auf der Stufe E3 oft diejenige, der die anderen (E4) steuert und lenkt.

Im konventionellen Bereich geht es darum, nach und nach eigenständiger Teil der Gesellschaft zu werden und ein eigenes Gewissen auszubilden. Dieses eigene Gewissen ist laut Loevinger ein Kennzeichen der eigenbestimmten Stufe, also E6. Vorher, also auf E4 und E5, ist dieses eigene Gewissen noch nicht vollständig ausgebildet. Dies sagt einiges darüber aus, warum Skandale wie der bei Volkswagen entstehen können. Menschen auf E4 streben vor allem danach, Teil des Ganzen zu sein, der Begriff des »socialized mind« nach Kegan trifft es gut. E5 richten sich leicht an inhaltlichen Maßstäben aus, etwa Qualität oder bestimmte Vorgehensweisen und Best Practice. Erst E6 hätte einen eigenen Maßstab, den er oder sie über den der Gruppe stellen würde. Skandale à la Volkswagen wären also schwer vorstellbar, wenn alle Beteiligen auf einer Stufe E6 oder höher wären. Erst ab da beginnen Menschen sich nicht mehr nur an sich selbst zu orientieren.

Die Ich-Entwicklung fügt den hier vorgestellten Bausteinen der Persönlichkeit eine weitere hinzu. Sie legt sich also beispielsweise über die Big Five oder den emotionalen Stil und die Motive. Menschen mit identischen Big Five können deshalb ganz unterschiedlich sein – durch verschiedene Stufen der Ich-Entwicklung.

Man könnte auch sagen, die Ich-Entwicklung moderiert die anderen, beeinflusst also die Art und Form, wie sie auftreten. Jemand mit einem hohen Neurotizismus in den Big Five kann ständig nur in eine Richtung »kreisdenken« – zum Beispiel: Ich kann nichts. Ich bin nichts wert. Oder aber eine solche Person kann ihr eigenes Denken reflektieren und damit auch steuern. Letzteres spricht für eine höhere Ich-Entwicklung. Studien haben ergeben, dass es nur einen einzigen Zusammenhang mit den Big Five gibt, und der bezieht sich auf die Skala Offenheit für neue Erfahrungen. Menschen mit einer höheren Offenheit erreichen eher eine höhere Ich-Entwicklungsstufe. Dieser Zusammenhang ist einleuchtend, denn wer sich entwickelt, muss offen für Veränderung sein.

ICH-ENTWICKLUNG NACH POLEN

Stufe	Bezeichnung	Strukturelle Identität	
		Pol: Autonomie	Pol: Verbundenheit
E10	fließend		
E9	integriert		
E8	systemisch		
E7	relativierend		
E6	eigenbestimmt		
E5	rationalistisch		
E4	gemeinschafts-bestimmt		
E3	selbstorientiert		
E2	impulsgesteuert		
E1	symbiotisch		

Ich-Entwicklung nach Polen, also Schwerpunkten bei der Orientierung, einschließlich der E10 nach Cook-Greuter. Darstellung orientiert an Dr. Thomas Binder.

Praxistipp: Wie Sie Offenheit fördern

Eine hohe Offenheit für neue Erfahrungen steht im Zusammenhang mit der Ich-Entwicklung. Für die praktische Arbeit ist dieser Punkt sehr wichtig: Fördern Sie Ihre eigene Offenheit, die Ihrer Coachees, die Offenheit Ihrer Mitarbeiter. Dies gelingt, indem Sie Vorhandenes immer wieder infrage stellen und mit neuen Themen in Berührung bringen. Suchen Sie Lösungen, die aus ganz neuem Denken entstehen.

Über die vertikale und horizontale Entwicklung habe ich bereits geschrieben. Einen Ansatz zur Weiterentwicklung bieten Methoden zum Öffnen des Denkens. Dazu gehört jede Form der Reflexion, etwa der tiefe Dialog nach David Bohm, bei dem es um ein sehr intensives und nicht bewertendes Zuhören geht. Auch die Theorie U von Claus Otto Scharmer kann das Denken weiten. So wie jeder Austausch, der einfach nur dem Erkunden anderer Perspektiven dient.

Doch auch moderne Theorien können dogmatisch ausgelegt werden. Rationalistisches E5-Denken kann sie zur einzigen Lösung machen, an der man sich sklavisch ausrichtet. Leider habe ich so etwas mehrfach erlebt. Das zeigt, dass Jane Loevinger Recht hat: Es geht nicht um den Inhalt, sondern um die Struktur – etwa das eine als richtig und das andere als falsch anzusehen. Das ist nicht offen, das ist geschlossen – auch wenn man sich ein »offenes« Thema aussucht.

Offenheit entsteht vor allem in neuen und ungewohnten (Denk-)Umgebungen, weshalb Reisen, Auszeiten und Begegnungen Offenheit fördern. Eine kleine, praktische Methode, um auf neue Ideen zu kommen, heißt »Feedforward«. Beim Feedforward formuliert eine Person eine Fragestellung und stellt diese Frage allen Teilnehmern einer Gruppe im Wechsel. Drei Minuten lang produziert jeder Teilnehmer Antworten, der Fragende sagt nichts dazu, kommentiert nicht – bedankt sich nur. Die Antworten sind oft völlig unterschiedlich, was das Bewusstsein für verschiedene Perspektiven und Sichtweisen schult. Sie können diese Übung auch außerhalb von Gruppen anwenden. Dann soll ihr Coachee seine Frage an zehn völlig verschiedene Personen richten, die möglichst auf unterschiedlichen Stufen ihrer Ich-Entwicklung stehen.

Robert Kegan unterscheidet In-Formation und Transformation. Bei der In-Formation wird ein neuer Inhalt in ein Gefäß gefüllt, bei der Transformation entsteht ein neues, zusätzliches Gefäß. Das ist mehr als die Veränderung eines Schemas, da es grundsätzliche Sichtweisen einbezieht. Die meisten Persönlichkeitsentwicklungen und Transformationsprozesse in Unternehmen sind deshalb keine. Es ist kein neues Denken entstanden, das alte wurde nur weiterentwickelt.

Ein Beispiel, wie niedrige Ich-Entwicklung bremsen kann:

Wenn das Denken nicht mehr zu den Aufgaben passt

Herr Huber führt sein Team als Experte und verteilt Aufgaben an seine Mitarbeiter. Er hat durch Schulungen gelernt, mit jedem Mitarbeiter täglich zu sprechen und sein Verhalten auf einen kooperativen Führungsstil angepasst. Wie vor den Schulungen bewertet er es positiv, wenn Mitarbeiter möglichst tief in ein Thema einsteigen und Aufgaben auf eine gewissenhafte, viele Lösungsalternativen produzierende Art und Weise erfüllen.

Dies spiegelt eine typische Herangehensweise von E5. Der Blick ist auf die unmittelbare Lösung (»Wie genau mache ich ...?«) gerichtet und nicht auf übergeordnete Werte und Konzepte. Herr Huber kann also die Verhaltensweisen übernehmen, nicht jedoch das dazu passende Denken produzieren. Deshalb ist sein Verhalten nicht konsequent. Erst wenn er seine Überzeugung aufgibt und Lösungen etwa in der widersprechenden These oder einer anderen Perspektive zu suchen beginnt, erfolgt ein Schritt im Denken, verändert sich seine Logik beziehungsweise sein »Schema«.

Viele Persönlichkeitsentwicklungen manifestieren sich wie die von Huber auf der Stufe E5, auf der etwa 38 Prozent aller Menschen verbleiben. Das ist die Stufe vieler Experten, aber auch einiger Führungskräfte. Ich arbeite viel mit diesem Modell und habe eine große Zahl von Topmanagern begleitet, die E5 oder am Übergang zu E6 waren. Solche frühe E6er zeichnen sich dadurch aus, dass sie nach Konzepten und Theorien suchen, auf die sie sich berufen können. Sie suchen Rat, finden schwieriger in sich selbst Orientierung. Für einen bestimmten Typ von Beratern, der Sicherheit ausstrahlt und Kompetenz zu vermitteln scheint, sind sie deshalb leichte Beute.

Die folgende Tabelle fasst die Ich-Entwicklung zusammen. Im Buch »Hört auf zu coachen« habe ich die Loevinger-Stufen von ihrem Stufencharakter entkoppelt und neu benannt. Dies macht die Kommunikation leichter und nimmt den wertenden Charakter, den die aufsteigenden Ziffern haben. E3 ist bei mir Ego-Phase, E4 Wir-Phase, E5 Richtig-Phase, E6 Effektiv-Phase und E7 Flexibel.

Downloadmaterialien

Sie erhalten die Tabelle und andere Materialien zur Ich-Entwicklung als Download unter www.beltz.de direkt beim Buch sowie unter www.svenja-hofert.de/ich-entwicklung.de.

Ich-Entwicklung Stufen E3 bis E6

Stufe (Binder, Loevinger, Cook-Greuter)	E3 impulsiv	E4 gemeinschaftsbestimmt	E5 Rational	E6 eigenbestimmt
Motto (Binder)	--	to be part of	to be competent	to be efficient
Ebene (Kohlberg)	vorkonventionell	konventionell	konventionell	konventionell
Meine Benennung	Ego-Phase	Wir-Phase	Richtig-Phase	Effektiv-Phase
Anteil (nach Torbert/Rooke)	5 Prozent	12 Prozent	38 Prozent	30 Prozent
Handlungslogik als Manager (Torbert/Rooke)	Opportunist	Diplomat	Fachexperte	Achiever (Macher)
Zentrale Kompetenz	sich durchsetzen, Markt erobern	sich eingliedern und anpassen	Lösungen finden, kurzfristige Ziele erreichen	Prozesse gestalten, auch langfristige Ziele erreichen, Manager
Persönliches Risiko	muss kontrolliert werden	Einteilung in Gut und Böse, In- und Out-Gruppe	sich verzetteln, die Meinung von anderen abwerten	eigene Subjektivität nicht erkennen
Geeignete Testverfahren	--	DISG® und Verfahren mit wenig Differenzierung	Big Five, MBTI® und differenziertere Verfahren	MSA® beziehungsweise Motivanalysen und dialektische Ansätze
Passende Theorie	--	-	lösungsorientierte Kurzzeitberatung	praktische systemische Ansätze (zum Beispiel Systemaufstell-ungen)
Erkennungszeichen	rücksichtslos, manipulativ	angepasst, wenig eigene Meinung	Inhaltsfokussiert, Wahrheitssuchend, lernwillig	hat klare Wertvorstellungen, weiß wer er, zeigt Leistung, sieht Schatten eigener Subjektivität nicht
Entwicklungsimpulse	nicht weiterkommen, dann nach E4 entwickeln (Normen)	nicht (richtig) dazugehören, dann eigenen Charakter stärken	nicht als eigenständige Persönlichkeit akzeptiert zu sein, dann übergeordnete und vom Kontext unabhängige Wertmaßstäbe entwickeln	Seine Ziele nicht erreichen, nicht erfolgreich sein (wobei Erfolg nicht im Sinne von Aufstieg gedeutet werden muss), dann bisherige Wertmaßstäbe relativieren

Ich-Entwicklung Stufen E7 bis E9

Stufe (Binder, Loevinger, Cook-Greuter)	E7 relativierend	E8 systemisch	E9 integriert
Motto (Binder)	to be flexible	to be the most one can be	to be aware
Ebene (Kohlberg)	postkonventionell	postkonventionell	postkonventionell
Meine Benennung	Flexibel-Phase	Flexibel-Plus	–
Anteil (Torbert/Rooke)	15 Prozent	4 Prozent	1 Prozent
Handlungslogik als Manager (Torbert/Rooke)	Berater	Stratege	Alchemist
Zentrale Kompetenz	auf Coach-Ebene: andere verstehen können, auf sie eingehen und sie abholen, Personalentwicklung; auf Managementebene: verschiedene Perspektiven integrieren	auf Coach-Ebene: andere entwickeln, neue Wege zeigen, Organisationsentwicklung; auf Managementebene: Strategie und komplexer Wandel	ruhen in sich, ist sich seiner und der anderen bewusst, generiert sozialen und globalen Wandel
Persönliches Risiko	keine Entscheidungen mehr treffen können, da alles möglich ist	Abwertung von anderen, Selbstüberhöhung	nicht mehr verstanden werden
Für die Stufe geeignete Testverfahren	IE-Profil®, projektive Verfahren mit Entwicklungsaspekt	IE-Profil®	keine
Zum Denken passende Theorie	Systemtheorie	Dialektik	Epistemologie
Krise	destruktiver Relativismus	Verzweiflung über die Unmöglichkeit, im Rationalen Sinn zu finden	Nicht mehr verstanden zu werden
Entwicklungsimpulse	sieht unterschiedliche Seiten und Aspekte, bezieht andere ein, legt sich schwer fest, suchend	sieht viele Aspekte, bezieht auch nichtrationale Quellen ein, Bewusstheit für Wirklichkeitsgestaltung durch Sprache	Auflösung von Gegensätzen und Grenzen, reframing mind, zunehmendes »Sein«

Vier Aspekte, die jede Stufe kennzeichnen

Es sind vor allem vier Aspekte, die jede Stufe kennzeichnen.

Charakter: Der Charakter der Stufe beschreibt, wie sie sich zeigt. Der Charakter von E3 ist durch seine Impulse beschrieben, die er nur teilweise unterdrücken kann. Der Charakter von E4 ist durch den Wunsch nach Zugehörigkeit gekennzeichnet, von E5 durch Individualität in der Gruppe, der von E6 durch eigene Wertemaßstäbe im Kontext der Gesellschaft. E7 aktualisiert seine eigenen Maßstäbe durch die Perspektiven anderer, E8 kann eine prinzipienorientierte eigene und nicht an gesellschaftlichen Konventionen ausgerichtete Haltung vertreten.

Bewusstseinsfokus: Der zweite Aspekt ist der Bewusstseinsfokus, also die Frage: Worauf richte ich meine Aufmerksamkeit? E3 richtet seine Aufmerksamkeit darauf, eigene Bedürfnisse zu befriedigen, E4 konzentriert sich auf Verhalten und die Einhaltung von Normen, E5 möchte seinen eigenen Charakter entfalten und E6 nach seinen Wertvorstellungen leben, während E7 auch die Wertvorstellungen der anderen verstehen und integrieren möchte. E8 produziert erstmals ganz eigene Gedanken.

Interpersoneller Stil: Der dritte Aspekt ist der interpersonelle Stil. E3 ist kaum bei den anderen, sondern vor allem bei sich selbst. E4 ist sehr bei den anderen und macht deren Regeln, Normen und Werte zu seinen. Die Kommunikation ist mehr Monolog als Dialog. E4 stellt kaum Fragen und hinterfragt gar nicht oder kaum. E4 sieht Verhalten, aber nicht Beweggründe. Mit Kritik kann E4 nicht umgehen, er kritisiert nicht und möchte nicht kritisiert werden.

E5 kann in den Dialog mit anderen gehen, hat dabei aber Annahmen, die sich auf etwas berufen und an einer Wahrheit ausrichten. Er teilt in »richtig« und »falsch«, was sich auch in der Sprache abbildet, etwa durch viele »Aber«-Konstruktionen. E5 kann schlecht zwei Wahrheiten nebeneinander bestehen lassen. Kritik ist für E5 ein notwendiges Übel, er mag nur annehmen, was er als konstruktiv empfindet.

E6 kann mit unterschiedlichen Menschen fruchtbare Dialoge halten und ist konsensfähig. Er kann zwei Wahrheiten verbinden, hat aber über allem dennoch Vorstellungen davon, wie etwas zu sein hat. Motivationen und andere Perspektiven beginnen zu interessieren. Die Sprache beinhaltet mehr Fragen. E6 beginnt Kritik zu schätzen, auch wenn sie ihn noch verunsichern kann.

Handlungslogik: »Warum tue ich etwas?« E3 möchte etwas für sich erreichen, E4 auch für andere, E5 möchte sich abgrenzen, aber dazugehören, E6 eigene Wertvorstellungen realisieren, während E7 andere transformieren und verändern will, E8 will dies ebenfalls, aber entlang klarer und eigener Prinzipien tut.

E6 kann als Zielstufe der westlichen Gesellschaft angesehen werden. In dieser Stufe hat der Mensch eine voll ausgebildete eigene Identität mit eigenen Werten und Zielvorstellungen. Er sieht langfristige Ziele und vermag den Prozess dahin gestalten. Er kann unterschiedliche Positionen einnehmen, die im gesellschaftlichen Kontext Abbildung finden.

Auf jeder Stufe können Menschen widersprüchliche Haltungen einnehmen, aber bis zu E6 sind beide im aktuellen Denken abgebildet, ergo konventionell. Das heißt keineswegs, dass alle auf der Stufe E6 konventionell im Verhalten und in ihrer Außenwirkung sind. Ein »Gruftie« – also ein Jugendlicher, der sich schwarz anzieht und bleich geschminkt ist –, der sich den Regeln seiner Gruppe unterwirft, ist zwar nach außen unkonventionell, im Loevinger Sinn allerdings ein E4. Ein Nachhaltigkeitsverfechter mag in Birkenstock zur Arbeit gehen – und damit den Kodex brechen –, kann aber trotzdem E4 sein, weil er dem Kodex seiner In-Gruppe folgt. Er kann auch E5 sein, sofern er sich mit Nachhaltigkeit selbst identifiziert, oder E6, wenn er die Nachhaltigkeit unbedingt im größeren Kontext realisieren möchte, selbst gegen Widerstände.

Die folgende Tabelle vertieft die vorhergehende hinsichtlich der Aspekte Charakter, Bewusstseinsfokus, interpersoneller Stil, Handlungslogik.

Charakterisierung der Loevinger-Stufen				
	Charakter	Bewusstseins-fokus	interpersoneller Stil	Handlungslogik
E3	eigennützig	Ich und meine Impulse	Monolog	Opportunismus
E4	angepasst	Verhalten der Gruppe	sozialer Monolog	Diplomatie
E5	selbstbewusst	Ich als der Teil der Gruppe	Dialog mit begrenztem Austausch	Optimierung
E6	selbstverwirklichend	Ich mit eigenen Vorstellungen	Dialog mit Blick auf den anderen	Zielerreichung
E7	flexibel	der Kontext und die anderen Perspektiven	offener Dialog mit vielen, Perspektiven verbindend	mitnehmend, einbindend
E8	Selbstaktualisierend	das große Ganze und der Sinn für alle	offener Dialog mit vielen, Perspektiven verbindend und zusätzlich prägend	transformierend

....

E3: Der auf seine eigenen Bedürfnisse bezogene Mensch. Sollten Sie einen Teenager zu Hause haben, gibt ihnen dieser möglicherweise eine gute Vorstellung der Stufe E3. Oft sind diese jungen Leute davon überzeugt, jeder sei sich selbst der Nächste – auch wenn sie noch so nett und freundlich sind. Erwachsene in E3 sind dort stehengeblieben, haben sich vor allem intellektuell weitergebildet, aber nicht in ihrer Denklogik.

Menschen, die die Welt aus der Egorolle wahrnehmen, können sich nicht von ihren eigenen Perspektiven lösen und die Perspektiven der anderen auch nicht übernehmen (es interessiert sie nicht). Beziehungen sind nur für das eigene Ego wichtig. Sie verlassen sich vor allem auf sich, sodass sie es schwer haben, in komplexen Kontexten zu bewegen – beziehungsweise dort dazu neigen, alles auf ihre Sicht zu vereinfachen. Sie folgen ihrem Bedürfnis nach dem Motto »Das ist mein gutes Recht«. Sie können nach außen sehr angepasst wirken oder aber auffällig unangepasst, auf jeden Fall zeigt das Handeln keine Unterordnung an einen Gruppenkodex.

Sie können autoritär sein, mitunter ist unklar, ob es Ich-Entwicklung oder eine Persönlichkeitsstörung, etwas Narzissmus, ist.

Sie erleben einen Konflikt, wenn sie nicht mehr weiterkommen mit ihrer oft lange erfolgreichen Taktik. Ihre Perspektiven sind gerichtet auf sich selbst und was sie wollen. Sie machen sich eher wenig Gedanken. Ein E3 stößt an Grenzen, wenn er nicht mehr erfolgreich ist mit seiner Strategie und den Vorteil der Anpassung erkennt.

E4: Der gemeinschaftsbestimmte Mensch. Menschen, die die Welt als »socialized mind« wahrnehmen, können sich von ihren eigenen Perspektiven lösen und die Perspektiven der anderen voll übernehmen. Beziehungen sind nicht nur für das eigene Ego wichtig. Sie verlassen sich stark auf die anderen, sodass sie es schwer haben, Antworten und Ideen für sich selbst und unabhängig zu entwickeln. Sie übernehmen eine Gruppenmeinung nach dem Motto »So ist es richtig«, die sie für ihre eigene Haltung halten. Sie können deshalb kaum persönlich Stellung beziehen, selbst wenn sie eine starke eigene Meinung haben – es ist bei genauem Hinsehen die Meinung von anderen, ihrer Gruppe, Familie, der Kultur, in der sie leben.

Ebenso wenig gelingt es ihnen, ganz neue Ideen zu entwickeln, die sich so nicht bereits in ihrem Umfeld finden. Autoritäten sind für sie Meinungsführer ihrer Gruppe oder Menschen mit formaler Führungsgewalt. Sie stellen Autorität kaum infrage. Sie erleben einen Konflikt, wenn sie nicht (mehr) dazu gehören, denn das ist ihr zentrales Streben. Ihre Perspektiven sind gerichtet auf sich selbst und das unmittelbar andere, also zum Beispiel auf Partner, Vorgesetzte oder Kollegen. Sie fühlen sich verantwortlich für das Handeln im Sinne der Gruppe. Sie nehmen an, dass es eine Wahrheit gibt und Dinge so oder so zu tun sind. Ein E4 stößt an Grenzen, wenn er eine wirklich eigene Meinung vertreten muss – vor allem gegenüber anderen.

E5: Der selbstbewusste (rationale) Mensch. Diese Menschen sind fähig, Ihre eigenen Standards zu entwickeln. Sie bringen anderen gegenüber Respekt auf, akzeptieren andere Erfahrungen. Der selbstbewusste Mensch – Loevinger nennt ihn »rational«, was ich nur bedingt passend finde – akzeptiert Autoritäten, wenn diese sich durch Kompetenz auszeichnen. Ein Konflikt liegt vor, wenn seine eigenen Stärken nicht gesehen werden oder er sie für sich selbst nicht erkennt. Die Perspektiven sind auf den eigenen Bereich und die in seinem Kontext abgebildeten Themen gerichtet. Verantwortlich fühlt er sich für das, was seine Standards ausmacht, sei es ein bestimmtes Fachthema oder Qualität oder auch eine Vorgehensweise und ein Lebensmodell. Er ist wenig offen für andere Erklärungen oder Herangehensweisen, sofern diese seine Annahme fundamental infrage stellen. Seine Annahme ist, dass er das »Richtige« vertritt. Dafür lernt er gern – aber nicht, um sich grundlegend zu hinterfragen. Diese Phase ist sehr robust! Der E5 stößt an Grenzen, wenn er in größeren Maßstäben denken und handeln und Entscheidungen jenseits von Fachwissen treffen muss.

E6: Der eigenbestimmte Mensch: Menschen, die eigen- oder selbstbestimmt sind, können ihre eigenen Werte und Maßstäbe erkennen, verstehen, produzieren und bewerten. Sie differenzieren und passen ihre Maßstäbe an das Leben an. Ihr Verhalten anderen gegenüber ist geprägt von Respekt. Der selbstbestimmte Mensch übernimmt gern Verantwortung für andere. Autoritäten sind für ihn Menschen, die seine Werte teilen. Seine Perspektiven sind weit gesteckt; er bezieht auch den Kontext mit ein. Sein zentraler Konflikt sind seine Maßstäbe, die ihm über den Kopf wachsen können, weil er diese als richtig ansieht und kaum infrage stellen kann und will. Er entwickelt sich gern weiter und ist dankbar für ein Feedback, das ihm ermöglicht besser zu werden. Seine Perspektive bezieht immer den Kontext mit ein. Er erkennt auch mehrere Kontexte. Seine Annahme ist jedoch, dass er mit seinen Maßstäben auf dem richtigen Weg ist, obwohl er andere Wege durchaus sieht und anerkennt. Sein Konflikt entsteht durch sein großes Verantwortungsbewusstsein – auch dafür, den eigenen Vorstellungen entsprechend zu leben. Er stößt an Grenzen, wenn er ganz neues Denken entwickeln muss, etwa in einer Veränderungssituation.

E7/E8: Der postkonventionelle Mensch: Diese Menschen haben verstanden, dass alles eine Frage der Perspektive ist – auch die Haltung, die sie vorher hatten. Sie erkennen eine Sinnlosigkeit darin, zu versuchen, perfekte Selbstbestimmung zu leben. Und sie begreifen unterschiedliche Wirklichkeiten. Deshalb können sie unterschiedlichste Perspektiven sehr gut verstehen und auch unterschiedliches Denken erfassen. Sich selbst überdenken ihre Perspektive immer wieder neu.

Sie erkennen, wie sehr sie Produkt unserer Kontexte und Beziehungen sind. Sie können deshalb mit Leichtigkeit vielfältige Rollen einnehmen und unterschiedliche Ebenen der Komplexität bewältigen. Autoritäten sind für sie nicht von Bedeutung; sie interessieren sich für Menschen. Sie können verschiedenste Perspektiven einnehmen und sehen nicht nur den Kontext, sondern immer mehr Aspekte. Meist kommen spirituelle Themen und Symbolik irgendwann dazu.

Im Unterschied zu einem E7 hat ein E8 stärkere Prinzipien ausgerichtet und denkt noch etwas weiter. Diese Menschen sind sehr darin interessiert, sich selbst zu verbessern und suchen deshalb nach Feedback und immer neuen Aspekten. Das macht sie zu guten Strategen.

Ihre Verantwortlichkeit sehen sie darin, Prinzipien zu leben, die jenseits von Regeln oder Gesetzgebungen sind. Sie nehmen Prinzipien dabei nicht mehr einfach nur an, sondern können sie weiterentwickeln oder neu produzieren. Ihre Haltung ist dadurch klar, oft jedoch ungewöhnlich. Sie nehmen an, dass sie nur ein winziger Teil dieser Welt sind und erkennen die eigene Bedeutungslosigkeit. Gleichzeitig sind sie sich bewusst, wie wichtig jeder Einzelne für das große Ganze ist, und setzen sich dafür ein. Grenzen entstehen manchmal da, wo sie von anderen nicht mehr verstanden werden. Oder ihr Wert nicht gesehen und erkannt wird.

Postkonventionelles Denken

Die Stufen E7 und E8 sind noch einen weiteren Abschnitt wert, da sie so wichtig für Coaches und für viele Entscheider sind, die das passende Personal auswählen sollen.

Postkonventionelles Denken ist Denken, das sich weitgehend von Konventionen der Gesellschaft gelöst hat. Eigene Maßstäbe machen den Menschen unabhängiger. Er wird also weniger von außen steuerbar. Oder anders ausgedrückt: Er entwickelt eigene ethische und moralische Kriterien.

Laut Kohlberg impliziert das eine gesellschaftliche Pflicht zur Entwicklung. Eine Stufe S5 und S6 nach Kohlberg – entspricht E7 und E8 nach Loevinger – ist besser geeignet ist, komplexe Probleme zu lösen. Würden Menschen sich nicht an der Gesellschaft, sondern an allgemeingültigen Prinzipien orientieren, so gäbe es womöglich kaum noch Betrug, Hinterhältigkeit, Krieg. Verallgemeinernde Prinzipien haben die Kraft, sich auch über das Gesetz zu stellen. Sie bilden somit übergeordnete Wertmaßstäbe. Postkonventionelle Denker sind damit besser als andere geeignet, die Geschicke der Welt – und natürlich auch der Wirtschaft – zu bestimmen. Anderseits können Sie auch den Wunsch nach Einfachheit auslösen, weil sie in der Regel keine einfachen Lösungslieferanten sind.

Was passiert, wenn ein Mensch sich weiter als E6 (beziehungsweise im Kohlberg-Modell weiter als S4) entwickelt, also den gesellschaftlich (derzeit) erwünschten Rahmen verlässt? In den Stufen ab E7 lösen sich Menschen zunehmend von sich selbst und festen Vorstellungen, werden multiperspektivischer und integrieren immer mehr Aspekte. Sie sehen mehr, integrieren mehr – was es ihnen ermöglicht, zum Beispiel strategischer zu agieren. Und auch: wirksamer zu beraten, effektiver zu führen, Veränderung voranzubringen und andere zu coachen und auszubilden.

Das mit späteren Stufen einhergehende strategischere Denken hat aber auch Vorteile für die Unternehmensführung. Thomas Binder benennt in seinem Buch »Ich-Entwicklung für effektives Beraten« (2016) Studien, die belegen, dass Postkonventionalität in weiteren Feldern von Vorteil ist. Die wichtigsten habe ich hier zusammengefasst:

○ Manager auf späteren Entwicklungsstufen besitzen eine höhere Kompetenz für Strategie und Personalführung, zudem legen sie ein effektiveres Entscheidungsverhalten an den Tag (s. Torbert und Rooke).
○ Generell ermöglicht eine höhere Ich-Entwicklung, dass Emotionen besser verstanden werden. Das ist zum Beispiel positiv in der Beratung und im Coaching.
○ Postkonventionelle Ich-Entwicklung sorgt für einen reiferen Ausdruck von Motiven. Zum Beispiel: Macht als simples Dominanzverhalten versus Macht als Einflussnahme, um Dinge zu verbessern.
○ Postkonventionelle Ich-Entwicklung verschafft ein komplexeres Selbstbild und damit eine höhere Entwicklungsfähigkeit.
○ Die Big-Five-Eigenschaften wie Neurotizismus, Gewissenhaftigkeit und Verträglichkeit verändern ihren Ausdruck durch die spätere Ich-Entwicklung. Menschen mit den gleichen Eigenschaften sind auf der postkonventionellen Ich-Entwicklungsstufe ausgewogener und produktiver.
○ Das allgemeine Glücksgefühl steigt und die Anfälligkeit für psychiatrische Erkrankungen sinkt.

Die Systemtheorie nach Luhmann, der Konstruktivismus, die Theorie U nach Claus Otto Scharmer – all das verlangt postkonventionelles Denken, also die Logik der Stufen ab E6/E7, zieht dessen ungeachtet aber trotzdem häufig Vertreter an, die in einer konventionellen Ich-Entwicklungsstufe verhaftet sind. Diese sind zum Beispiel daran zu erkennen, dass sie Theorien vereinfachen, einseitig anwenden und als ultimative Wahrheit ansehen. Doch die ultimative Wahrheit gibt es nicht – würden Menschen auf postkonventionellen Stufen sagen. Wahrheit ist relativ zum Menschen, der sie sucht oder eben damit aufgehört hat …

Nachdem ich das Konzept zum Buch »Hört auf zu coachen« (2017) geschrieben und eingereicht hatte, entdeckte ich, dass ich mit dieser Haltung nicht allein bin. Der Psychologe, Künstler und Philosoph Otto E. Laske hatte bereits in seinem Buch »Potenziale in Menschen erkennen, wecken und messen« (2010) darüber geschrieben, dass ein Coaching, wie es die Verbände vertreten, von vollentwickelten Menschen auf einer Stufe E6 ausgeht. Die Coachees sind aber überwiegend auf früheren Stufen und seltener auf späteren. Ebenso wie aus einer rein statistischen Wahrscheinlichkeit heraus die Coaches – die mindestens im frühen postkonventionellen Denken verhaftet sein müssen, um das überhaupt zu erkennen. Auch Thomas Binder argumentiert in seinem Buch, dass Coaches weiterentwickelt sein müssen als ihre Coachees. Erst recht gilt das für Ausbilder.

Ich bin der Meinung, auch Führungskräfte sollten mindestens auf Stufe E6, wenn nicht gar E7 oder E8 sein, um Menschen und Unternehmen wirksam transformieren zu können. Mein erster und wichtigster Tipp ist deshalb: Schauen Sie in sich selbst, reflektieren Sie, verorten Sie sich. Meine Erfahrung ist, dass viele anhand der Stufenbeschreibungen erahnen können, wo sie stehen. Das gilt vor allem für die früher entwickelten Stufen. Die können meist sagen, dass sie kein »E7« oder »E8« sind. Bei den späteren Stufen ist das schwieriger. Diese Personen sind oft unsicherer, wo sie genau stehen. Mit dem »IE-Profil®« von Thomas Binder lässt sich das sehr genau und ausgesprochen differenziert feststellen. Dieses Profil lässt zudem erkennen, wo Entwicklungsthemen sind. Das sind Themen, die ein Mensch noch nicht oder wenig entfaltet hat. Daran lässt sich dann gezielt arbeiten.

Wenn diese konkrete Entwicklungsarbeit nicht ansteht, lässt sich die jeweilige Stufe in einem Gespräch erfassen. Sie wird vor allem dann sichtbar, wenn jemand selbst Gedanken produzieren muss. Das ist der entscheidende Unterschied: Menschen können intellektuell viel und vielleicht alles nachvollziehen. Aber längst nicht alle, können Gedanken produzieren.

Einige Fragen, die eine freie Gedankenproduktion erfordern, weil sie an Komplexität zunehmen:

- Was ist für Sie Lebenssinn?
- Welchen Lebenssinn hatten Sie früher, welchen jetzt?
- Wie hat sich Ihr Lebenssinn verändert?
- Auf welche Art und Weise wirkt die Geschichte Ihrer Familie in diesen Sinn?
- Welchen Einfluss hat die gesamtgesellschaftliche Wahrnehmung auf Sinn auf Ihre Vorstellung von Sinn?
- Könnte Ihr Sinn auch ein anderer sein?

Postkonventionelle werden komplexe eigene Gedanken zu solchen Fragen entwickeln, je später in der Ich-Entwicklung sie sind, desto mehr Aspekte werden sie einbeziehen können. Konventionelle bis auf E6 werden entweder Gedanken anderer – etwa von Autoren, Vortragsrednern oder Fachexperten – wiedergeben oder überfordert sein. Ein E6 wird anders als ein E7 an seiner Wertvorstellung festhalten, die Existenz und Berechtigung anderer Perspektiven aber sehen können. Das ist aber natürlich keine sicherere Einstufung, nur ein kleiner Anhaltspunkt.

Hintergrund: Ich-Entwicklung und limbische Ebenen

Es hat sich meines Wissens noch niemand damit beschäftigt, wie sich Ich-Entwicklung im Gehirn abspielt und ob sie dort sichtbar ist. Mir scheint es bezogen auf das limbische Vier-Ebenen-Modell jedoch eine Entwicklung zu sein, die von oben nach unten durchgreift. Wenn die obere limbische Ebene die Anpassung an gesellschaftliche Normen und Regeln beschreibt, so sollte diese von hier aus auf die mittlere Ebene zugreifen und diese in ihrer Ausprägung moderieren können.

Hier zeigt sich wieder der Zusammenhang mit Motiven und Emotionen. Ich-Entwicklung und Gehirn wäre jedenfalls ein interessantes Forschungsprojekt.

Fragebogen: Wo stehe ich selbst in meiner Entwicklung?

Postkonventionelles Denken entspricht dem Denken, das Maslow »selbstaktualisierend« nennt. Ich habe dieses Denken angelehnt an Maslow im Folgenden in 14 Punkten zusammengefasst. Stufen Sie sich bei jeder Aussage auf einer Skala von 0 bis 4 ein: 0 bedeutet »trifft gar nicht zu« und 4 »trifft sehr zu«. Wenn etwas wenig zutrifft, überlegen Sie sich, wie Sie hier besser werden können. Hilfreich ist Reflexion, Feedback durch andere, Arbeit an inneren Überzeugungen, Supervision durch Personen, die weiter sind, sowie möglichst vielseitige Anregung von außen.

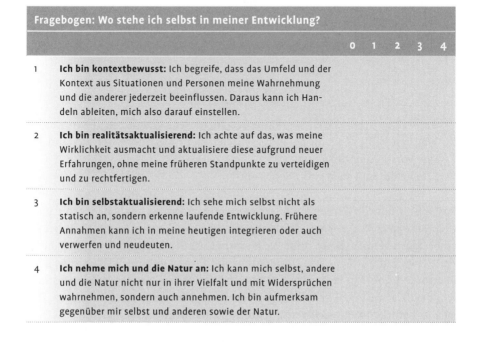

Fragebogen: Wo stehe ich selbst in meiner Entwicklung?	0	1	2	3	4
1 **Ich bin kontextbewusst:** Ich begreife, dass das Umfeld und der Kontext aus Situationen und Personen meine Wahrnehmung und die anderer jederzeit beeinflussen. Daraus kann ich Handeln ableiten, mich also darauf einstellen.					
2 **Ich bin realitätsaktualisierend:** Ich achte auf das, was meine Wirklichkeit ausmacht und aktualisiere diese aufgrund neuer Erfahrungen, ohne meine früheren Standpunkte zu verteidigen und zu rechtfertigen.					
3 **Ich bin selbstaktualisierend:** Ich sehe mich selbst nicht als statisch an, sondern erkenne laufende Entwicklung. Frühere Annahmen kann ich in meine heutigen integrieren oder auch verwerfen und neudeuten.					
4 **Ich nehme mich und die Natur an:** Ich kann mich selbst, andere und die Natur nicht nur in ihrer Vielfalt und mit Widersprüchen wahrnehmen, sondern auch annehmen. Ich bin aufmerksam gegenüber mir selbst und anderen sowie der Natur.					

5   **Ich folge eigenen Werten und Prinzipien:** Ich folge eigenen
     Prinzipien und habe einem eigenen Willen, der ist unabhän-
     gig ist von meiner Kultur, meinem Unternehmen und meiner
     Umwelt ist. Ich greife ein, wenn meine Werte und Prinzipien
     verletzt werden.

6   **Ich erlebe tief:** Ich kann Dinge intensiv erleben, was man daran
     erkennt, dass ich vielfältige und komplexe Empfindungen
     beschreiben kann.

7   **Ich bin an anderen orientiert, ohne abhängig zu sein:** Ich be-
     sitze ein starkes Gemeinschaftsgefühl, erlebe zwischenmensch-
     liche Beziehungen tief und bedeutungsvoll.

8   **Ich bin konstruktbewusst:** Ich weiß nicht nur, sondern
     verstehe auch, dass es keine objektive Wahrheit gibt, sondern
     sich jeder Mensch seine Wahrheit und auch Welt konstruiert.
     Dazu gehört eine Bewusstheit für die Bedeutungsgebung von
     Sprache.

9   **Ich kann Wahrnehmungen thematisieren:** Ich verhalte mich
     spontan, in dem ich meine eigenen Wahrnehmungen thema-
     tisiere und ausspreche, wobei ich e im Blick halte, was andere
     aufnehmen können und angemessen mit ihnen kommuniziere.

10   **Ich konzentriere mich auf das Problem:** Ich konzentriere mich
     auf Probleme, die zu lösen sind. Dabei achte ich nicht auf mich
     und denke darüber nach, was ich tun soll oder man von mir
     erwartet, sondern bin ganz bei den anderen

11   **Ich kann Alleinsein:** Ich erlebe Alleinsein als angenehm, genie-
     ße eine Privatsphäre.

12   **Ich bin kreativ:** Ich kann neue Gedanken entwickeln und ver-
     schiedene Aspekte zusammenfügen. Ich kann Ideen generieren
     und habe Vorstellungskraft.

13   **Ich kann dialektisch denken:** Ich bin bemüht, Gegensätze
     aufzulösen und zu vereinen. Ich erkenne bereits, dass auch Ge-
     gensätze wie etwa Flexibel/Strukturiert in Wahrheit eins sind.

14   **Ich bin sprachlich gewandt:** Ich kann mich einfach, aber auch
     komplex ausdrücken, ohne kompliziert zu werden. Ich habe
     einen großen Sprachschatz, den ich abhängig von meinem
     Gegenüber unterschiedlich nutzen kann.

Reflektieren Sie Ihre eigenen Antworten oder die, die Ihnen ein anderer Mensch
gegeben hat. Schauen Sie sich dabei vor allem Fragen an, denen Sie 0 bis 2 Punkte
gegeben haben. In welchen Situationen ist das nicht so? Was können Sie tun, um
sich hier weiterzuentwickeln? Gibt es einen guten Grund, das zu tun?

Probleme lösen oder Menschen entwickeln?

Gehen wir zurück in die Praxis und schauen uns Fälle an.

Helfen oder entwickeln?

Als Anna ihre Arbeitsstelle verliert, löst das bei ihr eine Krise aus. Schließlich ist für sie das Gefühl der Zugehörigkeit lebenswichtig. Das ist in ihrem »Schema« so angelegt. Denn für sie gibt der Job gleichzeitig Zugehörigkeit und Identität.

Es geht im Coaching nun darum, entweder die Krise durch schnelle neue Zugehörigkeit zu vermeiden oder aber die Unabhängigkeit von Anna zu stärken. Im ersten Fall würde ein Coach Anna beim Assimilieren unterstützen, im zweiten beim Akkommodieren. Oder anders ausgedrückt: Je nach Situation kann er Anna entweder beim Erhalt des Schemas helfen oder dessen Veränderung vorantreiben. Was ist denn nun richtig?

Dies ist eine Frage, die sich Coaches oft stellen. Nur der Klient selbst kann sie beantworten. Das heißt für Sie als Coach, thematisieren Sie das Dilemma, welches Sie erkennen. Sagt Ihnen Ihr Coachee, er oder sie möchte aktuell nicht an etwas arbeiten, sondern einfach nur den nächsten Job bekommen, dann akzeptieren sie es.

Mit einem anderen Schema kann Anna Probleme besser bewältigen. Sowohl mit als auch ohne feste Arbeitsstelle ist für Anna mehr Stabilität in sich selbst enorm wichtig. Die tiefsten Krisen entstehen, so meine Erfahrung, wenn Menschen diese Stabilität nicht haben. Wenn ihnen ein innerer Kern fehlt, der ihnen einen starken Halt gibt – der stark und stabil ist, wie ein Pfirsichkern. Nur mit diesem Kern können Menschen sich wirklich anhand eigener Maßstäbe für oder gegen etwas entscheiden. Coaching im Sinne von Zielerreichung basiert auf der Annahme, dass dieser Kern »natürlich« vorhanden sein müsse.

Anna hat diesen inneren Kern aber nicht. In ihrer Situation gibt es zwei Möglichkeiten: Entweder ein Coach unterstützt sie beim Handeln, und sie findet schnell eine ähnliche identitätsstiftende Arbeitssituation wieder. Dann ist die Welt für sie wieder in Ordnung. Oder sie entwickelt sich. In diesem Fall steht die Stärkung ihres Kerns im Mittelpunkt. Menschen, die einen solchen Kern haben, wissen, wer sie selbst sind und zwar unabhängig von ihrem Umfeld. Anna muss also lernen, wer sie ist. Dazu wird sie sich im Coaching zunächst mit sich selbst beschäftigen. Ist dies aber nicht der Auftrag, muss der Coach das thematisieren und sich diesen Auftrag abholen. Es kann aber auch sein, dass dafür (noch) nicht die richtige Zeit ist. Dann steht die Stabilisierung im Vordergrund – ein neuer Job muss her.

Als Coach müssen wir immer wieder entscheiden, was wir tun und was wir nicht tun. In vielen Situationen ist klar, dass ein tieferes Thema hinter einem oberflächlichen Bedürfnis schlummert. Ich verfolge bei der Entscheidung »Problem lösen« oder »Entwicklung« ein einfaches Prinzip:

- Ich spreche das dahinterliegende Problem nicht an, wenn der Coachee zufrieden mit seinem Leben ist, sein Problem mit seiner derzeitigen Logik lösen kann und sein Auftrag ein anderer ist.
- Ich spreche das dahinterliegende Problem auch nicht an, wenn der Coachee durch eine Krise (zum Beispiel Jobverlust) stark destabilisiert ist. Hier arbeite ich mit den Säulen der Identität nach Hilarion Petzold (s. S. 165). Gibt es keine oder kaum stabile Säulen ist Entwicklung nicht angesagt.
- Ich spreche es an, wenn ich sehe, dass das Problem mit der Denklogik nicht gelöst werden kann. Dann hole ich mir die Erlaubnis ab, an tieferen Themen zu arbeiten. Dies ist der Fall, wenn Führungskräfte im aktuellen Kontext nicht mehr erfolgreich agieren können oder ein Konflikt sich ganz offensichtlich wiederholt.

Ich-Entwicklung am Verhalten erkennen

Wenn Konflikte unterm Teppich bleiben

Als Anna arbeitslos wird, hat sie vor allem die Perspektive auf sich selbst. Ohne die anderen aus dem Team, verliert sie selbst an Stabilität. Sie hat ohne die regelmäßige Arbeit zudem Schwierigkeiten, sich selbst zu organisieren. Trotzdem flieht sie in familiäre Verpflichtungen. Nachdem der Job weg ist, frisst sie Privates geradezu auf. Alles, was mit der Suche nach einem neuen Arbeitsplatz zu tun hat, schiebt sie hinaus. Annas Verhalten offenbart eine Person, die keinen richtigen Zugang zu sich selbst hat und die zudem autoritätsgebunden ist. Sie sieht sich selbst, aber blickt noch nicht darüber hinaus. Mit Konflikten kann sie nicht wirksam umgehen, sie vermeidet es, Dinge klar auszusprechen. Wird man sie darauf hinweisen, ist sie vermutlich beschämt. Damit muss auch der Coach rechnen – dass er nicht immer eine offene und ehrliche Einschätzung bekommt.

Erst durch einen Coach, der mit ihr »Hausaufgaben« bespricht, gewinnt sie die Struktur, die sie dringend benötigt. Der Coach ist für sie eine Autorität. Wenn sie ihre Hausaufgaben nicht gemacht hat, versucht sie, es zu vertuschen oder sich zu rechtfertigen. Sie erwartet klare Ansagen und eindeutige Hinweise zur Bewerbungsoptimierung. Nachdem der Coach thematisiert, dass sie selbstverantwortlicher handeln sollte und mit ihr dazu eine konkrete Vorgehensweise entwickelt hat – der sie explizit zustimmt – bricht sie das Coaching ab. Ein direktes Feedback, warum sie das tut, gibt sie nicht. Das verunsichert den Coach. Als der Projektleiter der Coaching-Firma Anna darauf anspricht, weicht sie aus. Sie könne das eigentlich gar nicht genau begründen, sagt sie. Dieses Verhalten spricht für eine gemeinschaftsbestimmte Stufe E4. Menschen in dieser Stufe gehen noch nicht offen mit Kritik um, können sich auch noch nicht auf den anderen einlassen, da sie sehr bei sich sind. Sie haben zum Beispiel Angst, Fehler zu machen oder etwas Falsches zu sagen. Sie sehen vor allem Verhalten und weniger Beweggründe, sowohl bei sich als auch bei anderen. Im Coaching mit ihr sind Fürsorge und Nähe wichtig, der Coach darf nicht zu abgehoben agieren. Für sie sind direkt umsetzbare Empfehlungen und eine klare Handlungsorientierung wichtig. Daher wird sie eine analytische und »diagnostische« Herangehensweise eher abschrecken.

Die Beziehungsebene muss stimmen

Rosa ist eine selbstbewusste Personalerin. Sie hat sich nach der Kündigung entschieden, sich selbstständig zu machen, weil sie die Freiheit und Flexibilität schätzt. Sie saugt Wissen geradezu auf und will sich weiterentwickeln. Sie ist begierig nach Feedback, will immer mehr über sich erfahren, letzte blinde Flecken erkunden. Auch wenn ihr Rückmeldungen noch einen ganz kleinen Stich versetzen, sofern diese kritisch sind, kann sie diese doch immer wirksamer verarbeiten. Sie sieht die Perspektive und den Kontext, aus dem Feedback gegeben wird. Wenn ihr etwas nicht gefällt oder sie Misstöne wahrnimmt, so spricht sie dies offen und mit Blick auf ihr Gegenüber aus.

Nach dem ersten Termin mit einem Coach spürt sie für sich eine Dissonanz. Der Coach scheint ihr zu wenig auf ihre Bedürfnisse einzugehen beziehungsweise erkennt diese gar nicht. Sie spricht das aus und wechselt ihn.

Im Coaching ist die Beziehungsebene das Wichtigste. Diese ist einerseits ein Ergebnis der Sympathie, andererseits spiegeln sich durchaus auch Ich-Entwicklungsstufen. Ein weiter entwickelter Klient wird mit einem weniger entwickelten Coach wahrscheinlich nicht so gut klarkommen. Auch jeder Stufe schätzt man schließlich auch eine bestimmte Art und Weise des Herangehens. Weiter entwickelte Klienten mögen oft eher Sparring und akzeptieren es, wenn der Coach keine Wahrheit und Lösungen »liefert«, weniger weit entwickelte Klienten verunsichert das.

Rosa zeigt, dass sie sich von sich selbst distanzieren kann. Sie möchte ohne Wenn und Aber lernen, ist also selbstentwickelnd, wenn nicht schon selbstaktualisierend – das würde bedeuten, dass sie eigene Annahmen über sich selbst immer wieder anpasst. Ihre Annahmen über sich selbst sind damit fließender und ändern sich ständig. Das kann von außen als flatterhaft wahrgenommen werden, ist es aber nicht, da selbstaktualisierende Menschen im übertragenen Sinn nicht ihre Form, sondern nur ihre Farbe ändern.

Rosa ist eine E7, also eine Person mit postkonventionellem Denken. Für diese Menschen ist ein Sparringspartner auf Augenhöhe notwendig. Sie möchten sich gern mit sich selbst beschäftigen und haben vieles schon durchdacht. Reine Handlungsorientierung ist für sie eher zweitrangig, weil sie wissen, dass Denken und Handeln zusammenhängen. Sie schätzen es, wenn tiefere Ebenen und Emotionen ins Coaching kommen.

Denken in Falsch und Richtig

Peter kommt ins Coaching, um besser mit seinem Geschäftspartner zurechtzukommen. Dieser versteht nicht, warum er sich auf aus seiner Sicht unwichtige Themen konzentriert anstatt auf unternehmerische Herausforderungen. Peter sieht das anders. Er veranstaltet gern selbst Workshops und hält das für die Ultima Ratio der Mitarbeitereinbindung. Hier probiert er gern neue Methoden aus.
Im Coaching wird deutlich, dass Peter alles, was »neu« ist, gern in seine Arbeit integriert, allerdings nicht in einem größeren Kontext denkt. Den Konflikt mit dem Partner trägt er seiner Meinung nach sachlich aus. Seine Emotionen thematisiert er nicht. Dies ist spezifisch für eine frühere konventionelle Phase. Der Coach tut gut daran, Peters Kontextorientierung zu thematisieren und die Anforderungen, die die Aufgabe an ihn stellt.

Peter ist hier ein Beispiel für einen E5, also einen Menschen auf der rationalistischen Stufe. Er kann eigene Bedürfnisse noch nicht wirklich wahrnehmen und verlässt sich auf Konzepte, Methoden und Tools, ohne das große Ganze zu sehen. Im Coaching wird es darum gehen, ihn dabei zu unterstützen, den Blick zu weiten und eigene Bedürfnisse wahrzunehmen. Er sollte zudem einen eigenen Maßstab entwickeln und Konzepte et cetera selbst bewerten können. Im Coach wird er den Berater suchen. – Dessen Aufgabe ist in einem Entwicklungskontext jedoch das »Ich« zu stärken, also den eigenen inneren Kern.

Differenziertes Denken, differenzierte Erwartungen

Michael hat alles erreicht und ist ein erfahrener Manager. Er kann Ziele erreichen und den Prozess gestalten – ein Macher und Manager, der auch Leaderqualitäten hat. Der Unterschied zu Peter ist frappierend. Michael übernimmt in vielen Bereichen Verantwortung und überfordert sich damit manchmal selbst. Sein Unternehmen erwartet von ihm, dass er einen Kulturwandel durchführt. Sein Denken ist das eines E6, für dieses Thema muss er aber noch mehr unterschiedliche Perspektiven einbeziehen. Das gelingt über offenes und unvoreingenommenes Fragen. Wichtig für ihn wird es sein, neue Aspekte zu sehen und bisherige Denkschemata bewusst zu hinterfragen.
Von seinem Coach erwartet er Hilfe zur Selbsthilfe. Dieser sollte aber nicht nur die Zielerreichung in den Fokus setzen, sondern auch eingefahrene Denkweisen hinterfragen.

Sie haben hier vier verschiedene Beispiele gelesen, die zeigen, wie unterschiedlich Haltungen und Erwartungen der Coachees sind. Hüten Sie sich allerdings vor schnellen Diagnosen. Es ist durchaus diffizil, eine Entwicklungsstufe zu erkennen.

Entwicklungsinterview nach Kegan

Welche Entwicklungsstufe jemand einnimmt, lässt sich an verschiedenen Schlüsselthemen, vor allem Autorität, Konflikt, Perspektiven, Verantwortlichkeit und Annahmen über die Welt erfassen. Das dazu entwickelte Subjekt-Objekt-Interview (SOI) von Robert Kegan hilft bei der Einordnung. Es liefert ein Schema, anhand dessen sich Aussagen einordnen lassen.

Um andere Menschen einschätzen zu können, ist Zweierlei wichtig: Sie benötigen zum einen viel Übung und zum anderen eine postkonventionelle Entwicklungsstufe. Es ist kaum möglich, die Facetten in den Antworten zu erkennen, wenn man selbst dieses Denken nicht hat. Denn es bedeutet, dass Sie immer mehr Aspekte wahrnehmen müssen. In früheren Stufen blendet man diese einfach aus. Die folgende Tabelle ist nach dem Analyseblatt ASOI von Robert Kegan erstellt. Die Kurzbeschreibungen darunter beschreiben, was jeweils unter Autorität, Konflikt, Perspektiven, Verantwortlichkeit und Annahmen zu erwarten ist. Achten Sie bei den Antworten immer auf die Struktur, nicht auf den Inhalt. Sehen Sie sich dazu das Heinz-Dilemma auf Seite 182 f. nochmals an. Auf der gleichen Stufe können Menschen gegensätzliche Positionen einnehmen.

Üben Sie zunächst mit Familie, Freunden und Vertrauten. Lesen Sie vertiefende Literatur oder besuchen Sie ein Seminar zum Thema; zum Beispiel eines meiner Seminare »Psychologie für Coaches«: www.svenja-hofert.de.

Folgende Regeln sollten Sie beachten:

- **Erste Regel:** Das Problem des Klienten ist mit seiner Logik nicht mehr zu lösen, er muss sich entwickeln. Er ist unzufrieden, weil er nicht weiterkommt.
- **Zweite Regel:** Sie benötigen die Erlaubnis des Klienten dazu. Entwicklung tangiert oft viele Lebensbereiche. Sie kann auch destabilisieren, wenn jemand beispielsweise erkennt, dass der Partner in der Entwicklung nicht mehr mithält. Oder wenn er bemerkt, dass der Job gar nicht den eigenen Werten entspricht. Das müssen Sie aussprechen, also Risiken und Nebenwirkungen ansprechen.
- **Dritte Regel:** Arbeitshypothesen gelten nur für einen Tag. So eine »Diagnose« ist eine Arbeitshypothese. Es gilt, sie am nächsten Tag wieder zu verwerfen und neu zu stellen (andernfalls nehmen Sie nicht mehr wirklich wahr und suchen nur noch nach Bestätigung).
- **Vierte Regel:** Sie müssen auffangen können, was Sie anstoßen. Beim Hauch eines Zweifels lassen Sie es bitte und arbeiten Sie erst an sich.

Erklären Sie das Modell und den Grund, warum sie es anwenden: Sie können sich damit leichter auf den Kunden einstellen und ihm gezieltere Hilfestellung geben. Fragen, die Sie stellen können sind folgende (auch die Arbeit mit dem Heinz-Dilemma passt).

- Was ist für Sie Autorität?
- Schildern Sie einmal einen Konflikt, der Sie sehr bewegt hat.
- Wie würden Sie das Zusammenleben von Menschen neu ordnen?
- Was ist für Sie Verantwortung?
- Was ist für Sie Wahrheit?
- Mit welcher Idee würden Sie die Welt retten?
- Was sind Ihre Grundannahmen über die Welt?

Machen Sie sich Gesprächsnotizen und untersuchen Sie die Antworten nach den Aspekten Autorität, Konflikt, Perspektiven, Verantwortlichkeit, Annahmen.

Analyseblatt nach Kegans ASOI auf Loevinger angepasst		
Schlüsselthemen	Gemeinschaftsbestimmt (E4) Rational (E5) Eigenbestimmt (E6) Postkonventionell (E7-E9)	Was ist der strukturelle Beweis (kein Inhalt!)? Welche andere Phase könnte es sein? Was ist die wahrscheinliche Phase?
Autorität		
Konflikt		
Perspektiven		
Verantwortlich-keit		
Annahmen		

Ich-Entwicklung und Führung

Die Ich-Entwicklung ist ein Aspekt, den Sie bei Personalentscheidungen einbeziehen sollten. William Torbert, der zusammen mit seinem Kollegen David Rooke intensiv zur Wirksamkeit von Führungskräften aufgrund von Ich-Entwicklung forscht, stellt in einem Artikel des Harvard Business Managers fest: »Leaders are made, not born, and how they develop is critical for organizational change«. Entwicklung ist möglich, dass betont auch der bereits vorgestellte Robert Kegan. Dazu muss das entsprechende Denken herausgefordert werden. Weiterhin ist Feedback zentral.

Die Entwicklungsstufe E5, die Torbert und Rooke »Diplomat« nennen, ist gut für Fachexperten und Einzelkämpfer. Ein Diplomat kann Managementaufgaben, bei denen es darum geht, auch andere einzubeziehen und übergeordnete Ziele zu erreichen, jedoch schwerer realisieren. Dazu braucht er eine E6-Handlungslogik, die Torbert und Rooke »Achiever«, also Macher, nennt. Die Führungskräfte erreichen Ziele und beziehen dabei andere mit ein.

Postkonventionelles Denken der Stufe E7 (bei Torbert und Rooke »Individualist«) ist besonders wirksam, wenn in einer Position Beratung und projektbezogene Arbeit im Zentrum stehen, da es verschiedene Perspektiven verbinden und integrieren kann. Postkonventionelles Denken der Stufe E8 (bei Torbert und Rooke »Strategist«) ist wirksam in größeren Veränderungsprozessen, in denen die Manager unterschiedliche Perspektiven berücksichtigen müssen. Postkonventionelles Denken der Stufe E9 (bei Torbert und Rooke »Alchemist«) bietet sich an, wenn es um soziale Transformation auf globaler Ebene geht.

Ich-Entwicklung und Coaching

Für das Coaching gibt es diese Untersuchungen zur Wirksamkeit nicht, jedoch lassen sich Hypothesen aufstellen. Je höher die Entwicklungsstufe, desto mehr Aspekte und Perspektiven sind integriert. Im Coaching ist es eine zentrale Aufgabe, unterschiedliche Aspekte wahrzunehmen und aufzugreifen. Weiterhin geht es darum, sich auf die unterschiedlichsten Denk- und Handlungslogiken einzustellen. Dazu ist postkonventionelles Denken auf einer Stufe E7 nötig.

Es reicht eben nicht, Fragen zu stellen und Tools anzuwenden – man muss aus den Antworten auch etwas ableiten und diese weiterentwickeln können. Jemand auf einer Stufe E5 könnte jedoch postkonventionelles Denken gar nicht aufgreifen, da er nur die Aspekte hören würde, mit denen er oder sie selbst etwas anfangen kann. Entscheidend ist, was jemand aus Antworten heraushören kann. Außerdem wird jemand auf einer höheren Stufe dies schnell merken. Ihm werden die Fragen hölzern oder starr vorkommen.

Besteht etwa ein Zusammenhang der Ich-Entwicklung mit Bildung? Bildung ist eher zweitrangig. Der Bildungsabschluss der Eltern spielt nur bei sehr jungen Menschen eine Rolle, bei älteren hingegen nicht mehr. Studien deuten darauf hin, dass Personen mit einem Studienabschluss sich eher auf Stufe E5 oder höher entwickeln, ohne dagegen auf Stufe E5 oder niedriger – in der westlichen Welt. E5 ist also so etwas wie der Scheideweg. Ab 25 Jahren stehen dabei Alter und Ich-Entwicklung nicht mehr im Zusammenhang.

Dabei scheint es so sein, dass freidenkerische und reflexionsfördernde Umgebungen – etwa sehr moderne Universitäten – die Ich-Entwicklung fördern. Das ist vielleicht der Effekt, den mir ein Lehrbeauftragter schilderte: Die Diskussionsfreudigkeit sei größer da, wo bewusst Gegenpositionen gefordert sind. Und meine These ist, dass genau das – übertragen auf Unternehmen – eine viel wirksamere Entwicklung bringen würde als so manche Schulungsmaßnahme.

Interventionen für verschiedene Entwicklungsstufen

Viele Jahre habe ich eher intuitiv etwas richtig gemacht: Ich habe meine Coachings ausgesprochen unterschiedlich gestaltet – was meiner Persönlichkeit entspricht. Ich habe mit dem einen das »innere Team« nach Friedemann Schulz von Thun gemacht, mit dem anderen philosophische Gespräche geführt. Ich habe Zielvereinbarungen weggelassen und mal mehr den Sozialarbeiter, mal mehr den Motivator und dann wieder den Berater rausgekehrt. Das war sehr flexibel, das ist ganz sicher nichts für jeden, denn wie in den ersten Kapiteln beschrieben, muss ein solches flexibles Coaching zu einem selbst und der Zielgruppe passen.

Ich habe viel beobachtet, experimentiert, auf Reaktionen geachtet, das Feedback gelesen und vor allem: das Ergebnis selbst nach einem halben Jahr oder längere Zeit danach noch einmal betrachtet. Je weniger zögerlich ich hier war, desto besser konnte ich arbeiten. Mit dem Wissen über die Entwicklungspsychologie konnte ich meine Distanz zu einem »Einheits-Coaching« endlich einordnen.

Jeder braucht etwas anderes, das hat mit der Persönlichkeit, dem Kontext, der Situation – und der persönlichen Reife zu tun. Sie sollten einen Menschen in E4 ganz anders ansprechen und coachen als jemand in E7. Die meisten vorhandenen Beratungs- und Coaching-Ansätze differenzieren jedoch nicht. Sie gehen vielmehr davon aus, dass jeder gleich »behandelt« werden kann. Wer die Grundsätze der Entwicklungspsychologie verstanden hat, kann so nicht denken. Was bedeutet es für die praktische Arbeit, dass es eine große Gruppe von Menschen gibt, die gar nicht »sie selbst« sind? Was sind die Konsequenzen aus der Erkenntnis, dass einige sich selbst reflektieren und andere nicht?

Jede Stufe hat ihre eigenen Themen und Sichtweisen auf sich selbst. Daraus ergibt sich, dass jede Stufe eigene Interventionen hat, die für die Entwicklung hilfreich sind. Für Menschen in der eigenbestimmten Phase E5 und E6 kann die Aufstellung eines inneren Teams extrem hilfreich sein, weil die verschiedenen Anteile, die in einem wirken, erstmals bewusst werden.

Für einen Menschen in E5 ist die Wunderfrage erhellender als für jemanden in E8, der an anderen Perspektiven interessiert ist und seine eigene Lösung längst reflektiert hat. Ein E5 kann damit seine eigenen Stärken und Ressourcen reflektieren. Ein E8 will sich selbst aktualisieren, für ihn ist viel stärker der Kontext wichtig. Einen E5 leitet die Wunderfrage an, selbst zu denken und zu entscheiden.

Als Anregung und Einstieg möchte ich Ihnen aber eine kleine Interventionstabelle an die Hand geben, mit der Sie eine Idee von den unterschiedlichen Herangehensweisen bekommen – und die verschiedenen Coaching-Stile erkennen. Bedenken Sie bitte, dass jede Stufe einen riesigen Facettenreichtum hat und innerhalb der Stufen erhebliches Entwicklungspotenzial steckt. Es geht also nicht notwendig darum, Coachees in eine höhere Stufe zu befördern, sondern oft auch darum, sie nur innerhalb »ihrer« Stufe zu stärken.

Sind Sie Führungskraft, wird zudem eine Rolle spielen, was Ihre Mitarbeiter benötigen und Ihre Aufgabe verlangt. Im Call Center, im Vertriebsinnendienst, in der Buchhaltung oder der Verwaltung wäre ein Team aus Postkonventionellen ziemlich sicher nicht arbeitsfähig.

In die Tabelle habe ich auch das Thema »Gruppe« mit aufgenommen. Arbeiten Sie mit Teams ist es ein Unterschied, ob diese durch ein E5- oder ein E7-Denken bestimmt sind. Es sagt einiges darüber aus, worauf Sie achten sollten

Spiral Dynamics

Die Ich-Entwicklung beschreibt auf der individuellen Ebene, wie sich Denk- und Handlungslogik ändern. Auf einer übergeordneten Ebene gibt es Überschneidungen zu Spiral Dynamics®. Dieses System beschreibt keine Entwicklung der Denk- und Handlungslogik, sondern der Werte – auf der Ebene von Unternehmen, Kulturen und Gesellschaften. Auch diese haben eine innere Logik, der sie folgen. Sogenannte »Meme«, die Kulturvariante der Gene treibt sie dabei an.

Das Modell geht zurück auf Clare W. Graves, der ein Studienkollege Abraham Maslows war. Graves behauptet, dass Menschen als Reaktion auf sich verändernde äußere Reize neu auftretende existenzielle Probleme lösen können. Sie bilden dazu neue Denk- und Verhaltensweisen aus, die sich sozial verankern und immer weiter ausbreiten. So zeigt sich Fortschritt. Doch nicht nur Weiterentwicklung, auch Rückschritt sind auf den einzelnen Ebenen in seinem Modell möglich.

Durch Graves Theorie ließen sich Christopher Cowan und Don Beck inspirieren und nutzten sie als Basis für ihr Buch »Spiral Dynamics«. Sie übersetzten Graves komplexes Modell in eine nach oben offene Spirale. Die Ebenen wurden dabei in Farben übersetzt, was die Wahrnehmung stark erleichterte.

Sowohl Graves Theorie als auch Cowans und Becks Modell beeinflussten den amerikanischen Philosophen Ken Wilber, der seine »integrale Theorie« daraus entwickelte. Wilber ist vielen in der Coaching-Szene sehr bekannt. Er ist so etwas wie der intellektuell-spirituelle Vordenker der sogenannten integralen Szene. Diese sieht in den Entwicklungsmodellen eine Weiterentwicklung systemischen Denkens.

Spiral Dynamics stützt sich auf die Annahme, dass der Mensch über eine komplexe, anpassungsfähige, kontextabhängige Intelligenz verfügt. Danach verläuft die menschliche Entwicklung durch derzeit neun Stufen oder Levels, die sich auf

Interventionen für ich-Entwicklungsstufen

Stufe	Arbeit im Einzel-Coaching	Arbeit mit Gruppen	Entwicklungsintervention	Tests	To do (bei Einzelnen und in der Gruppe)
E3 impulsiv und vorkonventionell	führendes Beraten, Lösungsorientierung	»Alpha« herausstellen, Erfolgsgeschichten	Kontrolle, Bewusstmachen, dass gesellschaftliche Regeln gelten	DISG®	Zielvereinbarung, Regeln vereinbaren, gegenseitige Kontrolle
E4 gemeinschaftsbestimmt, konventionell	fürsorgliches Beraten, therapienahes Arbeiten, Lösungsorientierung	Bloßstellen vermeiden, Vorsicht mit offener Zurschaustellung Einzelner	Selbstwert fördern, eigenen Charakter und Individualität herausarbeiten, Arbeit mit Stärken	DISG®	Vereinbarung von gemeinsamen Regeln, Arbeit mit Stärken, Übung/Training, einfache Coaching-Ansätze wie Lösungsorientierung
E5 rational, konventionell	Experten-Beratung, therapienahes Coaching, Diagnose und Lösung	Akzeptanz unterschiedlicher Stärken schärfen, Regeln vereinbaren	Selbstlösungskompetenz fördern, Bedürfnisse bewusst machen, Rollenspiele	MBTI®, Motive in statischer Sicht (Ich bin so)	Vereinbarung von Regeln und kurzfristigen Zielen, einfache Coaching-Ansätze wie Lösungsorientierung, Transaktionsanalyse, inneres Team, inneres Kind (Glaubenssätze)
E6 eigenbestimmt, konventionell	Business-Coaching, Counseling	Zweifel an der eigenen Sichtweise einbringen, Konfrontieren	eigene Werte, Ziele und Positionen stärken, Kontextblick erhöhen	Motive in dialektischer Sicht (Ich brauche die andere Seite), IE-Profil	Neben der Ziele- auch Visionsarbeit, Teilearbeit (inneres Team), Transaktionsanalyse, inneres Team, inneres Kind (Glaubenssätze)
E7 relativierend, postkonventionell	Sparring, assoziatives Coaching	Prinzipien entwickeln (Gruppen nur mit E7 sind unwahrscheinlich)	Den Blick für unterschiedliche Perspektiven schärfen und den Kontextblick noch weiter fassen; am Übergang zu E8 übergeordnete Prinzipien und das »Eigene« stärken	IE-Profil	je weiter entwickelt, desto geringer sollte der Methoden- und Tooleinsatz sein, komplexere und philosophische und psychologische Gedanken sind willkommen, Arbeit mit Werten, Arbeit mit Schatten (Jung)
E8 systemisch, postkonventionell	Sparring, assoziatives Coaching	–	Entwicklungsunterstützung, Coach muss selbst auf dieser Stufe sein oder höher		s. oben

Persönlichkeit, Gruppen, Organisationen und auch Gesellschaften beziehen. Die Levels spiegeln Bewusstseinszustände und Wertesysteme. Das Modell ist anders als das von Loevinger nicht empirisch. Dennoch bilden sich die Loevinger-Stufen mit kleinen Unterschieden darin ab. Es kann aber auch ein Widerspruch zutage treten. Derzeit sind beispielsweise viele »gelbe« Werte vertreten, die am ehesten einer E7 nach Loevinger entsprechen, tun dies aber auf eine »orange« oder »grüne« Art und Weise, also mit einem Effektivdenken, das entweder auf soziale Werte und Werte der Zusammenarbeit ausgerichtet ist (sogenannte New Work) oder auf die betriebswirtschaftliche Vermessung und Leistungsdenken. Strukturell ist beides nach Loevinger identisch, nämlich E6. Das gelbe Denken kann auch mit E5 vertreten werden, wenn es als allein richtig und zielführend gewertet wird. Dies zeigt die Problematik von Werten: Diese können leicht sozial erwünscht sein oder nicht wirklich internalisiert. Das bedeutet, jemand kann diese Werte zwar benennen, aber nicht wirksam leben.

Die Spirale symbolisiert die Weiterentwicklung des Wertesystems – auf personaler Ebene, aber auch auf der Ebene von Organisationen und Gesellschaften. Das bedeutet, dass die Entwicklung nie zu Ende ist. Ein weiterer Gedanke ist, dass diese sich immer wiederholt – und zwar auf einer höheren Ebene als zuvor. Das nennt Spiral Dynamics first und second tier, also erster und zweiter Rang. Im ersten Rang sehen Menschen, Gesellschaften, Unternehmen, Kulturen noch nicht, dass sie »Meme« unterschiedlicher Phasen integrieren müssen. Im zweiten Rang nimmt die Komplexität zu. Die gelbe Ebene der Spiral Dynamics integriert alle vorherigen Level und definiert das erste Level auf einer höheren Ebene neu. Die gelbe Ebene ähnelt – wie bereits ausgeführt – Loevingers E7 oder allgemein postkonventionellem Denken.

Die rote Ebene erinnert an Loevingers E3: Der Impuls führt die Handlung, die Logik ist: »Der Stärkere gewinnt.« Die blaue Ebene erinnert an eine kombinierte E4 und E5: Hier stehen Zugehörigkeit und Regeln im Mittelpunkt. Die orange und grüne Ebene repräsentieren wie erwähnt die zwei Seiten von E6 (in jeweils gegensätzlichen Ausprägungen, einmal wird die Leistung der Einzelperson betont, einmal die Wirksamkeit der Zusammenarbeit). E7 bildet sich auf dem gelben Level ab, E8 ist am ehesten türkis (oder der Alchemist bei Torbert und Rooke). Auch der Autor Frederic Laloux, der mit »Reinventing Organizations« (2016) die Hymne der New-Work-Bewegung verfasst hat, beruft sich auf das Modell. Fortschrittliche Unternehmen sind bei ihm »teal«.

Ich selbst habe darauf aufbauend mein Worklifestyle®-Modell entwickelt, das wir für Impulse im Rahmen eines Kulturwandels in Unternehmen einsetzen. Es beinhaltet ein an Spiral Dynamics® angelehntes Modell, Karten und Chips, die Werte sichtbar machen. Der praktische Wert dieses Modells liegt vor allem in der Organisationsentwicklung. Dazu finden Sie in meinem Buch »Agiler führen« (2016) weitere Informationen.

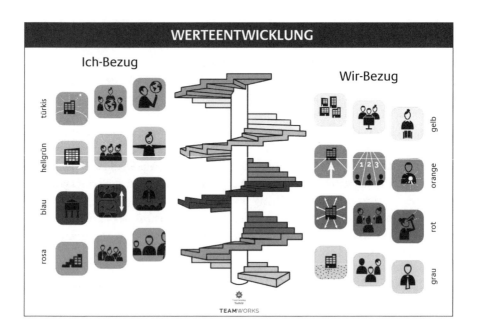

Literatur

Beck, Don Edward/Cowan, Christopher C.: Spiral Dynamics. Leadership, Werte und Wandel: Eine Landkarte für das Business, Politik und Gesellschaft im 21. Jahrhundert, Bielefeld: Kamphausen 2007

Binder, Thomas: Ich-Entwicklung für effektives Beraten. Göttingen: Vandenhoeck & Ruprecht 2016

Cook-Greuter, Susanne: Postautonomous Ego Development (Dissertation). A Study of Its Nature and Measurement. Keine Ortsangabe: Integral Publishers 2010

Edelstein, Wolfgang/Oser, Fritz/Schuster, Peter (Hrsg.): Moralische Erziehung in der Schule. Entwicklungspsychologie und moralische Praxis. Weinheim und Basel: Beltz 2001

Hofert, Svenja: Agiler führen. Wiesbaden: SpringerGabler 2016

Hofert, Svenja: Hört auf zu coachen! München: Kösel 2017

Garz, Detlev: Sozialpsychologische Entwicklungstheorien. Von Mead, Piaget, Kohlberg bis zur Gegenwart. Wiesbaden: VS Verlag für Sozialwissenschaften 2008

Joiner, William/Josephs, Steven A.: Leadership Agility: Five Levels of Mastery for Anticipating and Initiating Change. San Francisco: Jossey-Bass 2007

Kegan, Robert/Garz, Detlev: Entwicklungsstufen des Selbst. München: Kindt, 3. Auflage 1984

Kegan, Robert/Laskow Lahey, Lisa: An Everyone Culture. Becoming a deliberately developmental organization, Brighton: Harvard Business Press 2016

Laloux, Frederic: Reinventing Organizations. München: Vahlen 2016

Laske, Otto: Potenziale in Menschen erkennen, wecken und messen. Handbuch der entwicklungsorientierten Beratung. Ort unbekannt: IDM Press 2010

Loevinger, Jane: Ego Development. Ort unbekannt: Jossy Bas Inc. 1976

Kohlberg, Lawrence: Die Psychologie der Moralentwicklung. Frankfurt am Main: Suhrkamp 1996

Maslow, Abraham H.: A theory of human motivation. Psychological Review, 50, 1943, S. 370–396

Thomann, Christoph: Das Riemann-Thomann-Modell für private und berufliche zwischenmenschliche Beziehungen Broschüre/Sonderdruck des Autors 1995

Torbert, Bill: Action Inquiry. The Secret of Timely and Transforming Leadership. Kindle Edition. Oakland: Berrett-Koehler 2004

Von psycho-
therapeutischen
Ansätzen für
Coaching und
Führung lernen

Die Nähe zur Therapie

Wie nah Coaching – vor allem das Counseling – an der Therapie ist, sollte im Eingangskapitel dieses Buches deutlich geworden sein. Ohne Frage ist Coaching stark von der Therapie beeinflusst. Oft wurden oder werden Verfahren aus der Therapie für das Coaching abgewandelt und vereinfacht. Teilweise sind es sogar dieselben Methoden und Ansätze, die hier und dort wirken. Allein die Dauer unterscheidet sich – aber nicht generell. Zehn Coaching-Stunden gelten als »normal« und angemessen. Eine sogenannte Kurzzeitverhaltenstherapie, die die Krankenkassen zahlen, umfasst 25 Stunden – so groß sind die Abstände also nicht. Und wenn ich an mein zeitlich längstes Coaching denke, so kamen am Ende der zwei Jahre 92 Stunden zusammen. Diese Zeit hatte ein ehemaliger Manager benötigt, bis er sich für die Selbstständigkeit entschieden und die erste Durststrecke überwunden hatte ... Nein, ich hielt ihn nicht in Abhängigkeit, die eine der großen Gefahren bei einer solchen intensiven Zusammenarbeit ist.

Im Folgenden möchte ich mich auf vier Aspekte konzentrieren:

o Welche Ansätze gibt es und was zeichnet sie aus? Dieser Buchteil soll Ihnen helfen, Bezüge herzustellen und eigene Methoden und Denkweisen einzuordnen oder auch weiterzuentwickeln.
o Wie erkenne ich, ob ein Klient ein Therapiepatient ist oder ein Coaching-Kandidat? Hier möchte ich erreichen, dass es Ihnen gelingt, genauer hinzusehen und durch meine Tipps sicherer in Ihrer Einschätzung zu werden.
o Was wirkt in einer Therapie? Das herauszuarbeiten ist mir wichtig, weil im Coaching die gleichen Wirkfaktoren anzutreffen sind wie im Coaching. Auch wenn das für Coaching, anders als für Therapie nicht untersucht ist.
o Was ist krank, was gesund? Ganz praktisch versuche ich Ihnen die Grenzen aufzuzeigen, mit dem Fokus auf »Krankheiten« mit denen wir am häufigsten zu tun haben.

Verschiedene Ansätze

Das innere Kind

Freud kannte das Es, das Ich und das Über-Ich. Das Es ist das Unbewusste. In Freuds Strukturmodell des psychischen Apparats sammeln sich impulshafte Bedürfnisse: die Triebe. Das innere Kind kann sich ein wenig auf Freud berufen. Es ist ein Modell, das in verschiedenen psychotherapeutischen Schulen auftaucht. Es bezeichnet die im Gehirn gespeicherten Gefühle, Erinnerungen und Erfahrungen aus der eigenen Kindheit. Stefanie Stahl hat dieses Modell mit ihrem Bestseller »Das Kind in dir muss Heimat finden« (2016) bekannt gemacht. Sie unterscheidet beim inneren Kind das Schattenkind und das Sonnenkind.

Das innere Kind ist die Summe aller Kindheitsprägungen. Deshalb ist es mehr als ein Teil von uns. Es gehört zu uns – und deshalb muss es angenommen werden. Es erlebt intensive Gefühle wie Freude, Schmerz, Glück und Traurigkeit, Neugierde, Angst oder Wut. Es hat Sonnen- und Schattenseiten in sich. Manche Menschen haben mehr Schattenkind, andere mehr Sonnenkind in sich. Wichtig ist, dass das Kind gesehen und gehört und nicht mehr verdrängt wird. Dieses Bild zieht sich durch alle psychotherapeutischen Schulen.

Sonnen- und Schattenkind begegnen uns auch bei gesunden Menschen. Viele irrationale Muster lassen sich dadurch erklären, warum wir etwa wegen Nichtigkeiten aus der Haut fahren oder wir uns in bestimmten Situationen machtlos fühlen. Sie erklären auch die sich immer wiederholenden Muster und die mit ihnen verbundene Emotionalität. Ganz viele Situationen sind mit einem Kindheitserlebnis verbunden. Es gibt nur einen Auslöser aus dem Jetzt und – Buff! – wir gehen hoch wie eine Rakete. Das innere Kind ist also ein Persönlichkeitsanteil. Es will angenommen werden. Die Erfahrungen, die wir mit unseren Eltern und in unserer Familie gemacht haben, fühlen sich einfach wahrer an als jeder rationaler Gedanke. Das innere Kind handelt nach Glaubenssätzen, tief verankerten Überzeugungen, beispielsweise »Wenn ich nett bin, dann bekomme ich Liebe ...«.

Praktische Arbeit mit dem inneren Kind

Stefanie Stahl hat in ihrem Buch auch eine Malvorlage für das Sonnenkind und das Schattenkind mitgeliefert. Das Modell lässt sich sehr leicht auf die eigene Arbeit übertragen. Als Coach sollte Ihnen aber klar sein, dass es hochexplosiv sein kann.

Sie sollten es daher auf keinen Fall mit Menschen machen, die hier noch wenig reflektiert haben! Und Sie sollten gut unterscheiden: Das Thema ist vielfach in einer Therapie besser aufgehoben.

Was bringt die Arbeit mit dem inneren Kind?

Die Beschäftigung mit dem inneren Kind kann besonders Personen, die entwicklungspsychologisch im frühen konventionellen Bereich sind, erheblich nach vorn bringen. Es eignet sich besonders für den Übergang von der rationalistischen in die eigenbestimmte Phase nach Loevinger (als von E5 nach E6), da es den eigenen inneren Kern zu finden hilft. Die Fragen lauten:

- Was bin ich?
- Was kommt von anderen (meinen Eltern)?

Aber auch, wer schon mehr in sich selbst angekommen ist, profitiert davon. Welchen Auftrag uns unsere Eltern gegeben haben, ist uns häufig nicht wirklich bewusst, selbst wenn wir schon ganz viel über uns nachgedacht haben.

Analytische Psychotherapie: Mit Schatten arbeiten

Tief in unserem Inneren gibt es einen geheimnisvollen Ort, den Ort des Unbewussten. Dort herrschen »Schatten«. Schatten sind Charakterzüge, die wir an uns ablehnen und deshalb verdrängen. Wir spalten diese Teile von uns ab. Das stört Beziehungen und blockiert unsere Selbstwerdung. Die Auflösung dieser Schatten ist Teil des Reifeprozesses. Schatten ist ein Begriff aus der analytischen Psychologie von Carl Gustav Jung. Jung distanzierte sich von Freud, der die Vorgänge im Unbewussten auf die Triebtheorie reduzierte. Jungs Ansatz geht weiter, ist weniger dogmatisch und spiritueller angelegt.

Schaue ich mir die Ich-Entwicklungsstufen an, so ist Jung einer Stufe E8 oder E9 zuzuordnen, Freud wohl eher einer E6. Das interpretiere ich aus Jungs weniger dogmatischen Haltung heraus, die den eigenen Ansatz nicht als unumstößliche Wahrheit wertet, der größeren Kontextorientierung, den Sinn für Nichtsprachliches sowie für gesellschaftliche Archetypen und Symbolik. Die Arbeit mit Schatten halte ich für die praktische Arbeit mit gesunden Menschen als sehr relevant und hilfreich. Der Begriff erzeugt eingängige Bilder. Das Bild von Licht und Schatten funktioniert im Coaching gut, man muss dafür gar nicht tief in die Theorie eintauchen. Licht und Schatten gehören zusammen. Stellen Sie sich ein Leben vor, in dem immer nur die Sonne scheint, es nie dunkel wird. Das ist genauso wenig attraktiv wie ein Leben in dauernder Dunkelheit.

Wo zeigen sich Schatten? Suchen Sie da, wo Sie sehr emotional auf etwas reagieren. Stellen Sie sich Gespräche der Vergangenheit vor, mit Partnern, Kollegen, Freunden. Was bringt Sie wirklich auf die Palme, trifft Sie, ärgert Sie? Manchmal sind es Worte, oft ist es Verhalten, bisweilen eine Nichtreaktion.

»Schatten« sind Teile unserer Persönlichkeit, die wir verstecken und verleugnen. Sie verbergen, dass etwas nicht in Ordnung ist. Man fühlt sich im Hinblick darauf wertlos. Wir wollen nicht, dass der »Schatten« ans Tageslicht kommt. So leistet er im Hintergrund seine destruktive Arbeit – unbemerkt. Schatten beherbergen das, was Menschen auch sind, aber nicht sein wollen.

Einige Coaching-Ansätze sperren den Schatten vollständig aus, weil sie sich so auf das Vordergründige beziehen, dass das Hinterzimmer geschlossen bleibt.

Wenn die Sicht auf sich selbst überschattet wird

Ich erinnere mich an einen Manager, der nach dem System der »Big Five for life« von John Strelecky ein persönliches Lebensmotiv für sich herausgearbeitet hatte. Dieses Motiv war aber ganz weit von seiner Persönlichkeit entfernt und eine bloße Wunschvorstellung. (Sie erinnern sich an den Begriff »Introjekt«?)

Er reagierte aggressiv auf jede Form der Anweisung oder Steuerung, beim Wort oder Denken an »Macht« explodierte er. Dabei übte er die ganze Zeit Macht aus, aber auf die Art und Weise eines Autofahrers, der zugleich bremst und fährt. Das war sein Problem, nicht die fehlende Vision oder ein persönliches Leitbild. Bei ihm stand ein ganz anderes Thema an: Die Erkundung der Schattenanteile, die er nicht wahrhaben wollte.

Das soll nicht heißen, dass ich das Konzept von Strelecky falsch finde – es setzt aber Menschen voraus, die weitgehend mit sich im Reinen sind, eigentlich postkonventionelles Denken. Natürlich hätten neben der Schattenarbeit auch andere »aufdeckende« Ansätze gepasst. Dieser Ansatz aber war zudeckend, das heißt, er legte einen dicken Teppich über das eigentliche Thema.

Schatten entstehen laut Jung in der frühen Kindheit. Bis zum Alter von etwa 20 Jahren entscheiden wir, welche Teile wir als Schatten unter den Teppich unseres Bewusstseins kehren wollen. Die Prägungen durch Familie und das Umfeld spielen dabei eine entscheidende Rolle. Die Familiengeschichte ragt hier ebenfalls mit hinein – teilweise über mehrere Generationen. Zudem spielen natürlich die gesellschaftliche Prägung – die Prägung der eigenen »Schicht« – und die der Kultur oder Subkultur, in der wir groß werden, eine Rolle.

Einer meiner persönlichen Schatten war die Überzeugung, dass ich zu wenig weiß. Ich habe zwar schon als sehr junge Frau überverhältnismäßig viel gelesen, die Bücher aber oft nur überflogen, manchmal nur hinten und vorn gelesen. Das mache ich heute noch. Ich habe das früher nie interpretiert als »Du kannst die Inhalte schnell erfassen«, sondern stets als »Du bist ein Betrüger, du mogelst dich durch«. Natürlich sprach hier der Schatten meiner Familie. Ich habe diesen Schatten erst mit weit über 40 Jahren unter dem Teppich hervorziehen können, nachdem ich einige Jahre das Lesen ganz aufgegeben hatte, fast in eine Art Streik eingetreten war. Während ich das jetzt schreibe, berührt es mich immer noch. Aber ich kann ein Spotlight darauf werfen und über meinen Schatten lachen.

Woher dieser Schatten kam, weiß ich nicht genau. Niemand hat mit mir geschimpft. Aber ich vermute, es ist eine lange Familiengeschichte, die mehr Gefühls- als Erzählgeschichte ist. Der Vater meiner Mutter war das einzige Kind aus einer zehnköpfigen Familie, das studieren durfte, was ihm die anderen übelnahmen. In allen Familiengeschichten mütter- und väterlicherseits spielen Bücher eine Rolle. Warum ausgerechnet ich das Schreiben gewählt habe? Ich glaube, einem C. G. Jung müsste ich das nicht erklären. Für mich hat es nur mit einem zu tun: Ganzwerdung, von mir, von meinen Ahnen.

Wir heilen uns, wenn wir den Schatten unter dem Teppich hervorholen, ihn ansehen und liebhaben können. Dadurch werden wir »ganz«. Jung nennt das Individuation, Selbstwerdung. Das ist ein lebenslanger Prozess. Wir integrieren immer weiter – und wenn wir im Leben wirklich vorankommen wollen, nehmen wir die Schatten an. Indem wir das tun, werden neue Kräfte frei – beispielsweise die Kraft, die wir auf das Verdrängen verwendet haben; oder die Kraft, die wir auf die Ablehnung anderer Menschen, auf persönliche Feindbilder und die Abspaltung ganzer Gruppen aufgebracht haben. Wir können all diese Kräfte nun für sinnvollere Aufgaben nutzen.

Praktische Arbeit mit Schatten

Menschen haben alle Anteile in sich: gute und schlechte. Sie sind faul und fleißig, geizig und großzügig, kämpferisch und ausgleichend. Diese dialektische Sicht haben Sie im Zusammenhang mit den Motiven bereits kennengelernt. Welchen Anteil wir annehmen und welchen wir verdrängen, was sichtbar wird und was unsichtbar bleibt, hat mit unserer Biologie, aber mehr noch mit Kindheitsprägungen zu tun. Schatten werfen ihre Schatten auf eine Seite der Motive. Die können sie dann ganz und gar verdecken. Ich habe Klienten gehabt, deren Schatten sich mit aller Macht auf das Wettbewerbsmotiv gelegt hatten. Besonders stark ausgeprägte Pole sollten immer die meiste Aufmerksamkeit bekommen …

Meine Erfahrung: Wenn Motive eine sehr starke oder schwache Ausprägung haben, so liegen in vielen Fällen Schatten darüber. Wenn beispielsweise der Manager seine Macht nicht annimmt, so hat dies ziemlich sicher mit einem Schatten zu tun. Vielleicht hängt es mit der Dominanz des Vaters zusammen und mit eingespeisten Glaubenssätzen. Vielleicht sieht er nicht, dass er sich anders verhält, als er sich wahrnimmt. Vielleicht beides. Ob Sie dies im Coaching aussprechen, hängt mit Ihrer Arbeitsweise und Ihrem Fokus zusammen. Bei entwicklungsbezogenem Coaching gehört es dazu.

Praxistipp: Schatten sein lassen

Die Arbeit mit Schatten ist alles andere als einfach und hochemotional. Finger weg, wenn sie da nicht ganz sicher sind. Ruhen lassen, wenn Sie das Fass nicht mehr schließen können, das Sie geöffnet haben. Dann reicht das Wissen um die Schatten des Klienten.
Wenn Sie mit einem einfacheren Impuls ein akutes Problem besser lösen können, nehmen Sie diesen. Schattenarbeit kann aber Teil eines Entwicklungsprozesses sein. Ich mache zudem die vereinbarte Stundenzahl und den Auftrag davon abhängig, wie tief ich einsteige. Und das Alter spielt ebenfalls eine Rolle: Schattenauflösen hat viel mit der Loslösung von familiären Prägungen zu tun, die viele in der Lebensmitte umtreibt. Ein Ansatz ergibt sich häufig schon aus dem Blick auf abgespaltene Pole der Motive.
So war bei meinem Kunden Hans offensichtlich, dass er die Vaterbeziehung in den Beruf trug. Immer wenn er Alphamännern begegnete, verhielt er sich scheu und ängstlich. Er interpretierte das als Ablehnung von Alphatieren und suchte deshalb ein Umfeld ohne diese Alphatiere. Gleichzeitig strahlte er selbst viel »Alpha« aus. Er wirkte also anders, als er sich selbst wahrnahm. Ganz schön viel Schatten für wenige Stunden. Ich habe mit Hans statt hier in die Tiefe zu gehen an seinem praktischen Verhalten im Job gearbeitet. Parallel dazu habe ich ihm eine Psychotherapie empfohlen.

Schattenarbeit hat viel mit Aussöhnung zu tun, annehmen und Frieden schließen. Wer Schattenseiten in sich annimmt, kann dies bei anderen ebenfalls leichter machen. Denn wenn wir Urteile über andere fällen, so meinen wir oft uns selbst. »Alles, was uns an anderen missfällt, kann uns zu besserer Selbsterkenntnis führen«, stellt Jung fest. So kann es im Coaching hilfreich sein, über die negative Wahrnehmung von anderen zu sich selbst zu kommen. Ich frage meistens: »Was mögen Sie an anderen gar nicht?« Über die Antwort komme dann zur eigenen Persönlichkeit. Varianten dieser Frage sind:

○ Was sehen Sie bei anderen als Schwächen?
○ Was lehnen Sie bei anderen ab?

So kommt man schnell zu mehr Tiefe. Ein pragmatisches Coaching-Ziel kann sein, herauszufinden, dass eine abgelehnte Eigenschaft positive Aspekte hat. Reagieren Sie eher negativ auf das Wort »kreativ« oder »ordentlich«? Mögen Sie »durchsetzungsstark« oder »harmonisch«? Das, was Sie ablehnen, kennzeichnet Ihren

Schatten. Damit zu arbeiten hilft sehr. Oft ist der Schatten genau das, was unsere eigenen Stärken klein und in Schach hält. Wenn der ordentliche Sachbearbeiter Unordnung bei anderen zulassen kann, wird er gegenüber sich selbst ebenfalls toleranter sein. Vielleicht entdeckt er die Kraft des Flexiblen und bekommt dadurch einen Zugang zu neuer Kreativität – hat doch Kreativsein viel mit Loslassen zu tun. Und Loslassen funktioniert nur ohne Strukturen.

Geht es um Führung, schauen Sie sich das Selbstverständnis des betreffenden Menschen an. Auch dieses ist vielfach von Schatten überlagert. Nicht selten kommen Führungskräfte zu mir, die darüber klagen, dass Mitarbeiter keine Verantwortung übernehmen. Verantwortung zu übernehmen kann mit Macht verbunden sein, mit Freude am Inhalt, mit Pflichtgefühl, der Suche nach Anerkennung oder auch Verbundenheit. Aus welchem Grund übernehmen Sie Verantwortung? Eine Führungskraft mag darauf antworten »aus Pflichtgefühl«. Vielleicht hat sie einen Schatten bei Freude und intrinsischer Motivation, zum Beispiel, weil es in der Familie immer verpönt war, Freude zu haben.

Nun können Sie näher hinsehen und zum Beispiel fragen: »Wie sehen Sie auf Menschen, die aus Freude am Inhalt Verantwortung übernehmen? Haben Sie das selbst schon einmal getan? Was müsste sich ändern, damit Sie selbst aus Freude am Inhalt Verantwortung übernähmen?« Wenn Sie so arbeiten, müssen Sie Jung gar nicht erwähnen und auch das Bild vom Schatten verliert seine »schattenhafte« psychologische Anmutung.

Hintergrund: Carl Gustav Jung

Wer in Deutschland Psychologie studiert hat, wird höchstwahrscheinlich kritisch zur Psychoanalyse nach Freud eingestellt sein. Noch unbeliebter in psychologischen Kreisen ist jedoch der Schweizer Carl Gustav Jung (1875–1961) mit seiner analytischen Psychotherapie. C. G Jung hat viele Anhänger – aber auch entschiedene Gegner, vor allem in der wissenschaftlichen Psychologie.

Bekannt gemacht hat ihn neben seiner Distanzierung von Freuds Trieblehre seine Persönlichkeitstypologie, die später von Isabel Myers und ihre Mutter Catherine Cook Briggs für die Entwicklung des sogenannten MBTI® verwendet worden ist.

Jung hatte einen Hang zum Übersinnlichen und Mystischen. So beschäftigte er sich intensiv mit Astrologie. In seiner analytischen Therapie gilt der Traum als Wegweiser zum Unbewussten. Eine der wichtigen Ziele seiner Therapie liegt in der Individuation. Das bedeutet Selbstwerdung und Begegnung mit »dem Göttlichen in uns selbst«. Hermann Hesse zählte zu seinen Patienten. Hesse verwob seine Geschichten mit mystischen Elementen. Mythen und Symbole spielen sodann auch bei Jung eine große Rolle.

Jungs Persönlichkeitstypologie

Jung entwickelte seine Persönlichkeitstypologie auf der Basis seiner Erfahrungen aus seiner Arbeit. So entdeckte er durch die Arbeit mit Einzelpersonen und Paaren wiederkehrende Muster, die sich in der Beziehung zum Objekt der Aufmerksamkeit zeigten.

Auf eine Annäherung reagieren die einen mit Rückzug, schienen zunächst einmal »Nein« zu sagen, während die anderen positiv agierten. Für dieses unterschiedliche Verhalten prägte Jung die Begriffe introvertiert und extravertiert. Der extravertierte Mensch orientiert sich in erster Linie an der Außenwelt, am objektiv Gegebenen. Der introvertierte Mensch richtet sich primär an subjektiven Faktoren aus. Er orientiert sich an seiner Innenwelt mit ihren Bildern und Symbolen.

Jung unterschied vier Bewusstseinsfunktionen: Denken, Fühlen, Empfindung und Intuition zusätzlich zu Introversion und Extraversion. So ergaben sich acht Typen, aus denen Myers und Briggs durch eine Erweiterung später 16 Persönlichkeitstypen ableiteten.

Bewusstseinsfunktion	Extravertierte Einstellung	Introvertierte Einstellung
Denken (Thinking): falsch versus richtig)	Extravertierter Denktyp: produktiv, oft rechtsbewusst	Introvertierter Denktyp: schafft Theorien
Fühlen (Feeling): angenehm versus unangenehm	Extravertierter Fühltyp: altruistische Menschenfreunde (für Jung überwiegend weiblich)	Introvertierter Fühltyp: intensives Innenleben, außen kaum sichtbar
Empfinden (Sensing)	Extravertierter Empfindungstyp: Realist, bezieht sich auf das Hier und Jetzt	Introvertierter Empfindungstyp: oft künstlerisch veranlagt, sehr ausdrucksfähig
Intuieren (Intuition)	Extravertierter Intuitionstyp: Abenteurer auf der Suche nach Neuem	Introvertierter Intuitionstyp: interessiert sich für Hintergrundvorgänge, mystischer Träumer (der war Jung)

Sie sehen schon: Der Beitrag zu Jung ist länger als die zu den anderen Ansätzen. Ja, ich halte viel von ihm. Vor allem das Thema Schatten finde ich wichtig, besonders für Menschen, die schon etwas reifer sind. Die Persönlichkeitstheorie von ihm ist so etwas wie die Grundlage von allem, was danach kam. Deshalb empfinde ich sie wie Latein – sinnvoll um zu verstehen, was daraus entstanden ist. Und eine gute Lernhilfe.

Was bringt die Arbeit mit den Schatten?

Jung ist weniger ein Lieferant konkreter Tools als vielmehr jemand, aus dessen Schriften man viel zum Denken und Einordnen mitnehmen kann. Weiterer Pluspunkt sind Jungs Offenheit gegenüber allen anderen Theorien und auch spirituellen Ansätzen.

Aus meiner Sicht ist Jungs Weltbild sehr geprägt von einem E8-Blick nach Loevinger, weshalb sich seine Werke auch gut für Coachs und Berater anbieten, die ihre systemische Sicht anreichern oder ergänzen wollen und bereit sein, von praktischen Anweisungen loszulassen. Allerdings ist eine gesunde Kritik an Jungs Werk angebracht, beispielsweise ist seine Persönlichkeitstypologie nicht mehr haltbar, wenn man neurobiologische Erkenntnisse heranzieht. Es birgt auch die Gefahr der Schublade und beinhaltet wenig Weiterentwicklungsansätze.

Gesprächstherapie

Das Bild von Carl Rogers hängt in vielen Coach-Praxen. Er ist so etwas wie der väterliche Freund aller Humanisten. Sein »aktives Zuhören« gilt als grundlegende Coaching-Kompetenz.

Oft wird er in einem Atemzug mit Paul Watzlawick genannt, der für das Zitat verantwortlich ist: »Wer fragt, führt.« Rogers studierte zunächst Agrarwissenschaft, dann Geschichte und danach Theologie. Während des Studiums ging er nach China, wo er an seinen grundlegenden religiösen Sichtweisen, die seine Familie sehr geprägt hatten, zu zweifeln begann.

Rogers entdeckte die Kraft des Fragens und »Laufenlassens« eher zufällig. Zunächst hatte er Kinder und deren Eltern beraten. Dann fragte ihn eine Mutter, ob er auch ihr persönlich helfen könnte. Bis dahin kannte er nur den Sohn und hielt die Mutter für das eigentliche Problem. Ihm war durchaus bewusst, dass auch sie einiges Gepäck zu tragen hatte und das alles eine Frage der Sichtweise war. – Am Ende erkannte er, dass nur eines helfen konnte, dass es wichtig war, dem Patienten den Raum zu geben, sich selbst zu helfen.

Praktische Arbeit mit der Gesprächstherapie

Rogers Theorie, die klientenzentrierte Gesprächstherapie, auch Gesprächspsychotherapie genannt, ist einfach. Im Mittelpunkt steht die »Lebenskraft« (force of life), die eine »actualizing tendency« besitzt. Rogers geht dabei davon aus, dass jeder Mensch danach strebt, gesund und glücklich zu sein, und auch die Ressourcen dazu hat. Diese Selbstaktualisierungstendenz ist so etwas wie das wichtigste

Lebensmotiv. Dieses lässt uns die eigenen Potenziale ausbauen und das Beste aus uns herausholen. Demnach kann sich jeder selbst heilen und entwickeln. Jeder hat die notwendigen Kräfte in sich.

Für die Anwendung in der Therapie sind aber grundlegende Voraussetzungen von Belang: bedingungslose, positive Wertschätzung, Empathie und Kongruenz in der Haltung. Letzteres meint Echtheit und Wahrhaftigkeit gegenüber dem Patienten. Wichtig ist weiterhin, dass es einen psychologischen Kontakt gibt und es dem Klienten zumindest ansatzweise möglich ist, die kongruente Haltung wahrzunehmen. Die Aufgabe des Therapeuten ist, die Person so zu begleiten, dass sie sich selbst besser versteht und akzeptiert. Der Therapeut gibt dabei keinen Weg und keine Lösung vor. Diese Art der Therapie nennt sich nondirektiv. Sie unterscheidet sich zum Beispiel sehr von der Psychoanalyse Freuds, die eine Deutungshoheit des Therapeuten annahm.

Carl Rogers unterscheidet bei seinem Selbstkonzept einer Person zwischen dem Realselbst und dem Idealselbst. Stimmen beide überein, ist man zufrieden und ausgeglichen. Dabei definiert er das »Self-as-object« als Selbstwahrnehmung und Selbsteinschätzung der eigenen Person. Wie denkt eine Person über sich? Das »Self-as-process« meint dabei das Selbst als handelndes Element, als handelnde Person, die in der Lage ist, sich selbst zu aktualisieren.

Die Selbstaktualisierung griff etwas später Abraham Maslow auf, der diese ebenso als Hauptmotivation sah – und für alle Menschen möglich wird, wenn Grundbedürfnisse erfüllt sind.

Was bringt die Gesprächspsychotherapie?

Keine Frage: Der wichtigste Punkt ist aus praktischer Sicht das aktive Zuhören. Aus theoretischer Sicht ist es die Haltung des Therapeuten: Wir gehen davon aus, dass jeder Mensch in der Lage ist, sich selbst zu aktualisieren und damit seine Probleme zu lösen. Das ist nicht immer der Fall. Außerdem glaube ich, dass diese Haltung meist, aber nicht immer und in jeder Situation hilfreich ist. Im Grunde setzt dieser Ansatz ebenfalls eine weitgehend entwickelte Person mit eigenem Gewissen voraus. Natürlich ist Wertschätzung wichtig, selbstverständlich ist es zentral, die Selbstaktualisierungsfähigkeit zu stärken. Ist es nicht eine Forderung von Rogers, dass der Klient die Haltung ansatzweise wahrnehmen kann? Es wird viele Fälle geben, wo das nicht so ist.

Für die Führung gilt das genauso: Als Übertragung fällt mir die Theorie x und Y von Douglas McGregor ein, der die Gedanken Rogers auf die Managementtheorie transferiert hat. Diese Theorie wird gern zitiert. Sie besagt, dass alle Y-Menschen arbeiten wollen und auch sich heraus motiviert sein können. X-Menschen dagegen müssen kontrolliert und reglementiert werden. Das alles hat mit der Haltung der

Führungskraft zu tun, so das Fazit. Es wird also vom Menschenbild abhängig gemacht. Oder anders: Man geht davon aus, dass die eigene Überzeugung maßgeblich ist.

Ich habe viele unterschiedliche Unternehmen gesehen. Ja, das gilt in einigen, aber in anderen keineswegs. Die Haltung ist wichtig, aber allein entscheidet sie nicht.

Gestalttherapie

Kennen Sie Kippfiguren? Das sind Bilder, in denen man das eine und das andere sehen kann. Bekannt ist das schwarzweiße Bild mit der alten und jungen Frau. Die einen erkennen zuerst die junge, die anderen die alte. Aber beide auf einmal? Das schafft auf Anhieb niemand. Kippbilder zeigen zweierlei: Einerseits können wir so erkennen, dass wir immer nur einen Ausschnitt sehen, aber nie das Ganze. Zum anderen lernen wir, dass wir unseren Blick weiten können und dann auch das andere Bild wahrnehmen. Wir können die Grenzen dessen, was wir sehen oder nicht, verschieben. Wir unterliegen bei dem, was wir sehen, auch optischen Täuschungen. Wenn etwas mit Stäben angeordnet ist, erkennen wir die Form darin. Wir rekonstruieren sogar etwas, das fehlt. Ich bin selbst auf einem Auge beinahe blind, ich sehe daher nur Teile des Bildes. Dennoch sehe ich mit diesem Auge mit. Auf diesem Auge bin ich nicht weitsichtig, auf dem anderen Auge schon. Eigentlich dürfte ich ohne Lesebrille nicht am Computer lesen können. Aber ich kann es. Ich rekonstruiere die »Löcher« einfach.

Die Gestalttherapie arbeitet genau mit diesem Prinzip: Der Mensch gestaltet sich das, was er sieht. Er zieht Grenzen um sich und die Dinge. So entsteht Bedeutung. Niemand sieht einfach nur Striche in der Kippfigur. Es sind immer Gesichter. Gesichter haben mehr Bedeutung als Striche. So einfach ist das.

Eine weitere solcher Kippfiguren ist die rubinsche Vase. Was sehen Sie?

Eine Kippfigur – die rubinsche Vase

Die Gestalttherapie ist mehr als nur eine Therapie, sie ist eine Lebensanschauung. Es ist eine Art zu Denken und sein Leben eben zu gestalten. Der erste und wichtigste Schritt einer Gestalttherapie ist, sich bewusst zu werden. Es geht um das Hier und Jetzt. Was ist der Kern meiner Probleme, die vielleicht von früher herrühren, heute und jetzt? Jetzt erfahre ich, fühle ich, bin ich – und ich entdecke meine Bedürfnisse. Wir wollen Anteile zurückgewinnen, die verfremdet sind oder versteckt.

Das Augenmerk liegt also nicht auf dem Unbewussten oder der Analyse der Kindheit. Es geht vielmehr darum, sehr genau zu beobachten, was jetzt ist. Im Mittelpunkt stehen die Bedürfnisse des Klienten. Und die Therapie kreist um sehr praktische Fragen, beispielsweise um die, wie ich eine Aggression halte, die ich erlebe, wenn ich an meinen Haaren ziehe. Der Therapeut ist in diesem Kontext ein sehr feiner Beobachter, der ausspricht, was er sieht.

In der Gestalttherapie gibt es blinde Flecken, die man Löcher nennt. Diese schalten einen Teil der eigenen Wahrnehmung aus: nicht sehen, nicht hören, nicht riechen, nicht fühlen. Wer in seiner Kindheit nicht berührt wurde, mag vielleicht nicht gestreichelt werden oder nicht streicheln, was in der Partnerschaft zum Problem werden kann. Wer ein Bedürfnis nach Ruhe hat, schaltet vielleicht auf taub, wenn er von plappernden Kollegen umgeben ist.

Ein wichtiger Begriff in der Gestalttherapie ist die Projektion, die auch Freud und Jung kannten. Menschen projizieren immer etwas auf andere, das mit ihnen selbst zu tun hat. Beispielsweise denkt jemand, dass die Pläne eines anderen nicht funktionieren können, weil die Dinge sich so oder so verhalten. Das ist aber sein Denken, es hat mit dem anderen nichts zu tun. Oder jemand bewundert Menschen mit bestimmten Eigenschaften. Menschen, die beispielsweise Vordenker sind oder sehr kreativ. Das hat etwas mit ihm zu tun. Es kann sein, dass er selbst diese Eigenschaften hat, aber nicht sieht.

Ein wichtiges Wort in der Gestalttherapie ist Konfluenz, das Zusammenfließen bedeutet. So fließen in Paarbeziehungen oft Grenzen zusammen. Du bist ich, und ich bin du. Ich verstehe dich blind ... Auch in Gruppen fließen Grenzen ineinander. Da bin ich nicht mehr ich, sondern jemand, der sich an die Regeln hält. Oder im Beruf: Da bin ich nicht ich, sondern das, was man erwartet.

In der Praxis mit Teilen arbeiten

Der gestalttherapeutische Ansatz beinhaltet die Arbeit mit Teilen und Anteilen. Friedemann Schulz von Thun hat dies zum Beispiel mit seinem »inneren Team« aufgegriffen. Auch die Transaktionsanalyse leitet sich aus diesem Ansatz ab, denn bei ihr handelt es sich letztendlich um die Arbeit mit Teilen. Das kritische Eltern-Ich oder das freie Kind-Ich sind letztendlich Teile von uns. Die Arbeit mit Teilen macht Menschen bewusst, dass sie zwar eins sind, aber in ihnen mehrere

Anteile leben, die sich durchaus widersprechen können. Wir sind nicht nur eins, sondern viele. Das kritische Eltern-Ich will Sicherheit für sein Kind, das freie Kind-Ich Spaß bei der Arbeit. Was will der Erwachsene? Welche Bedürfnisse hat er jetzt und heute? Wenn er diese nicht artikulieren kann, kann nachgefragt werden: Wie zeigen sich diese Bedürfnisse? – Oder wie zeigt sich das Wegdrücken dieser Bedürfnisse körperlich? Sind vielleicht die Schultern ständig hochgezogen?

Eine Kombination aus der Teilearbeit und genauer Beobachtung der Bedürfnisse hilft auch im Coaching. Oft sind wir sehr auf die inhaltliche Aussage fokussiert und sehen zu wenig hin. Doch die Art, wie Menschen etwas sagen, sagt häufig mehr als das, was sie inhaltlich von sich geben. Wenn wir im Coaching aussprechen, was wir beobachten, erschließt das eine weitere Ebene. Das macht das Coaching sehr viel wirksamer.

Fallbeispiel: Mit der Mimik und dem Körper arbeiten

Tilo ist 48 Jahre und Leiter einer Abteilung für Öffentlichkeitsarbeit. Er ist redegewandt und eloquent. Doch wenn er über seine künftige Arbeit redet, wird er schneller, spricht gepresst und spannt die Schultern an. Er redet von einem Leuchtturmprojekt, das er so gern realisieren möchte, weil es seinem Lebenslauf etwas Wichtiges hinzufügt. Aber seine Sprache, sein Körper verrät etwas anderes. Es sieht aus, als sei dieses Leuchtturmprojekt gar nicht das, was er immer gewollt hat, sondern eine Last. Ich spreche meine Beobachtung aus. Da entspannt er sich und plötzlich reden wir ganz anders – und über etwas anderes. Nämlich über das, was er eigentlich will, sich aber nicht zu denken traut.

Was bringt die Gestalttherapie?

Das Bild von der alten und der jungen Frau zeigt, wie unterschiedlich dasselbe Ding betrachtet werden kann. Das ist ganz klar eine wesentliche Erkenntnis der Gestalt. Weiterhin hilft es zu wissen, dass es letztendlich unsere Aufmerksamkeit ist, die uns dazu bringt, das eine zu sehen und das andere nicht. Wir können uns jederzeit auf etwas anderes konzentrieren: Das ist unsere Entscheidung!

Die Arbeit mit Teilen ist im Coaching ein großer Gewinn. Vor allem Menschen, denen ihre Teile wenig oder gar nicht bewusst waren, die bisher nach innerlicher Einheit strebten, profitieren sehr davon. Hier ist das innere Team von Schulz von Thun ein gutes Darstellungswerkzeug. Sie können folgendermaßen vorgehen:

Das innere Team

Malen Sie eine größere Figur und in diese Figur gleichaussehende Männchen mit Sprechblasen. Die Figuren benennen Sie

- der Kritiker
- die Wortführerin
- der Gestalter
- und andere mehr

Meist kommen bei meinen Klienten fünf bis sechs Figuren in die Figur. In die Sprechblasen schreiben Sie, was die Figuren sagen, was Sie also vorher beim Klienten wahrgenommen haben. Anschließend kann damit gearbeitet werden: Wer ist für die Lösung einer Ausgangsfrage wichtig? Wen sollte man einfangen?

Ich male dann in Abwandlung des ursprünglichen inneren Teams ein Lasso um die störenden Figuren. Anschließend kann man eine Vereinbarung treffen.

Eine Superübung für Menschen, die noch keinen so guten Bezug zu ihren Bedürfnissen haben und für die diese Differenzierung neu ist. Diese Übung ist auch in einer Führungssituation sehr gut anwendbar.

Hypnotherapie

Die Hypnotherapie nach Milton H. Erickson ist äußerst beliebt und verbreitet im Coaching. Sie setzt darauf, Menschen mit unterschiedlichen Methoden in einen Trancezustand zu versetzen. Das funktioniert natürlich nur mit einer guten Beziehung zwischen Klient und Therapeut oder Coach. Warum und wie die Hypnotherapie wirkt, ist nicht bekannt, aber ihre Wirksamkeit wurde nachgewiesen, daher ist sie als psychotherapeutisches Verfahren anerkannt.

Erickson hat die Wirkung selbst zufällig entdeckt. Als Jugendlicher erkrankte Erickson an Kinderlähmung und fiel ins Koma. Danach war er zunächst gelähmt und lernte durch seine Beobachtungen, seine Wahrnehmung zu schulen. Er begann mit seiner Vorstellung zu experimentieren und seine Umgebung zu ergründen. Er wünschte sich Dinge so sehr, dass sie in Bewegung kamen – obwohl er sich nicht bewegen konnte. Es war also eine selbsterzeugte Trance.

Die Hypnotherapie nach Milton H. Erickson spricht Ursachen direkt im Unterbewussten an und aktiviert positive Emotionen. Wer einmal eine Entspannungsmeditation am Ende einer Yoga-Stunde mitgemacht hat, weiß etwa, wie es sich anfühlt.

Im Grunde geht es in der Therapie darum, die Aufmerksamkeit zu konzentrieren und nach innen zu lenken, das nennt man Induktion. Dabei spielt die Stimme und die Umgebung eine Rolle. Geschlossene Augen helfen, sich nach innen zu konzentrieren. Sie können Geschichten und Symbole nutzen, offenes Assoziieren anregen oder einfach die Fantasie.

Was bringt die Hypnotherapie?

Die Hypnotherapie bietet sich sehr gut ergänzend an, als Teil des Coaching-Prozesses. Führungskräfte sollten ihre Mitarbeiter natürlich nicht in Trance versetzen. Allerdings lassen sich entspannende Elemente durchaus in die Gesundheitsförderung integrieren oder Fantasiereisen auch auf Gruppenebene in Workshops durchführen. Dabei ist immer eine Frage, wie tief man geht – oder an der Oberfläche bleibt. Im Unternehmenskontext ist fraglos mehr Oberfläche angesagt.

Kognitive Verhaltenstherapie

Diese Therapieform konzentriert sich auf Lösungen anstatt sich mit Fragen der frühen Kindheit zu beschäftigen. Sie leitet sich aus dem Behaviorismus ab. Sie galt lange Zeit als das »A und O« der Therapie, da Studien ihre Wirksamkeit immer wieder bestätigten. Einer der größten Verfechter war zunächst der Wirksamkeitsforscher Klaus Grawe, der später jedoch dazu mehr Distanz entwickelte und die Gleichwertigkeit unterschiedlicher Ansätze herausstellte.

Psychoanalytiker kritisieren, dass verhaltenstherapeutische Therapien vor allem die Reduzierung der Symptome zum Ziel haben, nicht aber an den Ursachen arbeiten. Die kognitive Verhaltenstherapie bezieht aber durchaus die Ursachen mit ein. Sie arbeitet zugleich am Verhalten und den Ursachen der Symptome. Dabei agiert sie mit den kognitiven Grundannahmen, die »automatischen Gedanken« zugrunde liegen. Warum denkt jemand so, wenn etwas passiert? Es sind die Sichtweisen auf Geschehnisse, die Gedanken formen, nicht die Geschehnisse selbst. Hier liegt auch der Behandlungsansatz: Es geht darum, Sichtweisen zu ergründen und zu verändern. Oder anders ausgedrückt: Jeder Mensch konstruiert sich seine Welt. Diese Konstrukte lassen sich ändern. Kognitionen gehen auf Schemata, also Verarbeitungsmuster, zurück, die aufgrund von Erfahrungen entstanden sind. Im Grunde ähnelt das wieder sehr dem inneren Kind.

Zunächst geht es um eine Beschreibung der automatischen Gedanken, die durch den Kopf gehen. Dann erforschen Patient und Therapeut, bei welchen Ereignissen die automatischen Gedanken auftreten. Dazu gehört die Frage, was genau nun diese Gedanken in der jeweiligen Situation ausgelöst hat. Welche Gefühle, welches Verhalten und welche körperlichen Reaktionen sind mit den automatischen Gedanken verbunden? So können die körperlichen Symptome schon ein erster Anhaltspunkt dafür sein, wo und wie automatische Gedanken entstanden sind, oft in der Kindheit durch prägende Erlebnisse. Ein »Stein im Bauch« etwa kann entstanden sein, weil ein Kind Gefühle unterdrückt hat.

Eine Variante der kognitiven Verhaltenstherapie ist die Schematherapie, die von Jeffrey E. Young entwickelt wurde.

Was bringt die Verhaltenstherapie?

Der automatische Gedanke ist einer von vielen Ansätzen, der hilft, eingefahrene Situationen zu lösen. Man muss sich dazu nicht tief mit der Kindheit auseinandersetzen und kann auch die Emotionalität auf diese Weise steuern. Man geht nicht so tief rein wie etwa bei der Psychoanalyse.

Es lassen sich ganz praktische Übungen aus der Arbeit mit »automatischen Gedanken« ableiten. Diese sind leicht kommunizierbar: Der Begriff klingt »erwachsener« und irgendwie auch männlicher als das innere Kind.

Ich habe beispielsweise einer Führungskraft, die immer in die Luft ging, wenn ihr widersprochen wurde, einen Zettel an den Laptop geklebt: »Durchatmen, um den Block gehen, dann reden.« Das half ihm dabei, das automatische Muster zu entzerren. So konnte er die automatischen Gedanken erkennen und sie mit einem anderen Verhalten koppeln.

Logotherapie

Die Logotherapie geht auf einen weiteren Wiener Arzt zurück: Viktor E. Frankl. Seine Lehren übernahm und verbreitete federführend Elisabeth Lukas. Die Kernannahme ist, dass jeder Mensch danach strebt, ein erfülltes und sinnvolles Leben zu führen, dies ist sehr nah an Maslow. Die Logotherapie richtet sich daran aus, den Zugang dazu zu bereiten. Dazu nutzt sie verschiedene Methoden, die auch im Coaching im Coaching-Verständnis B anwendbar sind.

Dies ist zum einen die paradoxe Intention, die den Klient dazu anleitet, eine neurotische Verhaltensweise absichtlich auszuüben, um sie zu überwinden. So lässt sich der Teufelskreis der Angst vor der Angst durchbrechen. Eine zweite Methode ist der sokratische Dialog, der dem Erkunden und Infragestellen schädlicher Selbstüberzeugungen dient. Diesen finde ich sehr hilfreich und beschreibe ihn im nächsten Abschnitt.

Was bringt die Logotherapie?

Dem Streben nach einem sinnvollen Leben kommt immer mehr Bedeutung zu. Gleichzeitig wird es schwieriger, den Sinn zu finden, so mein Eindruck. Dieses Streben auch bei gesunden Menschen zu stärken ist wichtig, ob mit Methoden der Logotherapie oder anderen.

Literaturtipp

Björn Migge hat in seinem Buch »Sinnorientiertes Coaching« (2016) Grundpositionen aus der Logotheraphie, der Existenzphilosophie und der existenziellen Beratung zusammengetragen und zeigt, wie sich die Haltungen, Fragen und Bilder verschiedener philosophischer Ansätze in die Beratungsformate des Coachings sowie der psychologischen Beratung übertragen lassen.

Aus dem Repertoire der Logotherapie liebe ich den sokratischen Dialog, da ich diesen für sehr hilfreich in allen möglichen Situationen halte. In die Praxis übertragen bedeutet diese Art der Gesprächsführung: Filtern Sie die Logik hinter einer Annahme heraus. Wenn jemand beispielsweise glaubt, nicht schreiben zu können, liegt es vielleicht daran, dass er denkt, schreiben muss gelernt sein. Indem man zeigt, dass dies kein logischer Schluss ist, führt man solche Selbstaussagen ad absurdum.

Der sokratische Dialog und Logik

Gehen Sie folgendermaßen vor:
- Decken Sie hinderliche Überzeugungen und Selbstwahrnehmungen auf, zum Beispiel mit der Frage: »Was bringt Sie zu der Annahme, dass ...?«
- Lernen Sie die persönliche Definition des jeweiligen Menschen tiefer und genauer kennen, etwa mit der Frage: »Was ist für Sie ...?«
- Konkretisieren Sie, indem Sie einen Alltagsbezug herstellen: »Woran genau erkennen Sie ... und wie wirkt sich das aus?
- Konkretisieren Sie weiter und formulieren Sie um, sodass das Absurde und Unlogische deutlich wird: »Was ist aber, wenn ... – Das heißt also ...«
- Führen Sie zur sokratischen Wendung, erzeugen Sie einen Zustand der inneren Verwirrung: Aus dem Gesagten leiten Sie verallgemeinernde Thesen ab, die der Klient nicht akzeptieren kann.
- Suchen Sie mit ihm zusammen nach möglichen Alternativen und zielführenden Denkmustern.
- Lenken Sie die Aufmerksamkeit auf die Ergebnisse des Dialogs: »Wenn Sie sich selbst zuhören, was ...?«

An dieser Stelle lässt sich sehr gut induktives und deduktives logisches Denken einbringen. Ein deduktiver Schluss ist:
1. Alle Menschen sind sterblich.
2. Sokrates ist gestorben. Aristoteles ist gestorben. Sokrates und Aristoteles waren Menschen.

Ein induktiver Schluss:
1. Sokrates ist gestorben.
2. Aristoteles ist gestorben. Alle Menschen sind sterblich. Sokrates und Aristoteles waren Menschen.

Das sind die Grundlagen des logischen Denkens. Sie sind sowohl in der Führung als auch im Coaching überaus hilfreich.

Lösungsorientierte Kurzzeittherapie

»Was wäre geschehen, wenn Sie morgen aufwachen und Ihr Problem wäre verschwunden?« Die wohl berühmteste Coaching-Frage der Welt – die Wunderfrage – stammt aus der lösungsorientierten Kurzzeittherapie. Bei der lösungsorientierten Kurzzeittherapie, die Steve de Shazer mit seiner Ehefrau Isoo Kim Berg entwickelte, liegt der Fokus auf dem Verhalten und Freisetzen von Energie für nächste kleine Schritte. Achtung: Kurz heißt nicht unbedingt schnell. Es geht vielmehr darum, Menschen das Gehen kleiner Schritte zu ermöglichen. Dies ist wichtiger als das Analysieren und Verstehen-Wollen. Dabei steht über allem der Wert Einfachheit: einfache Sprache, Lösungen statt Probleme, einfache Interaktion.

Grundannahmen und Grundprinzipien der lösungsorientierten Kurzzeittherapie

Folgende Grundannahmen gibt es:
- Positive Veränderungen von komplexen Situationen benötigen kleine Schritte.
- Wenig Information genügt für die Wahl dieser nächsten Schritte.
- Welcher Schritt passt, entscheidet sich an der Frage, was etwas besser macht.
- Das konkrete Handeln in kleinen Schritten ist wichtiger als das Verstehen-Wollen.

Die drei Grundprinzipien der Lösungsfokussierung:
1. Repariere nicht, was nicht kaputt ist!
2. Finde heraus, was gut funktioniert und passt – und tu mehr davon!
3. Wenn etwas trotz vieler Anstrengungen nicht gut genug funktioniert und passt, dann höre damit auf und versuche etwas anderes!

Ansätze aus der lösungsorientierten Kurzzeittherapie sind in viele Coaching-Ausbildungen eingegangen. Kein Ansatz ist so leicht anzuwenden und erfordert so wenig weitere Kenntnisse und Erfahrungen. Die lösungsorientierte Kurzzeittherapie ist ideal für einfache Problemstellungen, die mit Lernen zu bewältigen sind. Für Entwicklung sind andere Ansätze besser. Durch den dritten Grundsatz kann man in eine Vermeidungsschleife geraten – und notwendige Entwicklungen eher vermeiden, als sich ihnen stellen.

Praxistipps: Lösungsorientierte Fragen stellen

- Was hat bisher gut funktioniert?
- Wo liegen Ihre Ressourcen, das Problem zu lösen?
- An welche Möglichkeiten haben wir nicht gedacht?
- Wann haben Sie diese Sorgen und Probleme nicht?
- Wo haben Sie eine gute Phase erlebt?
- Was gehört zu einer guten Phase dazu?
- Was muss passieren, damit diese gute Phase häufiger kommt?
- Welche Ihrer Fähigkeiten sind besonders wertvoll für eine Lösung?
- Welche ähnliche Herausforderung haben Sie bereits bewältigt – und wie?
- Woran liegt es, dass die Situation nicht noch schlimmer ist?

Was bringt die lösungsorientierte Kurzzeittherapie?

Sie bringt vor allem sehr konkrete Ansätze und Fragen, die den Ansatz der kognitiven Verhaltenstherapie auf einer anderen Ebene abrunden. Wichtig: Es wird nicht nach dem »Warum« gefragt, sondern nur nach der Lösung. Auf Unternehmen übertragen ist die Technik »Appreciative Inquiry« sehr ähnlich, die frei übersetzt »wertschätzendes Erkunden« bedeutet. Mit dieser Methode werden Veränderungen anregt und gezielt das Positive in Unternehmen identifiziert und weiterentwickelt. In einem Großgruppenformat erarbeiten Mitarbeiter, was bisher gut funktioniert und suchen darauf basierend nach Lösungen für Fragestellungen und Probleme.

Literaturtipp

Falls Sie Appreciative Inquiry kennenlernen möchten, finden Sie ausführliche Informationen im Buch »Appreciative Inquiry (AI): Der Weg zu Spitzenleistungen« (2012) von Matthias zur Bonsen und Carole Maleh.

Bei komplexeren Fragestellungen hat die lösungsorientierte Kurzzeittherapie eindeutig Grenzen. Will man zum Beispiel Führungskräfte entwickeln, reicht dieser Ansatz nicht, weil er eher wieder zum Gewohnten führt.

Psychoanalyse

Erinnern Sie sich an Es, Über-Ich und Ich? Macht es »Aha«, wenn Sie anale oder narzisstische Phase lesen? Kaum jemand hat das Bild der Psychologie so geprägt wie der Wiener Neurologe Sigmund Freud. Ich habe schon als 14-Jährige seine »Traumdeutung« verschlungen. Freud war enorm einflussreich. Ganz viele Richtungen der Psychotherapie entwickelten sich aus seinem Vordenken und Vorforschen. Doch was auch einmal festgestellt werden muss: Freud hat sich das alles nicht einfach ausgedacht oder rein aufgrund von Erfahrungen beschrieben. Er hat neuroanatomischen Studien an Tieren durchgeführt. Nun gab es damals noch keine Magnetresonanztherapie (MRT) und Elektroenzephalografie (EEG), die die Prozesse im Gehirn oder deren Ergebnisse sichtbar machen konnten. Das war für Freud frustrierend, war er doch am Ende ein Analytiker.

Aber Freud war ohnehin eher ein Freund der Distanz. Er war der Erfinder der Couch und der Vermeidung des Blickkontakts in der Psychoanalyse. Diese Maßnahme soll dabei helfen, dass der Klient frei assoziieren kann – und ohne Frage ist da etwas Wahres dran. Wenn ich mit Klienten die Übung »Drei Jahre in der Zukunft« mache, bitte ich ebenfalls darum, es ohne Blickkontakt zu versuchen. Ich erkläre vorher warum: Assoziieren ist auf diese Weise leichter. Das ist bei dieser Übung nicht frei, sondern gelenkt, dennoch ist es so von Vorteil.

Die Psychoanalyse ist eine Theorie über unbewusste psychische Vorgänge. In Freuds »Urform« haben Patient und Analytiker keinen Blickkontakt. Die berühmte Couch und die Distanz ermöglichen freies Assoziieren. Der Patient soll alles aussprechen, was ihm in den Sinn kommt, auch für ihn Unbedeutendes. Er soll sich nicht zensieren. Der Analytiker deutet, wann immer er es für richtig hält. Diese Deutungen stellt der Patient nicht infrage.

Eine weitere zentrale Aussage ist, dass Menschen Beziehungserfahrungen in den Analytiker spiegeln. Das nannte Freud die Übertragung. Diese Übertragung ist zentraler Baustein jeder Analyse und trägt auch die Beziehung zwischen Analytiker und Analysand. Sie ist also nicht »schlecht« und schon gar nicht vermeidbar.

Es schien lange Zeit schwierig, die Ergebnisse einer Psychoanalyse, die nicht selten über 400, 500 Stunden und damit über mehrere Jahre ging, sichtbar zu machen. Zugleich schien irgendwann die Triebtheorie nicht mehr zeitgemäß. Hinzu kam ein weitgehendes Ausschalten innerpsychischer Prozesse durch die Behavioristen, die ausschließlich beobachtbares Verhalten zugrunde legen und die Psychologie damit zu einer Naturwissenschaft machen wollten. So waren Freud und C. G. Jung lange verpönt. Man kritisierte die langen Therapien, aber auch das »Wühlen« in der Kindheit und das Fokussieren auf Triebe – was Freuds Nachfolger aufgaben – wurde als überflüssig angesehen. Bezogen auf Wirksamkeit stellte sich die Frage, ob sich alle Probleme nicht auch ohne Psychoanalyse in Luft aufgelöst hätten.

Doch in den letzten Jahren erlebt die Psychoanalyse eine Renaissance – und das hat ausgerechnet mit dem Gehirn zu tun. Wir erinnern uns, Freud war Neurologe – und er glaubte an Prozesse im Gehirn. Nur hatte er nicht die Gerätschaften für Messungen, die gab es einfach noch nicht. Tests mittels moderner bildgebender Verfahren, also MRT und EEG, zeigen beispielsweise, dass bei Depressiven eine siebenmonatige Therapie bei erfahrenen Analytikern gute Erfolge bringt. Die Gefühlszentrale im Gehirn, die Amygdala, reagiert dann weniger empfindlich auf emotionale Reize.

Diverse Studien bestätigen die Wirksamkeit. Moderne Psychoanalyse mit der sogenannten operationalisierten Diagnostik (ODP) baut eine Brücke zur neurowissenschaftlichen Forschung, weil dadurch erfasst werden kann, auf welchen limbischen Ebenen eine Störung anzusiedeln ist und wie man sie behandelt. Das ODP ist ein strukturierter Fragebogen, der eine genaue Operationalisierung zulässt, es also erlaubt, etwas messbar zu machen.

Psychoanalyse wirkt jedoch nicht immer und bei jedem Problem gleich. Natürlich dürfte neben der Person des Patienten auch die Person des Analytikers eine Rolle spielen. Interessanterweise gibt es Studien, die weiblichen Analytikerinnen größere Wirksamkeit nachweisen. Auch Erfahrung wirkt sich eher positiv aus (vermutlich gilt das gleichermaßen im Coaching sowie in allen helfenden Berufen).

Psychoanalytiker legen weniger Wert darauf, Bewältigungsstrategien zu entwickeln, sie besprechen einerseits kein Verhalten. Andererseits setzen sie sehr auf Reifung. Zu vermuten ist, dass sich Menschen in psychoanalytischer Behandlung auf eine Stufe 6 nach Loevinger entwickeln können. Sie finden zu sich.

Aus der Triebtheorie von Freud entwickelten sich die Ich-Psychologie von Heinz Hartmann, die Objektbeziehungstheorie von unterschiedlichen Autoren und die Selbstpsychologie von Heinz Kohut. Diese Ich-Psychologie hat nichts mit der Ich-Entwicklung zu tun! Die Selbstpsychologie definiert das Selbst als übergeordnete Handlungsinstanz, die reflexions- und kritikfähig ist. Diese Sicht des Selbst darf nicht mit dem von Loevinger verwechselt werden. In diesem Sinne müsste ihre Ich-Entwicklung eigentlich eine Selbstentwicklung sein. Die Ich-Psychologie integriert im Unterschied dazu die Instanzen Es, Ich und Über-Ich und geht von Ich-Funktionen aus, die seit dem Kleinkindalter bestehen und die sich immer weiterentwickeln. Sie kennt Fehlentwicklungen als Ich-Defekte. Auch Regressionen, also temporäre Rückfälle in frühere Zustände sind bekannt. Die Objektbeziehungstheorie – unter anderem von Melanie Klein entwickelt – betont die Bedeutung der Mutter-Kind-Beziehung und des Urvertrauens.

Nach wie vor wird Freud im Psychologiestudium meist negativ rezipiert. Einige Wissenschaftler zählen die klassische Psychoanalyse nicht zu den empirischen Wissenschaften. Für sie hat sie suggestive Kraft und eine Tendenz zu selbsterfüllenden Prophezeiung. Aber bitte, was hat das nicht?

Was bringt die Psychoanalyse?

Besonders relevant ist die Übertragung. Wir sollten uns immer bewusst sein, dass ein Unternehmen ein Spiegel familiärer Strukturen sein kann, in dem sich alte Beziehungsmuster wiederholen. Praktisch bedeutet das: Es gilt auch über Familienstrukturen zu reflektieren, denn vor allem festsitzende berufliche Probleme sind oft darauf zurückzuführen. Wenn die Assistentin alles für den Chef tut und sich überlastet, aber nie Dank und Lob bekommt, so wiederholen beide nicht selten ein Beziehungsmuster aus dem familiären Kontext. Die Abhängigkeit ist nützlich für Vorgesetzte. Einige suchen unbewusst nach psychisch unreifen Mitarbeitern, die sich aufopfern. Gesund ist das nicht.

Als Coach sollte man aus dem Wissen über Psychoanalyse Zurückhaltung ableiten. Es ist richtig, dass eine Deutung im Sinne Freuds höchst heikel ist. Man kann damit das Denken der Menschen in eine bestimmte Richtung führen. Sie könnten Dinge annehmen, die gar nicht zu ihnen gehören – oder sie sogar in sich integrieren. Es ist eine Tatsache, dass gerade labile Menschen leicht Überzeugungen von außen annehmen, die dann nicht wirklich zu ihren eigenen werden, sondern als Introjekte Schaden anrichten.

Dies ist aber in jedem Prozess so. Egal wo wir hingehen, wir werden dauernd interpretiert und bekommen Deutungen zu uns selbst. Die Deutung eines Analytikers nehmen wir aufgrund seiner Position und unserer Bindung aber viel stärker an. Deshalb ist es richtig, dass Menschen, die solche Tätigkeiten ausüben, jahrelange Ausbildungen durchlaufen müssen. Und deshalb ist es für Coaches wichtig, mit dem Thema Deutung ganz besonders vorsichtig umzugehen und sich gar nicht erst in die Position eines Analytikers zu versetzen.

Die psychoanalytische Deutung ist sowieso überholt. Ein Therapeut/Coach kann und soll seine Wahrnehmungen schildern. Er kann auch ein Konstrukt zugrunde legen (zum Beispiel die Transaktionsanalyse). Er kann Deutungsvorschläge machen. Er sollte das aber immer so formulieren, dass klar ist, dass es ganz viele andere Sichtweisen geben kann. Und am Ende entscheidet der Klient, mit welcher Deutung er in »Resonanz« geht.

Kleine Charakterkunde und Handlungstipps nach Karl König und Fritz Riemann

Der Wahnsinn ist immer da – auch in unserem Alltag. Fasst man die Charakterkunden der Psychoanalytiker Fritz Riemann und Karl König zusammen, wie es Ariadne von Schirach (2016) gemacht hat, ergeben sich sechs Typen:

Die narzisstische Neigung: Vielleicht ist er ein Charmeur, in jedem Fall fällt er auf. Sie erkennen Narzissten an ihrem Glamourfaktor. Narzissten treibt die Angst vor Bedeutungsverlust. Das kann sie sehr erfolgreich machen. Wer ordnet seinem Erfolg sonst alles andere unter? Jeder Mensch braucht Anerkennung, Narzissten jedoch lechzen nach Bewunderung. Deshalb mögen sie sehr selbstbewusste Persönlichkeiten meist nicht. Diese bewundern nicht - und das gefällt ihm gar nicht.

Im Umgang mit Narzissten ist Strategie gefragt. Lassen Sie dem Narzissten den Platz unter der Sonne. Geben Sie ihm seine Anerkennung, gewinnen Sie sein Vertrauen. Zeigen Sie ihm wie er noch erfolgreicher sein kann. Zeigen Sie ihm, dass auch nicht genehme Personen nützlich sein können. Lassen Sie ihn über sich selbst lachen.

Die schizoide Neigung: Oft ist er ein Nerd, oder zumindest etwas schrullig, anders. Schizoide sind jene Menschen, die oft verbissen an etwas arbeiten sich reinhängen, dabei aber sachlich und distanziert scheinen. Diese Distanz haben sie auch zu sich selbst, was sie humorvoll macht. Sie werden Forscher, Wissenschaftler. In der Führung sind es die Entwickler und Strategen, die weit in die Zukunft schauen. Im Grunde haben diese Menschen jedoch Angst vor Nähe. Deshalb konzentrieren sie sich lieber auf eine Sache. Die ist berechenbarer als der Mensch. Lassen Sie dem Menschen mit schizoider Neigung seine Welt, aber verbinden Sie ihn. Bringen Sie ihn mit Andersdenkenden zusammen und fördern Sie gegenseitige Akzeptanz. Schizoide lieben Komplexität. Lehren Sie ihn, dass er sich mit Einfachheit auch anderen verständlich machen kann.

Die depressive Neigung: Oh wie nett ist der denn! Menschen mit depressiver Neigung sind warmherzige Menschen, die sich immer sehr zurücknehmen und deshalb ideale Teamarbeiter. Sie haben Angst, ein eigenes Ich zu werden, deshalb brauchen sie andere. Es fällt ihnen schwer, zu bewerten und sich selbst eine Meinung zu bilden. Fördern Sie die eigenen Bedürfnisse und die Individualität. Stärken Sie das Ich. Wenn Menschen mit depressiver Neigung lernen, eigenständig etwas zu bewerten, können sie sehr unprätentiöse und zugewandte Führungskräfte werden.

Die zwanghafte Neigung: Menschen mit zwanghafter Tendenz treibt die Angst, die Kontrolle zu verlieren. Das macht sie zu guten Prüfern und Überwachern. Sie haben oft einen autoritären Charakter, Ordnung ist ihnen wichtig, Veränderung dagegen ein Graus. In der Führungsrolle sind sie seltener und wenn dann eher in Funktionen und Branchen, in denen Kontrolle zum System gehört. Unterstützen Sie das Loslassen und üben Sie die Veränderung. Zwanghafte müssen lernen, Kontrolle positiv zu leben.

Die phobische Neigung: Wenn Sie es mit einem ganz vorsichtigen Menschen zu tun haben, könnte dies für eine phobische Neigung sprechen. Phobiker haben Angst vorm Scheitern, wodurch sie immer auf der Hut sind. Sie gehen keine Risiken ein. In der Berufswelt sind Menschen mit dieser Charaktertendenz oft in Berufen zu finden, die Sicherheit bieten. Phobiker sind ähnlich wie Zwanghafte manchmal sehr genau und gewissenhaft, weshalb sie in ähnlichen Berufsfeldern anzutreffen sind.

Fördern Sie den Blick auf Schönheit des Scheiterns. Fehler machen – wunderbar.

Die hysterische Neigung: Erkennen Sie in Ihrem Umfeld einen kreativen und flexiblen Menschen, der andere mitreißen kann? Der sich aber einfach nicht festlegen lässt? Dann könnte es sich um einen Hysteriker handeln. Diese Menschen stecken voller Möglichkeiten, sie sind oft kreativ und unkonventionell. Alles Endgültige schreckt sie ab. Festlegen, nein danke. Ähnlich wie der Narzisst strebt auch der Hysteriker nach „Verewigung" und Bedeutung. Anders als dieser ist er dabei aber mehr von Größenwahn als von der Suche nach Anerkennung und Beifall getrieben. Seine Lebensaufgabe liegt darin, die eigene Bedeutungslosigkeit zu erkennen. Viele Hysteriker übernehmen sich, wollen zu viel. Geben Sie ihm die Ruhe und das Zutrauen, dass er auch einmal stehen bleiben und sich ausruhen kann. Und nicht immer um Bedeutung kämpfen muss. Wir alle sind nur ein Atom im Universum. Bedeutsam zusammen, aber alleine nichts.

Transaktionsanalyse

Ausgangspunkt der Transaktionsanalyse waren Versuche von Wilder Penfield, aus denen Thomas Harris das Modell des Gehirns als eine Art HiFi-Anlage ableitete. Aus diesen Erkenntnissen entwickelte Thomas Harris zusammen mit dem amerikanischen Psychiater Eric Berne die Transaktionsanalyse (TA). Sie unterscheidet drei Ich-Zustände, die noch weiter differenziert werden: Erwachsenen-Ich, Eltern-Ich und Kind-Ich. Die »TA« ist sehr beliebt und viele Coaches haben zumindest davon gehört. Populär machte diesen Ansatz auch das Sachbuch »Mindfuck« (2011) von Petra Bock.

Wilder Penfield war Neurochirurg und reizte in Experimenten die Großhirnrinde des Temporallappens mit einer elektrischen Sonde. Da die Patienten wach waren, konnten sie schildern, welche Vorstellungen und Bilder dadurch ausgelöst wurden: Es waren Erinnerungen aus der Kindheit. Wiederholte er den Reiz an derselben Stelle, löste er dieselbe Erinnerung aus. Das war so stark, dass die Patienten etwas fast noch einmal erlebten. Es war wie ein Film. Auch längst nicht mehr bewusste Erinnerungen konnten so aufgespürt werden. Penfield stellte fest, dass besonders die Erinnerungen der ersten sechs Lebensjahre relevant seien. Sie prägen die gesamte emotionale Wahrnehmung eines Menschen. Spätere Erlebnisse würden diese nur verstärken.

Aus den Versuchen Penfields entwickelte Thomas Harris das Modell des Gehirns als HiFi-Anlage, das jedes Erlebnis von der Geburt an aufzeichnet. Die Hifi-Anlage ist heute vielleicht nicht mehr zeitgemäß. Man kann sich das Gehirn vielleicht besser als Aufzeichnungsgerät für Lebensfilme vorstellen. Diese Filme ließen sich laut Penfield nicht beeinflussen. Nimmt man neuere Hirnforschung dazu, ist dies aber durchaus der Fall: Man kann seinen Lebensfilm beeinflussen und neue Versionen davon erschaffen.

Aus diesem Modell entwickelten Thomas Harris und Eric Berne die Transaktionsanalyse. Harris wurde auch bekannt durch sein von diesen Gedanken abgeleiteten Modell »Ich bin o. k. – Du bist o. k.«. Diesem konstruktiven Zustand stellte er gegenüber: »Ich bin nicht o. k. – Du bist o. k.«, »Ich bin nicht o. k. – Du bist nicht o. k.« sowie »Ich bin o. k. – Du bist nicht o. k.« – als Muster für überdauernde Parallel- und Überkreuzreaktionen.

Wichtig dabei ist die Unterscheidung von zwei Ebenen. So kann ein Mensch in zwei Formen als Erwachsenen-Ich auf etwas reagieren: durch seine Worte und durch seine Mimik und Gestik. Es ist möglich, dass das Gesicht eine andere Sprache spricht als die Worte.

Im Erwachsenen-Ich hören Personen besonders aufmerksam zu. Ihr Gesicht ist offen und dem Gesprächspartner zugewandt. Wer als Erwachsener spricht, nutzt Begriffe zur Informationsfindung wie: was, wo, wie, warum. Im Grunde ist das Erwachsenen-Ich vergleichbar mit einer Person im Zustand eines gut entwickelten E6 oder höher nach Loevinger, während das Kind- und Eltern-Ich sich eher auf den Ebenen E3 bis E5 bewegt. Verschiedene Theorien führen also wieder einmal zu ähnlichen Erkenntnissen, nur dass die Transaktionsanalyse eine praktische Entwicklungsmethode liefert, die besonders gut ab E5 greift.

In der Transaktionsanalyse arbeitet man mit der Vorstellung, dass Interaktionspartner entweder parallel oder über Kreuz agieren. Das bedeutet: Eine Person ist beispielsweise situationsbezogen im Eltern-Ich, die andere im Kind-Ich. Dies könnte die Ursache für einen Chef-Mitarbeiter-Konflikt sein oder auch für Auseinandersetzungen in der Partnerschaft. »Mach die Zahnpastatube zu!«, ist eine Aussage aus dem Eltern-Ich, während »Ich mache, was ich will« ein trotziges Kind repräsentiert. »Ich werde mich bemühen, daran zu denken, die Zahnpastatube zu schließen«, kommt dagegen aus dem Erwachsenen-Ich. Eine fruchtbare Kommunikation ist nur möglich, wenn zwei Personen parallel aus einem Zustand sprechen.

Was bringt die Transaktionsanalyse?

Das Modell lässt sich einfach und schnell erklären. Es hilft Coaches ihren Klienten bewusst zu machen, warum sie sich im Kreis drehen oder blinde Flecke haben. Wenn jemand sich immer nur sagt »Das kannst du sowieso nicht«, dann ist das eine Eltern-Ich-Aussage. Es gilt diese ins Erwachsenen-Ich zu setzen und neu zu formulieren. Wichtig ist dabei, die Körperreaktion und das Empfinden miteinzubeziehen. Arbeiten Sie daran, den Klienten auch emotional in eine Aussage zu versetzen. Machen Sie immer wieder auf einen Rückfall ins Eltern-Ich oder Kind-Ich aufmerksam. Sie selbst als Coach können manchmal bewusst ins Eltern-Ich gehen – wenn Sie die Position eines väterlichen oder mütterlichen Ratgebers einnehmen, was in bestimmten Situationen hilfreich sein kann.

Als Führungskraft hilft das Modell, sich selbst zu reflektieren. Mit welcher Haltung stehen Sie Ihren Mitarbeitern gegenüber? Wie gestalten Sie Kommunikation? Achten Sie darauf. Auch bei Ihnen ist es legitim, situativ zwischen Erwachsenen-Ich- und Eltern-Ich zu wechseln. Sie erreichen Menschen eben nicht nur aus dem Erwachsenen-Ich, manchmal braucht es auch das »Darüber-Stellen«. Viel wirksamer wird jede Art der Kommunikation aber sein, wenn Sie Ihren Mitarbeitern helfen, ins Erwachsenen-Ich zum Beispiel durch offene Fragen zu kommen.

Psychodrama

Wahrscheinlich kennen Sie alle Elemente des Psychodramas unter anderem Namen. Diese handlungsorientierte Therapieform verbindet ganz viele Elemente und eignet sich besonders für Gruppen. Das Psychodrama ist dem Rollenspiel sehr nahe. Die Konfliktmoderation nutzt eine Variante des »Doppelns« aus dem Psychodrama, bei dem ein kniender Moderator hilft, den Emotionen eines Konfliktpartners verbalen Ausdruck zu geben. Der Konfliktpartner prüft dann, ob das Gehörte mit Gedachtem oder Gefühlten übereinstimmt. Wenn ja, nimmt er es an, wenn nein, schüttelt er den Kopf. Im Training nutzen wir soziometrische Verfahren, um Gruppen aufzustellen, etwa nach Alter, Herkunft, Arbeitsort, Urlaubsziel, Hobby, Wünschen, Persönlichkeit. Nach einer Erwärmungsphase (Warming-up) folgt eine Aktionsphase (Spiel und Handlung) und schließlich die Integrationsphase (Feedback durch die Gruppe). Dies alles ohne Wertung und Bewertung. Im Unternehmenskontext kann eine Prozessanalyse dazukommen.

Begründer ist der Wiener Arzt, Psychiater, Soziologe und Philosoph Jakob Lewin Moreno. Er sah aus ganz verschiedenen Perspektiven auf das Thema, was auch die Vielfalt seiner Methoden ausmacht. Psychodrama ist offen, nicht dogmatisch und sehr dynamisch. Moreno war Arzt eines Flüchtlingslagers, Leiter eines Stegreiftheaters, Supervisor von Gefängnissen und Heimen sowie Leiter eines psychiatrischen Krankenhauses – also ein abwechslungsorientierter Mensch, der viel Unterschiedliches gesehen und erlebt hat. Sein Bildungshintergrund ist ähnlich vielseitig.

Seine Theorie lautet: Leben ist Entwicklung, also Bewegung, im Kontext sozialer, biologischer und kultureller Umwelt; Krankheit dagegen Stau, Erstarrung und Fixierung. Krankheit und bereits Unglücklichsein zeigen sich in einseitigen, eingeschränkten Beziehungs- und Handlungsmustern. Das Psychodrama zählt zu den humanistischen Psychotherapien, die durch einen kooperativen, emanzipatorischen Stil gekennzeichnet sind.

Von Anfang an hat Moreno den engen Zusammenhang zwischen psychischer Krankheit oder Gesundheit der Einzelnen und konstruktiven sowie destruktiven sozialen Systemen gesehen. Psychodrama bezieht also systemisches Denken mit ein. Es lässt viele Methoden zu, ist praxisorientiert und interpersonal sowie ressourcen- und lösungsorientiert.

Moreno zufolge hat ein gesunder Mensch drei wesentliche Fähigkeiten: Kreativität, Spontaneität und Empathie. Die Umwelt drängt aber das Individuum in zahlreiche Rollen, die den Fluss dieser Fähigkeiten behindern und ihn unflexibel auf bestimmte Verhaltensweisen festlegen. Die Menschen verliert die Fähigkeit, spontan, kreativ und den jeweiligen Lebenssituationen angemessen zu agieren – und kann diese im Psychodrama wieder erwerben.

Ein Element des Psychodramas ist wie auch im Theater die »Bühne«. Hier findet das Spiel statt. Jeder freie Platz oder ein Park sind dazu geeignet, ein solcher Spielort zu sein, natürlich auch Ihr Büro oder Seminarraum. Es können jegliche vorhandenen Gegenstände, beispielsweise Stühle, Tische, Kaffeetassen, Büroklammern als Requisiten genutzt werden. Ein Protagonist bestimmt die Anfangsszene und die Bühneneinrichtung. Er sucht sich einige Mitspieler aus. Der Protagonist gibt das Thema vor, aber es kann auch eingebracht werden. Die Antagonisten sind Mitspieler oder »Hilfs-Iche«, die den Protagonisten unterstützen. Sie können Rollen von Personen, die an einem Thema – etwa einem Konflikt – beteiligt sind, spielen. Der Spielleiter stellt in der Gruppe ein Klima her, in dem sich Prozesse entwickeln können. Das Setting findet in der Regel in einer Gruppe statt, kann allerdings auch von Einzelpersonen bestimmt sein, die dann imaginäre Figuren einsetzen. Der Einführungsmonolog dient dem Protagonisten zur Selbstexploration. Bei dieser Technik stellt der Protagonist alle an der Handlung beteiligten Personen selbst dar. Er kann so seine Wahrnehmung der Situation schärfen und die Rollen de Antagonisten klären. Beim »Beiseitereden« wendet der Protagonist (oder sein »Hilfs-Ich«) den Kopf zur Seite und spricht dann die Gefühle und Gedanken aus, die ihn in diesem Augenblick bewegen.

Psychodrama bringt meist recht schnelle Erfolge, oft schon nach einer Sitzung, ein wesentlicher Zugang erfolgt dabei über Introjekte. Die haben Sie bereits kennengelernt (s. S. 52 und 69). Hier sind es von den Eltern und der Umwelt eingepflanzte Überzeugungen, etwa die Aussage: »Ich bin nichts wert.«

Das Element der »Surplus Reality« ist bei der Bearbeitung dieser Überzeugungen, die sich in bestimmten Situationen in emotionalen Reaktionen kanalisieren, besonders hilfreich. Beispielsweise spielt man zuerst eine Szene nach und »shared«, also teilt danach die Erfahrungen. Dann spielt man die gleiche Szene, wie sie hätte sein sollen oder gewünscht wird, nur steht der Protagonist nun außen vor.

Was bringt das Psychodrama?

Die Methoden sind sehr praktisch und gut im Training einsetzbar. Auch als Element eines Coachings eignet sich Psychodrama, quasi als erweitertes Rollenspiel. Vor allem das »Beiseitereden« bringt neue Aspekte hinein. Indem sich der Protagonist in viele Rollen einfühlt, erweitert er sein Blickfeld.

In Unternehmen setzt eine solche Methode hohe Reflexion und Reife voraus. Menschen, die es gewohnt sind, über ihre Gefühle auch vor anderen zu reden, können dies leichter umsetzen und annehmen. Vor allem in Konfliktfällen ist Psychodrama ein guter Ansatz, der gut mit der beliebten gewaltfreien Kommunikation nach Marshall Rosenberg harmoniert.

Schematherapie

Die Schematherapie zählt zu den kognitiv-verhaltenstherapeutischen Therapien und integriert psychodynamische Konzepte sowie andere Theorien wie Transaktionsanalyse, Hypnotherapie und Gestalttherapie. Sie wurde von Jeffrey E. Young entwickelt. Den Begriff Schema haben wir in diesem Buch schon im Zusammenhang mit Jean Piaget kennengelernt. Danach ist es eine Art kognitives Musterbuch. Im Sinne der Schematherapie umfasst es neben Kognitionen, auch Erinnerungen, Emotionen, und Körperempfindungen. Das heißt es ist hier ganzheitlicher zu sehen.

Ein Schema in diesem Sinn ist stets in der Kindheit oder Jugend entstanden und stark dysfunktional – es schädigt also den Menschen und sein Umfeld. Dieses Verständnis von Schema darf deshalb nicht mit dem von Jean Piaget verwechselt werden.

Schemata ähneln dem psychodynamischen Introjekt, sind aber umfassender, da sie auch Emotionen und Körperempfindungen integrieren. Young unterscheidet: 18 Schemata innerhalb von fünf Schemadomänen.

- ○ Zur Schemadomäne Abgetrenntheit und Ablehnung gehören:
  - — Verlassenheit/Instabilität
  - — Misstrauen/Missbrauch
  - — emotionale Entbehrung
  - — Unzulänglichkeit/Scham
  - — soziale Isolation
- ○ Schemadomäne Beeinträchtigung von Autonomie und Leistung mit den Themen:
  - — Abhängigkeit/Inkompetenz
  - — Anfälligkeit für Schädigungen oder Krankheiten
  - — Verstrickung/unentwickeltes Selbst
  - — Versagen
- ○ Zur Schemadomäne Beeinträchtigungen im Umgang mit Begrenzungen zählen:
  - — Anspruchshaltung/Grandiosität
  - — unzureichende Selbstkontrolle/Selbstdisziplin
- ○ Unter die Schemadomäne Fremdbezogenheit fallen:
  - — Unterwerfung
  - — Selbstaufopferung

- Streben nach Zustimmung und Anerkennung
o Schemadomäne Übertriebene Wachsamkeit und Gehemmtheit mit den Themen:
- Negativität/Pessimismus
- emotionale Gehemmtheit
- überhöhte Standards/übertrieben kritische Haltung
- Bestrafen

Young unterscheidet zwischen bedingungslos gültigen und bedingt gültigen Schemata. Die bedingungslos gültigen Schemata entstehen im frühesten Kindesalter. Spätere Schemata sind oft eine Folge von einem früheren. Die bedingt gültigen Schemata sind Unterwerfung, Selbstaufopferung, Streben nach Zustimmung und Anerkennung, emotionale Gehemmtheit, überhöhte Standards und übertrieben kritische Haltung.

Jemand, der als Kind von einem Elternteil durch Scheidung oder Tod verlassen wurde, kann darauf sehr unterschiedlich reagieren. Einige reagieren mit Unterwerfung, indem sie immer die gleichen Muster aufsuchen, ihr Schema also immer wiederholen. Andere mit Überkompensation: Dann verhält man sich entgegengesetzt zum Schema. Wer also unterworfen wurde, unterwirft selbst. Auch Vermeiden kann eine Strategie sein, dann umgeht man das Schema ganz.

Der Autor und Coach-Ausbilder Björn Migge hat den therapeutischen Ansatz auf das Coaching übertragen (Migge 2013), denn natürlich sind alle Schemata auch bei gesunden Menschen erkennbar, nur sind sie weniger stark und selbstschädigend ausgeprägt.

Was bringt die Schematherapie?

Der Schemaansatz verdeutlicht und systematisiert die verschiedenen Muster, die auch andere Methoden erkennen. Beispielsweise sind Reaktionsmuster wie Flucht, Unterwerfung und Überkompensation bekannt. Auch sind die Schemata irgendwo bewusst, aber nie so geordnet worden. Ein Schema-Coaching-Prozess, wie ihn Migge vorstellt, ist recht strukturiert und fordert viel Zeit. Aus meiner Praxis würde ich sagen: Das sollte schon eher den Therapeuten vorbehalten sein. Coaches profitieren meiner Meinung nach mehr von der dahinterliegenden Systematik in der Zuordnung der Schemata. Sie können sich so Muster noch einmal verdeutlichen und Klienten darauf hinweisen. Außerdem hilft es beim Erkennen von Reaktionen. Für die praktische Arbeit finde ich die Transaktionsanalyse oder die Arbeit mit Teilen und dem inneren Kind handhabbarer.

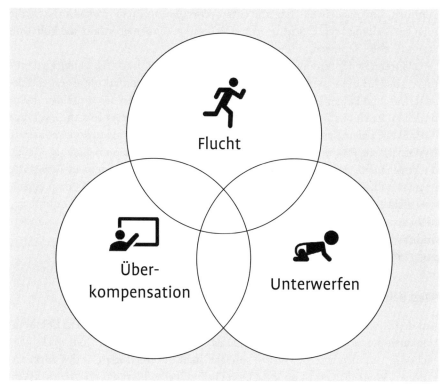

Auf jedes Schema kann man unterschiedlich reagieren, zum Beispiel kann ich beim Schema Abgetrenntsein in die Distanz flüchten, mich anklammern (überkompensieren) oder das Schema immer wiederholen (unterwerfen).

Systemische Familientherapie

Die systemische Familientherapie ist kein einheitliches Konstrukt. Es handelt sich vielmehr um unterschiedliche Ansätze, denen etwas gemeinsam ist: Die Perspektive, Probleme und Symptome sind nicht Folge der Krankheit eines Individuums, sondern nur im Kontext eines sich entwickelnden sozialen und familiären Bezugssystems zu sehen, zu verstehen und zu behandeln. Die systemischen Familientherapien basieren auf den Systemtheorien. Sie lenken den Blick auf Muster, Zusammenhänge und Dynamiken in sozialen Systemen. Strukturen und Prozesse beeinflussen sich wechselseitig und es gilt, die Teile zu betrachten und einzubeziehen. Dabei haben vor allem Dynamik und Organisation interpersoneller Beziehungen eine besondere Kraft. Familientherapien arbeiten oft unter Einbeziehungen anderer Familienmitglieder. Dabei können diese auch durch fremde Personen repräsentiert werden. Die Emotionen, die durch das Aufstellen von Stellvertretern hochkommen, sind bisweilen heftig und entsprechen den »echten« Vorkommnissen, die man bearbeiten möchte. Stühle oder Holzfiguren können ebenfalls die Rolle von menschlichen Repräsentanten übernehmen.

Während in der humanistischen Gesprächstherapie das aktive Zuhören dominiert, sind für die systemische Familientherapie vor allem zirkuläre Fragen relevant. Das sind Fragen, die die Perspektiven und Sichtweisen des Umfelds miteinbeziehen. Auch Skalierungsfragen sind typisch. Dabei geht es darum, etwas auf einer Skala, beispielsweise von 0 bis 10 einzuordnen und somit zu konkretisieren. Hypothetische Fragen mit Blick auf ein Was-wäre-Wenn gehören dazu, aber auch die sogenannte paradoxe Intervention, die ein erstarrtes System in Bewegung bringen soll. Dies könnte etwa der Auftrag sein, etwas zu tun, was man eigentlich nicht tun will. Beispiel: Jemand will sich beruflich verändern, kommt aber nicht aus dem Quark. Nun empfiehlt der Coach, dass er sich eben nicht verändert und das Vorhaben aufgibt, da es sowieso nichts bringt. Manchmal kommt so Bewegung in festgefahrene Abläufe und Gedanken.

Was bringt der systemische Ansatz?

Aus dem systemischen Ansatz ist sehr viel herauszuholen, vor allem in Kombination zu anderen Ansätzen. Zunächst ist es das kontextbezogene Denken. Es geht nicht nur um die einzelne Person, sondern auch um ihr Umfeld. Alles wirkt zusammen. Wenn sich eine kleine Sache verändert, beeinflusst das alles. Dieses Wissen ist für Organisationen und Führungskräfte unendlich hilfreich. Es wird aber oft überzogen, in dem Sinn, dass einige glauben, es würde reichen, den Rahmen zu verändern. Menschen würden dann schon von allein mitziehen. Das ist illusorisch. Zusammen mit den hier vorgestellten Ansätzen ist der systemische sehr wichtig – aber nicht für sich allein. Die Systemtheorie ist ebenso ein Konstrukt wie die Psychoanalyse und alles, was ich hier vorgestellt habe. Alles ist weder falsch noch richtig – es geht mehr darum, die Dinge zu kombinieren und angemessen einzusetzen. Das ist mir an dieser Stelle wichtig zu sagen, weil gerade das Systemische bei uns fast zu einem Dogma geworden ist oder einer Art Gütesiegel wie »Made in Germany«. Das wird oft übertrieben.

Was wirkt wann und wie?

Wenn wir uns mit Therapien beschäftigen, stellt sich die Frage nach ihrer Wirksamkeit. Schließlich ist zu vermuten, dass eine wirksame Therapieform auch in ihrer Coaching-Ableitung hilft.

Der umstrittene Psychologe Hans Jürgen Eysenck hatte 1952 für einen Aufruhr gesorgt, als er zu belegen suchte, dass Therapierte im Vergleich zu Nicht-therapierten genauso schnell gesund oder nicht gesund wurden. Dazu nutzte er 24 Psychotherapiestudien. Später dagegen bewiesen Psychologen wie Klaus Grawe und andere eine Wirksamkeit von Therapien mit Effektstärken bis 0.85 – dies ist ein sehr hoher Wert. Vor allem die Verhaltenstherapie schnitt gut an. In einer neueren Untersuchung aus dem Jahr 2013 (Lambert 2013) liegen die humanistischen Therapieverfahren – dazu gehört beispielsweise die Gesprächstherapie – punktgleich mit der kognitiven Verhaltenstherapie. Die Gestalttherapie schneidet ebenso gut ab. Gestalttherapie wird dabei mal der humanistischen und psychodynamischen, mal der verhaltenstherapeutischen Richtung zugeschlagen.

Was allerdings wird als Erfolg gewertet? Und mit welchen Methoden erreichen die Therapien das? Laut Klaus Grawe zielen Therapien auf unterschiedliche Aspekte. Therapien wollen relevante Einsichten erreichen und das Verhalten ändern. Ziel ist ein verändertes Denken und Handeln. Dabei sind einige Therapien bewältigungs- und andere klärungsmotiviert. Bewältigungsmotiviert bedeutet, dass es darum geht, praktische Probleme und Herausforderungen in Angriff zu nehmen. Klärungsmotiviert heißt, dass im Vordergrund die Klärung steht, warum man sich so oder so verhält und was einen in eine bestimmte Situation gebracht hat. Es geht also auch um Wollen und Können. Dieses kann durch Einsichten oder konkretes Üben beeinflusst sein. Weiterhin unterscheidet Grawe zwischen aufdeckenden und zudeckenden Verfahren. Aufdeckend bedeutet, dass Gründe und Motivationen analysiert werden, zudeckend ist etwas, das auf die Lösung fokussiert.

Vielleicht haben Sie jetzt schon eine Ahnung, welche Therapie wozu gehört. Psychoanalyse stellt Klärung, Wollen, die Einsicht und die Aufdeckung ins Zentrum. Die Verhaltenstherapie ist genau auf der anderen Seite: Sie will den konkreten Alltag bewältigen, stellt das Können in den Mittelpunkt und deckt zu.

Aber ist das eine falsch und das andere richtig? Nein, sagte der renommierte Psychologe und Wirksamkeitsforscher Grawe in einer seiner späteren Arbeiten: »Die Abgrenzungen zwischen den Therapieschulen führen dazu, dass die Probleme der einen Patienten, nämlich derjenigen, die in eine psychodynamische und humanistische Therapie kommen, einseitig unter dem motivationalen Aspekt betrachtet und behandelt werden, und diejenigen der anderen, die in einer Verhaltenstherapie oder eine andere bewältigungsorientierte Therapie kommen, einseitig unter dem Kompetenzaspekt« (Senf/Broda 2012, S. 5).

Entscheidend ist am Ende die Situation des Patienten oder Klienten. Beruhen die Probleme auf fehlendem Bewusstsein für etwas, auf Nichtkönnen oder einer konflikthaften Motivkonstellation? Auch die Motivation und die Ich-Entwicklungsstufe spielen eine Rolle. Reifere Menschen sind meist stärker an Reflexion interessiert. Reflexion ist eher klärungsorientiert.

Klaus Grawe unterscheidet vier Faktoren, die zur Wirksamkeit beitragen:

o Motivationaler Aspekt: Was führte zur Situation? Was trieb mich an? Frage: Warum?
o Bewältigung: Welches Können kann ich nutzen, um zu handeln? Oder auch: Was kann ich nicht?
o Ressourcenaktivierung: Welche Ressourcen habe ich? Welche kann ich nutzen?
o Problemaktualisierung: Wie kann ich mein Problem neu deuten und bewerten?

Daraus ergibt sich ein Vierfelderschema, in das sich die unterschiedlichen Therapien einordnen lassen. Pro Feld ergibt sich eine Ziffer.

	Motivation	Bewältigung (Können/Nichtkönnen)
Ressourcenaktivierung	1	2
Problemaktualisierung	3	4

Beispiele für Therapien und ihre Zuordnung:

1. Die lösungsorientierte Kurzzeittherapie verknüpft Motivation und Ressourcenaktivierung.
2. Die Verhaltenstherapie verbindet Bewältigung und Ressourcenaktivierung.
3. Die Psychoanalyse zielt auf Motivation und Problemaktualisierung.
4. Die Gestalttherapie will bewältigen und neu bewerten.

Effizient oder effektiv?

Lange Zeit waren es vor allem Effektivitätsstudien, die den Nachweis für die Wirksamkeit von Psychotherapien bringen sollten. Effektivitätsstudien vergleichen Erfahrungen der Patienten unter realen Bedingungen mit Patienten unter konstruierten Bedingungen. Das heißt, die einen erhalten eine Psychotherapie, die anderen bekommen etwas anderes.

Die Consumer-Reports-Studie 1995 aus den USA war die erste sogenannte Effizienzstudie in diesem Bereich. Der Fragenkatalog richtete sich direkt an die Nutzer von Psychotherapien und anderen psychologischen oder sozialen Dienstleistungen. Hat etwas gut geholfen – die Antwortmöglichkeiten variierten von »alles ist besser geworden« bis »alles ist schlechter geworden«. Dabei zeigte sich: Je länger etwas gedauert hatte, desto besser war der Zustand geworden. Wer war als Helfer geeignet? Interessanterweise bestand kein signifikanter Unterschied zwischen Psychologen, Psychiatern und Sozialarbeitern – alle konnten etwa gleich viel helfen.

Hintergrund: Klaus Grawe

Der Schweizer Psychotherapieforscher Klaus Grawe hat die Psychotherapieforschung – vor allem die Wirksamkeitsforschung – stark beeinflusst. Dabei hat er seine Haltung selbst verändert: von einem Befürworter der kognitiven Verhaltenstherapie ist er zu einem Befürworter von Flexibilität in den Ansätzen geworden, und hat für eine Rehabilitation der Psychoanalyse gesorgt.

In seinem Buch »Psychotherapie im Wandel« aus dem Jahr 1994 untersuchte Grawe alle damals relevanten Psychotherapieformen. Dabei legte alle zu diesem Zeitpunkt vorhandenen 897 Studien zu Psychotherapieformen zugrunde und beschrieb sie systematisch. Er fasste zusammen, welche Wirksamkeitseinschätzung sich aus diesen Studien ergab und für welche Themen.

Zu den psychoanalytisch orientierten Psychotherapien gab es damals kaum Studien. Mit am besten waren die verhaltenstherapeutischen Psychotherapieformen untersucht, diese auch mit guten Ergebnissen, allerdings zumeist bezogen auf eine enger umgrenzte Fragestellung.

Die auf den nächsten Seiten folgende Tabelle fasst die Therapieformen und ihre Annahmen zusammen.

	Namen	Anerkannt als Kassenleistung	Grundannahmen	Bekannte Ansätze/ Methoden
Analytische Psychotherapie	C. G. Jung	Ja	Höherer Sinn, auch spirituell, Kindheitsprägungen entscheidend, Menschen sind von Natur unterschiedlich	Persönlichkeitstypologie, Schatten
Gesprächstherapie	Carl Rogers	Nein	Selbstverwirklichung, Ziel ist ein gesundes und glückliches Leben	aktives Zuhören
Gestalttherapie	Fritz Perls	Nein	Unsere Sicht auf die Welt bestimmt unser Handeln. Wir müssen unsere Grenzen finden.	Teilearbeit
Logotherapie	Elizabeth Lukas	nein (gilt als Beratung)	Wir wollen sinnvolles und erfülltes Leben, unsere Annahmen stehen uns oft im Weg.	sokratischer Dialog und andere
Lösungsorientierte Kurzzeittherapie	Steve de Shazer	Nein	Jeder hat alle Ressourcen, um seine Probleme selbst zu lösen.	Wunderfrage
Psychoanalyse	Sigmund Freud und andere	Ja	Ursache heutiger Probleme sind verdrängte Erlebnisse in der Kindheit.	assoziatives Sprechen

Psychodrama	Moreno	Nein	Spielerisch lassen sich neue Interpretationen für Situationen finden und damit ein leichterer Umgang damit bewirken.	»Spiel«
Schematherapie	Young	Ja, als VT	Man muss dem dysfunktionalen Verhalten zugrunde liegende Schema identifizieren und behandeln.	-
Systemische Familientherapie	Mara Selvini Palazzoli; Mailänder Gruppe, soziologisch unter anderen Luhmann	Ja (keine Kassenübernahme)	Wir sind Teil eines Systems und Lösungen lassen sich nur innerhalb des Systems finden. Die Konstellationen in der Familie spiegeln sich auch in Unternehmen.	Aufstellung
Transaktionsanalyse	Thomas Harris	nein	Wir zeichnen alle Erlebnisse auf, diese sind dauerhaft abrufbar. Durch die Arbeit mit unseren Anteilen des Ichs können wir kindliche Grundüberzeugungen überwinden.	Eltern-Ich, Erwachsenen-Ich, Kind-Ich

Literatur

Berne, Eric: Spiele der Erwachsenen. Psychologie der menschlichen Beziehungen. Reinbek: Rowohlt, 18. Auflage 2002

Bonsen Matthias zur/Maleh, Carole: Appreciative Inquiry (AI): Der Weg zu Spitzenleistungen. Eine Einführung für Anwender, Entscheider und Berater. Weinheim und Basel: Beltz, 2. Auflage 2012

Bradshaw, John: Das Kind in uns. Wie finde ich zu mir selbst. München: Droemer Knaur 2000

Grawe, Klaus: In: Hochgerner, Markus/Wildberger, Elisabeth: Was heilt in der Psychotherapie? Überlegungen zu Wirksamkeitsforschung und methodenspezifische Denkweisen. Wien: Facultas 2000

Grawe Klaus/Donati, Ruth/Bernauer, Friederike: Psychotherapie im Wandel – von der Konfession zur Profession. Göttingen: Hogrefe, 5. Auflage 2001

Harris, Thomas A.: Ich bin o. k. Du bist o. k. Reinbek: Rowohlt 1975

Thomä, Helmut/Kächele, Horst: Psychoanalytische Therapie. Berlin: Springer, 3. Auflage 2006

Jung, C. G.: Psychologische Typen. Gesammelte Werke. Band 6. Düsseldorf: Patmos, 3. Auflage 2011

Wilson, Colin: Herr der Unterwelt. C. G. Jung und das 20. Jahrhundert. München: Droemer Knaur 1990

Merten, Wolfgang: Psychoanalyse. Geschichte und Methoden. München: Beck 2008

Migge, Björn: Sinnorientiertes Coaching. Weinheim und Basel: Beltz 2016

Migge, Björn: Schema-Coaching. Einführung und Praxis: Grundlagen, Methoden, Fallbeispiele. Weinheim und Basel: Beltz 2013

Penfield, Wilder: The Mystery of the Mind. A Critical Study of Consciousness and the Human Brain. Princeton: Princeton University Press 1975

Roeck, Bruno-Paul de: Gras unter meinen Füßen. Eine ungewöhnliche Einführung in die Gestalttherapie. Reinbeck: Rowohlt, 23. Auflage 1985

Rogers, Carl R.: Die klientenzentrierte Gesprächspsychotherapie. Frankfurt am Main: Fischer 1993

Rogers, Carl R.: Die nicht-direktive Beratung. Frankfurt am Main: Fischer 1985

Rogers, Carl R.: Therapeut und Klient. Grundlagen der Gesprächspsychotherapie. Frankfurt am Main: Fischer 1994

Rogers, Carl R.: Eine Theorie der Psychotherapie, der Persönlichkeit und der zwischenmenschlichen Beziehungen. München: Reinhardt 2016

Schlippe, Arist von/ Schweitzer, Jochen: Lehrbuch der systemischen Therapie und Beratung I. Das Grundlagenwissen. Göttingen: Vandenhoeck & Ruprecht 2016

Seligmann, Martin: The Effectiveness of Psychotherapy: The Consumer Reports Study. I: American Psychologist 1996 50 (12), S. 965–974

Stahl, Stefanie: Das Kind in dir muss Heimat finden. Der Schlüssel zur Lösung (fast) aller Probleme. München: Kailash 2016
Young, Jeffrey E./Klosko, Janet S./Weishaar, Marjorie E.: Schematherapie. Ein praxisorientiertes Handbuch. Paderborn: Junfermann 2005

Wie Sie sensibler für psychische Störungen werden

Über psychische Krankheiten können andere sicher besser schreiben als ich. Ich habe damit vergleichsweise wenig Erfahrung. Ich will mich in diesem Kapitel deshalb auf die Erfahrung beziehen, die ich selbst gemacht habe, untermalt von etwas Theorie sowie Tipps aus der eigenen Perspektive. Gerade neue Coaches wollen oft unbedingt helfen. Sie sind froh über Anerkennung und möchten die Anfragen, die sie haben, unbedingt bedienen. Deshalb neigen Sie dazu, den einen oder anderen Kunden auch mit Blick auf eigene Erfahrungserweiterung und teils in Sorge um das eigene Portemonnaie anzunehmen. Das rächt sich fast immer.

Schmieden sie daher unbedingt stabile Kooperationen mit Psychotherapeuten, denen sie ihre Klienten schicken können. Halten Sie Adressen parat, bei denen jemand die Hilfe bekommt, die er braucht. Vor allem aber: Sehen Sie ganz genau hin, wenn Sie mit Menschen arbeiten. Hören Sie auf Ihre Wahrnehmung. Sprechen Sie aber auch mit anderen. Lassen Sie sich supervidieren!

Als Führungskraft sollten Sie hellhörig sein für Signale und Hilferufe. Menschen, die an Burnout erkranken, sieht man das nicht früh genug an. Einige fallen von einem auf den anderen Tag um und sind dann für sehr lange Zeit krank. Als feiner Beobachter können Sie aber Muster wahrnehmen, die die Mitarbeiter an solche Grenzen bringen.

Genauer hinschauen, Zeichen erkennen, hinterfragen – dafür möchte ich Sie in diesem Kapitel sensibilisieren.

Was ist denn nicht mehr normal?

Was ist normal, was nicht mehr? Die Grenzen sind fließend. Schauen Sie sich die Big Five in diesem Buch noch einmal an (s. S. 101 ff.). Stellen Sie sich Menschen an den extremen Punkten dieser Big Five vor. Was denken Sie, für welche Krankheit ein extrem »unverträglicher« Mensch anfällig ist, ein auffallend introvertierter oder ein hochneurotischer? Genau: Menschen mit extrem niedriger Agreeableness, also Verträglichkeit, könnten rücksichtslose Psychopathen sein, wohlgemerkt – könnten! Extrem Introvertierte haben immer auch etwas Autistisches, ohne notwendigerweise Autist oder ein Mensch mit Asperger-Syndrom, also einer milden Form des Autismus, zu sein. Menschen, die hochneurotisch sind, mögen eine Neigung zur Depression besitzen. Nahezu alle psychischen Krankheiten lassen sich in den Big Five abbilden. Dennoch sind nicht alle Menschen mit extremen Ausschlägen

»krank«. Albert Einstein war extrem introvertiert und extrem offen – ein Genie. Alle Genies haben extreme Eigenschaften. Steve Jobs etwa: extrem offen, extrem wenig verträglich. Die gleichen Eigenschaften können ganz unterschiedlich gelebt werden, produktiv und selbst- sowie fremdschädigend. Und genau darin liegt der Unterschied zwischen Gesundheit und Krankheit. Wer krank ist, schädigt sich selbst oder andere. Die Definition, wo gesund aufhört und krank beginnt, ist einigermaßen willkürlich. Zur Diagnose gibt es Klassifikationen. Die Klassifikation nach der Norm ICD-10 – International Classification of Deseases – erfolgt mit folgendem Buchstabenschlüssel:

A = Ausschluss einer solchen Erkrankung
G = gesicherte Diagnose
V = Verdacht auf
Z = symptomfreier Endzustand nach einer Erkrankung

Diese Kürzel sollten Sie kennen, um lesen zu können, was hinter etwas steckt. Ich hatte einmal eine Kundin, die mir ihre ärztliche Diagnose geschickt hatte. Da stand V und danach Borderline, es gab also den Verdacht.

Neben der ICD-10 existiert die amerikanische DSM-5. Das ist die Abkürzung für die fünfte Auflage des Diagnostic and Statistical Manual of Mental Disorders, eines Klassifikationssystems in der Psychiatrie. Sie umfasste 2016 ganze 374 Krankheiten, im Vergleich zu 106 im Jahr 1957. Es werden also mehr Krankheiten und es wird fleißiger diagnostiziert.

Eine gesicherte Diagnose können und dürfen Sie nicht stellen, aber Sie können ihren Kunden – bitte nicht den Mitarbeiter! – fragen, ob eine solche vorliegt. Weiterhin können Sie nachfragen, ob Medikamente eingenommen werden. Und Sie können einen Verdacht auf etwas haben und auch formulieren – was dazu führen sollte, jemanden einen Therapeuten weiterzuempfehlen.

Wo fangen Persönlichkeitsstörungen an?

Ist mein Kunde oder Mitarbeiter nur etwas »schräg« oder schon »über der Grenze«? Das zu entscheiden sollten Sie sich bitte nie anmaßen. Als Vertreter eines Unternehmens sollten Sie auf destruktives Verhalten achten – im Unterschied zu produktivem. Auch kleine Verrücktheiten können produktiv sein, etwa wenn ein Mitarbeiter ein Projekt verfolgt und dabei gegen den Strom schwimmt. Eindeutig zulassen, es hilft dem Unternehmen! Destruktiv ist es dagegen, wenn jemand dem Unternehmen schadet, etwa indem er Richtlinien ignoriert und eigennützig handelt. Ob dabei eine narzisstische Persönlichkeitsstörung vorliegt, kann Ihnen eigentlich egal sein. Sich damit zu beschäftigen ist aus einem anderen Grund interessant: Sie können nur Muster erkennen, wenn Sie Ihnen bewusst sind. Für Coaches und Berater gilt das genauso. Da Sie einen Menschen meist nur über einen kurzen Zeitraum sehen und nicht in einer Laborsituation, kann es sein, dass Ihnen zumindest leichte Störungen zunächst verborgen bleiben – oder schlimmer, dass Sie sich einfangen lassen ...

Wenn Sie sich den Katalog der Persönlichkeitsstörungen durchlesen, erkennen Sie wahrscheinlich nicht nur die genannten Personen, sondern auch Bekannte darin wieder. Etwa die extrem extravertierte Person, die immer im Mittelpunkt steht und um Aufmerksamkeit zu bekommen, durchaus auch mal lügt. Hat sie eine histrionische Persönlichkeitsstörung oder liegt das im Normalbereich? Oder den überaus genauen Pedanten, der auf die Einhaltung von Regeln pocht und alles überprüft. Ist er zwanghaft oder noch normal?

Diese Fragen sind interessant, wenn man sie mit Stärken und Talenten verbindet. Jemand mit viel Fantasie, hat ein besonderes Talent. Jemand, der sehr genau ist, kann mit seiner Genauigkeit viel Gutes schaffen. Ein Zwanghafter ist überaus gewissenhaft. Ein Schizoider ist extrem introvertiert. Das heißt aber nicht, dass Menschen, die starke Ausschläge in den Big Five haben, gleich eine Persönlichkeitsstörung haben. Entscheidend ist vielmehr das Selbsterleben: Geht es mir gut damit? Bin ich integriert und anerkannt mit meinen »Ausschlägen«? Die Grenzziehung erfolgt durch die Menschen selbst. Da haben wir es wieder: Ist etwas selbstschädigend, muss ich handeln. Fügt jemand anderen Schaden zu – handelt also fremdschädigend – ist die Sache schwieriger. Aber das ist in jedem Fall eine Sache für die Polizei, denn Fremdschädigung ist stets kriminell oder droht es zu werden.

Übersicht über die Persönlichkeitsstörungen

Persönlichkeitsstörungen werden gemäß der Klassifizierung nach ICD-10 folgendermaßen eingeteilt:

Paranoide Persönlichkeitsstörung: Diese Menschen sind übermäßig misstrauisch, sehen andere als Feind und sind meist selbstbezogen.

Schizoide Persönlichkeitsstörung: Schizoide ziehen sich sehr stark von anderen zurück, gern in die Welt der Fantasie. Sie sind einzelgängerisch und in sich gekehrt.

Dissoziale Persönlichkeitsstörung: Diese Menschen sind verantwortungslos gegenüber anderen, haben fast keine Frustrationstoleranz und nur ein geringes Einfühlungsvermögen. Menschen mit dieser Struktur kennt man auch unter dem Begriff Psychopathen, wobei dieser in Deutschland nicht mehr verwendet wird.

Emotional instabile Persönlichkeitsstörung: Diese Störung nennt man auch Borderline.

Histrionische Persönlichkeitsstörung: Diese Menschen sind oft gute Schauspieler, da sie ein ausgeprägtes Verlangen danach haben, im Mittelpunkt zu stehen. Sie erfinden gern und lügen, um Aufmerksamkeit zu erzeugen.

Anankastische (zwanghafte) Persönlichkeitsstörung: Diese Menschen sind immer Perfektionisten, die extrem normen- und regelorientiert sind, pedantisch und übertrieben gewissenhaft.

Ängstliche Persönlichkeitsstörung: Diese Menschen haben große Angst, abgelehnt zu werden, und sind teils überempfindlich gegenüber Kritik.

Abhängige oder dependente Persönlichkeitsstörung: Menschen, die darunter leiden, haben furchtbare Angst verlassen zu werden, suchen ständig nach Hilfe und klammern sich übermäßig an andere.

Schizotypische Persönlichkeitsstörung: Diese Menschen können sich nicht sozial angemessen verhalten, wirken schrullig oder extrem exzentrisch.

Narzisstische Persönlichkeitsstörung: Diese Menschen suchen stark nach Aufmerksamkeit und Bestätigung, beuten andere aus und zeigen sozial unverträgliches Verhalten.

Passiv-aggressive Persönlichkeitsstörung: Diese Menschen widersetzen sich normalen Leistungsanforderungen und wollen keine Anregungen von außen. Oft fühlen sie sich ungerecht behandelt.

Kombinierte Persönlichkeitsstörung: Hier gibt es kein klares Bild und keine eindeutigen Symptome; es kommt von allem etwas dazu.

Persönlichkeitsentwicklungsstörungen bei Kindern und Jugendlichen: Da die Persönlichkeitsentwicklung im jugendlichen Alter noch nicht »fertig« ist, bezieht sich die Störung hier eben auf altersspezifische Entwicklungsaspekte, zum Beispiel verzögerte Entwicklung.

Borderline: die Unberechenbaren. In meinen Ausbildungen erzähle ich oft, dass ich in den ersten Jahren meiner Tätigkeit zweieinhalb Borderlinern aufgesessen bin. Zweieinhalb: Darüber wundern sich die Seminarteilnehmer dann immer. Kann es halbe Menschen geben? Ich meine damit, dass ich es in einem Fall nicht sicher weiß. Es kann ein Borderliner gewesen sein, oder ich habe zu früh die Hand gehoben – unberechtigter Borderline-Verdacht. Aber besser einmal zu viel als zu wenig. Im Grunde will ich mit »zweieinhalb« zum Ausdruck bringen, dass ich nicht genügend Ahnung habe, solche Fälle wirklich einzuschätzen. Ich bin keine Therapeutin. Ich bin vom Typ her auch nicht die Person, die stark instabile Menschen anzieht. Da kenne ich ganz andere Kollegen. Es ist aber ein Irrtum, dass Diplom-Psychologen Krankheiten sicher erkennen können. Das lernt man da ebenfalls nicht. Ich kenne einige, die deshalb einen Heilpraktiker Psychotherapie gemacht haben. Da bekommt man wenigstens die Krankheitsbilder eingepaukt, das heißt, man erhält eine theoretisches Gerüst (das reicht natürlich nicht, ist aber besser als gar nichts).

Zurück zu den Borderlinern. Ich bringe gerade diese Menschen hier ein, weil sie besonders viel mit uns als Coach machen. Achtung: Sie saugen Sie aus. Sie wollen helfen, und am Ende brauchen Sie Hilfe. Als ich diese Fälle hatte, hatte ich glücklicherweise ein Gemeinschaftsbüro mit einer Psychotherapeutin, die mich rechtzeitig warnte.

Ich kenne Führungskräfte, die es mit Borderlinern zu tun hatten. Besonders die gutherzigen gingen danach bildlich »am Stock«. Sie dachten, alles getan zu haben, dann plötzlich wurden sie Opfer von emotionalen Attacken erster Güte.

Borderline gilt als emotional instabile Persönlichkeitsstörung. Borderliner sind sehr wechselhafte Menschen. Einerseits können sie freundlich und charmant sein, einen geradezu umgarnen. Andererseits schlagen ihre Gefühle schnell ins Gegenteil um. Dann können sie sich selbst, aber auch andere schädigen. Sie durchleben oft eine Achterbahn der Gefühle, sind instabil und wechselhaft. Häufig kommen andere Krankheiten dazu, etwa Depressionen oder Aufmerksamkeits-Defizit-Störungen.

Ich kann meine Begegnung mit den beiden »sicheren« Borderlinern vor allem an meinem eigenen Gefühl festmachen. Es entstand ein immer größeres Unwohlsein, fast so ein Knäuel in meinem Bauch. Die entsprechenden Personen waren zunächst sehr nett und verlangten dann immer mehr von mir, teilweise so, dass ich selbst nicht merkte, wie ich Grenzen überschritt. Es war ein Schwanken zwischen Nähe und Distanz. Heute noch freundlich, wurde ich am nächsten Tag mit aggressiven E-Mails oder Anrufen attackiert. Dann wieder Jammern, Bedauern – und Klammern. Seitdem ich diese Erfahrung gemacht habe, fühle ich bei manchen Menschen noch mehr in mich hinein. Im Zweifel sage ich lieber zu einer Zusammenarbeit »Nein«. Das ist zwar selten, aber immer wenn es geschah und geschieht, steckt darin eine Botschaft – auch an mich.

Narzissten: die Charmanten. Narzissten sind meistens ausgesprochen charmant. Sie sind durchaus schwer zu erkennen, denn die Grenzen zwischen positivem und negativem Narzissmus verlaufen fließend. Wer würde etwas gegen gesunde Selbstliebe sagen? Aber ab wann ist diese schädlich? Natürlich bei ausbeuterischem Verhalten. Und wenn Narzissten dem Unternehmen wirklich schaden, indem sie Entscheidungen zuungunsten der Firma treffen, etwa nur Günstlinge befördern. Man sollte Narzissmus jedoch nicht verteufeln: Studien besagen, dass leicht narzisstische Chefs bessere Führungskräfte sein können. Dafür gibt es eine logische Erklärung: Sie suchen Aufmerksamkeit, und wie bekommt man diese leichter als durch Zuwendung und Nettsein?

Oft hatte ich mit sogenannten Insecure Overachievern zu tun, also unsicheren Leistungsmenschen. Dies sind Personen, die es sehr weit bringen können, etwa in der Beratung oder in Unternehmen, die aber geradezu nach Anerkennung dürsten. Das sind nicht immer Narzissten, aber etwas Narzisstisches liegt diesem Streben inne. So wie jedem Streben nach Aufmerksamkeit und Anerkennung. Nur ist das der Narzissten noch subtiler, noch Aufmerksamkeit heischender – und manchmal falsch, also unehrlich.

....

Um Aufmerksamkeit zu bekommen, hängen sich Narzissten rein, was das Zeug hält. Sie wollen von allen geliebt sein. Ich kenne eine Narzisstin, die nach jeder Party Buch über die geführten Gespräche führt. Sie wickelt alle um den Finger und lullt sie ein. Alle sagen danach, wie toll sie sei und sind ganz begeistert, bis sie sehen, wie systematisch und berechnend diese Frau vorgeht. Und dass es ihr nur um eins geht – um sie selbst. Das ist Selbstliebe und zugleich Selbsthass. Darüber streiten die Experten. In meinem Verständnis gehört es zusammen. Wer sich selbst sehr hasst, muss sich besonders lieben. Es sind zwei Ebenen vom selben. Und entscheidend ist am Ende die Dosis – von beidem.

Was ist gesund, was nicht? Die DCM-5 unterscheidet gesunden Narzissmus, narzisstische Prägung und krankhaften Narzissmus. Gesunder Narzissmus ist Selbstliebe und von krankhaftem Narzissmus abzugrenzen. Natürlich sind auch hier die Grenzen fließend. Hinzu kommt, dass Narzissten über ihr Anerkennungsbedürfnis oft sehr leistungsfähig sind. Viele Manager haben eine narzisstische Prägung und bringen damit Gutes zustande und bewegen viel. Ein Problem entsteht, wenn Narzissten andere Leistungsträger, die ihnen nicht schmeicheln, ausschalten und so dem Unternehmen schaden.

Doch wie erkennt man übertriebenen, negativen Narzissmus? Es gibt dazu viele frei verfügbare Tests im Internet. Der Forscher Brad Bushman von der Ohio State University in Columbus hat darüber hinaus den angeblich kürzesten Narzissmus-Test der Welt präsentiert. Er besteht aus der Frage: »Wie sehr stimmen Sie der Aussage zu: Ich bin ein Narzisst?« Ergänzt wurde die Frage mit der Anmerkung, ein Narzisst sei selbstbezogen, geltungsbedürftig und eitel. Die Antwort soll mit echten Narzissmus-Tests hochgradig korrelieren (s. http://www.spiegel. de/wissenschaft/mensch/psycho-test-unnoetig-narzissten-sind-an-einer-frage-erkennbar-a-984588.html).

Narzissten sind nicht nur selbstbezogen und eitel, sie zeichnen sich auch durch einen Mangel an Empathie, Überschätzung der eigenen Fähigkeiten und gesteigertes Verlangen nach Anerkennung aus. Kompensieren diese Ansprüche der Betroffenen eine Unsicherheit oder sind sie integraler Bestandteil einer erfolgsorientierten Lebenskonzeption? Auch das ist in der Fachwelt umstritten – was ich nicht verstehe, denn natürlich geht es um beides.

Die DCM-5 bietet jedoch eine ganz gute Unterscheidungsgrundlage. Ein gesunder Narzisst ist danach selbstsicher, klar, kann sich darstellen, bezieht aber auch andere ein und baut seine Beziehungen auf Gegenseitigkeit. Seine narzisstische Prägung ist durch ein dauerndes Bestreben nach Anerkennung gekennzeichnet. Die Empathie für andere ist dabei begrenzt. Andere Menschen sind für die Selbstbestätigung gut. Gefühle sind kaum differenziert. Dabei ist Selbstreflexion möglich, der Blick ist noch realistisch. Eine hohe Kränkbarkeit fällt auf. Außerdem bestehen Schwierigkeiten, längerfristige Beziehungen aufrecht zu erhalten. Mit diesen Narzissten lässt sich gut arbeiten, sofern man ihnen eine mittlere (aber nicht demütige oder gar ängstliche!) Anerkennung bietet und offen über eigene Beobachtungen spricht. Auch der Narzissmus selbst kann gut mit ihnen thematisiert werden. Ich habe mehrfach offen mit Narzissten – die sich selbst als solche erkannt haben, da musste ich gar nichts tun – über Narzissmus gesprochen.

So ein offener Austausch ist bei der echten narzisstischen Persönlichkeitsstörung kaum mehr möglich. Der krankhafte Narzisst verlangt Bewunderung und schaltet Menschen aus, die ihm diese nicht zollen – im Zweifel auch den Coach. Er beutet andere aus und ist nur zweckorientiert empathisch. Er wirkt arrogant und überheblich, bevorzugt Schmeichler, liebt riskante Projekte und gibt gern anderen die Schuld. Diese Menschen kenne ich nur aus der Fremdbeschreibung von Klienten, die als Mitarbeiter solcher Chefs oft nur noch eine Chance haben … das Weite zu suchen!

In diesem Zusammenhang sollten Sie den Begriff »narzisstische Kollusion« gehört haben. Narzissten, die sich großartig fühlen, verbinden sich besonders gern mit Menschen, die sich klein fühlen. Die Gegensätze ziehen sich hier magisch an. Dagegen meiden Narzissten Menschen, die sehr sicher sind und gesund narzisstisch. Reflektieren Sie dahingehend auch sich selbst, denn diese Kollusion kann es nicht nur in einer Partnerbeziehung geben, sondern auch bei Mitarbeiter-Chef-Beziehungen sowie im Coach-Coachee-Verhältnis.

Die letzte Stufe ist die psychopathische Persönlichkeit, die das eben beschriebene noch einmal übersteigert durch ein uferloses Selbstwertgefühl. Dieses verbindet sich meist mit Sprachgewandtheit und oberflächlichem Charme. Hinzu kommen Lügen, manipulatives Verhalten, Mangel an Schuldgefühlen und die Unfähigkeit, Verantwortung für eigenes Handeln zu übernehmen.

Psychopathen und andere düstere Gestalten. Mit Psychopathen ist es ähnlich wie mit Narzissten: Es kann durchaus sein, dass sie besonders gute Leistungen bringen. Dabei ist Psychopathie kein eigenes Krankheitsbild, wie wir bereits gelernt haben. Es ist mehr ein Thema für die Forschung und natürlich die Managementliteratur: Psychopathen haben immer etwas Düsteres und Geheimnisvolles, und damit natürlich auch etwas Anziehendes. Ähnlich wie die Narzissten können sich zugrunde liegende Eigenschaften und Verhaltensweisen positiv und negativ auswirken. In den Big Five sind Psychopathen in der Regel psychisch extrem stabil, also kein bisschen neurotisch und zudem sehr unverträglich. Das macht sie »eiskalt«, aber eben auch nüchtern. Sie können Entscheidungen viel berechnender treffen als andere.

Das berühmte Eisenbahndilemma zeigt das: Hierbei wird Menschen eine konstruierte Geschichte erzählt. Sie stehen auf einer Brücke und vor ihnen steht ein Mann. Wenn Sie diesen vor den Zug stoßen, der gleich unten durchrasen wird, werden sie fünf andere Menschenleben retten, da der Zug dann bremsen muss. Diese fünf Menschen spazieren etwas weiter hinten über die Gleise. – Jeder normal tickende Mensch könnte dies nicht rational abwägen und würde vor einer unlösbaren Situation stehen. Psychopathen nicht, Für sie ist ganz klar, dass fünf Menschenleben mehr sind als eines – und sie können danach handeln.

Psychopathen können sich in ihr Gegenüber hineinversetzen und dessen Perspektive übernehmen. Ihnen fehlt nicht die sogenannte »Theory of Mind«, also das Vermögen in Gesichtern zu lesen. Was ihnen fehlt, ist vielmehr Empathie. Dabei gibt es wie bei den Narzissten erfolgreiche Psychopathen und nicht erfolgreiche. Letztere finden sich häufig in Gefängnissen wieder. Für Unternehmen ist es sehr schwer, herauszufinden, wann jemand mit psychopathischen Strukturen produktives Verhalten zeigt und wann kontraproduktives.

Wo sich Psychopathie im Gehirn abbildet und ob ist umstritten. Einige sehen einen Defekt im paralimbischen System. Das ist ein hufeisenförmiges Gebilde tief im Gehirn. Es umfasst die Amygdala, die Insula, das Cingulum und den orbitofrontalen Kortex. Hier bekommen Erfahrungen und Wahrnehmungen emotionale »Farbe«. Das ist wiederum die Grundlage für Empathie. Bei Psychopathen ist dieses System weniger aktiv als bei anderen Menschen.

Eine unveröffentlichte Studie von Christian Mai und Kollegen, der mir dazu Ausschnitte schickte und am Telefon vorstellte, hat ergeben, dass Frauen genauso »wahnsinnig« sind wie Männer. Außerdem sind die Eigenschaften, die Männer und Frauen erfolgreich werden lassen eben zugleich auch jene, die sie an die Spitze von Unternehmen bringen. Das ist kein Wunder: Wer würde sich schon freiwillig in 60-Stunden-Wochen enormen Machtkämpfen und Gezerre aussetzen? In der Regel keine Personen, die in den Big Five durchschnittlich abschneiden. Wenn man hier also etwas ändern wollte, auch um mehr Normalität ins Management zu bringen, müsste sich das System ganz schön ändern. »Management 3.0« ist ein Ansatz. Auch agile Praktiken könnten helfen, etwa die Wahl von Führungskräften oder eine stärkere Rollendefinition. Das bedeutet, dass Manager nicht aufgrund ihrer Positionsmacht handeln, sondern auf Basis vorgegebener Strukturen. Außerdem könnten sie verpflichtet werden, andere einzubinden. Ein Beispiel dazu bieten Formate wie der »konsultative Einzelentscheid«, die einem Entscheider auferlegt, vor seiner Entscheidung wichtige Experten zu konsultieren.

Es bleibt allerdings die Frage, wer sich freiwillig herausfordernden Aufgaben stellt – es werden möglicherweise die gleichen Persönlichkeiten wie bisher sein, die aber in ihrem Handeln besser kontrolliert werden könnten.

Psychopathie gehört neben Narzissmus und Machiavellismus (der kein eigenes Krankheitsbild darstellt und deshalb in diesem Buch nicht weiter erwähnt wird) die sogenannte dunkle Triade der Macht – eben weil diese Eigenschaften im Management so verbreitet sind.

Dunkle Triade der Macht

Dunkle Triade/ Typ	Korrelationen in den Big Five	Chancen	Risiken
Narzissten	höhere Extraversion und niedrige Verträglichkeit	charismatisch, visionär, guter Kommunikator, aber unberechenbar	vertreibt Menschen, die ihn nicht bewundern
Psychopathen	niedrige Verträglichkeit, hohe Gesissenhaftigkeit niedriger Neurotizismus	Typ knallharter und mutiger Restrukturierer, analytisch-berechnend und risikofreudig	sieht keine Gefahren, geht über Leichen
Machiavellisten	niedrige Verträglichkeit und niedrige Gewissenhaftigkeit	Typ »Fähnchen im Wind« und Parteisoldat, verfolgt eigene Ziele	unehrliches, unethisches Verhalten

Die dunkle Triade der Macht und Zusammenhänge mit den Big Five

Alkohol ist kein Retter. Sowohl im Coaching als auch als Führungskraft ist mir das Thema Alkohol oft begegnet. Schweren Missbrauch kann ich in den Augen erkennen, am Tremor der Hände sowieso. Weniger schwerer Alkoholmissbrauch katalysiert sich in einer Ahnung. Während ein großes Unternehmen einem Alkoholiker, sofern trocken, sicher eine Chance geben sollte, ist dieser für eine kleine Firma häufig ein unkalkulierbares Risiko.

Im Coaching begegnen wir dem Thema Alkohol aus einer anderen Sicht. In den meisten Fällen, die ich erlebt habe, war er im wahrsten Sinn beiseitegeschoben, lag beispielsweise in der Büroschublade. Diese Personen waren beruflich unzufrieden. Erst als ich im Coaching das Privatleben miteinbezog, kam heraus, dass diese einsam waren und der Genuss alkoholischer Getränke unverhältnismäßig hoch war. Manche geben das vor sich selbst nicht zu oder es kommt nur scheibchenweise an den Tag: »Naja, die zwei Gläser Wein am Abend.« Man könnte nun meinen, dass dieses Thema für eine berufliche Fragestellung, aufgrund derer ein Klient zu mir kommt, nicht relevant ist. Dies lässt sich genau auf diese Weise thematisieren: »Was denken Sie, ist das für uns hier in diesem Kontext relevant?« Ist das Thema ernst, wird es relevant sein. Den Zugang dazu können Sie über die bereits vorgestellten Säulen der Identität nach Hilarion Petzold (s. S. 165) bekommen. Ist Alkohol ein Thema, wird sich das in der Säule Gesundheit niederschlagen.

Führungskräfte sollten einen begründeten Verdacht schnell und direkt ansprechen. Kennzeichen sind häufiges Zuspätkommen und natürlich der typische Geruch, der vielleicht mit Kaugummis überspielt werden soll. Bieten Sie Hilfe an. Einige Unternehmen haben sogenannte EAP-Dienstleister. Das sind »Employer Assistence Programs«, die auch psychosoziale Beratung anbieten.

Für die Diagnose der Alkoholsucht müssen nach dem ICD-10 mindestens drei der folgenden Kriterien gleichzeitig in einem Jahr auftreten:

- Der Mitarbeiter/Coachee hat ein starkes Verlangen, Alkohol zu trinken.
- Der Mitarbeiter/Coachee hat keine Kontrolle darüber, wann oder wie viel er trinkt.
- Wenn er/sie den Alkoholkonsum reduziert oder stoppt, entstehen Entzugserscheinungen wie Schwitzen oder Zittern.
- Es entsteht eine Toleranz gegenüber dem Alkohol, mit der Folge, dass die Menge immer weiter erhöht werden muss, um eine Wirkung zu spüren.
- Die Beschäftigung mit dem Trinken führt zur Vernachlässigung anderer Interessen und des Berufs.
- Obwohl der Alkoholkonsum negative Folgen nach sich zieht, hören die Betroffenen nicht zu trinken auf.

Depressive sind handlungsunfähig. Im Coaching begegnen uns – vor allem auf einer höheren Managementebene – vielfach Narzissten und Psychopathen. In allen Funktionen und Hierarchieebenen verbreitet sind dagegen Menschen mit Depressionen – oder depressiver Neigung. Verbreitet ist eine leichtere depressive Verstimmung oder der Anfang einer depressiven Phase. In schwereren Phasen werden Depressive vermutlich keinen Coach mehr aufsuchen. Sie werden aber möglicherweise noch arbeiten und ihre Pflicht erfüllen.

Die Depression gehört zu den sogenannten »affektiven Störungen«. Sie ist charakterisiert durch eine Beeinträchtigung der Stimmung. Bei einer schweren Depression kommt es zum »Gefühl der Gefühllosigkeit« bis hin zu anhaltender innerer Leere. In der Folge entstehen Interessensverlust und Freudlosigkeit. Kein Gespräch nützt mehr: Die Stimmung ist durch Zuspruch nicht aufzuhellen. Weitere Kennzeichen sind Antriebsmangel und erhöhte Müdigkeit. Erst in einer schweren depressiven Episode können Betroffene so stark gehemmt sein, dass sie den Alltag nicht mehr bewältigen können. Auch die Depression zeigt sich in den Big Five, in der Regel an sehr starker Instabilität. Das muss aber nicht so sein! Auch stabile Menschen können depressiv werden, so wie instabile Persönlichkeiten quietschfidel und glücklich sein können. Der Verweis auf die Big Five soll nur darauf hindeuten, an welchen Eigenschaften sich Depression festmacht.

Die Frage nach psychischen Krankheiten sollte sowieso in ein Coaching-Vorgespräch gehören. Gibt es keine Vorerkrankung, so können Indizien eine Entscheidungs- und Handlungsunfähigkeit sein. Sie werden es merken, wenn Menschen sich immer wieder im Kreis drehen, ständig zweifeln, kaum positive Gefühle haben und eine Alles-egal-Haltung zeigen. Es kann auch bedeuten, dass man Ihnen als Coach die Verantwortung zuspielt (und Sie diese unbewusst übernommen haben). Es kann aber ebenso ein stiller Hilferuf sein, und manchmal ist es beides. Die einzige Möglichkeit für Sie: den Verdacht aussprechen und an einen Therapeuten verweisen.

Als Führungskraft sollten Sie sensibel dafür sein, wenn Menschen sehr antriebslos wirken oder sich plötzlich stark verändern. Bieten Sie Hilfe an, aber versuchen Sie nicht, selbst Therapeut zu spielen. Das gilt natürlich gleichermaßen für Coaches.

Literatur

Dutton, Kevin: Psychopathen. Was man von Heiligen, Anwälten und Mördern lernen kann. München: dtv 2013

Kernberg, Otto F./Hartmann, Hans P.: Narzissmus. Grundlagen – Störungsbilder – Therapie. Stuttgart: Schattauer 2010

Ronson, John: The Psychopath-Test. London: Picador 2011

Sachse, Rainer: Persönlichkeitsstörungen. Leitfaden für die Psychologische Psychotherapie. Göttingen: Hogrefe 2013

Psychofallen

Was läuft öfter mal falsch? Was merken wir nicht oder zu spät? Was übersehen wir gern? In diesem Kapitel möchte ich auf »Fallen« eingehen, die mir häufiger begegnen – und in die ich natürlich bereits selbst getappt bin. Dabei geht es mir darum, bei Ihnen das Bewusstsein für diese Themen und ihre Relevanz für die Praxis zu schärfen, um daraus dann eigene Konsequenzen zu ziehen und bisherige Vorgehensweisen möglicherweise anzupassen oder infrage zu stellen.

Denn: Vieles, was wir gelernt haben, ist gar nicht mehr aktuell. Oft setzen wir zudem auf dem Wissen aus einer Schule auf – vernachlässigen aber Erkenntnisse aus anderen. Beispiel ist die Projektion, von denen immer noch einige meinen, sie sei unbedingt zu vermeiden ... Auch beliebt: Das Bauchgefühl, dem grundsätzlich zu vertrauen ist. Besser nicht ...

Falle: zu viel Bauchgefühl

Im Grunde wissen wir es schon lange: genau genommen seit dem 19. Jahrhundert. Als der deutsche Nervenarzt Leopold Auerbach ein Stückchen Gedärm zerlegte und durch ein einfaches Mikroskop genauer betrachtete, sah er etwas, das ihn irritierte. In die Darmwand eingebettet waren zwei Schichten eines Netzwerks von Nervenzellen und -strängen, zwischen zwei Muskellagen versteckt. Auerbach hatte das zweite Gehirn entdeckt, das sogenannte Bauchhirn. Das Bauchhirn hat alles, was ein Nervensystem braucht. Alles, was im Hirn geschieht, geht auch durch den Magen, äh Bauch. Bei Alzheimer- und Parkinson-Patienten findet sich häufig der gleiche Typ von Gewebeschäden im Kopf- wie im Bauchhirn. Das als theoretischer Hintergrund, um klarzumachen, dass wir Kopf und Bauch nutzen – und auch beides brauchen.

Das Bauchgefühl ist also nichts, was sich vom Kopf entkoppeln ließe. Neurobiologisch gibt es keine Handlung ohne Emotion! Deshalb sollte man sich nicht darauf verlassen, und erst recht nicht als gesunden Menschenverstand bezeichnen. Der gesunde Menschenverstand ist in Wahrheit eine gut trainierte Intuition, die auf Wissen und Erfahrung fußt. Der gesunde Menschenverstand oder das Bauchgefühl – erkennen wir die beiden als begrifflich eng verschwägert – entstehen aber bereits ohne diese Erfahrung. Und genau hier liegt die Gefahr. Basiert unser Bauchgefühl nicht auf jahrelangem Wissen über was auch immer, so dominieren es Heuristiken und Bias, also Abkürzungen des Denkens. Es ist dann mit zu wenigen Informationen gefüttert, um daraus eine echte Intuition abzuleiten. Ich kenne das selbst, wenn ich ganz sicher bin, dass wir jetzt links abbiegen müssen, weil es sich richtig anfühlt – und doch nicht richtig ist. Ich kenne die Gegend in Wahrheit zu schlecht, mein Bauchgefühl liegt daneben.

Mein gesunder Menschenverstand kann mich ganz schön täuschen. Und Sie natürlich auch. Ein mangelhaft unterfütterter vermeintlich gesunder Menschenverstand kann Stereotypen und Klischees nicht erkennen. Da denkt man beispielsweise, man würde nicht diskriminieren und doch reagiert man kurz mit einem sofort unterdrückten Gefühl der Angst, wenn aus dem Cockpit eine Pilotin grüßt. Der gesunde Menschenverstand merkt auch nicht, dass immer nur die Arbeitgeber zu Toparbeitgebern gewählt werden, die für Absolventen sichtbar und als Marke greifbar sind. Oder Berufe: Dem gesunden Menschenverstand bleibt verborgen, dass sein Interesse für den Beruf des Vaters einfach damit zu tun hat, dass er diesen kennt.

Manchmal kommen gesunder Menschenverstand und Intuition zusammen: Wenn ich in mehreren Seminaren erfahren habe, dass Bankmitarbeiter sich häufiger für teure Uhren und andere Statussymbole interessieren als Mitarbeiter von Reinigungsfirmen, so ist das erst einmal ein Klischee. Wenn ich aber 1 000 Seminare in Banken und 1 000 in anderen Unternehmen gegeben habe, kann ich vergleichen und feststellen, dass das stimmt (oder nicht). Dabei muss ich allerdings aufpassen, mich nicht selbst zu bestätigen. Dann sehe ich die Uhren der Bankmitarbeiter und blende die der Ingenieure aus.

Echte Intuition beruht auf einer umfangreichen Erfahrung. Diese zeigt sich, wenn Sie etwas tun, wissen oder spüren, ohne aktiv darüber nachdenken. Durch meine langjährige Erfahrung im berufsbezogenen Coaching, habe ich eine Intuition, was die Dauer der Jobsuche mit bestimmten Lebensläufen oder Erfolgswahrscheinlichkeiten angeht. Ich ahne auch, was beruflich gut zum jeweiligen Klienten passt. Da ich aber meine Selbstbestätigungstendenz kenne, frage ich immer, ob es auch anders sein könnte. Vor allem aber bitte ich meine Klienten, mich auf dem Laufenden zu halten und mich zu informieren, ob ich richtig gelegen habe oder nicht.

Also, liebe Coaches und Führungskräfte: Nehmen Sie Ihre Intuition einmal gründlich auseinander, zweifeln sie an ihr. Das ist die beste Maßnahme, diese weiterzuentwickeln. Denn was wir auch wissen sollten: Viele Experten werden mit den Jahren immer schlechter, weil sie sich nach Anfangserfolgen nicht mehr infrage stellen. Dies gilt gerade für Fachexperten. Anders ist es zum Beispiel bei Berufen, die menschliche Erfahrung voraussetzen. Psychotherapeuten werden mit dem »Alter« eher besser. Und obwohl das nicht untersucht ist, vermute ich, dass das bei Coaches ebenfalls so sein könnte. Vielleicht ist es aber auch nur meine Selbstbestätigungstendenz ...

Falle: Selbstbestätigung

Vor einigen Wochen sah ich einen »Tatort«, in dem eine Psychologin den Mörder völlig falsch einschätzte. Sie war überzeugt, dass er unschuldig sei – trotz jahrelanger Therapie. Alle Gegenbeweise ignorierte sie. Das ist ein klassisches Beispiel für die Selbstbestätigungstendenz, der wir immer und überall unterliegen. So suchen wir uns die Studie heraus, die unsere Meinung bestätigt und ignorieren diejenige mit der Gegenthese. Wir hören oft nur halb zu, um zuzuschnappen: Ja, das meinen wir auch. In Zeitungs- oder Zeitschriftenartikeln fischen wir nach den Argumenten, die uns bestätigen. Als mir dieser Fakt noch weniger bewusst war, wunderte ich mich immer sehr darüber, was Menschen so alles aus meinen Blogbeiträgen lesen konnten. Es war nichts, was ich geschrieben hatte – dachte ich. Aber sie fühlten sich bestätigt, beispielsweise von einem Satz, der für mich im großen Bogen des gesamten Textes keine wirkliche Bedeutung hatte.

Selbstbestätigungstendenz und Arbeitshypothese gehen vielfach eine unheilige Allianz ein. Das ist der Fall, wenn wir uns die eigene Arbeitshypothese bestätigen. Stimmt, wir dachten, der Klient ist eigentlich nicht geeignet für eine Selbstständigkeit, er kann Unsicherheit nicht ertragen ... Nun fragen wir gezielt in diese Richtung und finden die Bestätigung – oder lösen wir Angst in ihm aus, die sonst gar nicht da wäre? Oha, hier heißt es aufpassen. Auf sich selbst!

Gute Therapeuten lassen Arbeitshypothesen nie länger als einen Tag bestehen, das ist für Coaches und Berater ebenfalls ein gutes Rezept. Suchen Sie bewusst nach Gegenbeweisen. Sprechen Sie aus, was Sie denken. Fügen Sie konkrete Beobachtungen hinzu, die sich auch auf die körperlichen Reaktionen beziehen. Lassen Sie die Coachees welche finden.

Falle: zu schnell denken

Der Nobelpreisträger Daniel Kahneman unterscheidet schnelles und langsames Denken. Das schnelle Denken ist das Denken, bei dem der Verstand weitgehend ausgeschaltet ist – es kann Intuition sein, aber eben auch ein diffuses Bauchgefühl. Schnelles Denken beinhaltet meist Abkürzungen, die unser Gehirn geschaffen hat, um weniger Energie zu verbrauchen. Wir sind schließlich keine Rechenmaschinen. Schnelles Denken vereinfacht stark. In ihm entstehen Klischees und Stereotype. Kahneman hat dazu die Begriffe Urteilsheuristik und Bias geprägt.

Urteilsheuristik: Eine Urteilsheuristik ist eine Art Strickmuster, die uns eine Bewertung leichtmacht und das Denken vereinfacht. Dadurch entstehen kognitive Verzerrungen. Eine solche Urteilsheuristik ist die Verfügbarkeitsheuristik. Wenn etwas in den Medien oder im Umfeld häufig vorkommt, sehen wir es eher.

Nehmen wir den Begriff Coach. Der Begriff Coach ist hochverfügbar. Jeder kennt dieses Wort inzwischen, die Idee von diesem Beruf hat sich in einigen Köpfen festgesetzt. Deshalb liegt der Coach als Berufsidee näher als der des viel weniger zitierten Milchtechnologen. Ja, lachen sie nur, diesen Beruf gibt es tatsächlich. Es ist also normal, dass man eher auf den Beruf Coach kommt. Die immer gleichen Listen der beliebtesten Berufe oder der besten Arbeitgeber sind weitere Beispiele für dieses Vereinfachungsprinzip. Das zu kennen ist sehr wichtig nicht nur für Coaches im Berufskontext, sondern für alle.

Von diesen Heuristiken gibt es zahlreiche mehr, etwa die Repräsentationsheuristik, die besagt, dass man oft falsche Schlüsse zieht, weil man das eine mit dem anderen verbindet. Was glauben Sie, wer hört Heavy-Metal-Musik? Der Bankangestellte oder der Mitarbeiter einer Eventagentur? Wir schließen dabei von einem Merkmal auf eine ganze Gruppe und liegen dabei ziemlich oft daneben.

Bias: Der Begriff Bias beschreibt die Ergebnisse solcher Verzerrungen. Der Halo-Effekt (s. S. 273) ist so einer. Dieser führt dazu, dass stark sichtbare Eigenschaften andere überlagern und überblenden. Dazu gehört zum Beispiel der Rückschaufehler, der besagt, dass wir die Vergangenheit in den meisten Fällen anders bewerten. Zum Beispiel behaupten wir gern, schon vorher gewusst zu haben, dass etwas passiert, oder wir erinnern uns an Ereignisse falsch. Wir vermischen und verwechseln zudem viel. Weiterhin lassen wir uns in der Rückschau leicht beeinflussen. Das führt im Extremfall dazu, dass Menschen denken, ein Verbrechen begangen zu haben, das nie geschehen ist.

So ein Bias ist auch die Selbstbestätigungstendenz, die uns immer wieder dazu bringt, nach Beweisen für unsere These zu suchen – nach Gegenbeweisen aber nicht.

Daraus ergeben sich bereits Tipps für den Umgang mit derartigen Verzerrungen. Hilfreich ist es, aktiv gegenzusteuern. Wenn ich weiß, dass ich meine Thesen stets nur durch weitere »Beweise« selbst bestätige, sollte ich bewusst nach Gegenbeweisen suchen.

Das Wissen um kognitive Verzerrungen ist zudem für Führungskräfte bei der Personalauswahl sehr wichtig. Denn: Auch wenn wir es nicht wollen, so neigen wir doch dazu, andere zu diskriminieren. Selbst sehr reflektierte Menschen, die das alles wissen, machen das. Auch sie diskriminieren unbewusst. Denken Sie an das Beispiel der Pilotin bei der Falle »zu viel Bauchgefühl« (s. S. 269).

Die Forschung zu diesem Thema hat unter anderem zur Forderung nach Anonymisierung von Bewerbungen geführt, die in den USA schon weiter fortgeschritten ist als bei uns. In Zusammenarbeit mit den Menschen treffen Computer einfach eine bessere Vorauswahl. Das einzige, was ein Computer nicht errechnen kann, ist der Sympathiefaktor. Deshalb werden Menschen immer am Auswahlprozess beteiligt sein, aber in anderer Form. Sie werden die Kriterien festlegen, nach denen ein Algorithmus einen neuen Mitarbeiter suchen soll. Im letzten Schritt werden sie wieder auf der Bildfläche erscheinen – nämlich dann, wenn es gilt, auch die Sympathie abzuchecken, um einschätzen zu können, ob die Person ins Team und zum Unternehmen passt.

Heuristiken und Bias wirken ebenfalls in der Teamarbeit. Dort ist vor allem das Gruppendenken verbreitet, das dazu führt, dass Teams schlechtere Entscheidungen treffen als Einzelpersonen, weil sie sich im Zweifel an einer starken Meinung ausrichten.

Schauen wir uns die typischen Fallen in der Übersichtstabelle doch einmal genauer an:

Falle	Beschreibung	Empfehlung
Ankerheuristik	Eine vorher gehörte oder gesehene Zahl wird unbewusst zur Orientierung verwendet.	Wichtig ist, sich diesen Effekt klarzumachen, etwa bei Honorar- oder Gehaltsverhandlungen beziehungsweise bei der Bestimmung des eigenen Werts (meist anhand des gewohnten Gehalts).
Beobachterdrift	Nach einer gewissen Zeit ermüdet man und die Genauigkeit der Wahrnehmung schwindet.	Führungskräfte sollten dies in Vorstellungsgesprächen beachten und standardisierte Fragebögen verwenden sowie mehrere Beobachter einsetzen.
Halo-Effekt	Aufgrund einer überstrahlenden Eigenschaft wie gutem Aussehen schließen wir auf andere Eigenschaften.	Hier gilt es, bewusst eigene Annahmen infrage zu stellen, Informationen auszublenden und zu anonymisieren. Zum Beispiel bei der Auswahl der Musiker für ein Orchester kann man diese hinter einer Wand spielen lassen. Oder man kann bei Bewerbungsunterlagen die Namen abdecken.
Confirmation Bias/Selbstbestätigungstendenz	Wir suchen uns Studien und andere Aussagen oder Informationen, die unsere These stützen – und ignorieren andere.	In Teams vorher Pro- und Kontraargumente ausarbeiten und Entscheidung vorbereiten lassen. Oder für jedes Pro- ein Kontraargument suchen.

Dunning-Kru-ger-Effekt	Inkompetente sehen sich als kompetenter an, als sie tatsächlich sind. Sie erkennen die Fähigkeiten von anderen nicht.	Bereitschaft aufbauen, dass andere klüger sein dürfen als man selbst. Ich-Entwicklung fördert das.
Effekt der schwindenden Optionen	Sobald man eine sinnvolle Option gefunden hat, beachtet man die anderen nicht mehr.	Bewusstes Einbeziehen von Alternativen mit der Frage: Was könnten wir sonst noch tun?
Entscheidungs-fehler	Auch unter der Metapher »Optimieren von Deck-stühlen auf der Titanic« bekannt: Man konzentriert sich auf das Lösen unwich-tiger Probleme anstatt auf das Wesentliche.	Fokussierung auf das Wesentli-che bewusst wählen. Nachfragen: Was ist wirklich wichtig?
Fluch des Sie-gers	Wer einmal etwas gewon-nen hat oder im Rampen-licht stand, dem werden auch fortan Siege unter-stellt ...	Hier gilt es, eine stetige Neube-wertung von Leistung und Leis-tungsträgern vorzunehmen.
Groupthink/ Gruppendenken	Wir schließen uns der Gruppenmeinung an.	Bewusst Gegenmaßnahmen ergreifen, wie Advocatus Diaboli oder vor einer Sitzung Mei-nungen und Einschätzungen aufschreiben lassen und einsam-meln.
Motivierte kog-nitive Verzer-rungen	Die Abneigung gegen Ver-lust und Misserfolg ist so groß, dass Sie die Vorteile und Risiken bei der Wei-terverfolgung einer Idee, gedanklich verzerren.	Prä-Mortem-Analysen, bei denen man sich einen künftigen Miss-erfolg oder Verlust schon vor der Entscheidung vorstellt und sich fragt, wie es dazu kommen konn-te, welche möglichen Ursachen dazu geführt haben.
Primacy Effect/ Recency Effect	Wir merken uns besser, was am Anfang und am Ende geschah.	Aufmerksamkeit abschnittsweise auf mehrere Personen verteilen.

Rekognitions-heuristik	Es gibt drei Möglichkeiten: ○ beide Objekte sind un-bekannt → raten ○ beide Objekte sind be-kannt → wissen ○ eines ist bekannt, das andere nicht → dem Bekannten wird der Vorzug gegeben	Bewusst die Optionen logisch durchspielen, auf keinen Fall raten.
Selektive Wahr-nehmung	Man sieht oder hört nur das, was man sehen bezie-hungsweise hören will.	Wichtig ist hier, bewusst zu hinterfragen: »Habe ich wirklich richtig verstanden?« Beim Hören ganz aufmerksam auf das Unbe-kannte achten.
Soziales Fau-lenzen/ Social Loafing	Sobald eine Gruppe ge-meinsam an einer Sache arbeitet, sich Einzelleistun-gen aber nicht ausdifferen-zieren lassen, denkt man, die anderen werden sich schon genügend anstren-gen.	Man kann Tandems oder kleine Gruppen bilden, wechselnde Rollen einnehmen lassen, Leis-tungsfeedback auf Einzel- und Teamebene abgeben.
Tendenz zur Mitte	Wir bewerten etwas ungern sehr extrem, weil wir eine Normalverteilung annehmen. Ausnahme in Gruppen: Da verstärken wir manchmal unsere vorheri-ge Meinung.	Hier gilt es, möglichst viele Ur-teile einzuholen, 360-Grad-Fee-dbacks sind ebenfalls ein gutes Mittel oder Vergleiche mit Mitar-beitern außerhalb des Teams.

Falle: sich blenden lassen

Wer behauptet, er lasse sich nicht durch Äußerlichkeiten beeinflussen, lügt. Wir tun das alle. Nicht nur, dass wir bestimmten Personen bestimmte Berufe zuschrei-ben, wir trauen dem einen auch mehr Leistung zu als dem anderen – schlicht auf-grund seiner Körpergröße. Treten Menschen sehr selbstbewusst und eloquent auf, schreiben wir ihnen fast automatisch mehr Erfolg zu. Das beruht auf dem sogenannten Halo-Effekt – Halo steht für Heiligenschein. Ich bin dem mehrfach aufgesessen und muss mich immer selbst ermahnen: Nur weil jemand ein solches Auftreten hat, ist er noch lange nicht in der Lage, auch eigene Probleme einfacher zu lösen oder im Beruf erfolgreich zu sein.

Menschen, die sehr attraktiv sind, kommen manchmal sogar eher an Grenzen, erst recht, wenn ihr Äußeres nicht der erreichten Position entspricht. Der Halo-Effekt kehrt sich dann in sein Gegenteil. Ich erinnere mich an einen sehr großen, sehr schönen Mann, der mit Mitte 40 immer noch Sachbearbeiter war – und nichts anderes werden wollte. Doch potenzielle Chefs fühlten sich von ihm ständig subtil bedroht. Er sah einfach zu sehr nach »Chef« aus.

Wir lassen uns jedoch nicht nur vom Aussehen, sondern auch von Eindrücken blenden. Im Coaching sehen wir nur Ausschnitte. Da wirkt jemand sehr zielorientiert und tough: Wir trauen diesem Klienten eher zu, dass er erreichen wird, was er sich vornimmt. Das muss aber nicht so sein. Ich thematisiere das manchmal folgendermaßen: »Sie wirken, als könnten Sie alles leicht erreichen. Was müsste passieren, dass Sie etwas nicht erreichen?« Wenn sich ein Klient sehr große Schritte vornimmt, kann es durchaus sein, dass ich die Arme verschränke und sage: »Ich glaube nicht, dass Sie das schaffen.« Entweder verunsichert das oder es stachelt erst recht an.

Schwierig ist es bei Menschen, die sich selbst ganz anders sehen als ihr direktes Umfeld. So hatte ich zufällig einmal zwei Personen aus derselben Abteilung in der Beratung. Eine war die Chefin. Was die Mitarbeiterin erzählte, war kilometerweit von der Selbsteinschätzung der Vorgesetzten entfernt. Hier helfen systemische Fragen wie »Wie würde ein Mitarbeiter Ihren Führungsstil beschreiben?« nur bedingt weiter, da die Person ihren Stil gar nicht realistisch einschätzen kann. In diesen Fällen habe ich gute Erfahrungen gemacht, darauf zu achten, was ein Mensch mit *mir* macht. Welche Gefühle er bei mir auslöst. Einmal saß ich einem großen und kräftigen Abteilungsleiter gegenüber. Ich hatte das Gefühl, als würde er jeden Moment übergriffig werden und laut. Das sprach ich aus. Er fiel vor mir auf die Knie und sagte, dass genau das sein Problem sei. Er sei nicht so, aber alle würden ihn so wahrnehmen. Natürlich trug er unbewusst zu dieser Wahrnehmung bei, aber es hatte ganz zentral auch mit seiner Statur zu tun. Danach konnten wir daran arbeiten, wie er durch ein verändertes Verhalten diesen unweigerlichen ersten Eindruck korrigieren konnte.

Übertragungsfalle

Wenn sich familiäre Muster im Beruf zeigen

Monika landete immer bei ähnlichen Chefs. Der letzte tyrannisierte sie geradezu. Nach außen tat er freundlich, doch dann schrieb er böse E-Mails, wie unfähig sie sei und dass sie wieder nichts geschafft habe. Er gab ihr ständig das Gefühl, dumm zu sein.

Monika ist Tochter eines Professors, und ihre Chefs waren immer promoviert. Sie wiederholte also eine Kindheitserfahrung.

Felix konnte ohne seinen Coach keinen Schritt mehr unternehmen. Mit ihm arbeitete er jedes Gespräch aus, das er mit seinen Vorgesetzten führen musste. Das gab ihm die Sicherheit, die er allein nicht hatte. Dabei musste der Coach möglichst jeden Satz vorgeben, was er eigentlich nicht machen wollte, aber Felix verlangte es so ...
Felix hatte einen sehr dominanten Vater gehabt, dem gegenüber er sich nicht alles zu sagen traute, sonst drohten Schläge. Seine Mutter half ihm bei der Kommunikation mit dem Vater. Der Coach hatte sich also in die Rolle der Mutter begeben, ohne es zu merken – und daran zu arbeiten, das Muster aufzulösen. Er hat also Lernen unterstützt, nicht jedoch Entwicklung!

Zwei Beispiele für Übertragung und Gegenübertragung. Monika überträgt das Vatergefühl auf ihren Chef, der spiegelt das zurück. Felix sucht bei seinem Coach mütterliche Unterstützung, dieser findet sich ein in der Rolle. Übertragung verbindet die Vergangenheit mit der Gegenwart. Sie zeigt, welchen Einfluss vergangene Konflikte und Traumata auf unser tägliches Leben haben. Und wie sie Beziehungen spiegeln.

Frauen fallen häufig auf die gleichen Männer herein (und Männer auf immer die gleichen Frauen). Partnerschaften entsprechen wie auch Chef-Mitarbeiter-Verhältnisse nicht selten familiären Konstellationen. Beziehungsmuster wiederholen sich. Die frühen Prägungen spielen dabei eine entscheidende Rolle. Durch sie haben sich Muster ausgeprägt. Sie haben emotionale Markierungen hinterlassen. In wen verlieben wir uns? Was finden wir schön? Auf was reagieren wir positiv? Auf was negativ?

Das Konzept der Übertragung und Gegenübertragung kommt aus der Psychoanalyse und geht zurück auf Sigmund Freud. Es beschreibt genau diese Übertragung von Gefühlen und Beziehungsmustern aus der Vergangenheit in die Gegenwart. Seine Theorie entwickelte Freud anhand einer Patientin mit dem Tarnnamen »Dora«. Er interpretierte versteckte sexuelle Wünsche der Patientin gegenüber dem Vater in diesen Fall hinein, was ihm viel Kritik einbrachte. Doch die eine Grundannahme, dass der Patient Gefühle auf den Therapeuten überträgt und dieser diese zurückgibt, ist dadurch nicht falsch. Die andere Ableitung, dass diese Übertragung auch zum Heilungsprozess beiträgt, weil etwas noch einmal erlebt wird, ist ebenso richtig. Was falsch war, war die einseitige Fokussierung auf die Sexualität. Freuds Triebtheorie ist vor dem Hintergrund einer prüden Zeit gut zu verstehen. Aus heutiger Sicht ist sie viel zu einseitig. Die Psychoanalyse hat sich verändert; Übertragung und Gegenübertragung sind wichtige Bestandteile geblieben.

Übertragung lässt sich nicht durch totale Zurücknahme und »Dissoziation« vermeiden, wie man früher teilweise naiv annahm. Im Gegenteil kann sie sogar sehr helfen, etwas aufzudecken, das für die Lösung eines Problems wichtig ist – wenn man sie erkennt. Wenn der Coach merkt, dass der Coachee Gefühle in ihn hineinträgt, die nichts mit ihm und der Situation zu tun haben, kann das helfen, hinderliche Muster zu erkennen. Aber eben nur dann, wenn es erkannt wird. Andernfalls fügt sich der Coach (oder die Führungskraft) in eine Rolle, die eher geeignet ist, Strukturen zu festigen, als diese aufzulösen. Freud sah die Übertragung in der ersten Phase als unvermeidlich an. Er meinte, der Patient müsse eine Liebesbeziehung zum Therapeuten entwickeln, sonst könne er nicht helfen. Aufgabe des Therapeuten sei dann aber, sich aus dieser Übertragung zu lösen, um eine Abhängigkeit zu vermeiden. Das sollten auch Coaches beherzigen.

Der Gedanke, Übertragung sei unbedingt zu vermeiden, widerspricht dem konstruktivistischen Gedanken, nachdem jeder sich seine Wirklichkeit konstruiert und Wirklichkeit nicht objektiv besteht. Natürlich ist ein Coach ebenso wie eine Führungskraft Teil eines Gefüges, das jeder der Beteiligten anders erlebt und wahrnimmt. Dennoch gibt es Schnittmengen. Die persönliche Bewertung und Bedeutungsgebung schafft eine subjektive Wirklichkeit, die alle mitgestalten. Eine totale Zurückhaltung ist da gar nicht denkbar, zumal jemand gar nichts aktiv tun muss, um diese Wirklichkeit zu gestalten. Allein die Erscheinung eines Menschen reicht schon aus, dass er bei anderen Personen Übertragung auslöst. Und damit meine ich nicht nur seine körperliche Statur, sondern schon die Anwesenheit an sich – wobei Ersteres durchaus eine große Rolle spielen kann.

Es gilt, sich die Gefahren dieses Mechanismus bewusst zu machen. Da ist die Abhängigkeit des Coachees, aber auch die des Mitarbeiters an erster Stelle zu nennen. Viele Beziehungen im Arbeitsleben sind genau auf dieser Abhängigkeit gebaut. Wenn die Mitarbeiterin ihrem Chef trotz seiner Launen auch deshalb treu ergeben bleibt, weil sie den Vater in ihm sieht, ist sie innerlich nicht frei – aus Sicht des Arbeitgebers aber eine gute Mitarbeiterin. Aus psychologischer Sicht ist das nicht wünschenswert, aus wirtschaftlicher schon – es sei denn, man denkt sehr offen und in einem freien Verständnis einer neuen Arbeitswelt, in der Menschen intrinsisch ihren Interessen nachgehen. Doch davon sind wir in den meisten Unternehmen noch meilenweit entfernt. Die Frage ist, ob so eine Arbeitswelt überhaupt möglich ist, wenn man diese Mechanismen mitdenkt. Man bräuchte dazu entwickelte Menschen, die mindestens in der eigenbestimmten Phase sind (s. Loevinger, Kegan) oder ein selbstaktualisierendes Denken entwickelt haben (s. Maslow, Rogers).

Allerdings kann es nicht Ihre Aufgabe als Führungskraft sein, diese Themen auf der psychologischen Ebene anzusprechen. Sie haben aber die Möglichkeit, sich selbst in dieser Beziehung zu analysieren: Welche familiären Beziehungen spiegeln sich? Wie sehr nutzen Sie eine Abhängigkeit aus, was tun Sie dagegen? Sind Sie in der Gegenübertragung – und wie lange lassen Sie sich darauf ein?

Letzteres merken Sie spätestens, wenn Sie sich in dieser Beziehung so verhalten, wie es sonst vielleicht gar nicht Ihre Art ist.

Muster zu erkennen hilft

Meine Klientin Petra hatte eine Mitarbeiterin, die sehr ängstlich war und immer darüber sprach, was alles nicht funktionieren würde. Die Mitarbeiterin brachte sie zur Weißglut, obwohl sie eigentlich gar nichts Schlimmes machte. Es waren nur ihre Bemerkungen, und nachdem Petra sie darum gebeten hatte, darauf zu verzichten, blieb nur der Blick. Die Erklärung: Petras Mutter war sehr ängstlich und hat sowohl sich selbst als auch ihr wenig zugetraut. Die Mutter von Petras Mitarbeiterin war dagegen risikofreudig und mutig gewesen. Das Verhältnis zur Mutter war zerrüttet, wie die Mitarbeiterin auch häufiger erzählte. Die negativen Gefühle von Petra gegenüber der Mitarbeiterin hatten sich über Jahre hochgeschaukelt, sodass am Ende nur noch eine Trennung möglich war. Die Arbeitsbeziehung war zum Abbild der Familiengeschichte der beiden geworden. Erst in einer Therapie ist Petra dieses Muster klargeworden. In der folgenden Arbeitsstelle konnte sie deshalb viel bewusster gegenüber sich selbst sein.

Durch Übertragung ist am Anfang oft leichter eine Beziehung hergestellt. Wenn ein Mann mich aufsucht, weil er immer ein gutes Verhältnis zu seiner großen Schwester gehabt hat, ist das zunächst hilfreich, damit eine vertrauensvolle Situation entsteht. Dann bin ich gern große Schwester. Wird die Bindung aber zu intensiv und spiegelt sie am Ende gar problematische Beziehungen, wird Übertragung gefährlich. Es droht eine gegenseitige Abhängigkeit und ein Festschreiben der hinderlichen Muster.

Natürlich entwickelt jeder Klient eine Beziehung zu seinem Coach, vor allem in einem längeren Prozess. Dabei besteht die Gefahr, zu einer Art Ersatzpapa oder Ersatzmama zu werden, die Verhalten gutheißen oder nicht. Auch die »Expertenfalle« droht, wenn jemand keinen Schritt mehr ohne den Rat seines Coachs machen kann. Coaches, die ein hohes Anerkennungsbedürfnis haben, sind besonders gefährdet, wenn sie zusätzlich ihre eigenen Mechanismen noch nicht voll durchschauen. Sie suchen dann Bestätigung beim Klienten, übertragen in ihn also den kindlichen Wunsch, geliebt zu werden. Dafür machen sie vielleicht alles, was sie bereits im Elternhaus gemacht haben – sind beispielsweise »lieb« und nicht rebellisch. Sie sprechen dann Unangenehmes – etwa die Übertragung selbst – nicht aus und vermeiden das Risiko, Kritik zu bekommen oder Ablehnung. Das ist in der Coaching-Szene durchaus verbreitet, zumal Coaching oft Menschen anzieht, die geliebt werden wollen.

Wenn Sie sich wiedererkennen, arbeiten Sie an diesem Punkt, indem Sie sich selbst genau beobachten. Wann empfinden Sie was? Welchen Bedürfnissen gehen

Sie im Coaching *nicht* nach? Ganz wichtig für Sie ist, sich mit dem eigenen inneren Kind zu beschäftigen und den Glaubenssätzen auf die Spur zu kommen, die Sie steuern.

Falle: Projektionen

Oft wird der Begriff Projektion synonym zur Übertragung verwendet. Aus psychoanalytischer Sicht ist es aber nur ein Teil – und zwar der in der unbewusste Wünsche in eine andere Person projiziert werden. Das könnte beispielsweise der Wunsch sein, mit dem Therapeuten eine sexuelle Beziehung einzugehen. Die Projektion ist dann ein Abwehrmechanismus, man will diesen Wunsch nicht wahrhaben.

Projektion wird auch in der Gestalttherapie verwendet. Dort muss man ihn zusammen mit dem Thema Grenze denken, die ein zentraler Gedanke dieser Denkschule ist. In der Gestalttherapie gibt es die Konfluenz, das ist ein Zustand ohne Grenzen zwischen mir und dem anderen oder den anderen. In der Projektion entsteht dieser, weil Grenzen zwischen mir und anderen verwischen. Er sollte aufgelöst werden, indem man zu seinen eigenen Bedürfnissen findet.

Dieses Verständnis ist in der heutigen Zeit verbreiteter als das von Freud, weshalb ich es hier zugrunde legen möchte. Wir projizieren andauernd Dinge auf unseren Klienten, das ist normal. Aber begrenzen wir sie damit? Nehmen wir ihnen dadurch sogar Ressourcen weg? Lösen wir Grenzen auf? Wenn ich nicht glaube, dass etwas funktionieren kann, ist das mein Glaube, mehr nicht. Aber ich beeinflusse damit die anderen, vor allem, wenn diese wenig selbstsicher sind. Das ist Projektion: Ich übertrage meine eigenen Gedanken auf den anderen und übertrete damit Grenzen. Das passiert dauernd, und gerade deshalb sollten sich Coaches damit beschäftigen.

Ich selbst habe von anderen gehört, dass meine Pläne und Vorhaben nicht aufgehen könnten. Das waren Projektionen. Mich hat das als junge Frau gebremst. Ich habe verschiedene Dinge nicht gemacht, die ich hätte machen können und wollen – weil ich es zugelassen habe, dass das Umfeld das Urteil »Geht nicht!« in mich projizierte. Das passiert mir heute nicht mehr. Es beeinflusst mich zwar immer noch, wenn mir nahestehende Personen etwas nicht »glauben« oder nicht für möglich halten. Aber die Bremsfunktion ist weg. So habe ich sehr unmittelbar erfahren, dass man das, was man *selbst* für möglich hält, auch realisieren kann, sofern man ein realistisches Bild von sich hat.

Das hat mir bei der Entwicklung einer Haltung im Coaching enorm geholfen. Ich halte alles für möglich, was der Klient für möglich hält, und wenn ich kann, unterstütze ich ihn dabei, seine eigenen Grenzen aufzulösen. Projektion kann somit dafür sorgen, Grenzen enger zu setzen – aber auch dafür, sie zu erweitern.

Wenn ich meinen Glauben an etwas in den Klienten projiziere, kann das zu mutigeren Schritten motivieren. Doch immer nur im Rahmen dessen, was der Klient selbst auch denken kann.

Deutlich wird das vielleicht, wenn wir einmal in die umgekehrte Richtung blicken: Die Klienten projizieren auch auf uns. Eine Zeitlang kamen viele frisch ausgebildete Coaches in meine Beratung, die auf mich eine Erfolgserwartung projizierten: »Sie ist so normal, das muss ich doch auch schaffen.« Oder: »Wenn ich bei ihr war, werde ich erfolgreich.« So oder ähnlich dachten viele, einige sagten das auch. Das kennen viele Berater, die als Autoren oder Redner in der Öffentlichkeit stehen. Es ist für einige ein lukratives Geschäft, denn sie sprechen sogar aktiv davon: »Du kannst das auch!« – Sie machen die Projektion also zum zentralen Bestandteil ihres Geschäftsmodells. Doch da sind wir wieder bei den eigenen Grenzen. So etwas zieht beispielsweise Klienten an, die gerettet werden wollen und keine eigenen Grenzen haben. Sie spiegeln sich in dem anderen in der Hoffnung, dass das Spiegelbild mit ihnen verschmilzt. Das kann nicht funktionieren, weil sie im Gebiet des anderen sind – und nicht im eigenen.

Wer bin ich, wer der andere? Wenn das zusammenfließt, ist der Einzelne nicht mehr erkennbar. Was sind seine Bedürfnisse? Hier hat der Coach eine besondere Aufgabe diese Grenzen aufzuzeigen und Projektionen bewusst zu machen.

Es kann Führungskräften ebenfalls passieren: Mitarbeiter spiegeln sich in ihnen und glauben, bestimmte Dinge auch so zu können. Sie verschmelzen dadurch, sind nicht mehr selbst erkennbar. Wichtig ist es, das auszusprechen: »Ich nehme wahr, dass Sie sich stark mit mir identifizieren. Wenn Sie einmal nur auf sich schauen, was lässt sie glauben, dass sie diese Position in gleicher Weise ausüben können?« Wichtig ist es also, die Bewusstheit über die eigene Persönlichkeit mit ihren Bedürfnissen zu stärken – und nicht etwa die Wunschvorstellung. Dazu muss ein Mensch Grenzen um sich ziehen, die seine eigenen sind. Das könnte man auch als inneren Kern bezeichnen. Auf vielen Wegen kommen wir also zum selben Thema zurück.

Literatur

Beck, Hanno: Behavioral Economics. Eine Einführung. Wiesbaden: SpringerGabler 2014

Bion, Wilfried: Erfahrungen in Gruppen. Stuttgart: Klett-Cotta 2012

Daimler, Renate/Varga von Kibéd, Matthias/Sparrer, Insa: Basics der Systemischen Strukturaufstellungen: Eine Anleitung für Einsteiger und Fortgeschrittene. München: Kösel 2008

Dobelli, Rolf: Die Kunst des klaren Handelns. Berlin: Hanser 2012

Dobelli, Rolf: Die Kunst des klaren Denkens. Berlin: Hanser 2011

Freud, Siegmund: Zur Dynamik der Übertragung. Behandlungstechnische Schriften. Berlin: Fischer 1992

Johnson, Robert A.: Das Gold im Schatten. Impulse für die seelische Ganzwerdung. Ostfildern: Patmos 2012

Jung, C. G.: Der Mensch und seine Symbole. Wuppertal: Peter Hammer 2013

Kahneman, Daniel: Schnelles Denken, langsames Denken. München: Siedler 2012

König, Karl: Kleine psychoanalytische Charakterkunde. Göttingen: Vandenhoeck & Ruprecht 2010

Kriz, Jürgen: Grundkonzepte der Psychotherapie. Weinheim: Beltz, 7. Auflage 2014

Migge, Björn: Sinnorientiertes Coaching. Weinheim und Basel: Beltz 2016

Migge, Björn: Schema-Coaching. Einführung und Praxis: Grundlagen, Methoden, Fallbeispiele. Weinheim und Basel: Beltz 2013

Oberhoff, Bernd: Übertragung und Gegenübertragung in der Supervision, Münster: Daedalus 2009

Perls, Frederick S./Wimmer, Josef: Gestalttherapie in Aktion. Stuttgart: Klett-Cotta 2014

Sachse, Rainer: Persönlichkeitsstörungen. Göttingen: Hofgrefe 2013

Schirach, Ariadne: Ich und du und Müllers Kuh: Kleine Charakterkunde für alle, die sich selbst und andere besser verstehen wollen. Stuttgart: Klett-Cotta 2016

Schlippe, Arist von/Schweitzer, Jochen: Lehrbuch der systemischen Therapie und Beratung I: Das Grundlagenwissen. Göttingen: Vandenhoeck & Ruprecht 2016

Senf, Wolfgang/Broda, Michael: Praxis der Psychotherapie. Ein integratives Lehrbuch. Stuttgart: Thieme, 5. Auflage 2012

Shazer, Steve de: Mehr als ein Wunder: Die Kunst der lösungsorientierten Kurzzeittherapie, Carl Auer 2015

Simon, Fritz B./Rech-Simon, Christel: Zirkuläres Fragen. Systemische Therapie in Fallbeispielen. Ein Lernbuch. Heidelberg: Carl Auer 2016

Nachwort

Liebe Leserin, lieber Leser,

vielen Dank, dass Sie diese Reise durch die Psychologie und Nachbargebiete wie Philosophie und Neurobiologie mit mir unternommen haben. Mein Ziel war es, einen guten und fundierten Überblick über Themen zu geben, die Berater, Coaches und Entscheider in Personalabteilungen betreffen.

Mir war zuvor in meinen Ausbildungen aufgefallen, dass viele Profis punktuell Bescheid wissen, aber wenige ein übergreifendes Wissen haben. Das übergreifende, verbindende Wissen scheint mir aber notwendig zu sein, um sich ein differenziertes Bild zu machen.

Ich hoffe, mir ist das gelungen. Natürlich freue ich mich über Feedback. Und wenn Ihnen das Buch gefallen hat, auch über eine Weiterempfehlung. Die Inhalte dieses Buches vertiefe ich in meinem Kurs »Psychologie: Grundlagen für Berater, Coaches und Führungskräfte«, streife sie in meiner Weiterbildung »Karriereexperte Professional« und vertiefe sie bezogen auf Teams und Gruppen im Rahmen unserer Ausbildung TeamworksPLUS®. Wenn Sie also mehr wissen wollen und den praktischen Bezug herstellen, dann schauen Sie doch auf meine Homepages www.svenja-hofert.de und www.teamworks-gmbh.de. Einige Inhalte werden in der nächsten Zeit auch in Form von Online-Kursen bereitstehen.

Besonderen Dank richte ich an Dr. Thomas Binder, der mir die Ich-Entwicklung auf besondere Weise nahegebracht hat.

Herzliche Grüße
Svenja Hofert

Literaturverzeichnis

Agyris, Chris: Personality and Organization. New York: Harper Torch Books 1957

Agyris, Chris: Flawed Advice and the Management Trap. How Managers Can Know When They're Getting Good Advice and When They're Not. New York: Oxford University Press 1999

Asendorpf, Jens B./Neyer, Franz J.: Psychologie der Persönlichkeit. Heidelberg: Springer 2012

Barrett, Lisa Feldman: How Emotions Are Made. The Secret Life of the Brain. Boston: Houghton Mifflin Harcourt 2017

Beck, Don Edward/Cowan, Christopher C.: Spiral Dynamics. Leadership, Werte und Wandel: Eine Landkarte für das Business, Politik und Gesellschaft im 21. Jahrhundert. Bielefeld: Kamphausen 2007

Beck, Hanno: Behavioral Economics. Eine Einführung. Wiesbaden: SpringerGabler 2014

Bentzien, Marianne von: Das neuroaffektive Bilderbuch. Trowbridge/Wiltshire: Paragon Publishing 2016

Berk, Laura E.: Entwicklungspsychologie. München: Pearson Studium 2004

Berne, Eric: Spiele der Erwachsenen. Reinbek: Rowohlt, 18. Auflage 2002

Binder, Thomas: Ich-Entwicklung für effektives Beraten. Göttingen: Vandenhoeck & Ruprecht 2016

Bion, Wilfried: Erfahrungen in Gruppen. Stuttgart: Klett-Cotta 2012

Blickhan; Daniela: Positive Psychologie. Ein Handbuch für die Praxis. Paderborn: Junfermann 2015

Bonsen Matthias zur/Maleh, Carole: Appreciative Inquiry (AI): Der Weg zu Spitzenleistungen. Eine Einführung für An-

wender, Entscheider und Berater. Weinheim und Basel: Beltz, 2. Auflage 2012

Bradshaw, John: Das Kind in uns. Wie finde ich zu mir selbst. München: Droemer Knaur 2000

Collin, Catherine/Benson, Nigel: Das Psychologie-Buch. Wichtige Theorien einfach erklärt. München: Dorling-Kindersley 2012

Cook-Greuter, Susanne: Postautonomous Ego Development (Dissertation). A Study of Its Nature and Measurement. Keine Ortsangabe: Integral Publishers 2010

Daimler, Renate/Varga von Kibéd, Matthias/Sparrer, Insa: Basics der Systemischen Strukturaufstellungen: Eine Anleitung für Einsteiger und Fortgeschrittene. München: Kösel 2008

Davidson, Richard/Begley, Sharon: Warum regst du dich so auf?: Wie die Gehirnstruktur unsere Emotionen bestimmt. München: Goldmann 2017

Deci, Edward L./Ryan, Richard M.: Self-Determination Theory: A Macrotheory of Human Motivation, Development, and Health. In: Canadian Psychology 49, 2008, S. 182–185.

Dienstbier, Richard A. (Hrsg.) mit Deci, Edward L./Ryan, Richard M.: Perspectives on Motivation. Nebraska Symposium on Motivation. Nebraska: University of Nebraska Press 1991

Dobelli, Rolf: Die Kunst des klaren Handelns. Berlin: Hanser 2012

Dobelli, Rolf: Die Kunst des klaren Denkens. Berlin: Hanser 2011

Dutton, Kevin: Psychopathen. Was man von Heiligen, Anwälten und Mördern lernen kann. München: dtv 2013

Dweck, Carol: Selbstbild: Wie unser Denken Erfolge oder Niederlagen bewirkt. München: Piper 2017

Edelstein, Wolfgang/Oser, Fritz/Schuster, Peter (Hrsg.): Moralische Erziehung in der Schule. Entwicklungspsychologie und moralische Praxis. Weinheim und Basel: Beltz 2001

Feldman Barrett, Lisa: How Emotions Are Made. The Secret Life of the Brain. Boston Houghton Mifflin Harcourt 2017

Freud, Siegmund: Zur Dynamik der Übertragung. Behandlungstechnische Schriften. Berlin: Fischer 1992

Garz, Detlev: Sozialpsychologische Entwicklungstheorien. Von Mead, Piaget, Kohlberg bis zur Gegenwart. Wiesbaden: VS Verlag für Sozialwissenschaften 2008

Gladwell, Malcolm: Überflieger. Warum manche Menschen erfolgreich sind und andere nicht. Frankfurt am Main: Campus 2009

Goleman, Daniel: Emotionale Intelligenz. München: dtv, 2. Auflage 1997.

Grawe, Klaus: Neuropsychotherapie. Göttingen: Hogrefe 2004

Grawe Klaus/Donati, Ruth/Bernauer, Friederike: Psychotherapie im Wandel – von der Konfession zur Profession. Göttingen: Hogrefe, 5. Auflage 2001

Harris, Thomas A.: Ich bin o.k. Du bist o.k. Reinbek: Rowohlt 1975

Heckhausen, Heinz/Heckhausen Jutta: Motivation und Handeln. Berlin: Springer 1980

Hofert, Svenja: Das agile Mindset. Wiesbaden: SpringerGabler 2018

Hofert, Svenja: Hört auf zu coachen. München: Kösel 2017

Hofert, Svenja: Agiler führen. Wiesbaden: SpringerGabler, 2. Auflage 2017

Hofert, Svenja: Meine 100 besten Tools für Coaching und Beratung. Offenbach: Gabal 2013

Hofert, Svenja: Was sind meine Stärken? Entdecke, was in dir steckt. Offenbach: Gabal 2016

Hofert, Svenja: Teambibel. Offenbach: Gabal 2015

Hossiep, Rüdiger/Mühlhaus, Oliver: Personalauswahl und -entwicklung mit Persönlichkeitstests. Praxis der Personalpsychologie. Band 9. Göttingen: Hogrefe, 2. Auflage 2015

Hossiep, Rüdiger/Paschen, Michael/Mühlhaus, Oliver: Persönlichkeitstests im Personalmanagement. Göttingen: Verlag für Angewandte Psychologie 2000

Howard, Pierce J./Mitchell Howard, Jane/Kinkel, Silvi: Führen mit dem Big-Five-Persönlichkeitsmodell. Frankfurt am Main: Campus 2012

Johnson, Robert A.: Das Gold im Schatten. Impulse für die seelische Ganzwerdung. Wuppertal: Peter Hammer 2013

Joiner, William/Josephs, Steven A.: Leadership Agility. Five Levels of Mastery for Anticipating and Initiating Change. San Francisco: Jossey-Bass 2007

Jung, C. G.: Der Mensch und seine Symbole. Ostfildern: Patmos 2012

Jung, C. G.: Psychologische Typen. Gesammelte Werke. Band 6. Düsseldorf: Patmos, 3. Auflage 2011

Kahneman, Daniel: Schnelles Denken, langsames Denken. München: Siedler 2012

Kast, Verena: Die Tiefenpsychologie nach C. G. Jung. Eine praktische Orientierungshilfe. Ostfildern: Patmos 2014

Kegan, Robert/Garz, Detlev: Entwicklungsstufen des Selbst. München: Kindt, 3. Auflage 1984

Kegan, Robert/Laskow Lahey, Lisa: An Everyone Culture. Becoming a deliberately developmental organization. Brighton: Harvard Business Press 2016

Kernberg, Otto F./Hartmann, Hans P.: Narzissmus. Grundlagen – Störungsbilder – Therapie. Stuttgart: Schattauer 2010

Kessels, Jos: Das Sokrates-Prinzip. Ein philosophischer Ideengeber zur Lebensgestaltung. München: dtv 2016

Klinkhammer, Margret/Hütter, Franz/Dirk, Stoß: Change happen. Veränderungen gehirngerecht gestalten. Inklusive Arbeitshilfen online. Freiburg: Haufe 2015

Kohlberg, Lawrence: Die Psychologie der Moralentwicklung. Frankfurt am Main: Suhrkamp 1996

König, Karl: Kleine psychoanalytische Charakterkunde. Göttingen: Vandenhoeck & Ruprecht 2010

Kriz, Jürgen: Grundkonzepte der Psychotherapie. Weinheim: Beltz, 7. Auflage 2014

Laloux, Frederic: Reinventing Organizations. München: Vahlen 2016

Laske, Otto: Potenziale in Menschen erkennen, wecken und messen: Handbuch der entwicklungsorientierten Beratung. Keine Ortsangabe: IDM Press 2010

Loevinger, Jane: Ego Development. San Francisco: Jossey Bass 1976

Maier-Karius, Johanna: Beziehungen zwischen musikalischer und kognitiver Entwicklung im Grund- und Vorschulalter. Paderborn: Lit 2010

Maslow, Abraham: Toward a psychology of being. Blacksburg: Wilder Publications 2011

Maslow, Abraham: A theory of human motivation. Blacksburg: Wilder Publications 2011

Maslow, Abraham H.: A theory of human motivation. Psychological Review, 50, 1943, S. 370–396

McAdams, Dan: A New Big Five. Fundamental Principles for an Integrative Science of Personality. Am Psychology, 2006 Apr; 61(3): S. 204–217

McClelland, David: Human Motivation. Cambridge: Cambridge University Press 2009

Merten, Wolfgang: Psychoanalyse. Geschichte und Methoden. München: Beck 2008

Migge, Björn: Sinnorientiertes Coaching. Weinheim und Basel: Beltz 2016

Migge, Björn: Schema-Coaching. Einführung und Praxis: Grundlagen, Methoden, Fallbeispiele. Weinheim und Basel: Beltz 2013

Oberhoff, Bernd: Übertragung und Gegenübertragung in der Supervision, Münster: Daedalus 2009

Pässler, Katja: Die Bedeutung beruflicher Interessen und kognitiver Fähigkeiten für die Studien- und Berufswahl. Dissertation, Universität Hohenheim 2012

Penfield, Wilder: The Mystery of the Mind. A Critical Study of Consciousness and the Human Brain. Princeton: Princeton University Press 1975

Perls, Frederick S./Wimmer, Josef: Gestalttherapie in Aktion. Stuttgart: Klett-Cotta 2014

Radatz, Sonja: Beratung ohne Ratschlag. Wien: Verlag Systemisches Management, 6. Auflage 2009

Riemann, Fritz: Grundformen der Angst. München: Ernst Reinhardt 1990

Roeck, Bruno-Paul de: Gras unter meinen Füßen. Eine ungewöhnliche Einführung in die Gestalttherapie. Reinbeck: Rowohlt, 23. Auflage 1985

Rogers, Carl R.: Entwicklung und Persönlichkeit. Psychotherapie aus der Sicht eines Psychotherapeuten. Stuttgart: Klett-Cotta, 20. Auflage 2016

Rogers, Carl R.: Eine Theorie der Psychotherapie, der Persönlichkeit und der zwischenmenschlichen Beziehungen. München: Reinhardt 2016

Rogers, Carl R.: Therapeut und Klient. Grundlagen der Gesprächspsychotherapie. Frankfurt am Main: Fischer 1994

Rogers, Carl R.: Die klientenzentrierte Gesprächspsychotherapie. Frankfurt am Main: Fischer 1993

Rogers, Carl R.: Die nicht-direktive Beratung. Frankfurt am Main: Fischer 1985

Ronson, John: The Psychopath-Test. London: Picador 2011

Roth, Gerhard: Persönlichkeit, Entscheidung und Verhalten. Warum es so schwierig ist, sich und andere zu ändern. Stuttgart: Klett-Cotta 2016

Roth, Gerhard/Ryba, Alica: Coaching, Beratung und Gehirn. Neurobiologische Grundlagen wirksamer Veränderungskonzepte. Stuttgart: Klett-Cotta 2017

Schein, Edgar H.: Humble consulting. How to provide real help faster. New York: McGrawHill 2016

Sachse, Rainer: Persönlichkeitsstörungen. Leitfaden für die Psychologische Psychotherapie. Göttingen: Hogrefe 2013

Schirach, Ariadne: Ich und du und Müllers Kuh: Kleine Charakterkunde für alle, die sich selbst und andere besser verstehen wollen. Stuttgart: Klett-Cotta 2016

Schlippe, Arist von/Schweitzer, Jochen: Lehrbuch der systemischen Therapie und Beratung I. Das Grundlagenwissen. Göttingen: Vandenhoeck & Ruprecht 2016

Seligmann, Martin: The Effectiveness of Psychotherapy: The Consumer Reports Study. I: American Psychologist 1996 50 (12), S. 965–974

Senf, Wolfgang/Broda, Michael: Praxis der Psychotherapie. Ein integratives Lehrbuch. Stuttgart: Thieme, 5. Auflage 2012

Shazer, Steve de: Mehr als ein Wunder. Die Kunst der lösungsorientierten Kurzzeittherapie. Heidelberg: Carl Auer 2015

Simon, Fritz B./Rech-Simon, Christel: Zirkuläres Fragen. Systemische Therapie in Fallbeispielen. Ein Lernbuch. Heidelberg: Carl Auer 2016

Stahl, Stefanie: Das Kind in dir muss Heimat finden. Der Schlüssel zur Lösung (fast) aller Probleme. München: Kailash 2016

Strelecky, John: The Big Five for life. Was wirklich zählt im Leben. München: dtv 2009

Thomä, Helmut/Kächele, Horst: Psychoanalytische Therapie. Berlin: Springer, 3. Auflage 2006

Thomann, Christoph: Das Riemann-Thomann-Modell für private und berufliche zwischenmenschliche Beziehungen. Broschüre/Sonderdruck des Autors 1995

Torbert, Bill: Action Inquiry. The Secret of Timely and Transforming Leadership. Kindle Edition. Oakland: Berrett-Koehler 2004

Wilson, Colin: Herr der Unterwelt. C. G. Jung und das 20. Jahrhundert. München: Droemer Knaur 1990

Woolfolk, Anita: Pädagogische Psychologie. München: Pearson 2009

Young, Jeffrey E./Klosko, Janet S./Weishaar, Marjorie E.: Schematherapie. Ein praxisorientiertes Handbuch. Paderborn: Junfermann 2005

3x7-Erfolgsfaktoren für das Coaching

In Zeiten von Burnout, Fachkräftemangel und hoher Mitarbeiterunzufriedenheit sind Führungskräfte mehr denn je gefordert, neben rein betriebswirtschaftlichen Zielen des Unternehmens achtsam mit der eigenen Gesundheit – und natürlich der ihrer Mitarbeiter – umzugehen. Dabei nehmen sie häufig die Hilfe von Coaches und Beratern in Anspruch.

Bea Engelmann zeigt auf, wie gute Führung auf der Grundlage der drei Kernkompetenzen Selbstkompetenz, Sozialkompetenz und Zielkompetenz gelingt. Jedem dieser drei Kompetenzfelder ordnet sie sieben Erfolgsfaktoren zu. Mit dem 3x7-Erfolgsfaktoren-Modell vereint Bea Engelmann 21 relevante Fähigkeiten, die Führungskräfte zur Stärkung der eigenen Position und Persönlichkeit benötigen. Anhand dieser Erfolgsfaktoren zeigt die Autorin auf, wie Coaches und Berater mit Führungskräften arbeiten und sie stärken können. Die 147 Arbeitsmaterialien im Buch plus 21 Materialien zum Downloaden können während des Coachings eingesetzt oder auch als »Hausaufgabe« mitgegeben werden.

Zudem erläutert sie:

o Was bedeutet »positive Unternehmensführung«?
o Was hält die Positive Psychologie für Coaches bereit?
o Wie können die neuen Erkenntnisse der Positiven Psychologie für die Arbeit als Coach oder Berater genutzt werden?

Dieses Buch ist eine effektive Bereicherung für Coaches und Berater, die strukturiert und effizient mit ihren Klientinnen und Klienten arbeiten möchten.

Bea Engelmann
Führungs-Coaching
3x7 Erfolgsfaktoren für eine positive Unternehmensführung (Mit 147 Arbeitsmaterialien für den Coachee)
2013. 333 Seiten. Gebunden.
ISBN 978-3-407-36541-5